# KONJUGATIONSTABELLEN

**Passiv – Präsensstamm**

| Tempus/ Modus | Pers. | a-Konjugation | e-Konjugation | i-Konjugation | konsonantische Konjugation (Konsonantenstämme) | konsonantische Konjugation (i-Stämme) |
|---|---|---|---|---|---|---|
| Präsens Indikativ | 1.<br>2.<br>3.<br>1.<br>2.<br>3. | laud**or**<br>laud**āris**<br>laud**ātur**<br>laud**āmur**<br>laud**āminī**<br>laud**antur** | mon**eor**<br>mon**ēris**<br>mon**ētur**<br>mon**ēmur**<br>mon**ēminī**<br>mon**entur** | aud**ior**<br>aud**īris**<br>aud**ītur**<br>aud**īmur**<br>aud**īminī**<br>aud**iuntur** | ag**or**<br>ag**eris**<br>ag**itur**<br>ag**imur**<br>ag**iminī**<br>ag**untur** | capi**or**<br>cap**eris**<br>cap**itur**<br>cap**imur**<br>cap**iminī**<br>capi**untur** |
| Präsens Konjunktiv | 1.<br>2.<br>3.<br>1.<br>2.<br>3. | laud**er**<br>laud**ēris**<br>laud**ētur**<br>laud**ēmur**<br>laud**ēminī**<br>laud**entur** | mone**ar**<br>mone**āris**<br>mone**ātur**<br>mone**āmur**<br>mone**āminī**<br>mone**antur** | audi**ar**<br>audi**āris**<br>audi**ātur**<br>audi**āmur**<br>audi**āminī**<br>audi**antur** | ag**ar**<br>ag**āris**<br>ag**ātur**<br>ag**āmur**<br>ag**āminī**<br>ag**antur** | capi**ar**<br>capi**āris**<br>capi**ātur**<br>capi**āmur**<br>capi**āminī**<br>capi**antur** |
| Imperfekt Indikativ | 1.<br>2.<br>3.<br>1.<br>2.<br>3. | laud**ābar**<br>laud**ābāris**<br>laud**ābātur**<br>laud**ābāmur**<br>laud**ābāminī**<br>laud**ābantur** | mon**ēbar**<br>mon**ēbāris**<br>mon**ēbātur**<br>mon**ēbāmur**<br>mon**ēbāminī**<br>mon**ēbantur** | audi**ēbar**<br>audi**ēbāris**<br>audi**ēbātur**<br>audi**ēbāmur**<br>audi**ēbāminī**<br>audi**ēbantur** | ag**ēbar**<br>ag**ēbāris**<br>ag**ēbātur**<br>ag**ēbāmur**<br>ag**ēbāminī**<br>ag**ēbantur** | capi**ēbar**<br>capi**ēbāris**<br>capi**ēbātur**<br>capi**ēbāmur**<br>capi**ēbāminī**<br>capi**ēbantur** |
| Imperfekt Konjunktiv | 1.<br>2.<br>3.<br>1.<br>2.<br>3. | laud**ārer**<br>laud**ārēris**<br>laud**ārētur**<br>laud**ārēmur**<br>laud**ārēminī**<br>laud**ārentur** | mon**ērer**<br>mon**ērēris**<br>mon**ērētur**<br>mon**ērēmur**<br>mon**ērēminī**<br>mon**ērentur** | aud**īrer**<br>aud**īrēris**<br>aud**īrētur**<br>aud**īrēmur**<br>aud**īrēminī**<br>aud**īrentur** | ag**erer**<br>ag**erēris**<br>ag**erētur**<br>ag**erēmur**<br>ag**erēminī**<br>ag**erentur** | cap**erer**<br>cap**erēris**<br>cap**erētur**<br>cap**erēmur**<br>cap**erēminī**<br>cap**erentur** |
| Futur I | 1.<br>2.<br>3.<br>1.<br>2.<br>3. | laud**ābor**<br>laud**āberis**<br>laud**ābitur**<br>laud**ābimur**<br>laud**ābiminī**<br>laud**ābuntur** | mon**ēbor**<br>mon**ēberis**<br>mon**ēbitur**<br>mon**ēbimur**<br>mon**ēbiminī**<br>mon**ēbuntur** | audi**ar**<br>audi**ēris**<br>audi**ētur**<br>audi**ēmur**<br>audi**ēminī**<br>audi**entur** | ag**ar**<br>ag**ēris**<br>ag**ētur**<br>ag**ēmur**<br>ag**ēminī**<br>ag**entur** | capi**ar**<br>capi**ēris**<br>capi**ētur**<br>capi**ēmur**<br>capi**ēminī**<br>capi**entur** |
| Gerundiv | | laud**andus**,<br>-a, -um | mon**endus**,<br>-a, -um | audi**endus**,<br>-a, -um | ag**endus**,<br>-a, -um | capi**endus**,<br>-a, -um |
| Infinitiv | | laud**ā-rī** | mon**ē-rī** | aud**ī-rī** | ag**-ī** | cap**-ī** |

AF721595

Das große Übungsbuch
# LATEIN

1. Lernjahr bis Abitur
Der komplette Lernstoff mit über 800 Übungen

4. Auflage 2026


**www.pons.com/kontakt**

Autorinnen und Autoren: Johanna Kunder, Thomas Must, Rainer Nickel, Martin Oberhuemer, Maria Anna Söllner, Barbara Winkler, Martin Wolter

**Logoentwurf:** Erwin Poell, Heidelberg
**Logoüberarbeitung:** Sabine Redlin, Ludwigsburg
**Umschlagfoto:** Getty Images, München (SDI Productions - Steve Debenport)
**Layout:** Petra Michel Gestaltung & Typografie, Bamberg
**Satz:** DOPPELPUNKT, Stuttgart
**Druck und Bindung:** AZ Druck und Datentechnik GmbH, Kempten

**Printed in Germany**
**ISBN 978-3-12-562592-1**

# So benutzt du das PONS große Übungsbuch Latein!

**Das PONS große Übungsbuch Latein** begleitet dich durch alle Aspekte der lateinischen Übersetzung. Du kannst Grundlagen nacharbeiten oder dich gezielt auf Abitur oder Latinum vorbereiten. Jeder Bereich bietet dir die Möglichkeit, sowohl nachzuschlagen als auch zu üben. Bitte beachte die Einleitung zu jedem Bereich, um zu wissen, wie du am besten damit arbeitest.

## Deklinationen ▶ Seite 8

Zu den wichtigsten grammatikalischen Themen gehören die Deklinationen. Sie stellen – neben Verbformen usw. – die Basis der lateinischen Sprachen dar und sind sozusagen das „Handwerkszeug" für die Erschließung und Übersetzung lateinischer Texte. Im Anschluss an jede Deklination einer Wortart gibt es einen kleinen Übungsteil. Abschließend kannst du deine Kenntnisse durch ein **Check-up** (S. 74) testen. Ein **Vokabelverzeichnis** dazu steht auf S. 80 und eine tabellarische Übersicht **(Deklinationen auf einen Blick)** auf S. 328.

## Verben ▶ Seite 84

Einen weiteren wichtigen „Baustein" in lateinischen Sätzen stellen die Verben dar. Mit einer Vielzahl an Übungen **(Checks)** in jeder Einheit kann sich dein Wissen festigen, und du gewinnst Sicherheit beim Erkennen der Verbformen. Im **Check-up Verben** (S. 123) kannst du deine Kenntnisse testen. Ein **Vokabelverzeichnis** findest du auf S. 129 und die Konjugationen im Überblick auf den vorderen und hinteren Umschlaginnenseiten.

## Grammatik und Übersetzungstraining ab dem 2./3. Lernjahr

▶ Seite 133

In diesem Teil befasst sich jedes Kapitel mit einem Grammatikphänomen. Übersichtliche **Erklärungen** mit vielen Beispielsätzen dienen der schnellen Wiederholung und zahlreiche **Übungen** helfen dir, die ideale Übersetzung ins Deutsche zu finden. Ein **Vokabelverzeichnis** zu diesem Teil findest du auf S. 193.

## Übersetzungstraining für die Lektürephase ▶ Seite 200

Die **Grundlagen der Texterschließung** – von der Wörterbucharbeit bis zu den verschiedenen Übersetzungsmethoden – werden hier übersichtlich erklärt. Ein umfangreicher **Übungsteil mit Originaltexten** (ab S. 222) hilft dir, die Theorie in die Praxis umzusetzen.

## Für das Abitur ▶ Seite 290

Hier geht es um **Interpretationsmodelle, Stilistik und Metrik** sowie um **Übersetzungstexte für Fortgeschrittene** (ab S. 301) mit vorwiegend philosophischen Schriften.

## Für das Latinum ▶ Seite 313

Erprobte **Übungsklausuren** bereiten dich auf die schriftliche Latinumsprüfung vor. Zu jedem Text findest du außerdem einige **Fragen**, denen du in der mündlichen Prüfung begegnen könntest.

## Wichtige Tipps: gezielt und in kleinen Portionen lernen!

- Im Inhaltsverzeichnis kannst du leicht das Thema aussuchen, das dich gerade besonders interessiert, und direkt in dem jeweiligen Kapitel arbeiten – du musst nicht das Buch von vorne nach hinten durcharbeiten!
- Nimm dir nicht zu viel auf einmal vor! 30 Minuten mit einer übersichtlichen Lerneinheit bringen in der Regel mehr, als ein ganzes Kapitel in einem großen Durchgang zu bearbeiten.

**Viel Spaß und Erfolg!**

## Inhalt

### Deklinationen



### Verben



### Grammatik und Übersetzungstraining ab dem 2./3. Lernjahr

## Übersetzungstraining
für die Lektürephase



## Für das Abitur:
Interpretation, Metrik und Stilistik



## Für das Abitur:
Übersetzung für Fortgeschrittene

# DEKLINATIONEN

## Inhalt



- Hier findest du wichtiges „Handwerkzeug“ für die Texterschließung und Übersetzung.
- Ein **Vokabelverzeichnis** zu diesem Teil findest du auf S. 80.
- Die **Lösungen** beginnen auf S. 344.
- Eine **Zusammenfassung der Deklinationen** findest du auf S. 328.

# So arbeitest du in dem Teil „Deklinationen“

Zu den wichtigsten grammatikalischen Themen gehören die Deklinationen, die dich deine gesamte Schulzeit über und vielleicht sogar darüber hinaus begleiten werden. Sie stellen – neben Verbformen usw. – die Basis der lateinischen Sprache dar, sie sind sozusagen das „Handwerkszeug“ für die Erschließung und Übersetzung lateinischer Texte.

In diesem Teil kannst du die Deklinationen der verschiedenen Nomina erlernen, sie bei Bedarf wiederholen und dich gezielt zum Thema „Deklination“ auf Klassenarbeiten oder Prüfungen vorbereiten. Effektives Grammatiklernen kann mit einer Vielzahl von Übungen kombiniert werden, die nicht nur für Anfänger, sondern auch für Fortgeschrittene geeignet sind.

## Nachschlagen

Der Teil „Deklinationen“ ist nach den verschiedenen Arten von Nomina eingeteilt: Substantive, Adjektive, Pronomina und Numeralia. Die Kapitel sind jeweils nach demselben Muster aufgebaut: Auf eine Einführung folgen verschiedene Unterkapitel, die jeweils einen Grammatikteil mit Erklärungen und Hinweisen auf Ausnahmen und Sonderformen enthalten.

Dieses Zeichen findest du gelegentlich unter dem Thema „Besonderheiten“, bei denen du ganz genau aufpassen musst: Verwechslungsgefahr, Sonderformen, Fallen.
Alle Ausnahmen, Sonderformen und besonderen Bedeutungen findest du auch noch einmal im Überblick **(Achtung Ausnahme!)**.

Die Erklärungen der Grammatik wurden möglichst einfach gehalten, so dass nur Fremdwörter und Begriffe erwähnt wurden, die dir auch im Schulalltag begegnen. Grammatik soll nicht schwieriger werden, als sie ist! Wichtig ist, dass du die Grundlagen der lateinischen Sprache beherrschst, um dem Ziel – **der Übersetzung** – gelassen entgegenblicken zu können.

Auf den hinteren Seiten des Buches kannst du auf eine Zusammenfassung der Deklinationen **(Deklinationen auf einen Blick)** zurückgreifen.

## Üben

Leider kann man die lateinischen Deklinationen nicht immer genau dann nachschlagen, wenn man sie braucht, und sicher macht das Übersetzen eines Textes mehr Spaß, wenn man die Formen leicht erkennt. Daher findest du hier viele Übungen, die dir helfen die Deklinationsformen sicher zu beherrschen.

Im Anschluss an jede Deklination einer Wortart gibt es einen kleinen Übungsteil. Dort kannst du überprüfen, ob du das Gelesene verstanden hast. Gleichzeitig helfen dir die Übungen, die Deklinationsformen zu behalten.

Am Ende eines jeden Kapitels findest du weitere Aufgaben, die dich zu allen Deklinationen des jeweiligen Kapitels befragen (z. B. **Check-up Substantive**). Hier festigst du deine Deklinationskenntnisse in einem größeren Zusammenhang und kannst überprüfen, welche Teilbereiche du dir vielleicht noch einmal genauer anschauen solltest.

Der **Check-up Deklinationen** im Kapitel 7 bietet dir zahlreiche Aufgaben zum Üben und Knobeln, mit denen du testen kannst, wie fit du in allen Bereichen der Deklination bist.

Die **Lösungen** zu allen Übungen findest du am Ende des Buches.

## Nachschlagen und Üben – alles in Maßen!

Wie kannst du sinnvoll beim Lernen und Üben vorgehen? Hier ein paar Tipps:

1. Lies das jeweilige Unterkapitel sorgfältig von Anfang bis Ende durch.
2. Sieh dir die Tabelle genau an und sprich die Formen laut vor dich hin.
3. Decke die Tabelle ab und versuche, das Gelesene aus dem Gedächtnis wiederzugeben.
4. Ist Schritt 3 gelungen, kannst du dich an die Übungen machen; ansonsten wiederhole Schritt 2 und 3.
5. Nimm dir bei der Bearbeitung der Übungen, die direkt auf das Unterkapitel folgen, ruhig etwas Zeit und mache ausreichend Pausen. So schulst du dein Gedächtnis auf einen längeren Zeitraum und kannst dir das Gelernte besser einprägen.
6. Hast du die ersten Aufgaben erfolgreich gemeistert, kannst du dich nach Bearbeitung des ganzen Kapitels an den jeweiligen Check-up heranwagen.

# 1 Das Nomen und seine Deklination

Unter dem Begriff **Nomen** (< ***nōmen*** Name, Benennung) werden Wörter verstanden, die einen Zustand, Lebewesen, Gegenstand, Eigennamen usw. bezeichnen oder diese näher bestimmen.

Nomina sind:

| | |
|---|---|
| **Substantive** | Hund, Katze, Haus, Liebe |
| **Adjektive** | groß, klein, schön |
| **Pronomina** | ich, du, dieser, jener, mein, der |
| **Numeralia** | eins, zwei, erster, zweiter |

Jedes Nomen steht in einem lateinischen Satz in einem bestimmten **Kasus**, **Numerus** und **Genus**. Die Formenveränderung wird **Deklination** genannt.

## 1.1 Kasus

Kasus kennst du auch aus dem Deutschen: z. B. des Hauses (= Genitiv), dem Vater (= Dativ). Das Lateinische verfügt über sechs Kasus (< ***cāsus, -ūs*** *m.* Fall):

| | *Frage* | *Abkürzung* |
|---|---|---|
| **Nominativ** | wer oder was? | Nom. |
| **Genitiv** | wessen? | Gen. |
| **Dativ** | wem? | Dat. |
| **Akkusativ** | wen oder was? | Akk. |
| **Ablativ** | wodurch? womit? wann? wo? | Abl. |
| **Vokativ** | - | Vok. |

Der sechste Kasus, der **Vokativ**, tritt im Deklinationsschema nicht in Erscheinung, da er in der Regel wie der Nominativ gebildet wird. Er wird benutzt, um Personen in Aufforderungs-, Befehlssätzen oder Dialogen anzusprechen.

Der **Ablativ** wird im Folgenden meist übersetzt durch „mit". Natürlich gibt es bei diesem vielseitigen Kasus viele andere Möglichkeiten - der Zusammenhang ist hier entscheidend.

## 1.2 Numerus

Ein Nomen steht in einem bestimmten Numerus (< ***numerus, -ī*** *m.* (An-)Zahl):

| | | |
|---|---|---|
| **Singular** | Hund, Haus | Sg. |
| **Plural** | Hunde, Häuser | Pl. |

Wörter, die nur im Singular oder nur im Plural vorkommen, wie im Deutschen z. B. *Obst*, werden **„Singular"-** bzw. **„Pluralwörter"** genannt.

## 1.3 Genus

Folgende Genera (< ***genus, -eris*** *n.* Geschlecht, Gattung) kann ein Nomen haben:

| | | |
|---|---|---|
| **Maskulin(um)** | **der** Hund | m. |
| **Feminin(um)** | **die** Hündin | f. |
| **Neutrum** | **das** Haus | n. |

Vorsicht! Schließe niemals vom deutschen Genus auf das lateinische. Hier gibt es oft Abweichungen! Beispiel: ***domus, -ūs f.*** **das** Haus

Man unterscheidet außerdem auch zwischen **grammatikalischem** und **natürlichem** Geschlecht: Das grammatikalische Geschlecht erkennt man in der Regel an der Deklinationszugehörigkeit und deren Nominativendung. Das natürliche Geschlecht orientiert sich an dem realen Geschlecht, besonders bei Menschen:

Beispiel: ***agricola, -ae m.*** Bauer

Als Substantiv der a-Deklination müsste ***agricola*** eigentlich Femininum sein; da das natürliche Geschlecht des Bauern aber Maskulinum ist, hat dies Vorrang. Es wird jedoch genauso wie ein Femininum der a-Deklination dekliniert.

Als Regel kannst du dir merken:

- **Maskulina** sind meistens Bezeichnungen männlicher Personen sowie von Völkern, Flüssen und Winden:

| | | | |
|---|---|---|---|
| ***nauta, -ae m.*** | Seemann | ***Gallī, -ōrum m.*** | Gallier |
| ***Mosella, -ae m.*** | Mosel | ***aquilō, -ōnis m.*** | Nordwind |

- Bezeichnungen weiblicher Personen sowie von Städten, Ländern und Inseln sind in der Regel **Feminina**:

| | | | |
|---|---|---|---|
| ***cīvis, -is f.*** | Bürgerin | ***Corinthus, -ī f.*** | Korinth |
| ***Aegyptus, -ī f.*** | Ägypten | ***Dēlus, -ī f.*** | Delos |

## 1.4 Kongruenz

Gehören Wörter zusammen oder beziehen sie sich aufeinander, stimmen sie in der Form, also in Kasus, Numerus und/oder Genus überein; man spricht von **Kongruenz** (< ***congruere*** übereinstimmen). Kongruent sind z. B.:

- **Substantiv und Adjektiv**

  ***Mēns sāna in corpore sānō.*** In einem gesunden Körper (ist) ein gesunder Geist.

  → Substantiv und zugehöriges Adjektivattribut stehen jeweils im selben Kasus, Numerus und Genus.

  ***Līberī laetī cantant.*** Die Kinder singen fröhlich („als fröhliche").

  → Das Prädikativum richtet sich in seiner Form nach dem Subjekt.

  ***Domus patris māgna est.*** Das Haus meines Vaters ist groß.

  → Das Prädikatsnomen richtet sich in Kasus, Numerus und Genus nach dem Subjekt.

- **Substantiv und Pronomen**

  ***Vīdēsne illam domum?*** Siehst du jenes Haus dort?

  → Das Pronomen richtet sich in der Form nach seinem Bezugswort.

  ***Hic est liber meus.*** Das ist mein Buch.

  → Das Pronomen als Subjekt richtet sich nach dem Prädikatsnomen.

- **Subjekt und Prädikat**

  ***Puellae vocantur.*** Die Mädchen werden gerufen.

  → Subjekt und Prädikat stimmen in Numerus und Person überein.

  ***Puellae vocātae sunt.*** Die Mädchen wurden gerufen.

  → Subjekt und Prädikat stimmen in Kasus, Numerus, Genus sowie Person überein.

# 2 Substantive

Substantive sind Wörter, die Gegenstände, Lebewesen, Zustände, Orte und vieles mehr bezeichnen, z. B. Hund und Katze, Mann und Frau, Haus und Garten, Angst und Freude usw. Im Unterschied zum Deutschen werden lateinische Substantive - wie alle anderen Wortarten auch - kleingeschrieben, weshalb sie manchmal mit Adjektiven verwechselt werden können. Einzig Eigennamen wie ***Marcus*** oder ***Gallia*** (Gallien) werden großgeschrieben.

Das Lateinische unterscheidet die folgenden fünf Deklinationen:

| | |
|---|---|
| 1. Deklination: | a-Deklination |
| 2. Deklination: | o-Deklination |
| 3. Deklination: | konsonantische Stämme, i-Stämme, Mischklasse |
| 4. Deklination: | u-Deklination |
| 5. Deklination: | e-Deklination |

Häufiger wird - mit Ausnahme der 3. Deklination, in der drei Klassen zusammengefasst sind - die Bezeichnung nach dem Stammauslaut verwendet, also a-Deklination usw. Den Wortstamm erhält man, indem man jeweils die Endung des Genitiv Plural wegstreicht:

| Gen. Pl. | Wortstamm | Deklination |
|---|---|---|
| ***amīcā-rum*** | ***amīca-*** | a-Deklination |
| ***dominō-rum*** | ***domino-*** | o-Deklination |
| ***rēg-um*** | ***rēg-*** | 3. Deklination (konsonantische Stämme) |
| ***mari-um*** | ***mari-*** | 3. Deklination (i-Stämme) |
| ***urbi-um*** | ***urb(i)-*** | 3. Deklination (Mischklasse) |
| ***domu-um*** | ***domu-*** | u-Deklination |
| ***rē-rum*** | ***re-*** | e-Deklination |

**Allgemeine Hinweise:**

- Bei der Bearbeitung der Unterkapitel gehe wie auf S. 9 empfohlen vor.
- Wähle aus deinem Lateinbuch oder aus einem Wörterbuch ein Substantiv der jeweiligen Deklination aus, das du dir besonders gut einprägen kannst. Dieses Wort soll **dein Symbol für die betreffende Deklination** sein, das du jedes Mal im Geiste deklinierst, wenn du die Form eines anderen Substantivs bestimmst oder die Deklination wiederholst.
- Da die Formen des **Vokativs** immer dem Nominativ entsprechen, wurde er in den Formentabellen der einzelnen Deklinationen nicht mit aufgenommen. Einzige Ausnahme bilden hier die Substantive der o-Deklination auf ***-us*** und ***-ius*** (▶ S. 17).
- **Dativ** und **Ablativ Plural** sind innerhalb einer Deklination immer gleich.
- Die **Neutra** aller Deklinationen haben jeweils im Singular und Plural im Nominativ und Akkusativ dieselben Endungen.

## 2.1 a-Deklination (1. Deklination)

Die a-Deklination umfasst zahlreiche Substantive, die im Nominativ Singular auf ***-a*** enden. Merkmal dieser Deklination ist der Stammauslaut ***-a-***, der in allen Kasus außer im Dativ und Ablativ Plural sichtbar ist.

Beispiel: ***anima, -ae*** *f.* Seele, Atem, Leben

| | **Singular** | | **Plural** | |
|---|---|---|---|---|
| Nom. | ***anima*** | die Seele | ***animae*** | die Seelen |
| Gen. | ***animae*** | der Seele | ***animārum*** | der Seelen |
| Dat. | ***animae*** | der Seele | ***animīs*** | den Seelen |
| Akk. | ***animam*** | die Seele | ***animās*** | die Seelen |
| Abl. | ***animā*** | mit der Seele | ***animīs*** | mit den Seelen |

Im Wörterbuch oder Vokabelverzeichnis werden Substantive der a-Deklination immer mit dem Genitiv und dem Genus angegeben:

***anima, -ae*** *f.* Seele, Atem, Leben | ***dea, -ae*** *f.* Göttin

### Besonderheiten

- Die meisten Substantive der a-Deklination sind Feminin. Maskulin sind jedoch:

  ***poēta, -ae*** *m.* Dichter | ***nauta, -ae*** *m.* Seemann
  ***agricola, -ae*** *m.* Bauer | ***incola, -ae*** *m.* Einwohner

- Nur im Plural kommen vor (Pluralwörter):

  ***dīvitiae, -ārum*** *f.* Reichtum | ***īnsidiae, -ārum*** *f.* Hinterhalt

- Nur als Singularwörter existieren:

  ***iūstitia, -ae*** *f.* Gerechtigkeit | ***scientia, -ae*** *f.* Wissen, Kenntnisse

- Manche Substantive haben im Singular eine andere Bedeutung als im Plural:

  ***cōpia, -ae*** *f.* Vorrat, Menge | ***cōpiae, -ārum*** *f.* Truppen
  ***littera, -ae*** *f.* Buchstabe | ***litterae, -ārum*** *f.* Brief, Wissenschaft

- In einigen Verbindungen sind ältere Formen erhalten:

  | | | |
  |---|---|---|
  | Gen. Sg. | ***pater familiās*** | Familienvater |
  | Dat./Abl. Pl. | ***dīs et deābus*** | (mit) den Göttern und Göttinnen |
  | | ***filiīs filiābusque*** | (mit) den Söhnen und Töchtern |
  | Lokativ | ***Rōmae*** | in Rom (auf die Frage „wo?“) |

## Und jetzt bist du dran!

**1. Setze die folgenden Substantive in den angegebenen Kasus und übersetze.**

***forma, -ae*** *f.*

Dat. Sg. ____________________

Akk. Pl. ____________________

Abl. Sg. ____________________

Gen. Sg. ____________________

***amīca, -ae*** *f.*

Dat. Pl. ____________________

Nom. Pl. ____________________

Akk. Sg. ____________________

Abl. Pl. ____________________

**2. Bestimme Kasus, Numerus und Genus der folgenden Formen.**
**Achtung: Manchmal gibt es mehrere Lösungen!**

***familiīs*** ____________________

***dominae*** ____________________

***nautam*** ____________________

***litterārum*** ____________________

***cōpiās*** ____________________

**3. Welche Substantive gehören zur a-Deklination? Unterstreiche sie und bestimme die Form.**

***diērum - amīcārum - vīllam - puerum - īnsulā - facieī - fīliīs - dōna - hōra***

____________________

____________________

____________________

____________________

**4. Setze die Substantive in der passenden Form ein und übersetze.**

1. ______________________________ ***(poēta, -ae** m.**) versūs scrībunt.***

______________________________

2. ***Caesar*** ______________________________ ***(cōpiae, -ārum** f.**) Gallōrum vincit.***

______________________________

3. ______________________________ ***(avia, -ae** f.**) vīsitāmus.***

______________________________

4. ***Rōmānī*** ______________________________ ***(dea, -ae** f./Pl.**) sacrificant.***

______________________________

5. ***Marcus līberōs*** ______________________________ ***(Cornēlia, -ae** f.**) admonet.***

______________________________

## 2.2 o-Deklination (2. Deklination)

Die o-Deklination ist die zweite große Deklinationsklasse. Merkmal dieser Deklination ist der Stammauslaut ***-o-***, der beispielsweise im Genitiv Plural zu sehen ist. Hierzu gehören Substantive, die im Nominativ Singular auf ***-us*** und ***-er*** enden, sowie die Neutra auf ***-um***.

### Substantive auf *-us*

Beispiel: ***amīcus, -ī*** *m.* Freund

| | Singular | | Plural | |
|---|---|---|---|---|
| Nom. | ***amīcus*** | der Freund | ***amīcī*** | die Freunde |
| Gen. | ***amīcī*** | des Freundes | ***amīcōrum*** | der Freunde |
| Dat. | ***amīcō*** | dem Freund | ***amīcīs*** | den Freunden |
| Akk. | ***amīcum*** | den Freund | ***amīcōs*** | die Freunde |
| Abl. | ***amīcō*** | mit dem Freund | ***amīcīs*** | mit den Freunden |

Der **Vokativ** wird **nicht** wie in allen anderen Deklinationen wie der Nominativ gebildet, sondern mit der Endung ***-e***:

***Salve, amice!*** Sei gegrüßt, Freund!

Die Substantive auf ***-ius*** haben im Vokativ ***-ī***:

***Mī fīlī!*** Mein Sohn! ***Dīc, Gāī!*** Sprich, Gaius!

Verwechslungsgefahr! Nicht alle Substantive auf ***-us*** gehören zur o-Deklination, sie können auch zur u-Deklination (▶ S. 25) zählen. Lerne deshalb immer gleich den Genitiv mit - lautes Sprechen hilft dir dabei: „***amīcus, amīcī*** - Maskulinum - Freund" bzw. „***cāsus, cāsūs*** - Maskulinum - Fall, Zufall"

### Substantive auf *-er*

Beispiel: ***puer, -ī*** *m.* Junge

| | Singular | | Plural | |
|---|---|---|---|---|
| Nom. | ***puer*** | der Junge | ***puerī*** | die Jungen |
| Gen. | ***puerī*** | des Jungen | ***puerōrum*** | der Jungen |
| Dat. | ***puerō*** | dem Jungen | ***puerīs*** | den Jungen |
| Akk. | ***puerum*** | den Jungen | ***puerōs*** | die Jungen |
| Abl. | ***puerō*** | mit dem Jungen | ***puerīs*** | mit den Jungen |

Die Substantive auf ***-er*** sind Maskulinum. Bei den meisten Substantiven auf ***-er*** ist das ***-e-*** nur im Nominativ Singular vorhanden: ***liber, librī, librō, librum*** (Buch) usw. Wie ***puer*** werden dekliniert:

***gener, -erī*** *m.* Schwiegersohn
***vesper, -erī*** *m.* Abend
***socer, -erī*** *m.* Schwiegervater
***līberī, -ōrum*** *m.* Kinder

### Substantive auf *-um*

Beispiel: ***templum, -ī*** *n.* Tempel, Heiligtum

| | Singular | | Plural | |
|---|---|---|---|---|
| Nom. | ***templum*** | der Tempel | ***templa*** | die Tempel |
| Gen. | ***templī*** | des Tempels | ***templōrum*** | der Tempel |
| Dat. | ***templō*** | dem Tempel | ***templīs*** | den Tempeln |
| Akk. | ***templum*** | den Tempel | ***templa*** | die Tempel |
| Abl. | ***templō*** | mit dem Tempel | ***templīs*** | mit den Tempeln |

Im Wörterbuch findest du Substantive der o-Deklination immer mit dem Genitiv und dem Genus angegeben:

***amīcus, -ī*** *m.* Freund
***puer, puerī*** *m.* Junge, Kind
***liber, -brī*** *m.* Buch
***forum, -ī*** *n.* Forum, Marktplatz

## Besonderheiten

Die meisten Substantive der o-Deklination auf ***-us*** und ***-er*** sind Maskulinum. Ausnahmen bilden:

| | | | |
|---|---|---|---|
| ***Corinthus, -ī*** ***f.*** | Korinth | ***Aegyptus, -ī*** ***f.*** | Ägypten |
| ***humus, -ī*** ***f.*** | Boden | ***vulgus, -ī*** **n.** | Volk |

**Pluralwörter** sind:

| | | | |
|---|---|---|---|
| ***līberī, -ōrum*** *m.* | Kinder | ***arma, -ōrum*** *n.* | Waffen |

Unterschiedliche Bedeutung in Singular und Plural haben:

| | | | |
|---|---|---|---|
| ***auxilium, -iī*** *n.* | Hilfe | ***auxilia, -ōrum*** *n.* | Hilfstruppen |
| ***castrum, -ī*** *n.* | Kastell | ***castra, -ōrum*** *n.* | Lager |

## Und jetzt bist du dran!

**1. Bilde die entsprechenden Formen von *fīlius, -ī* *m.* zu den angegebenen von *fīlia, -ae* *f.***

***fīlia*** ______________________ ***fīliīs*** ______________________

***fīliam*** ______________________ ***fīliārum*** ______________________

***fīliās*** ______________________ ***fīliā*** ______________________

***fīliae*** ______________________

**2. Bestimme Kasus, Numerus und bilde den Nom. Sg. Achtung: Manchmal gibt es mehrere Lösungen!**

***tribūnī*** ______________________

***dominō*** ______________________

***librīs*** ______________________

***agrōs*** ______________________

***fora*** ______________________

**3. Suche den „männlichen Partner" im entsprechenden Kasus und übersetze.**

***puella et*** ______________ ______________

***dominārum et*** ______________ ______________

***deās et*** ______________ ______________

***discipulam et*** ______________ ______________

***amīcae et*** ______________ ______________

## 2.3 Gemischte Deklination (3. Deklination)

Die 3. Deklination (auch: gemischte Deklination) umfasst drei verschiedene Typen: die konsonantischen Stämme, die i-Stämme und die Mischklasse, die Merkmale der beiden ersten Typen hat.

### Konsonantische Stämme

Zu diesem Typ (auch: konsonantische Deklination) zählen Substantive, deren Wortstamm auf einen Konsonanten endet: z. B. ***lēx, lēgis*** *f.* (Gesetz). Sie unterscheiden sich von den anderen beiden Typen der 3. Deklination, den i-Stämmen und der Mischklasse, im Ablativ Singular ***(-e)***, Genitiv Plural ***(-um)*** und die Neutra zusätzlich im Nominativ bzw. Akkusativ Plural ***(-a)***. Präge dir deshalb die Kennzeichen der konsonantischen Stämme gut ein: ***-e, -um, -a***

Beispiel: ***lēx, lēgis*** *f.* Gesetz

| | Singular | | Plural | |
|---|---|---|---|---|
| Nom. | ***lēx*** | das Gesetz | ***lēgēs*** | die Gesetze |
| Gen. | ***lēgis*** | des Gesetzes | ***lēgum*** | der Gesetze |
| Dat. | ***lēgī*** | dem Gesetz | ***lēgibus*** | den Gesetzen |
| Akk. | ***lēgem*** | das Gesetz | ***lēgēs*** | die Gesetze |
| Abl. | ***lēge*** | mit dem Gesetz | ***lēgibus*** | mit den Gesetzen |

Substantive der konsonantischen Stämme können jedes Genus besitzen: Maskulina und Feminina werden wie das Beispiel dekliniert. Die Neutra der konsonantischen Stämme werden wie folgt dekliniert:

Beispiel: ***opus, -eris*** *n.* Werk, Arbeit

| | Singular | | Plural | |
|---|---|---|---|---|
| Nom. | ***opus*** | das Werk | ***opera*** | die Werke |
| Gen. | ***operis*** | des Werkes | ***operum*** | der Werke |
| Dat. | ***operī*** | dem Werk | ***operibus*** | den Werken |
| Akk. | ***opus*** | das Werk | ***opera*** | die Werke |
| Abl. | ***opere*** | mit dem Werk | ***operibus*** | mit den Werken |

Im Wörterbuch findest du die Substantive der konsonantischen Stämme mit dem Genitiv und dem Genus angegeben. Da man anhand des Nominativs den Wortstamm oft nicht erkennen kann, lerne den Genitiv immer gleich mit!

***senex, senis*** *m.* Greis — ***corpus, corporis*** *n.* Körper

## Besonderheiten

- **Pluralwörter** sind:

  ***parentēs, -um*** *m.* Eltern ***maiōrēs, -um*** *m.* Vorfahren

- Wörter mit Wortstammveränderung:

  ***Iuppiter, Iovis*** *m.* Jupiter ***iter, itineris*** *n.* Weg

Besondere Formen haben ***bōs, bovis*** *m./f.* Rind und ***vās, vāsis*** *n.* Gefäß:

| | Singular | Plural | Singular | Plural |
|---|---|---|---|---|
| Nom. | ***bōs*** | ***bovēs*** | ***vās*** | ***vāsa*** |
| Gen. | ***bovis*** | ***boum*** | ***vāsis*** | ***vāsōrum*** |
| Dat. | ***bovī*** | ***būbus/bōbus*** | ***vāsī*** | ***vāsīs*** |
| Akk. | ***bovem*** | ***bovēs*** | ***vās*** | ***vāsa*** |
| Abl. | ***bove*** | ***būbus/bōbus*** | ***vāse*** | ***vāsīs*** |

## i-Stämme

Die i-Stämme (auch: i-Deklination), deren Merkmal der Stammauslaut ***-i-*** darstellt, umfassen nur wenige Substantive. Ihre Kennzeichen sind ***-ī, -ium, -ia***.

Beispiel: ***turris, -is*** *f.* Turm

| | Singular | | Plural | |
|---|---|---|---|---|
| Nom. | ***turris*** | der Turm | ***turrēs*** | die Türme |
| Gen. | ***turris*** | des Turmes | ***turrium*** | der Türme |
| Dat. | ***turrī*** | dem Turm | ***turribus*** | den Türmen |
| Akk. | ***turrim*** | den Turm | ***turrēs/-īs*** | die Türme |
| Abl. | ***turrī*** | mit dem Turm | ***turribus*** | mit den Türmen |

Substantive der i-Stämme, die diesem Deklinationsschema folgen, sind in der Regel Feminina (Ausnahme: ***Tiber, -is*** *m.* Tiber).

Die Neutra, zu denen die Substantive auf ***-ar, -e, -al*** (merke: „Areal") gehören, werden folgendermaßen dekliniert:

Beispiel: ***animal, -is*** *n.* Tier, Lebewesen

| | **Singular** | | **Plural** | |
|---|---|---|---|---|
| Nom. | ***animal*** | das Tier | ***animālia*** | die Tiere |
| Gen. | ***animālis*** | des Tieres | ***animālium*** | der Tiere |
| Dat. | ***animālī*** | dem Tier | ***animālibus*** | den Tieren |
| Akk. | ***animal*** | das Tier | ***animālia*** | die Tiere |
| Abl. | ***animālī*** | mit dem Tier | ***animālibus*** | mit den Tieren |

Zu den i-Stämmen gehören u. a.:

| | | | |
|---|---|---|---|
| ***turris, -is*** *f.* | Turm | ***sitis, -is*** *f.* | Durst |
| ***mare, -is*** *n.* | Meer | ***exemplar, -āris*** *n.* | Muster |

## Besonderheiten

Das Substantiv ***vīs*** *f.* besitzt weder Genitiv noch Dativ Singular: Akk. Sg. ***vim***, Abl. Sg. ***vī***. Der Plural wird regelmäßig vom Stamm ***vīr-*** gebildet: ***vīrēs, vīrium, vīribus, vīrēs, vīribus.*** Es hat zudem eine unterschiedliche Bedeutung in Singular und Plural:

| | | | |
|---|---|---|---|
| ***vīs*** *f.* | Kraft, Gewalt | ***vīrēs, -ium*** *f.* | Streitkräfte |

## Mischklasse

Die Mischklasse hat Merkmale der konsonantischen und der i-Stämme: ***-e, -ium, -a***. Diese Substantive stimmen also mit Ausnahme des Genitiv Plurals mit den konsonantischen Stämmen überein.

Beispiel: ***hostis, -is*** *m.* Feind

| | **Singular** | | **Plural** | |
|---|---|---|---|---|
| Nom. | ***hostis*** | der Feind | ***hostēs*** | die Feinde |
| Gen. | ***hostis*** | des Feindes | ***hostium*** | der Feinde |
| Dat. | ***hostī*** | dem Feind | ***hostibus*** | den Feinden |
| Akk. | ***hostem*** | den Feind | ***hostēs*** | die Feinde |
| Abl. | ***hoste*** | mit dem Feind | ***hostibus*** | mit den Feinden |

Da die Substantive der Mischklasse jedes Genus besitzen können, empfiehlt es sich nicht nur den Genitiv, sondern auch das Genus gleich mitzulernen! Die Neutra bilden die Formen wie oben beschrieben, mit Ausnahme des Akk. Sg. (= Nom. Sg.) und des Nom. bzw. Akk. Pl., z. B.: ***cor, cordis*** *n.* Herz, Akk. Sg. ***cor***, Nom./Akk. Pl. ***corda***.

Zur Mischklasse gehören:

- die gleichsilbigen Wörter auf ***-is*** und ***-ēs***, z. B.:

| | | | |
|---|---|---|---|
| ***nāvis, -is*** *f.* | Schiff | ***clādēs, -is*** *f.* | Niederlage |

außer:

| | | | |
|---|---|---|---|
| ***canis, -is*** *m.* | Hund | ***sēdēs, -is*** *f.* | Sitz |

- Substantive mit mehr als einem Konsonanten vor der Genitivendung, z. B.:

| | | | |
|---|---|---|---|
| ***urbs, urbis*** *f.* | Stadt | ***gēns, gentis*** *f.* | Geschlecht |

außer die folgenden Bezeichnungen von Familienmitgliedern:

| | | | |
|---|---|---|---|
| ***pater, -tris*** *m.* | Vater ***(patrum)*** | ***māter, -tris*** *f.* | Mutter ***(mātrum)*** |
| ***parentēs, -um*** *m.* | Eltern | | |

## Besonderheiten

- **Pluralwörter** sind:

| | | | |
|---|---|---|---|
| ***forēs, -ium*** *f.* | Tür(flügel) | ***nārēs, -ium*** *f.* | Nase |

- Eine unterschiedliche Bedeutung in Singular und Plural haben:

| | | | |
|---|---|---|---|
| ***aedēs, -is*** *f.* | Tempel | ***aedēs, -ium*** *f.* | Haus |
| ***fīnis, -is*** *m* | Ende, Grenze | ***fīnēs, -ium*** *m.* | Gebiet |
| ***pars, -rtis*** *f.* | Teil, Seite | ***partēs, -ium*** *f.* | Partei, Rolle |

## Und jetzt bist du dran!

**1. Setze die folgenden Substantive in den angegebenen Kasus und übersetze.**

***pater, -tris*** *m.*

Akk. Pl. ____________________

Abl. Sg. ____________________

Dat. Pl. ____________________

***regiō, -ōnis*** *f.*

Dat. Pl. ____________________

Akk. Sg. ____________________

Gen. Sg. ____________________

***mare, -is*** *n.*

Gen. Pl. __________

Abl. Pl. __________

Akk. Pl. __________

**2. Verbinde die Formen von *nāvis, -is* *f.* und *āēr, -ris* *m.* mit der passenden Formenbestimmung.**

| | |
|---|---|
| ***nāvium*** | Nom. Sg. |
| ***nāvī*** | Akk. Pl. |
| ***āerem*** | Dat. Sg. |
| ***nāvis*** | Abl. Sg. |
| ***āere*** | Gen. Pl. |
| ***nāvēs*** | Akk. Sg. |

**3. Konsonantische Stämme, i-Stämme oder Mischklasse? Ordne zu und bestimme die Form.**

***animālia - gentis - itinera - turrim - prīncipibus - aedium - orātōrum - senem - maribus - fīnī - vīrēs - parte***

| Konsonantische Stämme | i-Stämme | Mischklasse |
|---|---|---|
| | | |
| | | |
| | | |
| | | |
| | | |
| | | |
| | | |
| | | |

**4. Setze die Substantive in der passenden Form ein und übersetze.**

1. ______________________ *(**sacerdōs, -dōtis** m.) **deīs sacrificāvērunt.***

______________________

2. ***Cāve*** ______________________ *(**canis, -is** m.)**!***

______________________

3. ***Studiō et*** ______________________ *(**vīs** f.) **hostem vincimus.***

______________________

4. ______________________ *(**vīrēs, -ium** f.) **Rōmānōrum māgnae sunt, quia multās*** ______________________ *(**legiō, -ōnis** f.) **habent.***

______________________

______________________

5. ***Turba*** ______________________ *(**homō, -inis** m.) **in forō*** ______________________ *(**urbs, urbis** f.) **est et*** ______________________ *(**orātor, -ōris** m.) **audit.***

______________________

______________________

## 2.4 u-Deklination (4. Deklination)

Das Merkmal dieser Deklination ist der Stammauslaut ***-u-***, der in allen Kasus außer Dativ und Ablativ Plural sichtbar ist.

Beispiel: ***passus, -ūs*** *m.* Schritt

| | **Singular** | | **Plural** | |
|---|---|---|---|---|
| Nom. | ***passus*** | der Schritt | ***passūs*** | die Schritte |
| Gen. | ***passūs*** | des Schrittes | ***passuum*** | der Schritte |
| Dat. | ***passuī*** | dem Schritt | ***passibus*** | den Schritten |
| Akk. | ***passum*** | den Schritt | ***passūs*** | die Schritte |
| Abl. | ***passū*** | mit dem Schritt | ***passibus*** | mit den Schritten |

Verwechslungsgefahr! Auch die Substantive der o-Deklination enden im Nominativ Singular auf ***-us***. Lerne deshalb den Genitiv Singular dazu, damit du das Substantiv einordnen kannst.

Die Neutra der u-Deklination enden im Nom. Sg. auf ***-ū***:

Beispiel: ***cornū, -ūs*** *n.* Horn

| | **Singular** | | **Plural** | |
|---|---|---|---|---|
| Nom. | ***cornū*** | das Horn | ***cornua*** | die Hörner |
| Gen. | ***cornūs*** | des Horns | ***cornuum*** | der Hörner |
| Dat. | ***cornū*** | dem Horn | ***cornibus*** | den Hörnern |
| Akk. | ***cornū*** | das Horn | ***cornua*** | die Hörner |
| Abl. | ***cornū*** | mit dem Horn | ***cornibus*** | mit den Hörnern |

## Besonderheiten

- Die Substantive der u-Deklination auf ***-us*** sind in der Regel Maskulina, außer ***domus, -ūs f.*** (Haus), ***manus, -ūs f.*** (Hand) und ***porticus, -ūs f.*** (Säulengang).
- Im Dat. und Abl. Pl. haben folgende Wörter ***-ubus*** statt ***-ibus***:

| | | | |
|---|---|---|---|
| ***arcus, -ūs*** *m.* | Bogen | → | ***arcubus*** |
| ***artus, -ūs*** *m.* | Gelenk | → | ***artubus*** |
| ***tribus, -ūs*** *f.* | Bezirk | → | ***tribubus*** |

Besondere Formen hat ***domus, -ūs*** *f.* (Haus): Einige Fälle werden nach der u-Deklination, einige nach der o-Deklination gebildet.

| | **Singular** | **Plural** |
|---|---|---|
| Nom. | ***domus*** | ***domūs*** |
| Gen. | ***domūs*** | ***domōrum/domuum*** |
| Dat. | ***domuī*** | ***domibus*** |
| Akk. | ***domum*** | ***domōs*** (selten ***domūs***) |
| Abl. | ***domō*** | ***domibus*** |

Merke: ***domō*** von zu Hause ***domī*** zuhause ***domum*** nach Hause

## Und jetzt bist du dran!

### 1. Setze in den angegebenen Kasus und Numerus.

***arcus, -ūs*** *m.*

Akk. Pl. ____________________

Abl. Sg. ____________________

Dat. Pl. ____________________

**2. Bestimme Kasus, Numerus und Genus der folgenden Substantive und übersetze. Achtung: Manchmal gibt es mehrere Lösungen!**

***exercitūs*** ______________________________

***reditūī*** ______________________________

***exercitū*** ______________________________

***reditum*** ______________________________

***genua*** ______________________________

***exercitibus*** ______________________________

***genū*** ______________________________

**3. Handelt es sich um ein Substantiv der o- oder der u-Deklination? Ordne zu.**

***cāsūs - theātrum - fīlius - usuī - lacuum - socium - frūmentum - philosophus - impetū - senātum***

| o-Deklination | u-Deklination |
| --- | --- |
| __________ | __________ |
| __________ | __________ |
| __________ | __________ |
| __________ | __________ |
| __________ | __________ |

**4. Setze die Substantive in Klammern in der passenden Form ein und übersetze.**

1. ***Sonus*** ____________________ ***(cornū, -ūs** n.**) auditur.***

______________________________

2. ***Rōmae multōs*** ____________________ ***(arcus, -ūs** m.**) vīsitāvī.***

______________________________

3. ____________________ ***(exercitus, -ūs** m.**) Rōmānus Gallōs vīcit.***

______________________________

4. ***Pater*** ____________________ ***(domus, -ūs** f.**) amplam ēmit.***

______________________________

## 2.5 e-Deklination (5. Deklination)

Das Merkmal dieser Deklination ist der Stammauslaut **-e-**, der in allen Kasus sichtbar ist.

Beispiel: ***rēs, -eī*** *f.* Sache, Ding, Angelegenheit

| | Singular | | Plural | |
|---|---|---|---|---|
| Nom. | **rēs** | die Sache | **rēs** | die Sachen |
| Gen. | **reī** | der Sache | **rērum** | der Sachen |
| Dat. | **reī** | der Sache | **rēbus** | den Sachen |
| Akk. | **rem** | die Sache | **rēs** | die Sachen |
| Abl. | **rē** | mit der Sache | **rēbus** | mit den Sachen |

### Besonderheiten

- Alle Substantive der e-Deklination sind in der Regel Feminina außer ***meridiēs, -ēī*** *m.* (Mittag, Süden) und ***diēs, -ēī*** *m.* (Tag). In der Bedeutung „Termin" ist ***diēs*** jedoch Feminin:

| | | | |
|---|---|---|---|
| ***diēs certa*** | bestimmter Termin | ***diēs fēstus*** | Festtag |

- Besondere Bedeutungen von ***rēs, -eī*** *f.*:

| | | | |
|---|---|---|---|
| ***rēs mīlitāris*** | das Kriegswesen | ***rēs futūrae*** | Zukunft |
| ***rēs secundae*** | Glück | ***rēs adversae*** | Unglück |
| ***rēs familiāris*** | Hauswesen, Vermögen | ***rēs gestae*** | Taten |
| ***rēs Rōmānae*** | römische Geschichte | ***rēs pūblica*** | Staat |

### Und jetzt bist du dran!

**1. Bilde die entsprechenden Formen von *rēs, -eī f.* zu den angegebenen von *clādēs, -is f.***

***clādium*** ______________________ ***clādī*** ______________________

***clādēs*** ______________________ ***clādibus*** ______________________

***clādem*** ______________________ ***clādis*** ______________________

**2. Bestimme Kasus und Numerus der folgenden Substantive und übersetze.**

***aciēī*** ______________________

***fidēs*** ______________________

***diērum*** ______________________

***aciem*** ______________________

***fidē*** ______________________

**3. Setze die passenden Formen der Substantive ein und übersetze.**

1. ***Cur*** ______________________ ***(spēs, -eī** f.**) abicitis?***

______________________

2. ***Carpe*** ______________________ ***(diēs, -ēī** m.**)!***

______________________

3. ***Cōnsulēs magistrātūs*** ______________________ ***(rēs, -eī** f.**) pūblicae erant.***

______________________

4. ***Mīlitēs fortiter in*** ______________________ ***(aciēs, -ēī** f.**) pūgnavērunt,***

***tum in castra rediērunt.*** ______________________

______________________

## 2.6 Check-up Substantive

**1. Setze folgende Substantive in den angegebenen Kasus und Numerus.**

| | | |
|---|---|---|
| ***pater, -tris*** m. | Gen. Pl. | ______________________ |
| | Abl. Sg. | ______________________ |
| | Nom. Pl. | ______________________ |
| ***meridiēs, -ēī*** m. | Akk. Sg. | ______________________ |
| | Dat. Sg. | ______________________ |
| | Abl. Pl. | ______________________ |
| ***dea, -ae*** f. | Vok. Sg. | ______________________ |
| | Akk. Pl. | ______________________ |
| | Gen. Sg. | ______________________ |
| ***equus, -ī*** m. | Dat. Pl. | ______________________ |
| | Abl. Sg. | ______________________ |
| | Gen. Sg. | ______________________ |
| ***versus, -ūs*** m. | Akk. Pl. | ______________________ |
| | Dat. Sg. | ______________________ |
| | Akk. Sg. | ______________________ |

**2. Da ist wohl etwas durcheinandergeraten!? Verbinde die Substantive mit den richtigen Übersetzungen.**

| | |
|---|---|
| ***glōriae*** | die Speisen |
| ***templa*** | das Meer |
| ***diēī*** | mit den Künsten |
| ***mare*** | die Bögen |
| ***arcūs*** | die Tempel |
| ***artibus*** | den Untergang |
| ***perniciem*** | des Ruhmes |
| ***fugam*** | dem Tag |
| ***cibī*** | die Flucht |

**3. Übersetze die folgenden Sätze. Anschließend bestimme Kasus, Numerus und Genus aller Substantive und bilde deren Nom. Sg. sowie Gen. Sg.**

1. ***Magistrātūs erat rem pūblicam administrāre.*** ______

2. ***Rōmānī et in rēbus secundīs et in rēbus adversīs reī pūblicae prōdesse studēbant.***

3. ***Pīrātae audāciā ferōciāque nāvēs et īnsulās oppressērunt.***

**4. Löse das Kreuzworträtsel, indem du die lateinischen Formen der Substantive in die Kästchen einträgst. Die dunklen Kästchen ergeben das Lösungswort.**

1. Menge → Nom. Pl.
2. Liebe → Nom. Sg.
3. Ausgang → Abl. Sg.
4. Mond → Dat. Pl.
5. Feld → Nom. Sg.
6. Bewegung → Gen. Pl.
7. das Gute → Akk. Sg.
8. Ehefrau → Abl. Sg.
9. Hoffnung → Gen. Sg.

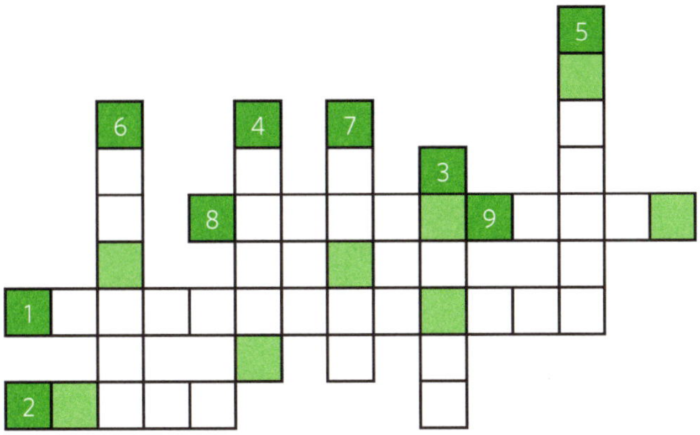


Das gesuchte Wort ist: ________________________________ (Wissen).

**5. Diese verflixten mehrdeutigen Endungen! Nenne bei den folgenden Endungen jeweils alle Möglichkeiten, welcher Kasus, Numerus und Genus sowie Deklination sich dahinter verbergen kann, und gib für jede erwähnte Deklination ein Beispiel an.**

| Endung | Deklination | Form | Beispiel |
| --- | --- | --- | --- |
| ***-us***<br>***-ūs*** | | | |
| ***-ī*** | | | |
| ***-ēs*** | | | |
| ***-a*** | | | |
| ***-is***<br>***-īs*** | | | |
| ***-um*** | | | |

# 3 Adjektive

Lateinische Adjektive beschreiben - wie Adjektive im Deutschen - Substantive näher: ein **großes** Haus, das **kleine** Kind.

Das Lateinische weist zwei Deklinationsgruppen von Adjektiven auf: Die Adjektive der **a-/o-Deklination** und die der **3. Deklination**, die sich wiederum in **konsonantische** und **i-Stämme** aufteilt.

Adjektive können gesteigert werden, d. h. sie bilden einen **Komparativ** (von ***comparāre*** vergleichen), z. B. „schneller", und einen **Superlativ** (von ***superāre*** übertreffen), z. B. „der schnellste, am schnellsten".

Von den Adjektiven werden zahlreiche **Adverbien** (< ***ad-verbium*** = zum Verb/Wort gehörend) abgeleitet, die eine **verbale** Handlung auf die Frage „wie geschieht etwas?" näher bestimmen: z. B. Sie gehen **schnell**. *(Wie gehen sie? Schnell.)*

Im Gegensatz zu Adjektiven werden Adverbien nicht dekliniert, sie sind unveränderlich. Sie können jedoch gesteigert werden.

**Allgemeine Hinweise:**

- Man unterscheidet im Lateinischen **dreiendige** Adjektive, die für alle drei Genera Formen aufweisen, **zweiendige** Adjektive, die für Maskulinum und Femininum eine Form haben und eine gesonderte für das Neutrum, sowie **einendige** Adjektive, die für alle drei Genera nur eine Form haben.
- Adjektive werden in Kasus, Numerus und Genus an das zugehörige Substantiv angeglichen, sie sind mit ihrem Bezugswort **kongruent.**

| | | |
|---|---|---|
| ***templa māgna*** | große Tempel | Nom./Akk. Pl. n. |
| ***puellae audācēs*** | mutige Mädchen | Nom. Pl. f. |

- Adjektive können sowohl **attributiv** als auch **prädikativ** gebraucht werden: Als Attribute benennen sie eine Eigenschaft eines Substantivs, als Prädikativa bestimmen sie das Prädikat auf die Frage „als was?" näher, d. h. sie sagen etwas darüber aus, in welchem Zustand eine Person eine Handlung vornimmt:

  ***Līberī maestī in lūdum eunt.***

  attributiv: Die **betrübten** Kinder gehen in die Schule.
  prädikativ: Die Kinder gehen **betrübt** („als betrübte") in die Schule.

  In beiden Fällen richtet sich das Adjektiv in Kasus, Numerus und Genus nach seinem Bezugswort.

## 3.1 Adjektive der a-/o-Deklination

Die Adjektive der a-/o-Deklination werden wie die Substantive der a- bzw. o-Deklination dekliniert. Zu dieser Gruppe zählen die dreiendigen Adjektive auf ***-us, -a, -um*** sowie die Adjektive auf ***-er, -(e)ra, -(e)rum***.

## Adjektive auf *-us, -a, -um*

Beispiel: ***māgnus, -a, -um*** groß, bedeutend

| **Singular** | m. | f. | n. |
|---|---|---|---|
| Nom. | ***māgnus*** | ***māgna*** | ***māgnum*** |
| Gen. | ***māgnī*** | ***māgnae*** | ***māgnī*** |
| Dat. | ***māgnō*** | ***māgnae*** | ***māgnō*** |
| Akk. | ***māgnum*** | ***māgnam*** | ***māgnum*** |
| Abl. | ***māgnō*** | ***māgnā*** | ***māgnō*** |
| **Plural** | | | |
| Nom. | ***māgnī*** | ***māgnae*** | ***māgna*** |
| Gen. | ***māgnōrum*** | ***māgnārum*** | ***māgnōrum*** |
| Dat. | ***māgnīs*** | ***māgnīs*** | ***māgnīs*** |
| Akk. | ***māgnōs*** | ***māgnās*** | ***māgna*** |
| Abl. | ***māgnīs*** | ***māgnīs*** | ***māgnīs*** |

### Besonderheiten

- Der Vok. Sg. m. hat wie bei den Substantiven (o-Dekl.) eine eigene Form: ***māgne.***
- Das Partizip Perfekt Passiv (PPP), das Partizip Futur Aktiv (PFA), das Gerundium sowie das Gerundivum werden wie die Adjektive der a-/o-Deklination auf ***-us, -a, -um*** dekliniert:

  Beispiel: ***agere, agō, ēgī, āctum*** (be)treiben, (ver)handeln

  PPP: ***āctus, ācta, āctum***
  Gen. Sg. ***āctī, āctae, āctī*** usw.
  Gerundium: ***agendī***
  Dat. Sg. ***agendō*** usw.

  PFA: ***āctūrus, āctūra, āctūrum***
  Gen. Sg. ***āctūrī, āctūrae, ācturī*** usw.
  Gerundivum: ***agendus, -a, -um***
  Gen. Sg. ***agendī, -ae, -ī*** usw.

## Adjektive auf *-er, -(e)ra, -(e)rum*

Diese Adjektive werden dekliniert wie ***māgnus, -a, -um***, mit Ausnahme des Nom. Sg. Nur ein kleiner Teil dieser Gruppe behält das **-e-** in allen Kasus, alle anderen haben es nur im Nom./Vok. Sg. m. Lerne deshalb immer gleich den Nom. f. und n. mit!

In allen Kasus ist das **-e-** vorhanden z. B. bei:

***līber, lībera, līberum*** frei Gen. Sg. ***līberī, līberae, līberī***
***miser, misera, miserum*** elend Gen. Sg. ***miserī, miserae, miserī***

Nur im Nom. und Vok. Sg. m. haben **-e-** z. B.:

| | | |
|---|---|---|
| ***pulcher, pulchra, pulchrum*** | schön | Gen. Sg. ***pulchrī, pulchrae, pulchrī*** |
| ***āter, ātra, ātrum*** | dunkel | Gen. Sg. ***ātrī, ātrae, ātrī*** |

## Und jetzt bist du dran!

**1. Bilde die angegebenen Formen der folgenden Adjektive.**

***iūstus, -a, -um***

Gen. Pl. f. ______

Abl. Sg. n. ______

Dat. Sg. f. ______

Akk. Pl. m. ______

***dīvīnus, -a, -um***

Akk. Sg. m. ______

Nom. Pl. n. ______

Gen. Sg. m. ______

Abl. Pl. f. ______

**2. Bestimme Kasus, Numerus und Genus der folgenden Adjektive. Manchmal sind mehrere Lösungen möglich!**

***fīda*** ______ ***iūstum*** ______

***lōngī*** ______ ***dīvīnae*** ______

***pulchrā*** ______ ***asperārum*** ______

***līberōrum*** ______ ***parvō*** ______

***miserīs*** ______ ***bonās*** ______

**3. Gleiche das Adjektiv *malus, -a, -um* an das jeweilige Substantiv in Kasus, Numerus und Genus an und übersetze. Manchmal gibt es mehrere Möglichkeiten!**

***amīcae mal*** ______ ______

***imperātōrum mal*** ______ ______

***dominīs mal*** ______ ______

***rēs mal*** ______ ______

## 3.2 Adjektive der 3. Deklination

Neben den Adjektiven der a-/o-Deklination gibt es auch Adjektive der 3. Deklination. Sie teilen sich in konsonantische und i-Stämme auf.

### Konsonantische Stämme

Nur einige wenige Adjektive zählen zu den konsonantischen Stämmen. Es handelt sich dabei um einendige Adjektive. Ihre Kennzeichen sind wie bei den Substantiven dieses Typs der Abl. Sg., der Gen. Pl. und im Neutrum der Nom./Akk. Pl.: ***-e, -um, -a***

Beispiel: ***pauper, -eris*** arm

| **Singular** | m. | f. | n. |
|---|---|---|---|
| Nom. | ***pauper*** | ***pauper*** | ***pauper*** |
| Gen. | ***pauperis*** | ***pauperis*** | ***pauperis*** |
| Dat. | ***pauperī*** | ***pauperī*** | ***pauperī*** |
| Akk. | ***pauperem*** | ***pauperem*** | ***pauper*** |
| Abl. | ***paupere*** | ***paupere*** | ***paupere*** |
| **Plural** | | | |
| Nom. | ***pauperēs*** | ***pauperēs*** | ***paupera*** |
| Gen. | ***pauperum*** | ***pauperum*** | ***pauperum*** |
| Dat. | ***pauperibus*** | ***pauperibus*** | ***pauperibus*** |
| Akk. | ***pauperēs*** | ***pauperēs*** | ***paupera*** |
| Abl. | ***pauperibus*** | ***pauperibus*** | ***pauperibus*** |

Im Wörterbuch werden Adjektive der konsonantischen Stämme immer mit dem Genitiv Singular angegeben:

| | | | |
|---|---|---|---|
| ***pauper, -eris*** | arm | ***dīves, -itis*** | reich |
| ***vetus, -eris*** | alt | ***particeps, -cipis*** | teilnehmend |
| ***prīnceps, -ipis*** | erster | ***superstes, -stitis*** | überlebend |

### i-Stämme

Grundsätzlich gehören bis auf wenige Ausnahmen, die zu den konsonantischen Stämmen zählen, alle Adjektive der 3. Deklination zu den i-Stämmen. Kennzeichen der i-Stämme sind wie bei den Substantiven: ***-ī, -ium, -ia***. Im Unterschied zu den Substantiven hat der Akk. Sg. m./f. jedoch die Endung ***-em*** statt ***-im***.

Die Adjektive der i-Stämme sehen aber nicht alle gleich aus. Man unterscheidet drei Gruppen:

| dreiendige Adjektive | zweiendige Adjektive | einendige Adjektive |
|---|---|---|
| ***celer, celeris, celere***<br>berühmt, belebt | ***fortis, fortis, forte***<br>tapfer, stark | ***fēlīx, fēlīx, fēlīx***<br>glücklich |
| ***equus celer***<br>das schnelle Pferd<br><br>***nāvis celeris***<br>das schnelle Schiff<br><br>***tēlum celere***<br>das schnelle Wurfgeschoss | ***mīlēs fortis***<br>der tapfere Soldat<br><br>***fēmina fortis***<br>die tapfere Frau<br><br>***animal forte***<br>das tapfere Lebewesen | ***vir fēlīx***<br>der glückliche Mann<br><br>***fēmina fēlīx***<br>die glückliche Frau<br><br>***ōmen fēlīx***<br>das glückliche Vorzeichen |

Beispiel: ***celer,-is, -e*** schnell

| **Singular** | m. | f. | n. |
|---|---|---|---|
| Nom. | ***celer*** | ***celeris*** | ***celere*** |
| Gen. | ***celeris*** | ***celeris*** | ***celeris*** |
| Dat. | ***celerī*** | ***celerī*** | ***celerī*** |
| Akk. | ***celerem*** | ***celerem*** | ***celere*** |
| Abl. | ***celerī*** | ***celerī*** | ***celerī*** |
| **Plural** | | | |
| Nom. | ***celerēs*** | ***celerēs*** | ***celeria*** |
| Gen. | ***celerium*** | ***celerium*** | ***celerium*** |
| Dat. | ***celeribus*** | ***celeribus*** | ***celeribus*** |
| Akk. | ***celerēs*** | ***celerēs*** | ***celeria*** |
| Abl. | ***celeribus*** | ***celeribus*** | ***celeribus*** |

Beispiel: ***fortis, -e*** tapfer

| **Singular** | m. | f. | n. |
|---|---|---|---|
| Nom. | ***fortis*** | ***fortis*** | ***forte*** |
| Gen. | ***fortis*** | ***fortis*** | ***fortis*** |
| Dat. | ***fortī*** | ***fortī*** | ***fortī*** |
| Akk. | ***fortem*** | ***fortem*** | ***forte*** |
| Abl. | ***fortī*** | ***fortī*** | ***fortī*** |
| **Plural** | | | |
| Nom. | ***fortēs*** | ***fortēs*** | ***fortia*** |
| Gen. | ***fortium*** | ***fortium*** | ***fortium*** |
| Dat. | ***fortibus*** | ***fortibus*** | ***fortibus*** |
| Akk. | ***fortēs*** | ***fortēs*** | ***fortia*** |
| Abl. | ***fortibus*** | ***fortibus*** | ***fortibus*** |

Beispiel: ***fēlīx, -īcis*** glücklich

| **Singular** | m. | f. | n. |
|---|---|---|---|
| Nom. | ***fēlīx*** | ***fēlīx*** | ***fēlīx*** |
| Gen. | ***fēlīcis*** | ***fēlīcis*** | ***fēlīcis*** |
| Dat. | ***fēlīcī*** | ***fēlīcī*** | ***fēlīcī*** |
| Akk. | ***fēlīcem*** | ***fēlīcem*** | ***fēlīx*** |
| Abl. | ***fēlīcī*** | ***fēlīcī*** | ***fēlīcī*** |
| **Plural** | | | |
| Nom. | ***fēlīcēs*** | ***fēlīcēs*** | ***fēlīcia*** |
| Gen. | ***fēlīcium*** | ***fēlīcium*** | ***fēlīcium*** |
| Dat. | ***fēlīcibus*** | ***fēlīcibus*** | ***fēlīcibus*** |
| Akk. | ***fēlīcēs*** | ***fēlīcēs*** | ***fēlīcia*** |
| Abl. | ***fēlīcibus*** | ***fēlīcibus*** | ***fēlīcibus*** |

Im Wörterbuch werden Adjektive der i-Stämme wie folgt angegeben:

| | | | | |
|---|---|---|---|---|
| dreiendig (Nom Sg. m./f./n.): | **ācer, ācris, ācre** | scharf | **celer, -is, -e** | schnell |
| zweiendig (Nom. Sg. m./n.): | **facilis, -e** | leicht | **fortis, -e** | tapfer |
| einendig (+ Gen. Sg.) | **fēlīx, -īcis** | glücklich | **prūdēns, -ntis** | klug |

## Besonderheiten

Das **einendige** Partizip Präsens Aktiv (PPA) wird wie die i-Stämme dekliniert. Beispiel: ***agere, agō, ēgī, āctum*** treiben, handeln → PPA: ***agēns***, Gen. Sg. ***agentis*** usw. Wird das PPA wie ein Adjektiv verwendet, folgt es diesem Deklinationsschema: ***ab excellentī ōrātōre*** (von einem hervorragenden Redner). Als Verbaladjektiv gebraucht endet der Abl. Sg. jedoch auf **-e**: ***excellente ōrātōre*** (während der Redner sich auszeichnete).

## Und jetzt bist du dran!

**1. Setze *prīnceps, -cipis* in den angegebenen Kasus, Numerus und Genus.**

Gen. Pl. f. ______________________

Nom. Pl. n. ______________________

Dat. Sg. f. ______________________

Akk. Pl. m. ______________________

Dat. Pl. m. ______________________

**2. Gleiche das Adjektiv *vetus, -eris* an die Substantive an und bestimme Kasus, Numerus und Genus. Manchmal sind mehrere Lösungen möglich!**

***senātōrī vet***____________ ______________________

***aedificia vet***____________ ______________________

***templōrum vet***____________ ______________________

***urbem vet***____________ ______________________

***mōrēs vet***____________ ______________________

**3. Füge die passenden Formen der Adjektive ein und übersetze.**

1. ***Mīlitēs Rōmānī*** ______________________ ***(fortis, -e) fuērunt.***

______________________________________________

2. ***Līberī magistrō*** ______________________ ***(sapiēns, -ntis) pārent.***

______________________________________________

3. ***Gladiātōrēs cum bestiīs*** ______________________ ***(immānis, -e) pūgnāvērunt.*** ______________________

4. ***Magister discipulīs rem*** ________________________ ***(difficilis, -e)***

***explicat.*** ________________________

5. ***Vīta cīvium*** ________________________ ***(dīves, -itis)*** ____________

________________________ ***(facilis, -e) erat.***

________________________

## 3.3 Komparation des Adjektivs

Die Komparation dient dazu, Vergleiche anzustellen: Eine Tätigkeit, ein Lebewesen oder Gegenstand wird in einer Eigenschaft mit anderen verglichen oder stärker betont, z. B.:

der kleine Stuhl → der kleinere Stuhl → der kleinste Stuhl bzw.
Der Stuhl ist klein. → Der Stuhl ist kleiner. → Der Stuhl ist am kleinsten.

Wie im Deutschen werden diese Stufen folgendermaßen benannt:

**Grundstufe:** der kleine Stuhl → **Positiv**
**1. Steigerungsstufe:** der kleinere Stuhl → **Komparativ**
**2. Steigerungsstufe:** der kleinste Stuhl → **Superlativ**

Auch die Steigerungsformen der Adjektive werden dekliniert und an Substantive in Kasus, Numerus und Genus angeglichen: Die Kongruenz muss also beachtet werden.

Man unterscheidet die **regelmäßige Komparation**, der fast alle Adjektive folgen, von der **unregelmäßigen Komparation** (▶ S. 42) einiger weniger Adjektive.

### Komparativ

Für den regelmäßig gebildeten Komparativ wird an den Wortstamm des Adjektivs im Feminin und Maskulin die Endung ***-ior*** und im Neutrum ***-ius*** angehängt.

| Positiv | Gen. Sg. | Wortstamm | Komparativ |
|---|---|---|---|
| ***altus***<br>hoch, tief | ***altī*** | ***alt-*** | ***altior, -ius***<br>höher, tiefer |
| ***pulcher***<br>schön | ***pulchrī*** | ***pulchr-*** | ***pulchrior, -ius***<br>schöner |
| ***prūdēns***<br>klug | ***prūdentis*** | ***prūdent-*** | ***prūdentior, -ius***<br>klüger |
| ***fortis***<br>tapfer | ***fortis*** | ***fort-*** | ***fortior, -ius***<br>tapferer |
| ***celer***<br>schnell | ***celeris*** | ***celer-*** | ***celerior, -ius***<br>schneller |

Der Komparativ wird wie die Adjektive der konsonantischen Stämme (3. Deklination) dekliniert. Aufgepasst: Alle Adjektive folgen im Komparativ dieser Deklination, egal welcher Deklination sie im Positiv angehören!

Beispiel: ***altus, -a, -um*** hoch, tief → ***altior, -ius*** höher, tiefer

| **Singular** | m. | f. | n. |
|---|---|---|---|
| Nom. | ***altior*** | ***altior*** | ***altius*** |
| Gen. | ***altiōris*** | ***altiōris*** | ***altiōris*** |
| Dat. | ***altiōrī*** | ***altiōrī*** | ***altiōrī*** |
| Akk. | ***altiōrem*** | ***altiōrem*** | ***altius*** |
| Abl. | ***altiōre*** | ***altiōre*** | ***altiōre*** |
| **Plural** | | | |
| Nom. | ***altiōrēs*** | ***altiōrēs*** | ***altiōra*** |
| Gen. | ***altiōrum*** | ***altiōrum*** | ***altiōrum*** |
| Dat. | ***altiōribus*** | ***altiōribus*** | ***altiōribus*** |
| Akk. | ***altiōrēs*** | ***altiōrēs*** | ***altiōra*** |
| Abl. | ***altiōribus*** | ***altiōribus*** | ***altiōribus*** |

## Zum Gebrauch des Komparativs

1. Der Komparativ kann zum direkten Vergleich verwendet werden. Er zieht dann einen Vergleichsgegenstand nach sich, der mit ***quam*** (als) angeschlossen wird. Im Deutschen übersetzt man ebenfalls mit einem Komparativ.

***Haec turris altior quam illa est.*** Dieser Turm hier ist höher als jener dort.

Anstelle von ***quam*** kann das zu vergleichende Substantiv auch im Ablativ stehen, der in dieser Funktion ***Ablativus comparationis*** heißt: ***Haec turris altior illā est.***

2. Der Komparativ wird auch alleine, ohne einen Vergleich, verwendet. In diesem Fall übersetzt du am besten mit „recht, ziemlich, sehr":

***Mōns altior est.*** Der Berg ist ziemlich hoch.

## Superlativ

Zur Bildung des Superlativs wird an den Wortstamm der meisten Adjektive die Endung ***-issimus, -issima, -issimum*** gehängt.

| Positiv | Wortstamm | Superlativ |
|---|---|---|
| ***altus, -a, -um***<br>hoch, tief | ***alt-*** | ***altissimus, -a, -um***<br>höchster, tiefster |
| ***gravis, -e***<br>schwer | ***grav-*** | ***gravissimus, -a, -um***<br>schwerster |
| ***prūdēns, -ntis***<br>klug | ***prūdent-*** | ***prūdentissimus, -a, -um***<br>klügster |

Die Adjektive auf ***-er*** (a-/o-Deklination und konsonantische Stämme) bilden den Superlativ jedoch mit ***-rimus, -rima, -rimum***. Bei den Adjektiven auf ***-lis*** wird an den Wortstamm ***-limus, -lima, -limum*** angefügt.

| Positiv | Wortstamm | Superlativ |
|---|---|---|
| ***asper, -era, -erum***<br>rau | ***asper-*** | ***asperrimus, -a, -um***<br>rauster |
| ***ācer, -cris, -cre***<br>scharf | ***ācer-*** | ***ācerrimus, -a, -um***<br>schärfster |
| ***facilis, -e***<br>leicht | ***facil-*** | ***facillimus, -a, -um***<br>leichtester |

Der Superlativ **aller** Adjektive wird nach der a-/o-Deklination dekliniert.

| **Singular** | m. | f. | n. |
|---|---|---|---|
| Nom. | ***altissimus*** | ***altissima*** | ***altissimum*** |
| Gen. | ***altissimī*** | ***altissimae*** | ***altissimī*** |
| Dat. | ***altissimō*** | ***altissimae*** | ***altissimō*** |
| Akk. | ***altissimum*** | ***altissimam*** | ***altissimum*** |
| Abl. | ***altissimō*** | ***altissimā*** | ***altissimō*** |
| **Plural** | | | |
| Nom. | ***altissimī*** | ***altissimae*** | ***altissima*** |
| Gen. | ***altissimōrum*** | ***altissimārum*** | ***altissimōrum*** |
| Dat. | ***altissimīs*** | ***altissimīs*** | ***altissimīs*** |
| Akk. | ***altissimōs*** | ***altissimās*** | ***altissima*** |
| Abl. | ***altissimīs*** | ***altissimīs*** | ***altissimīs*** |

## Zum Gebrauch des Superlativs

Der Superlativ kann als höchste Steigerungsform, also als Superlativ im eigentlichen Sinne, verwendet werden. Im Deutschen übersetzt du auch mit einem Superlativ:
***altissimus, -a, -um*** höchster, tiefster

Wird die Form des Superlativs jedoch verwendet, um etwas hervorzuheben oder den hohen Grad einer Eigenschaft auszudrücken, musst du mit „sehr", „äußerst", „ganz" usw. übersetzen:
***altissimus, -a, -um*** sehr (äußerst, ganz, überaus) hoch, tief
In dieser Funktion heißt er **Elativ.**

Welche Übersetzung passend ist, musst du aus dem Zusammenhang entscheiden:
***aedificium altissimum*** das höchste Bauwerk *oder* ein sehr hohes Bauwerk

## Unregelmäßige Komparation

Einige Adjektive bilden Komparativ und Superlativ von einem anderen Stamm. Präge dir diese Formen gut ein!

| Positiv | Komparativ | Superlativ |
|---|---|---|
| ***bonus, -a, -um***<br>gut | ***melior, -ius***<br>besser | ***optimus, -a, -um***<br>bester |
| ***malus, -a, -um***<br>schlecht | ***pēior, -ius***<br>schlechter | ***pessimus, -a, -um***<br>schlechtester |
| ***māgnus, -a, -um***<br>groß | ***māior, -ius***<br>größer | ***māximus, -a, -um***<br>größter |
| ***parvus, -a, -um***<br>klein | ***minor, -us***<br>kleiner | ***minimus, -a, -um***<br>kleinster |
| ***multī, -ae, -a***<br>viele | ***plūrēs, -a***<br>mehr | ***plūrimī, -ae, -a***<br>die meisten |

## Und jetzt bist du dran!

### 1. Setze folgende Paare in den Komparativ und übersetze.

***avem celerem*** ______________________

***mīlitēs fortēs*** ______________________

***nātiōnis līberae*** ______________________

***domus alta*** ______________________

***magistrīs sevērīs*** ______________________

**2. Setze folgende Paare in den Superlativ und übersetze.**

*avibus celeribus* ____________________

*mīlitem fortem* ____________________

*nātiōne līberā* ____________________

*domuī altae* ____________________

*magistrī sevērī* ____________________

**3. Setze folgende Paare erst in den Komparativ, dann in den Superlativ.**

*amīcum bonum* ____________________

*templa parva* ____________________

*hominum multōrum* ____________________

## 3.4 Adverbien

Von den Adjektiven der a-/o-Deklination wird das Adverb gebildet, indem an den Stamm des Wortes die Endung ***-ē*** gehängt wird. Es ist unveränderlich.

| | | | |
|---|---|---|---|
| Beispiele: | ***studiōsus, -a, -um*** | → | ***studiōsē labōrāre*** eifrig arbeiten |
| **aber:** | ***bonus, -a, -um*** gut | → | ***bene*** gut |
| | ***alius, -a, -um*** ein anderer | → | ***aliter*** anders |

An den Stamm der Adjektive der 3. Deklination wird die Endung ***-iter*** angehängt. Bei Adjektiven, deren Stamm auf ***-nt*** endet, folgt nur ***-er***:

| | | | |
|---|---|---|---|
| Beispiel: | ***cīvīlis, -e*** | → | ***cīvīliter dīcere*** öffentlich sprechen |
| | ***prūdēns, -ntis*** | → | ***prūdenter regere*** klug regieren |
| **aber:** | ***facilis, -e*** | → | ***facile*** leicht |
| | ***difficilis, -e*** | → | ***difficulter*** schwierig |
| | ***audāx, -cis*** | → | ***audācter*** mutig, kühn |

Das Lateinische verfügt über eine Vielzahl an weiteren Adverbien (z. B. ***frūstrā*** vergeblich, ***diū*** lange, ***citō*** schnell, ***subitō*** plötzlich usw.), die du am besten mit deinen Vokabeln mitlernst.

### Komparation des Adverbs

Als Komparativ des Adverbs dient der Nom./Akk. Sg. n. des Komparativs des Adjektivs: ***-ius***. Das Adverb ist auch im Komparativ unveränderlich.

***studiōsē*** eifrig → ***studiōsius*** eifriger ***pulchrē*** schön → ***pulchrius*** schöner

Im Superlativ erhält das Adverb die Endung ***-issimē, -rimē*** oder ***-limē***, je nach Ende des Wortstamms.

***studiōsē*** eifrig → ***studiōsissimē*** am eifrigsten
***celeriter*** schnell → ***celerrimē*** am schnellsten
***facile*** leicht → ***facillimē*** am leichtesten

## Und jetzt bist du dran!

**1. Bilde von den folgenden Adjektiven das Adverb.**

***similis, -e*** ______________________

***bonus, -a, -um*** ______________________

***miser, -era, -erum*** ______________________

***fēlīx, -īcis*** ______________________

***sapiēns, -ntis*** ______________________

**2. Ergänze die fehlenden Formen in der Steigerungsreihe.**

| Positiv | Komparativ | Superlativ |
|---|---|---|
| ***iūstē*** | | |
| | ***fortius*** | |
| | | ***pulcherrimē*** |
| ***ācriter*** | | |

## 3.5 Check-up Adjektive

**1. Bilde die angegebenen Formen der folgenden Adjektive.**

***lōngus, -a, -um***

Gen. Pl. m. ______________________

Abl. Sg. f. ______________________

***gravis, -e***

Akk. Sg. n. ______________________

Abl. Pl. m. ______________________

***asper, -era, -erum***

Akk. Pl. f. ______________________

Gen. Sg. m. ______________________

***pauper, -eris***

Dat. Pl. n. ______________________

Gen. Pl. m. ______________________

***fēlīx, -īcis***

Akk. Pl. f. ______________________

Dat. Sg. m. ______________________

**2. Positiv, Komparativ oder Superlativ? Bringe Ordnung in dieses Wirrwarr und ergänze die fehlenden Formen. Achte dabei auf Kasus, Numerus und Genus!**

***brevissimus - māgna - dissimilēs - noviōrem - parcōrum - brevis - māxima - parcissimōrum - novum - dissimillimae***

| Positiv | Komparativ | Superlativ |
| --- | --- | --- |
| | | |
| | | |
| | | |
| | | |
| | | |

**3. Dieses verflixte -e! Handelt es sich bei den folgenden Worten um Adjektive oder Adverbien?**

***simile - turpissimē - hūmānē - vetere - īgnarē - humillimē - patientiōre - familiāre - antiquissimē***

Adverbien: ______________________________

______________________________

Adjektive: ______________________________

______________________________

**4. Bilde sinnvolle Paare, indem du an jedes der angegebenen Substantive eines der drei Adjektive angleichst. Übersetze jedes gebildete Pärchen.**

***potēns, -ntis - pulcher, -chra, -chrum - parvus, -a, -um***

***lēgātī*** ______________________________

***iuvenem*** ______________________________

***dōna*** ______________________________

***rēbus*** ______________________________

***imperātōrēs*** ______________________________

***pars*** ______________________________

***magistrātuī*** ______________________________

***fābulārum*** ______________________________

***rēge*** ______________________________

**5. Löse das Kreuzworträtsel, indem du die lateinischen Formen der Adjektive in die Kästchen einträgst. Die Buchstaben in den dunklen Kästchen ergeben das Lösungswort.**

1. unsicher → Gen. Sg. f.
2. feindlich → Akk. Pl. m.
3. tapfer → Akk. Sg. n.
4. militärisch → Abl. Sg. m.
5. falsch → Komparativ: Dat. Sg. f.
6. leicht → Gen. Pl. m.
7. nützlich → Nom. Sg. f.

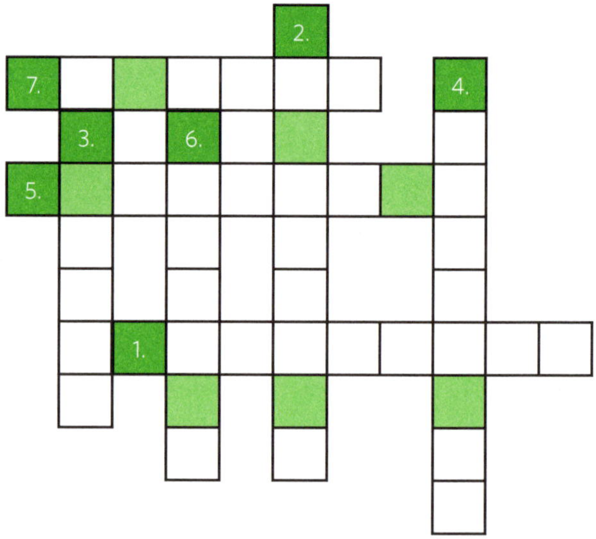


Das gesuchte Wort ist: ______________________________ (Schicksal, Glück).

**6. Übersetze die folgenden Sätze.**

1. ***Caesar clārior quam Crassus erat.***

________________________________________

2. ***Legiō Rōmāna plūrium mīlitum quam cohors est.***

________________________________________

3. ***Vīlla avī antiquior pulchriorque quam illa vicīnī est.***

________________________________________

4. ***Agricolae līberiōrēs et fēlīciōrēs fuērunt quam servī, quī durissimē labōrāvērunt.***

________________________________________

5. ***Mox aedificia māxima celeriter aedificābuntur.***

________________________________________

# 4 Pronomina

Pronomina können entweder ein Substantiv ersetzen (< ***prō nōmine*** anstelle eines Nomens) oder ein Substantiv begleiten. Man spricht hier von

**substantivischer** bzw. **adjektivischer Verwendung:**

**Jener** rennt die Straße entlang. / Siehst du **jene** Leute dort?

Das Lateinische verfügt über folgende Arten von Pronomina:

| | | |
|---|---|---|
| **Personalpronomina** | ***tū*** | du |
| **Reflexivpronomina** | ***sē*** | sich |
| **Possessivpronomina** | ***meus, tuus*** | mein, dein |
| **Demonstrativpronomina** | ***hic, ille*** | dieser, jener |
| **Relativpronomina** | ***quī, quae, quod*** | der, die, das |
| **Interrogativpronomina** | ***quis?*** | wer? |
| **Indefinitpronomina** | ***aliquis*** | irgendeiner |
| **Pronominaladjektive** | ***alius*** | ein anderer |
| **Korrelativpronomina** | ***tantus*** | so groß |

## Allgemeine Hinweise

- Die Formen der Pronomina werden meist nach der a-/o-Deklination gebildet; viele haben jedoch im Gen. und Dat. Sg. aller Genera davon abweichende Formen, einige auch im Nom. und Akk. Sg. n.:

  | | | | |
  |---|---|---|---|
  | Gen. Sg. m./f./n. | ***-īus*** | Nom./Akk. Sg. n. | ***-d*** |
  | Dat. Sg. m./f./n. | ***-ī*** | | |

  Wie ein Pronomen jeweils dekliniert wird, erfährst du im entsprechenden Kapitel.

- In den folgenden Unterkapiteln sind Pronomina, die Gemeinsamkeiten aufweisen, zusammengefasst, da das Lernen in Zusammenhängen leichterfällt:

  4.1 Personal- und Possessivpronomina
  4.2 Demonstrativpronomina
  4.3 Relativ- und Interrogativpronomina
  4.4 Indefinitpronomina und Pronominaladjektive
  4.5 Korrelativpronomina

## 4.1 Personal- und Possessivpronomina

Lateinische Personal- (***egō*** ich, ***tū*** du, ...) und Possessivpronomina (***meus, -a, -um*** mein, ***tuus, -a, -um*** dein, ...) haben gemeinsam, dass sie in der 3. Person zwischen **reflexiven** und **nicht-reflexiven** Formen unterscheiden, d. h. es kommt darauf an, ob sich das Pronomen auf das Subjekt rückbezieht oder nicht.

Personalpronomen:

***Marcus eum laudat.*** — Markus lobt ihn.

→ Mit ***eum*** ist nicht Markus gemeint, sondern eine andere Person (nicht-reflexiv).

***Marcus sē laudat.*** — Markus lobt sich.

→ Mit ***sē*** ist Markus selbst gemeint (reflexiv).

Possessivpronomen:

***Marcus amīcōs eius vocat.*** — Markus ruft seine (dessen) Freunde.

→ Mit ***amīcōs eius*** sind die Freunde einer anderen Person gemeint (nicht-reflexiv).

***Marcus amīcōs suōs vocat.*** — Markus ruft seine Freunde.

→ Mit ***amīcōs suōs*** sind Markus' eigene Freunde gemeint (reflexiv).

### Personalpronomina

Die Personalpronomina ersetzen Substantive (Personen oder Dinge); sie haben für alle drei Genera eine Form.

| **Singular** | 1. Person | | 2. Person | |
|---|---|---|---|---|
| Nom. | ***egō*** | ich | ***tū*** | du |
| Gen. | ***meī*** | meiner | ***tuī*** | deiner |
| Dat. | ***mihī*** | mir | ***tibī*** | dir |
| Akk. | ***mē*** | mich | ***tē*** | dich |
| Abl. | ***ā mē (mēcum)*** | von (mit) mir | ***ā tē (tēcum)*** | von (mit) dir |
| **Plural** | | | | |
| Nom. | ***nōs*** | wir | ***vōs*** | ihr |
| Gen. | ***nostrī**** <br> ***nostrum**** | unser | ***vestrī**** <br> ***vestrum**** | euer |
| Dat. | ***nōbīs*** | uns | ***vōbīs*** | euch |
| Akk. | ***nōs*** | uns | ***vōs*** | euch |
| Abl. | ***ā nōbīs (nōbīscum)*** | von (mit) uns | ***ā vōbīs (vōbīscum)*** | von (mit) euch |

*Bei den Genitiven von ***nōs*** und ***vōs*** unterscheidet man:

| | | |
|---|---|---|
| ***Genitivus obiectivus*** (Objektgenitiv): | ***fidēs vestrī***<br>***fidēs nostrī*** | Glaube **an** euch<br>Vertrauen **zu** uns |
| ***Genitivus partitivus*** (Teilungsgenitiv): | ***ūnus vestrum***<br>***duo nostrum*** | einer **von** euch<br>zwei **von** uns |

Während bei den Formen der 1. und 2. Person nicht zwischen reflexiv und nicht-reflexiv unterschieden wird, hat die 3. Person eine eigene **reflexive** Form:

| **Singular/Plural** | 3. Person reflexive Form | |
|---|---|---|
| Nom. | - | - |
| Gen. | ***suī*** | seiner/ihrer |
| Dat. | ***sibī*** | sich |
| Akk. | ***sē*** | sich |
| Abl. | ***ā sē (sēcum)*** | von sich (mit sich) |

Als **nicht-reflexives Personalpronomen** der 3. Person dienen die Formen von ***is, ea, id*** (▶ S. 53).

Unterscheide:

| | |
|---|---|
| ***Claudia eam (mātrem) amat.*** | Claudia liebt sie (ihre Mutter). |
| ***Claudia solum sē amat.*** | Claudia liebt nur sich (selbst). |

## Zum Gebrauch der Personalpronomina

1. Personalpronomina beziehen sich in ihrer Form nicht auf bestimmte Wörter in einem Satz, aber auf ihre Funktion: also Akk. als Akkusativobjekt, Nom. als Subjekt usw. In Genus und Numerus sind sie kongruent zu dem Substantiv, das sie ersetzen.

| | |
|---|---|
| ***Gāius Marcum clāmat.*** | Gaius ruft Markus. |
| ***Marcus autem eum nōn audit.*** | Markus hört ihn jedoch nicht. |

2. Normalerweise werden Personalpronomina nicht im Nominativ verwendet, da die Person in der Verbalendung enthalten ist. Sie stehen nur, wenn etwas besonders betont oder ein Gegensatz ausgedrückt werden soll:

| | |
|---|---|
| ***Egō epistulam scrīpsī,*** | Ich habe den Brief geschrieben, |
| ***tū autem nihil fēcistī.*** | du hingegen hast nichts getan. |

## Possessivpronomina

Die Possessivpronomina (< ***possidēre*** besitzen) geben ein Besitzverhältnis an. Sie richten sich nach ihrem Bezugswort und werden regelmäßig nach der a-/o-Deklination dekliniert.

| | **Singular** | | **Plural** | |
|---|---|---|---|---|
| 1. Person | ***meus, -a, -um*** | mein | ***noster, -tra, -trum*** | unser |
| 2. Person | ***tuus, -a, -um*** | dein | ***vester, -tra, -trum*** | euer |
| 3. Person | ***suus, -a, -um*** | sein/ihr | ***suus, -a, -um*** | ihr |

Die Formen von ***suus, -a,*** *-um* werden nur reflexiv verwendet. Als nicht-reflexive Possessivpronomina der 3. Person werden die Genitivformen von ***is, ea, id*** (▶ S. 53) verwendet: Sg. ***eius*** sein/ihr, Pl. ***eōrum, eārum, eōrum*** ihr.

Unterscheide:

***Rūfus avum eius (Gāī) vīsitat.*** Rufus besucht seinen (Gaius') Großvater.
***Rūfus avum suum vīsitat.*** Rufus besucht seinen (eigenen) Großvater.

### Und jetzt bist du dran!

**1. Setze das Personalpronomen in Klammern im angegebenen Kasus ein und übersetze.**

1. ***Dōnum*** ________________ ***(tū,*** *Dat.* ***) dō.***
________________
2. ***Līberī*** ________________ ***(cum/egō,*** *Abl.* ***) lūdunt.***
________________
3. ***Gāius*** ________________ ***(vōs,*** *Akk.* ***) exspectat.***
________________
4. ***Mox*** ________________ ***(nōs,*** *Akk.* ***) adiuvābitis.***
________________
5. ________________ ***(nōs,*** *Dat.* ***) ōtiōsīs esse licet.***
________________

**2. Gleiche die Possessivpronomina an die angegebenen Substantive an und übersetze. Manchmal sind mehrere Lösungen möglich!**

1. ______________________________ ***(noster, -tra, -trum) agrīs***

______________________________

2. ______________________________ ***(meus, -a, -um) domūs***

______________________________

3. ______________________________ ***(suus, -a, -um) epistulae***

______________________________

4. ______________________________ ***(vester, -tra, -trum) canem***

______________________________

5. ______________________________ ***(tuus, -a, -um) speī***

______________________________

## 4.2 Demonstrativpronomina

Die Demonstrativpronomina (< ***dēmōnstrāre*** zeigen) können vielseitig verwendet werden und weisen generell auf Gegenstände, Lebewesen, Zustände und Tätigkeiten hin:
**diese** Kinder, **jene** Kinder, **dasselbe** Buch

Das Lateinische verfügt über mehrere Demonstrativpronomina, die meist abhängig von der Entfernung zum Sprecher verwendet werden. Die meisten können sowohl alleine stehen (substantivische Verwendung) als auch wie ein Adjektiv ein Substantiv begleiten (adjektivische Verwendung). Allen gemeinsam ist der Gen. Sg. auf ***-ius*** und der Dat. Sg. auf ***-ī.***

### Die Demonstrativpronomina im Überblick

| Pronomen | Verwendungsbereich | Beispiel |
|---|---|---|
| ***hic, haec, hoc*** dieser, diese, dieses (hier) | Bereich der sprechenden Person | ***Hic liber Cornēliae est.*** Dieses Buch hier gehört Cornelia. |
| ***ille, illa, illud*** jener, jene, jenes | 1. Bereich des Entfernteren<br>2. Zur Bezeichnung von Berühmtem oder allgemein Bekanntem | 1. ***Ille liber Claudiī est.*** Jenes Buch gehört Claudius.<br>2. ***illud Socratis*** jener (bekannte) Ausspruch von Sokrates |
| ***iste, ista, istud*** dieser, diese, dieses (da) | Bereich des Angesprochenen; oft mit verächtlichem Beigeschmack | ***istae litterae*** dein Brief da<br>***iste vir*** dieser (schlechte) Mann da |
| ***is, ea, id*** dieser, diese, dieses | 1. Verweis auf bereits Genanntes oder Folgendes<br>2. Nicht-reflexives Personalpronomen der 3. Person (▶ S. 53) | 1. ***is vir*** dieser Mann<br>***ea fama*** diese Kunde<br>2. ***Eōs invītāvī.*** Ich habe sie eingeladen. |

| Pronomen | Verwendungsbereich | Beispiel |
|---|---|---|
| ***ipse, ipsa, ipsum*** selbst | Zur besonderen Betonung (Übersetzung: „gerade“, „selbst“, „persönlich“) | ***Ipse hoc dīxit.*** Er selbst/persönlich hat das gesagt. |
| ***īdem, eadem, idem*** der-, die-, dasselbe | Für eine neue oder gegensätzliche Aussage über denselben Begriff | ***Claudius semper eadem verba dīcit.*** Claudius sagt immer dasselbe. |

Das Demonstrativum ***hic, haec, hoc*** hat folgende Formen:

| | Singular | | | Plural | | |
|---|---|---|---|---|---|---|
| | m. | f. | n. | m. | f. | n. |
| Nom. | ***hic*** | ***haec*** | ***hoc*** | ***hī*** | ***hae*** | ***haec*** |
| Gen. | ***huius*** | ***huius*** | ***huius*** | ***hōrum*** | ***hārum*** | ***hōrum*** |
| Dat. | ***huic*** | ***huic*** | ***huic*** | ***hīs*** | ***hīs*** | ***hīs*** |
| Akk. | ***hunc*** | ***hanc*** | ***hoc*** | ***hōs*** | ***hās*** | ***haec*** |
| Abl. | ***hōc*** | ***hāc*** | ***hōc*** | ***hīs*** | ***hīs*** | ***hīs*** |

Beachte: Im Gen. Sg. sowie im gesamten Plural entfällt ***-c***, das ursprünglich aus dem hinweisenden ***-ce*** (hier) entstanden ist.

Das Demonstrativpronomen ***ille, illa, illud*** wird wie folgt dekliniert:

| | Singular | | | Plural | | |
|---|---|---|---|---|---|---|
| | m. | f. | n. | m. | f. | n. |
| Nom. | ***ille*** | ***illa*** | ***illud*** | ***illī*** | ***illae*** | ***illa*** |
| Gen. | ***illīus*** | ***illīus*** | ***illīus*** | ***illōrum*** | ***illārum*** | ***illōrum*** |
| Dat. | ***illī*** | ***illī*** | ***illī*** | ***illīs*** | ***illīs*** | ***illīs*** |
| Akk. | ***illum*** | ***illam*** | ***illud*** | ***illōs*** | ***illās*** | ***illa*** |
| Abl. | ***illō*** | ***illā*** | ***illō*** | ***illīs*** | ***illīs*** | ***illīs*** |

Wie ***ille, illa, illud*** werden auch ***iste, ista, istud*** (der dort) und ***ipse, ipsa, ipsum*** (selbst) dekliniert, mit Ausnahme des Nom. und Akk. Sg. n. ***ipsum.***

Die Formen des Pronomens ***is, ea, id*** lauten:

| | Singular | | | Plural | | |
|---|---|---|---|---|---|---|
| | m. | f. | n. | m. | f. | n. |
| Nom. | ***is*** | ***ea*** | ***id*** | ***iī/eī*** | ***eae*** | ***ea*** |
| Gen. | ***eius*** | ***eius*** | ***eius*** | ***eōrum*** | ***eārum*** | ***eōrum*** |
| Dat. | ***eī*** | ***eī*** | ***eī*** | ***eīs/iīs*** | ***eīs/iīs*** | ***eīs/iīs*** |
| Akk. | ***eum*** | ***eam*** | ***id*** | ***eōs*** | ***eās*** | ***ea*** |
| Abl. | ***eō*** | ***eā*** | ***eō*** | ***eīs/iīs*** | ***eīs/iīs*** | ***eīs/iīs*** |

## Besonderheiten

Das Pronomen ***īdem, eadem, idem*** (derselbe) ist aus den Formen von ***is, ea, id*** + ***-dem*** entstanden: Gen. Sg. ***eiusdem,*** Dat. Sg. ***eīdem*** usw.

Aber aufgepasst: Im Akk. Sg. m. und f. wird ***-m-*** zu ***-n-***: ***eundem, eandem.*** Ebenso im Gen. Pl. aller Genera: ***eōrundem, eārundem, eōrundem.***

## Und jetzt bist du dran!

**1. Setze die folgenden Pronomina in den angegebenen Kasus.**

***iste, ista, istud***

Gen. Sg. f. __________

Akk. Pl. n. __________

Abl. Sg. m. __________

Dat. Sg. f. __________

***īdem, eadem, idem***

Nom. Pl. f. __________

Akk. Sg. n. __________

Abl. Pl. f. __________

Gen. Pl. m. __________

***hic, haec, hoc***

Dat. Pl. m. __________

Akk. Sg. n. __________

Gen. Sg. f. __________

Abl. Sg. f. __________

**2. Bestimme die Formen von *ipse, ipsa, ipsum* und bilde jeweils die entsprechende Singular- bzw. Pluralform. Manchmal sind mehrere Lösungen möglich!**

*ipsīus* ______

*ipsōs* ______

*ipsa* ______

*ipsam* ______

*ipsīs* ______

**3. Bilde sinnvolle Paare und übersetze. Achte auf die Kongruenz!**

| | |
|---|---|
| *iīsdem* | *amīcae* |
| *eōdem* | *templa* |
| *eārundem* | *servīs* |
| *eadem* | *rērum* |
| *eiusdem* | *ōrātōre* |

______
______
______
______
______

**4. Übersetze die folgenden Sätze und bestimme Kasus, Numerus und Genus der Pronomina.**

1. ***Caesar illum librum scrīpsit. Is autem poēta nōn erat.***

______
______
______

2. ***Illīs temporibus hominēs deōs timuērunt, hōc tempore paucī eōs colunt.***

______
______
______

3. ***Rōmānī istum exercitum Gallōrum exspectāvērunt. Idem eōs in illā prōvinciā vīcerat.***

## 4.3 Relativ- und Interrogativpronomina

Relativ- und Interrogativpronomina sind hier zusammengefasst, da sie denselben Wortstamm haben und ihre Deklinationen große Gemeinsamkeiten aufweisen.

### Relativpronomina

Das Relativpronomen ***quī, quae, quod*** (der, die, das) wird dekliniert wie folgt:

| **Singular** | m. | | f. | | n. | |
|---|---|---|---|---|---|---|
| Nom. | ***quī*** | der | ***quae*** | die | ***quod*** | das |
| Gen. | ***cuius*** | dessen | ***cuius*** | deren | ***cuius*** | dessen |
| Dat. | ***cui*** | dem | ***cui*** | der | ***cui*** | dem |
| Akk. | ***quem*** | den | ***quam*** | die | ***quod*** | das |
| Abl. | ***quō*** | mit dem | ***quā*** | mit der | ***quō*** | mit dem |
| **Plural** | | | | | | |
| Nom. | ***quī*** | die | ***quae*** | die | ***quae*** | die |
| Gen. | ***quōrum*** | deren | ***quārum*** | deren | ***quōrum*** | deren |
| Dat. | ***quibus*** | denen | ***quibus*** | denen | ***quibus*** | denen |
| Akk. | ***quōs*** | die | ***quās*** | die | ***quae*** | die |
| Abl. | ***quibus*** | mit denen | ***quibus*** | mit denen | ***quibus*** | mit denen |

### Zur Verwendung des Relativpronomens

1. Das Relativpronomen leitet einen **attributiven Nebensatz** ein, der das Substantiv, auf das sich das Relativpronomen in Genus und Numerus bezieht, näher erläutert. Der Kasus richtet sich nach der Funktion im Satz.

   ***Gāius Tullium, quī amīcus est, salūtat.*** Gaius begrüßt Tullius, der sein Freund ist.

2. Eine Besonderheit des Lateinischen stellt der **relative Satzanschluss** dar. Übersetze das Relativpronomen mit einem Demonstrativ- oder Personalpronomen:

| | |
|---|---|
| ***Caesar Galliam profectus est;*** | Caesar brach nach Gallien auf; |
| ***quam expūgnāre vōluit.*** | dieses wollte er erobern. |

Häufige relative Satzanschlüsse sind diese Wendungen:

| | | | |
|---|---|---|---|
| ***quō factō*** | hierauf | ***quārē*** | deshalb |
| ***quod sī*** | wenn aber | ***quibus rēbus gestīs*** | danach |
| ***quā dē causā*** | deswegen, daher | ***quō*** | dadurch |
| ***quam ob rem*** | deswegen, daher | | |

Lerne sie am besten wie Vokabeln auswendig.

## Interrogativpronomina

Interrogativpronomina (< ***interrogāre*** fragen) werden in Fragesätzen verwendet, um nach Lebewesen oder Gegenständen zu fragen. Man unterscheidet:

1. ***quī, quae, quod?*** (welcher, welche, welches?) wird adjektivisch verwendet und bildet seine Formen wie das Relativpronomen:

| | |
|---|---|
| ***Quī senātor modo dīcit?*** | Welcher Senator spricht gerade? |

2. ***quis?*** (wer?) und ***quid?*** (was?) gibt es nur im Singular. Es wird substantivisch gebraucht und bis auf den Nom./Akk. Sg. n. wie das Relativpronomen gebildet.

| | m./f. | | n. | |
|---|---|---|---|---|
| Nom. | ***quis?*** | wer? | ***quid?*** | was? |
| Gen. | ***cuius?*** | wessen? | ***cuius?*** | wessen? |
| Dat. | ***cui?*** | wem? | ***cui?*** | wem? |
| Akk. | ***quem?*** | wen? | ***quid?*** | was? |
| Abl. | ***quō?*** | mit wem? | ***quō?*** | womit? |

| | |
|---|---|
| ***Quis mē vocāt?*** | Wer ruft mich? |
| ***Quid accidit?*** | Was ist passiert? |

## Und jetzt bist du dran!

**1. Setze die passenden Formen von *quī, quae, quod* ein und übersetze.**

1. ***Serva,*** ________________ ***bene labōrat, ā dominō laudātur.***
________________
2. ***Magister discipulōs,*** ________________ ***nōn bene student, admonet.***
________________
3. ***Gladiātōr,*** ________________ ***valdē admirāmur, fortiter pūgnāvit.***
________________
4. ***Caesar Cleopatram,*** ________________ ***rēgīna Aegyptī erat, amābat.***
________________
5. ***Amīca,*** ________________ ***nōmen est Cornēlia, mē iam exspectat.***
________________

**2. Füge *quī, quae quod?* bzw. *quis, quid?* in der passenden Form ein und übersetze.**

1. ________________ ***ad portās est?***
________________
2. ________________ ***discipulus hoc scit?***
________________
3. ________________ ***dīxistī?***
________________
4. ________________ ***deae sacrificāvērunt?***
________________

**3. Bestimme die folgenden Formen des Interrogativpronomens nach Kasus, Numerus und Genus. Manchmal sind mehrere Lösungen möglich.**

***quōrum*** ________________
***cuius*** ________________
***quō*** ________________
***quis*** ________________
***quod*** ________________
***quae*** ________________
***quid*** ________________
***quibus*** ________________
***quem*** ________________

## 4.4 Indefinitpronomina und Pronominaladjektive

Indefinitpronomina und ein Teil der Pronominaladjektive werden verwendet, wenn jemand oder etwas nicht genauer bestimmt werden kann oder soll: irgendjemand, irgendetwas, ein gewisser, die einen ... die anderen usw.

### Indefinitpronomina

***aliquis, -quid*** und ***aliquī, -quae, -quod***

Das Indefinitpronomen ***aliquis, aliquid*** (irgendjemand, -etwas) wird substantivisch verwendet. Die Deklination ist ganz einfach: Hänge an ***ali-*** die Formen des Interrogativpronomens ***quis?*** wer? bzw. ***quid?*** was? an. Beachte: Im Neutrum werden einige Formen durch ***rēs*** ergänzt:

| | m./f. | n. |
|---|---|---|
| Nom. | ***aliquis*** | ***aliquid*** |
| Gen. | ***alicuius*** | ***alicuius reī*** |
| Dat. | ***alicui*** | ***alicui reī*** |
| Akk. | ***aliquem*** | ***aliquid*** |
| Abl. | ***aliquō*** | ***aliquā rē*** |

***Aliquis tē vocat.*** (Irgend)Jemand ruft dich. *(Ich weiß aber nicht, wer es ist.)*

In adjektivischer Verwendung wird an ***ali-*** das Relativpronomen (außer Nom. Sg. f. ***aliqua***, Nom./Akk. Pl. n. ***aliqua***) angehängt: ***aliquī, aliqua, aliquod*** irgendein, -eine, -ein.

***Tacēte! Audiō aliquem sonum.*** Schweigt. Ich höre (irgend)einen Laut.

### Besonderheiten

| **Achtung:** Nach bestimmten Wörtern entfällt ***ali-*** am Anfang des Pronomens:<br>***quis, quid*** bzw. ***qui, qua, quod***.<br>Merke: Nach ***sī, nisī, nē*** und ***num*** fällt das Wörtchen ***ali-*** um. | ***Sī quis venit, portam nōn aperiō.***<br>Wenn irgendjemand kommt, öffne ich die Tür nicht. |
|---|---|

### Weitere Indefinitpronomina

Diesen Pronomina ist gemeinsam, dass sie in substantivischer Verwendung aus dem Interrogativpronomen und einer bestimmten Endsilbe gebildet werden, in adjektivischer aber aus dem Relativpronomen und eben dieser Endung.

| substantivisch | adjektivisch | Bedeutung | Beispiele |
|---|---|---|---|
| ***quīdam, quaedam, quiddam**** | ***quīdam, quaedam, quoddam**** | ein gewisser, eine gewisse, ein gewisses | ***Quīdam senātōrum ōrātiōnem habuit.***<br>Einer der Senatoren hielt eine Rede.<br>***Philosophus quīdam hoc dīxit.***<br>Ein gewisser Philosoph hat das gesagt. |
| ***quisque, quidque*** | ***quisque, quaeque, quodque*** | jeder, jede, jedes einzelne | ***Quisque vestrum Rōmānus est.***<br>Jeder einzelne von euch ist Römer.<br>***Cuique puerō dōnum dō.***<br>Ich gebe jedem (einzelnen) Jungen ein Geschenk. |
| ***quīvīs, quaevīs, quidvīs*** | ***quīvīs, quaevīs, quodvīs*** | jeder, jede, jedes beliebige | ***Quīvīs nostrum cantāre potest.***<br>Jeder (beliebige) von uns kann singen.<br>***Marcus quidvīs animal capit.***<br>Marcus fängt jedes (beliebige) Tier. |
| ***quīlibet, quaelibet, quidlibet*** | ***quīlibet, quaelibet, quodlibet*** | jeder, jede, jedes beliebige | ***Quaelibet illārum uxor est.***<br>Jede (beliebige) von jenen ist eine Ehefrau.<br>***Quamlibet fēminam adiuvāmus.***<br>Wir helfen jeder (beliebigen) Frau. |

* Beachte: Im Akk. Sg. m./f. wird ***-m-*** zu ***-n-***: ***quendam, quandam.*** Ebenso im Gen. Pl. aller Genera: ***quōrundam, quārundam, quōrundam***

## Besonderheiten

Eine Form für m. und f. hat ***nēmō*** (niemand, keiner). Für das Neutrum wird ***nihil*** (nichts) verwendet. Beide werden nur substantivisch und im Sg. gebraucht. In einigen Kasus werden fehlende Formen durch ***nūllus, -a, -um*** (kein, keine, kein, ▶ S. 60) bzw. ***rēs, -eī*** *f.* ersetzt.

| Nom. | ***nēmō*** | ***nihil*** |
|---|---|---|
| Gen. | ***nūllīus*** | ***nūllīus reī*** |
| Dat. | ***nēminī*** | ***nūllī reī*** |
| Akk. | ***nēminem*** | ***nihil (nil)*** |
| Abl. | ***ā nūllō*** | ***nūllā rē*** |

***Herculēs nēminem timuit.*** Herkules hat niemanden gefürchtet.
***Quid fēcistī? Nihil.*** Was hast du getan? Nichts.

## Pronominaladjektive

Pronominaladjektive nehmen eine Zwischenstellung ein: Im Gen. und Dat. Sg. werden sie wie Pronomina dekliniert, ***-īus*** bzw. ***-ī***, ***alius, -a, -ud*** sogar im Nom. und Akk. Sg. n. In allen anderen Kasus folgen sie der a-/o-Deklination.

Zu den Pronominaladjektiven zählen:

| | |
|---|---|
| ***ūnus, -a, -um*** | einer, ein einziger |
| ***sōlus, -a, -um*** | allein |
| ***tōtus, -a, -um*** | ganz |
| ***ūllus, -a, -um*** | (irgend)einer |
| ***nūllus, -a, -um*** | keiner |
| ***uter, -tra, -trum*** | wer (von beiden) |
| ***neuter, -tra, -trum*** | keiner (von beiden) |
| ***alter, -era, -erum*** | der eine/andere (von beiden) |
| ***alius, -a, -ud*** (Gen. ***alterīus***!) | ein anderer |
| ***aliī ... aliī*** | die einen ... die anderen |

Dekliniert werden sie wie das Beispiel ***nūllus, -a, -um:***

| | **Singular** | | | **Plural** | | |
|---|---|---|---|---|---|---|
| | m. | f. | n. | m. | f. | n. |
| Nom. | ***nūllus*** | ***nūlla*** | ***nūllum*** | ***nūllī*** | ***nūllae*** | ***nūlla*** |
| Gen. | ***nūllīus*** | ***nūllīus*** | ***nūllīus*** | ***nūllōrum*** | ***nūllārum*** | ***nūllōrum*** |
| Dat. | ***nūllī*** | ***nūllī*** | ***nūllī*** | ***nūllīs*** | ***nūllīs*** | ***nūllīs*** |
| Akk. | ***nūllum*** | ***nūllam*** | ***nūllum*** | ***nūllōs*** | ***nūllās*** | ***nūlla*** |
| Abl. | ***nūllō*** | ***nūllā*** | ***nūllō*** | ***nūllīs*** | ***nūllīs*** | ***nūllīs*** |

### Zur Verwendung

Pronominaladjektive werden sowohl adjektivisch als auch substantivisch gebraucht:

| | |
|---|---|
| ***Nūllī hominī tanta pecūnia est.*** | Kein Mensch hat so viel Geld. |
| ***Neuter vestrum mē audit.*** | Keiner von euch (beiden) hört mir zu. |

## Und jetzt bist du dran!

### 1. Welche Formenbestimmung ist richtig? Kreuze an.

1. ***ūllī***
   a) Dat. Sg. n. ☐
   b) Gen. Sg. m. ☐
   c) Abl. Sg. f. ☐

2. ***utraque*** a) Abl. Sg. m. ☐
b) Nom. Sg. f. ☐
c) Akk. Pl. m. ☐

3. ***alterīus*** a) Dat. Sg. m. ☐
b) Gen. Sg. n. ☐
c) Nom. Sg. m. ☐

4. ***sōlō*** a) Gen. Sg. n. ☐
b) Dat. Sg. m. ☐
c) Abl. Sg. m. ☐

5. ***neutrum*** a) Nom. Sg. m. ☐
b) Nom. Sg. n. ☐
c) Akk. Sg. f. ☐

## 2. Setze die folgenden Indefinitpronomina in den angegebenen Kasus.

***quīvis, quaevis, quidvis***

Gen. Sg. m. ______________________

Akk. Pl. n. ______________________

Abl. Sg. f. ______________________

***quīdam, quaedam, quiddam***

Dat. Pl. m. ______________________

Akk. Sg. n. ______________________

Gen. Pl. f. ______________________

***nēmō***

Abl. ______________________

Gen. ______________________

Akk. ______________________

## 3. Setze die passenden Formen ein und übersetze.

1. ______________________ ***(ūnus, -a, -um) Gallōrum ad Caesarem vēnit.***

______________________

2. ______________________ ***(aliquis, -quid) nostrum cēnam parābit.***

______________________

3. ______________________ ***cibōs,*** ______________________ ***aquam dedimus. (aliī ... aliī)*** ______________________

______________________

## 4.5 Korrelativpronomina

Korrelativpronomina bezeichnen eine Wechselbeziehung. Sie geben Auskunft über Quantität (Menge) oder Qualität (Beschaffenheit).

| | | | |
|---|---|---|---|
| ***tālis, -e*** | so (beschaffen), solch | ***quālis, -e*** | wie (beschaffen) |
| ***tantus, -a, -um*** | so groß | ***quantus, -a, -um*** | wie groß |
| ***tot*** | so viele | ***quot*** | wie viele |

Dekliniert werden ***tālis*** und ***quālis*** nach der 3. Deklination, ***tantus*** und ***quantus*** nach der a-/o-Deklination. Unveränderlich sind ***tot*** und ***quot.***

**Zur Verwendung**

Korrelativpronomina werden vor allem in Vergleichssätzen eingesetzt:

| | |
|---|---|
| ***Quālis rēx, tālis grex.*** | Wie der Hirte, so die Herde. |
| ***Quot/quantī hominēs, tot/tantae sententiae.*** | (Es gibt) so viele Meinungen wie Menschen. |

Zudem können ***quantus, -a, -um*** und ***quālis, -e*** auch als Interrogativ- oder Relativpronomen verwendet werden:

| | |
|---|---|
| ***Marcus cucurrit, quantā maximā celeritāte potuit.*** | Markus lief, so schnell er konnte. |
| ***Quālis est tua mens?*** | Welche Absicht verfolgst du? |

Darüber hinaus gibt es auch korrelative Adverbien. Sie werden ebenfalls in Vergleichssätzen verwendet und nicht dekliniert:

| | | | |
|---|---|---|---|
| ***quō*** | wohin | ***eō*** | dorthin |
| ***quō/quantō*** | je | ***eō/tantō*** | umso |
| ***quotiēns*** | wie oft | ***totiēns*** | so oft |

| | |
|---|---|
| ***Eō ībō, quō tu ībis.*** | Ich werde dorthin gehen, wo du hingehst. |
| ***Quō/quantō doctior, eō/tantō modestior.*** | Je gebildeter, desto bescheidener. |

### Und jetzt bist du dran!

**1. Ergänze das entsprechende Korrelativpronomen im richtigen Kasus, Numerus und Genus.**

| | |
|---|---|
| ***quālibus*** | ______________________ |
| ______________________ | ***tāle*** |
| ***quantōs*** | ______________________ |
| ______________________ | ***tālia*** |

*quālī* ______ 

______ *tantī*

*quantam* ______

______ *tālēs*

**2. Übersetze die folgenden Sätze und bestimme Kasus, Numerus und Genus der Korrelativpronomina.**

1. ***Quot hominēs hoc oppidum incolunt? Quantum oppidum est?***

______

______

2. ***Gāius tālis est, quālis esse vidētur.***

______

______

## 4.6 Check-up Pronomina

**1. Bestimme Kasus, Numerus und Genus bzw. Person der folgenden Formen und die Art des Pronomens. Manchmal sind mehrere Lösungen möglich!**

*illīus* ______

*quibus* ______

*mihī* ______

*eadem* ______

*huic* ______

*iī* ______

*quaelibet* ______

*tē* ______

*aliquōrum* ______

**2. Bilde den Akk. Sg. und Gen. Pl. der folgenden Pronomina.**

*īdem, eadem, idem* ______

*ille, illa, illud* ______

*quī, quae, quod* ______

*hic, haec, hoc* ______

*is, ea, id* ______

**3. Welches Pronomen steckt im Buchstabensalat? Übersetze dein Ergebnis.**

*pisō* ______

*svō* ______

*usiuc* ______

*ībis* ______

*dusit* ______

**4. Verändere die folgenden Pronomina wie angegeben.**

*is* ______

→ Gen. Pl. → f. → Akk. Sg. → Nom. Pl. → n.

*sōla* ______

→ Dat. Sg. → m. → Abl. Pl. → Nom. Sg. → n.

*hoc* ______

→ Akk. Pl. → f. → Dat. Pl. → Gen. Sg. → m.

*tuus* ______

→ Abl. Sg. → n. → Nom. Pl. → Akk. Sg. → f.

*quae* ______

→ Gen. Pl. → m. → Dat. Sg. → Abl. Pl. → n.

**5. Füge die passenden Formen der Pronomina ein und übersetze anschließend. Bestimme Kasus, Numerus und Genus der Pronomina.**

1. ***Turba hominum** ______ **(aliquī, -quae, -quod) gladiātōrem,** ______ **(quī, quae, quod) ab imperātōre salūtātur, admirātur.*** ______

______

______

2. ***Marcus ex** ______ **(aliquī, -quae, -quod)** ______ **(hic, haec, hoc) aedificiōrum exit.***

______

______

______

3. ***Quis*** ______________________ ***(vōs)*** ______________________

______________ ***(iste, -a, -ud) versūs scrīpsit?*** ______________________

______________________________________________

______________________________________________

**6. Trage die lateinischen Formen der Pronomina in das Wortgitter ein. Das Lösungswort ergeben die dunklen Kästchen.**

1. jeder beliebige → Gen. Pl. m.
2. irgendetwas (adj.) → Nom. Sg. n.
3. unser → Nom. Sg. m.
4. welches? → Akk. Sg. n.
5. dieselbe → Abl. Pl. f.
6. die → Akk. Sg. f.
7. welche? → Abl. Sg. f.
8. selbst → Dat. Pl. m.

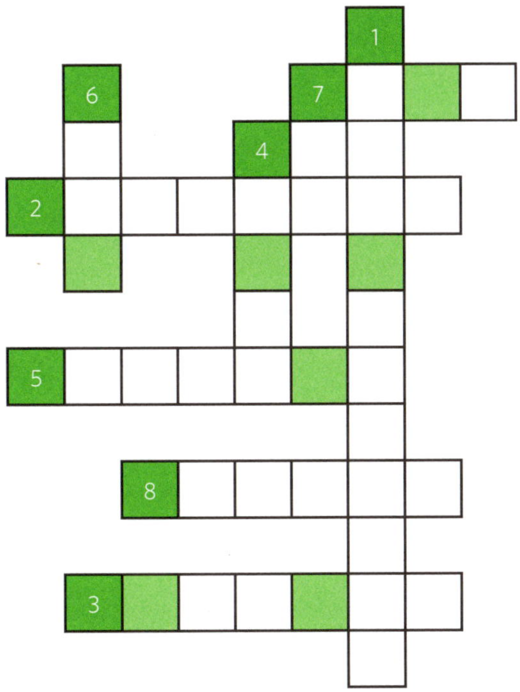


Das gesuchte Wort ist: ______________________ (sächliches Geschlecht).

# 5 Numeralia

Zu den lateinischen Numeralia zählen:

| | |
|---|---|
| **Grund- oder Kardinalzahlen *(Cardinālia)*** | eins, zwei, drei, ... |
| **Ordnungs- oder Ordinalzahlen *(Ōrdinālia)*** | der erste, zweite, dritte, ... |
| **Distributivzahlen *(Distributīva)*** | je einer, je zwei, je drei, ... |
| **Zahladverbien** | einmal, zweimal, dreimal, ... |

## 5.1 Die Zahlen im Überblick

| **Zahlzeichen** | | **Grundzahlen** wie viele? | **Ordnungszahlen** der wievielte? | **Distributivzahlen** wie viele jedesmal? |
|---|---|---|---|---|
| 1 | I | ***ūnus, -a, -um*** | ***prīmus, -a, -um*** | ***singulī, -ae, -a*** |
| 2 | II | ***duo, duae, duo*** | ***secundus*** | ***bīnī*** |
| 3 | III | ***trēs, tria*** | ***tertius*** | ***ternī*** |
| 4 | IV | ***quattuor*** | ***quārtus*** | ***quaternī*** |
| 5 | V | ***quīnque*** | ***quīntus*** | ***quīnī*** |
| 6 | VI | ***sex*** | ***sextus*** | ***sēnī*** |
| 7 | VII | ***septem*** | ***septimus*** | ***septēnī*** |
| 8 | VIII | ***octō*** | ***octāvus*** | ***octōnī*** |
| 9 | IX | ***novem*** | ***nōnus*** | ***novēnī*** |
| 10 | X | ***decem*** | ***decimus*** | ***dēnī*** |
| 11 | XI | ***ūndecim*** | ***ūndecimus*** | ***ūndēnī*** |
| 12 | XII | ***duodecim*** | ***duodecimus*** | ***duodēnī*** |
| 13 | XIII | ***trēdecim*** | ***tertius decimus*** | ***ternī dēnī*** |
| 14 | XIV | ***quattuordecim*** | ***quārtus decimus*** | ***quaternī dēnī*** |
| 15 | XV | ***quīndecim*** | ***quīntus decimus*** | ***quīnī dēnī*** |
| 16 | XVI | ***sēdecim*** | ***sextus decimus*** | ***sēnī dēnī*** |
| 17 | XVII | ***septendecim*** | ***septimus decimus*** | ***septēnī dēnī*** |
| 18 | XVIII | ***duodēvīgintī*** | ***duodēvīcēsimus*** | ***duodēvīcēnī*** |

| Zahlzeichen | | Grundzahlen<br>wie viele? | Ordnungszahlen<br>der wievielte? | Distributivzahlen<br>wie viele jedesmal? |
|---|---|---|---|---|
| 19 | XIX | ***ūndēvīgintī*** | ***ūndēvīcēsimus*** | ***ūndēvīcēnī*** |
| 20 | XX | ***vīgintī*** | ***vīcēsimus*** | ***vīcēnī*** |
| 30 | XXX | ***trīgintā*** | ***trīcēsimus*** | ***trīcēnī*** |
| 40 | XL | ***quadrāgintā*** | ***quadrāgēsimus*** | ***quadrāgēnī*** |
| 50 | L | ***quīnquāgintā*** | ***quīnquāgēsimus*** | ***quīnquāgēnī*** |
| 60 | LX | ***sexāgintā*** | ***sexāgēsimus*** | ***sexāgēnī*** |
| 70 | LXX | ***septuāgintā*** | ***septuāgēsimus*** | ***septuāgēnī*** |
| 80 | LXXX | ***octōgintā*** | ***octōgēsimus*** | ***octōgēnī*** |
| 90 | XC | ***nōnāgintā*** | ***nōnāgēsimus*** | ***nōnāgēnī*** |
| 100 | C | ***centum*** | ***centēsimus*** | ***centēnī*** |
| 200 | CC | ***ducentī*** | ***ducentēsimus*** | ***ducēnī*** |
| 300 | CCC | ***trecentī*** | ***trecentēsimus*** | ***trecēnī*** |
| 400 | CD | ***quadringentī*** | ***quadringentēsimus*** | ***quadringēnī*** |
| 500 | D | ***quīngentī*** | ***quīngentēsimus*** | ***quīngēnī*** |
| 600 | DC | ***sescentī*** | ***sescentēsimus*** | ***sescēnī*** |
| 700 | DCC | ***septingentī*** | ***septingentēsimus*** | ***septingēnī*** |
| 800 | DCCC | ***octingentī*** | ***octingentēsimus*** | ***octingēnī*** |
| 900 | CM | ***nōngentī*** | ***nōngentēsimus*** | ***nōngēnī*** |
| 1000 | M | ***mīlle*** | ***mīllēsimus*** | ***singula mīlia*** |
| 2000 | MM | ***duo mīlia*** | ***bis mīllēsimus*** | ***bīna mīlia*** |

| Zahladverbien | | |
|---|---|---|
| ***semel*** | ***bis*** | ***ter*** |
| ***quater*** | ***quīnquiēs*** | ***sexiēs*** |
| ***septiēs*** | ***octiēs*** | ***noviēs*** |
| ***deciēs*** | ***undeciēs*** | ***duodeciēs*** etc. |

## 5.2 Zur Deklination der Zahlen

Nur einige wenige **Grundzahlen** werden dekliniert:

- Der Plural von ***mīlle*** (1000) wird regelmäßig nach den i-Stämmen der 3. Deklination gebildet: ***mīlia, mīlium, mīlibus, mīlia, mīlibus***. Im Plural wird es immer als Substantiv verwendet; ein damit verbundener Begriff steht daher immer im Genitiv: ***duo mīlia nāvium*** 2000 Schiffe (aber: ***mīlle nāves*** 1000 Schiffe).
- Alle Hunderter von ***ducentī, -ae, -a*** (200) an werden regelmäßig wie die Adjektive der a-/o-Deklination dekliniert.
- Die ersten drei Grundzahlen ***ūnus, -a, -um*** (ein, eine, ein), ***duo, -ae, -o*** (zwei) und ***trēs, tria*** (drei) werden dekliniert; ***trēs*** wird wie ein zweiendiges Adjektiv der i-Stämme (3. Deklination), ***ūnus, -a, -um*** und ***duo*** jedoch bis auf die markierten Endungen nach der a-/o-Deklination dekliniert:

| | m. | f. | n. | m. | f. | n. | m./f. | n. |
|---|---|---|---|---|---|---|---|---|
| Nom. | ***ūnus*** | ***ūna*** | ***ūnum*** | ***duo*** | ***duae*** | ***duo*** | ***trēs*** | ***tria*** |
| Gen. | ***ūnīus*** | ***ūnīus*** | ***ūnīus*** | ***duōrum*** | ***duārum*** | ***duōrum*** | ***trium*** | ***trium*** |
| Dat. | ***ūnī*** | ***ūnī*** | ***ūnī*** | ***duōbus*** | ***duōbus*** | ***duōbus*** | ***tribus*** | ***tribus*** |
| Akk. | ***ūnum*** | ***ūnam*** | ***ūnum*** | ***duōs*** | ***duās*** | ***duo*** | ***trēs*** | ***tria*** |
| Abl. | ***ūnō*** | ***ūnā*** | ***ūnō*** | ***duōbus*** | ***duōbus*** | ***duōbus*** | ***tribus*** | ***tribus*** |

Die **Ordnungszahlen** werden allesamt nach der a-/o-Deklination dekliniert; sie werden vor allem bei der Angabe von Jahreszahlen und Stunden verwendet: ***annō sescentēsimō nōnō (ab urbe conditā)*** im 609. Jahr (seit Gründung der Stadt Rom), ***hōrā nōnā*** um die neunte Stunde

**Distributivzahlen** folgen den regelmäßigen Formen der a-/o-Deklination im Plural; sie geben die „Verteilung" einer Menge von etwas an (< ***distribuere*** ver-, zuteilen) an und stehen bei Pluralwörtern: ***centēnī mīlitēs*** je 100 Soldaten, ***bīnae litterae*** zwei Briefe

**Zahladverbien** bestimmen eine Häufigkeit auf die Frage „wie oft?" und besitzen jeweils nur eine Form; sie werden also nicht dekliniert:

***Solum semel vēnit.*** Er kam nur einmal.

## 5.3 Check-up Numeralia

**1. Ersetze im Folgenden die Zahlzeichen durch Zahlwörter und übersetze. Achte dabei wo nötig auf Kasus, Numerus und Genus. Manchmal sind mehrere Lösungen möglich!**

***MM passuum*** ______________________

***D mīlitēs*** ______________________

***DCCC hominibus*** ______________________

*III templa* ______

*V līberōrum* ______

*II diēs* ______

*L senātōrēs* ______

*VI domūs* ______

*M rēgīnae* ______

**2. Viele Römer hatten als Bei- oder sogar Vornamen eine Ordnungszahl. Auch bei manchen Familiennamen ist eine Zahl als Ursprung zu erkennen. Übersetze die folgenden Namen mit einer (ggf. abgeleiteten) deutschen Ordnungszahl.**

*Agrippīna Septima* ______

*Marcus Fabius Quīntiliānus* ______

*Diāna Decima* ______

*Plīnius Quīntus* ______

*Gāius Iūlius Caesar Augustus Octāviānus* ______

**3. Ordne die angegebenen Zahlwörter nach Ordnungs-, Grund- und Distributivzahlen sowie Zahladverbien. Wo möglich, bestimme Kasus, Numerus und Genus.**

***singulōrum - deciēs - sextī - nōngentae - tribus - octōnīs - ter - bīnōs - mīlia - tertiō - nōnam - octiēs***

Grundzahlen

______

______

______

Ordnungszahlen

______

______

______

Distributivzahlen

______

______

______

Zahladverbien

______

______

______

# 6 Achtung Ausnahme!

Die meisten Nomina bilden ihre Formen ganz regelmäßig. Aber nicht alle! Immer wieder gibt es Ausnahmen, besondere Formen oder Bedeutungen. Diese sind hier im Überblick aufgeführt und nach der jeweiligen Besonderheit angeordnet.

## Substantive

| Besonderheit | Kurzerläuterung und Beispiele |
|---|---|
| **Numerus** | |
| Pluralwörter | Folgende Nomina gibt es nur im Plural:<br>• Sammelbezeichnungen für Lebewesen:<br>***līberī, -ōrum*** *m.* Kinder<br>***māiōrēs, -um*** *m.* Vorfahren<br>***parentēs, -um*** *m.* Eltern<br>• Dinge, die aus mehreren Teilen bestehen:<br>***dīvitiae, -ārum*** *f.* Reichtum<br>***arma, -ōrum*** *n.* Waffen<br>***forēs, -ium*** *f.* Tür(flügel) |
| Singularwörter | Nur im Singular sind vorhanden:<br>• Eigennamen:<br>***Marcus, -ī*** *m.* Markus<br>• Abstrakte Begriffe:<br>***iūstitia, -ae*** *f.* Gerechtigkeit<br>• Sonstige Sammelbegriffe:<br>***scientia, -ae*** *f.* Wissen, Kenntnisse |
| Singular ↔ Plural | Unterschiedliche Bedeutungen in Singular und Plural haben:<br>***cōpia, -ae*** *f.* Vorrat, Menge — ***cōpiae, -ārum*** *f.* Truppen<br>***littera, -ae*** *f.* Buchstabe — ***litterae, -ārum*** *f.* Brief<br>***castrum, -ī*** *n.* Kastell — ***castra, -ōrum*** *n.* Lager<br>***vīs*** *f.* Kraft, Gewalt — ***vīrēs, -ium*** *f.* Streitkräfte<br>***fīnis, -is*** *m.* Ende, Grenze — ***fīnēs, -ium*** *m.* Gebiet |

| Besonderheit | Kurzerläuterung und Beispiele |
| --- | --- |
| **Kasus** | |
| a-Deklination<br>▶ S. 15 | In einigen Verbindungen sind ältere Formen erhalten:<br>Gen. Sg. ***pater familiās*** Familienvater<br>Dat./Abl. Pl. ***dīs et deābus*** den Göttern und Göttinnen<br>Lokativ (alter Kasus auf die Frage „wo?"): ***Rōmae*** in Rom |
| o-Deklination<br>▶ S. 17 | Substantive und Adjektive der o-Deklination auf ***-us*** und ***-ius*** haben folgende besondere Form:<br>Vok. Sg. ***Ecce, Marce!*** Sieh da, Markus!<br>***Ecce, Atīlī!*** Sieh da, Atilius! |
| u-Deklination<br>▶ S. 25 f. | Im Dat./Abl. Pl. haben manche Substantive ***-ubus*** statt ***-ibus***:<br>***arcus, -ūs*** *m.* Bogen ***arcubus*** |
| **Genus** | |
| Genus bei Menschen (a-Deklination)<br>▶ S. 12, 15 | Manche Substantive, die Menschen bezeichnen, orientieren sich nicht am regulären Genus ihrer Deklination, sondern an ihrem „natürlichen" Geschlecht. Das betrifft besonders Substantive der a-Deklination:<br>***poēta, -ae m.*** Dichter<br>***nauta, -ae m.*** Seemann |
| Besonderes Genus (o-Deklination)<br>▶ S. 19 | Folgende Substantive der o-Deklination sind **nicht** Maskulinum:<br>***humus, -ī f.*** Boden<br>***vulgus, -ī n.*** Volk<br>Das betrifft auch Länder, Städte und Inseln dieser Deklination (s. u.). |
| Genus bei Ländern, Städten und Inseln<br>▶ S. 12, 19 | Länder, Städte und Inseln sind unabhängig von ihrer Deklination Feminina, auch die folgenden Beispiele der o-Deklination:<br>***Corinthus, -ī f.*** Korinth<br>***Aegyptus, -ī f.*** Ägypten |
| Besonderes Genus (u-Deklination)<br>▶ S. 26 | Folgende Substantive der u-Deklination sind Feminina:<br>***domus, ūs f.*** Haus<br>***manus, -ūs f.*** Hand, Schar |
| ***diēs, -ēī***<br>▶ S. 28 | *m.* Tag *f.* Termin |

<table>
<tr><th>Besonderheit</th><th colspan="2">Kurzerläuterung und Beispiele</th></tr>
<tr><th colspan="3">Sonderformen</th></tr>
<tr><td>vīs f.<br>▶ S. 22</td><td colspan="2">Im Singular bildet vīs nur den Akkusativ und Ablativ:<br>vīs, vim, vī f.<br><br>Der Plural wird regelmäßig vom Stamm vīr- gebildet:<br>vīrēs, vīrium usw.</td></tr>
<tr><td>bōs, bovis<br>m./f.<br>▶ S. 21</td><td colspan="2">Bis auf folgende Kasus wird bōs nach den konsonantischen Stämmen der 3. Deklination dekliniert:<br><br>Gen. Pl. — boum<br>Dat./Abl. Pl. — bōbus und būbus</td></tr>
<tr><td>vās, -is n.<br>▶ S. 21</td><td colspan="2">Bis auf folgende Kasus wird vās nach den konsonantischen Stämmen der 3. Deklination dekliniert:<br><br>Gen. Pl. — vāsōrum<br>Dat./Abl. Pl. — vāsīs</td></tr>
<tr><td>domus, -ūs f.<br>▶ S. 26</td><td colspan="2">Die meisten Kasus von domus werden nach der u-Deklination gebildet, mit Ausnahme von:<br><br>Abl. Sg. — domō<br>Gen. Pl. — domōrum (auch: domuum)<br>Akk. Pl. — domōs (selten: domūs)<br><br>Folgende Formen haben eine besondere Bedeutung:<br><br>domō — von zu Hause<br>domī — zu Hause<br>domum — nach Hause</td></tr>
<tr><td>rēs, reī f.<br>▶ S. 28</td><td colspan="2">rēs hat in Verbindung mit bestimmten Adjektiven besondere Bedeutungen:<br><br>rēs Rōmānae — römische Geschichte<br>rēs pūblica — Staat</td></tr>
<tr><td>Wortstammveränderung<br>▶ S. 21</td><td colspan="2">Manche Substantive der konsonantischen Stämme (3. Deklination) verändern ihren Wortstamm:<br><br>Iuppiter, Iovis m. — Jupiter<br>iter, itineris n. — Weg, Reise</td></tr>
</table>

## Adjektive, Adverbien und Pronomina

| Besonderheit | Kurzerläuterung und Beispiele |
|---|---|
| **Adjektive** | |
| Unregelmäßige Komparation<br>▶ S. 42 | Folgende Adjektive bilden Komparativ und Superlativ unregelmäßig:<br>Positiv – Komparativ – Superlativ<br>***bonus, -a, -um*** gut – ***melior, -ius*** besser – ***optimus, -a, -um*** bester<br>***malus, -a, -um*** schlecht – ***pēior, -ius*** schlechter – ***pessimus, -a, -um*** schlechtester<br>***māgnus, -a, -um*** groß – ***māior, -ius*** größer – ***māximus, -a, -um*** größter<br>***parvus, -a, -um*** klein – ***minor, -us*** kleiner – ***minimus, -a, -um*** kleinster<br>***multī, -ae, -a*** viele – ***plūrēs, -a*** mehr – ***plūrimī, -ae, -a*** die meisten |
| **Adverbien** | |
| unregelmäßige Bildung<br>▶ S. 43 | Ein unregelmäßig gebildetes Adverb haben:<br>***bonus, -a, -um*** – ***bene*** gut<br>***alius, -a, -ud*** – ***aliter*** anders<br>***facilis, -e*** – ***facile*** leicht<br>***difficilis, -e*** – ***difficulter*** schwierig<br>***audāx, -cis*** – ***audācter*** mutig, kühn |
| Adverbien auf ***-ō/-ā***<br>▶ S. 43 | Manche Adverbien haben als Endung -***ō*** oder ***-ā***:<br>***citō*** schnell – ***subitō*** plötzlich<br>***frūstrā*** vergeblich<br>Diese Adverbien lerne deshalb gleich mit den Vokabeln mit. |
| **Pronomina** | |
| ***nēmō***<br>▶ S. 59 | Das Indefinitpronomen ***nēmō*** hat im Gen. und Abl. unregelmäßige Formen:<br>**nēmō, nūllīus, nēminī, nēminem, ā nūllō** |
| ***nihil***<br>▶ S. 59 | Das Indefinitpronomen ***nihil*** hat im Gen., Dat. und Abl. Ersatzformen:<br>**nihil, nūllīus reī, nūllī reī, nihil (nil), nūllā rē** |
| ***alius, -a, -ud***<br>▶ S. 60 | Das Pronominaladjektiv ***alius*** hat im Gen. Sg. die Ersatzform ***alterīus.*** |
| ***aliquis, -quid/ aliquī, -quae, -quod***<br>▶ S. 58 | Nach ***sī, nisī, nē*** und ***num*** fällt das Wörtchen ***ali-*** um. |

# 7 Check-up Deklinationen

**1. Bilde jeweils den entsprechenden Plural bzw. Singular. Manchmal gibt es mehrere Möglichkeiten!**

*montem altum* ______________________

*artium līberālium* ______________________

*flammae rūbrae* ______________________

*diēbus paucīs* ______________________

*amīcitiārum veterum* ______________________

*fundāmenta ingentia* ______________________

*summīs generibus* ______________________

**2. Übersetze die folgenden Sätze und bestimme anschließend Kasus, Numerus und Genus aller Nomina.**

***Mīlitēs ad flūmen pervēnērunt. Iī trēs māximōs pontēs in eō fēcērunt.***

______________________

______________________

______________________

______________________

***Multae urbēs, quās hodiē nōvimus, ā Rōmānīs antīquīs conditae sunt.***

______________________

______________________

______________________

______________________

**3. Welche lateinischen Substantive und/oder Adjektive kannst du von folgenden Verben ableiten? Hier kannst du ggf. auch das Vokabelverzeichnis oder ein Wörterbuch zu Hilfe nehmen.**

*parere* ______________________

*fīdere* ______________________

*dominārī* ______________________

*aedificāre* ______________________

*captāre* ______________________

*dīligere* ______________________

*errāre* ______________________

**4. Hier haben sich viele Nomina versteckt. Lies senkrecht, waagerecht, vorwärts und rückwärts sowie diagonal! Als Hilfe sind die deutschen Bedeutungen und Formen der versteckten Wörter angegeben. Vielleicht findest du noch mehr?**

| | | | | | | | | | | | | | |
|---|---|---|---|---|---|---|---|---|---|---|---|---|---|
| C | X | T | R | E | S | S | E | S | L | D | P | E | I |
| U | S | P | H | U | X | O | R | I | B | U | S | M | U |
| N | L | F | I | N | P | R | O | Q | O | C | C | K | S |
| C | M | L | U | D | I | S | S | U | U | E | H | O | A |
| T | L | N | G | E | H | O | U | F | M | N | L | I | C |
| I | I | R | A | M | O | R | I | S | I | T | T | E | T |
| V | F | S | R | M | T | P | U | F | R | A | D | N | B |
| C | E | A | H | U | U | V | C | I | P | S | A | M | X |
| K | M | O | L | N | T | L | V | S | O | R | T | O | S |

| | | |
|---|---|---|
| ______ alle (Nom. Pl. m.) | ______ selbst (Abl. Sg. f.) | ______ Schicksal, Los (Nom. Sg.) |
| ______ CC (Akk. Pl. f.) | ______ (Zu-)Fall (Dat. Sg.) | ______ dieser (Nom. Pl. n.) |
| ______ Zorn (Nom. Sg.) | ______ Spiel, Schule (Dat. Pl.) | ______ der, welcher (Gen. Sg. f.) |
| ______ jener (Gen. Sg. m.) | ______ Sache, Ding (Akk. Pl.) | ______ Raum, Strecke (Akk. Pl.) |
| ______ Ehefrau (Abl. Pl.) | ______ er, sie, es (Akk. Pl. f.) | ______ Sitte, Brauch (Gen. Sg.) |
| ______ derselbe (Akk. Sg. m.) | ______ Sonne (Nom. Sg.) | ______ jeder, ganz (Nom. Sg. n.) |
| ______ Führer (Abl. Sg.) | ______ Rind (Gen. Pl.) | ______ ich (Akk. Sg.) |
| ______ Rom (Nom. Sg.) | ______ Liebe (Gen. Sg.) | ______ er, sie, es (Dat. Sg. f.) |
| ______ sicher (Dat. Sg. m.) | ______ sich (Akk. Sg.) | ______ er, sie, es (Nom. Pl. m.) |

**5. Welche Deklination ist hier gemeint? Gib jeweils auch ein Beispiel an.**

1. Hier kommt gleich viermal -***us*** vor!

___

2. -***im***, -***i***, -***ia*** und -***ium*** sind die Merkmale!

___

3. Trifft man am häufigsten in der 3. Deklination!

___

4. Gleich viermal -***ēs***!

___

5. Das ***a*** wird hier besonders hervorgehoben!

___

6. ***i-*** und konsonantische Stämme prägen das Schema!

___

7. Fast nur maskuline Typen treiben sich hier rum!

___

**6. Sortiere nach Numeralia, Adjektiven und Pronomen. Gib jeweils den Genitiv an.**

***duo, -ae, -o - facilis, -e - aliquī, -quae, -quod - malus, -a, -um - dexter, -tra, -trum - nēmō - iste, -a, -ud - singulī, -ae, -a - vīcēsimus, -a, -um - sapiēns, -ntis - nihil - ūnus, -a, -um***

**Numeralia**

___

___

**Adjektive**

___

___

**Pronomina**

___

___

**7. Füge in den folgenden Sätzen die passenden Formen der angegebenen Nomina ein und übersetze.**

1. ***Gallī in*** ______ *(**prōvincia, -ae** f.)* ***Rōmānās invāsērunt et tempore*** ______ ***(brevis, -e) multa*** ______ *(**oppidum, -ī** n.)* ***expūgnāvērunt.***

______

______

______

2. ***Itaque senātus*** ______ *(**exercitus, -ūs** m.)* ***ingentem,*** ______ ***(quī, quae, quod) cōnsulēs*** ______ ***(duo, -ae, -o) praefuērunt, cōgere imperāvit.***

______

______

______

3. ***Ad flūmen*** ______ ***(lātus, -a, -um) exercitus Rōmānōrum in*** ______ ***(inimīcus, -a, -um) Gallōs fortiter pūgnāvit et*** ______ ***(ille, -a, -ud) vīcit.***

______

______

______

**8. Bilde den Genitiv. Achte dabei auf den Numerus.**

| | | | |
|---|---|---|---|
| ***annīs*** | ______ | ***nocte*** | ______ |
| ***istō*** | ______ | ***tōtum*** | ______ |
| ***factō*** | ______ | ***mōtum*** | ______ |
| ***flammae*** | ______ | ***opīniōnem*** | ______ |
| ***varia*** | ______ | ***rēbus*** | ______ |

**9. Verbinde zu sinnvollen Paaren und übersetze.**

| | |
|---|---|
| *animum* | *ampliōrēs* |
| *animālibus* | *altissimīs* |
| *reī* | *sacrās* |
| *dōna* | *trium* |
| *collibus* | *sapientī* |
| *partium* | *saeviōribus* |
| *campī* | *pūblicae* |
| *viās* | *firmissimum* |
| *senī* | *pulchra* |

**10. Handelt es sich bei den folgenden Wörtern um Nomina oder Verben? Schreibe die Nomina heraus und bestimme sie nach Kasus, Numerus und Genus.**

***patris - minus - patēris - fluctuī - fugiam - lūcēs - minuīs - fluis - monēs - montēs - nōminās - lūceās - duās - nōmina - pōnis - pontis - dūrās - fugam***

**11. Löse zunächst das Rätsel und trage dann die Wörter im angegebenen Kasus in das Wortgitter ein. Wie lautet das Lösungswort in den grünen Feldern?**

1. ***Animal ferōx, quod saepe in silvīs vīvit:*** ______________________

→ ______________________ (Abl. Sg.)

2. ***Oppida vīcōsque incolunt:*** ______________________

→ ______________________ (Nom. Pl.)

3. ***prīmī, secundī,*** ______________________

→ ______________________ (Abl. Sg. m.)

4. ***nōn laetus:*** ______________________

→ ______________________ (Gen. Pl. f.)

5. ***Canēs*** ______________________ ***sunt.***

→ ______________________ (Dat. Pl.)

6. ***Terra in marī:*** ______________________

→ ______________________ (Akk. Pl.)

7. ***Multī dīvitēs hominēs*** ______________________ ***sunt.***

→ ______________________ (Akk. Sg.)

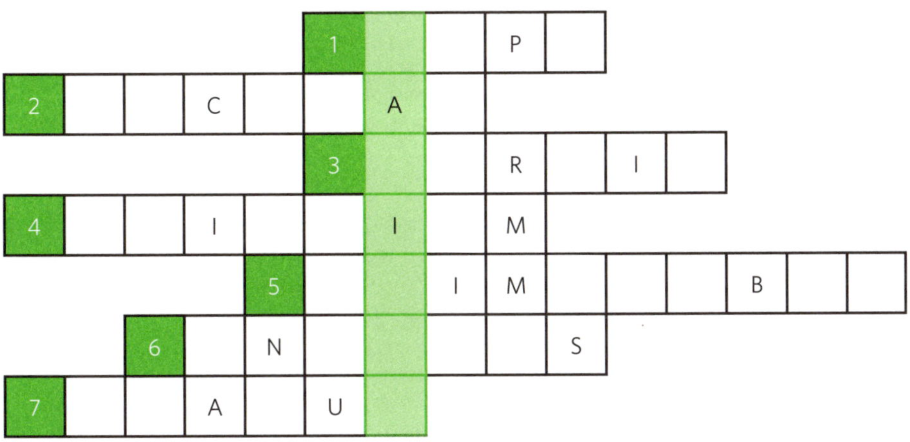


Lösungswort: ______________________

# Vokabelverzeichnis

## A

***abicere, -iciō, -iēcī, -iectum*** weg-, hinwerfen; aufgeben
***ācer, -cris, -cre*** spitz, scharf, heftig
***aciēs, -ēī*** *f.* Schärfe; Schlacht
***ad*** (+ Akk.) zu ... hin, an, bei
***adiuvāre, -iuvō, -iūvī, -iūtum*** unterstützen, helfen
***admirārī, -or, -tus sum*** bewundern; sich wundern
***admonēre, -eō, -uī, -itum*** erinnern, ermahnen
***adventus, -ūs*** *m.* Ankunft
***aedificāre, -ō, -vī, -tum*** bauen, errichten
***aedificium, -ī*** *n.* Bauwerk, Gebäude
***aedēs, -ium*** *f.* Haus
***āēr, -is*** *m.* Luft
***ager, agrī*** *m.* Feld, Acker; Gebiet
***agere, -ō, ēgī, āctum*** (be)treiben, (ver)handeln
***agricola, -ae*** *m.* Bauer
***altus, -a, -um*** hoch; tief
***amāre, -ō, -vī, -tum*** lieben, mögen
***amīca, -ae*** *f.* Freundin
***amīcitia, -ae*** *f.* Freundschaft
***amīcus, -ī*** *m.* Freund
***amor, -ōris*** *m.* Liebe
***amplus, -a, -um*** weit, groß; geräumig
***anima, -ae*** *f.* Atem; Seele; Leben
***animal, -is*** *n.* Lebewesen; Tier
***animus, -ī*** *m.* Geist, Verstand; Mut; Herz
***annus, -ī*** *m.* Jahr
***antīquus, -a, -um*** alt, altertümlich, ehrwürdig
***aqua, -ae*** *f.* Wasser
***arcus, -ūs*** *m.* (Triumph)Bogen
***ars, artis*** *f.* Kunst
***asper, -era, -erum*** rau, hart
***audācia, -ae*** *f.* Kühnheit, Verwegenheit
***audāx, -cis*** kühn, mutig
***audīre, -iō, -vī, -itum*** (zu)hören
***autem*** aber, jedoch
***avārus, -a, -um*** habsüchtig, geizig, gierig
***avia, -ae*** *f.* Großmutter
***avis, -is*** *f.* Vogel
***avus, -ī*** *m.* Großvater

## B

***bestia, -ae*** *f.* (wildes) Tier, Untier
***bonus, -a, -um*** gut, tüchtig
***bōs, bovis*** *m./f.* Rind
***brevis, -e*** kurz

## C

***campus, -ī*** *m.* Feld, Ebene
***canis, -is*** *m.* Hund
***cantāre, -ō, -vī, -tum*** singen
***captāre, -ō, -vī, -tum*** fangen, jagen
***captīvus, -a, -um*** gefangen; Subst.: Gefangener
***carpere, -pō, -psī, -ptum*** nutzen, genießen; pflücken
***castra, -ōrum*** *n.* (Heer)Lager
***cāsus, -ūs*** *m.* (Zu)Fall
***cavēre, -eō, cāvī, cautum*** (+ Akk.) sich hüten, in Acht nehmen (vor)
***celer, -ris, -re*** schnell, rasch
***cēna, -ae*** *f.* Essen, Gastmahl
***cibus, -ī*** *m.* Speise, Nahrung
***cīvis, -is*** *m.* (Mit)Bürger
***clādēs, -is*** *f.* Niederlage, Verlust
***clāmāre, -ō, -vī, -tum*** rufen, schreien
***clārus, -a, -um*** hell, klar; berühmt
***cōgere, -ō, coēgī, coāctum*** zwingen; sammeln
***cohors, -tis*** *f.* Kohorte
***colere, -ō, -uī, cultum*** bebauen; pflegen; verehren
***collis, -is*** *m.* Hügel, Anhöhe
***condere, -ō, -didī, -ditum*** gründen
***cōnsul, -is*** *m.* Konsul
***cōpiae, -ārum*** *f.* Truppen, Streitkräfte
***cornū, -ūs*** *n.* Horn; Flügel (des Heeres)
***crēber, -bra, -brum*** häufig, zahlreich
***cum*** (+ Abl.) (zusammen) mit
***cūr?*** warum?
***currere, -ō, cucurrī, cursum*** laufen, rennen

## D

***dāre, dō, dedī, datum*** geben
***dea, -ae*** *f.* Göttin
***deus, -ī*** *m.* Gott
***dexter, -tra, -trum*** rechts
***dīcere, -ō, dīxī, dictum*** sagen, sprechen, nennen
***diēs, -ēī*** *m./f.* Tag (m.); Termin (f.)
***difficilis, -is*** schwierig, mühsam
***dīligere, -ō, -lēxī, -lēctum*** lieben, schätzen
***discipula, -ae*** *f.* Schülerin
***discipulus, -ī*** *m.* Schüler
***dissimilis, -e*** unähnlich, verschieden
***diū*** (Adv.) lange (Zeit)
***dīvīnus, -a, -um*** göttlich

***dīves, -itis*** reich
***dominārī, -or, -ātus sum*** (be)herrschen
***dominus, -ī*** *m.* Herr
***domus, -ūs*** *f.* Haus
***dōnum, -ī*** *n.* Geschenk, Gabe
***dūrus, -a, -um*** hart, mühselig, rauh
***dux, ducis*** *m./f.* Führer/in, Feldherr

## E

***emere, emō, ēmī, ēmptum*** nehmen, kaufen
***epistula, -ae*** *f.* Brief
***equus, -ī*** *m.* Pferd
***errāre, -ō, -vī, -tum*** umherirren, sich irren
***esse, sum, fuī*** sein
***et*** und; auch
***et ... et*** sowohl ... als auch
***exercitus, -ūs*** *m.* Heer
***exīre, -eō, -iī, -itum*** hinausgehen; ausrücken
***exitus, -ūs*** *m.* Ausgang, Ergebnis, Tod
***explicāre, -ō, -vī, -tum*** erklären; ausführen
***expūgnāre, -ō, -vī, -tum*** erstürmen, erobern
***exspectāre, -ō, -vī, -tum*** erwarten, warten auf

## F

***fābula, -ae*** *f.* Erzählung, Geschichte
***facere, -iō, fēcī, factum*** tun, machen; herstellen
***faciēs, -ēī*** *f.* Gestalt, Aussehen, Gesicht
***facilis, -e*** leicht (zu tun), mühelos
***factum, -ī*** *n.* Tat, Handlung, Ereignis
***falsus, -a, -um*** falsch, unwahr; unecht
***familia, -ae*** *f* Familie
***familiāris, -e*** Haus..., vertraut
***fēlīx, -īcis*** glücklich
***ferōcia, -ae*** *f.* Unerschrocken-, Wildheit
***ferōx, -ōcis*** wild, trotzig
***fidēs, -eī*** *f.* Treue, Glaube, Vetrauen
***fīdere, -ō, fīsus sum*** (ver)trauen
***fīdus, -a, -um*** treu, zuverlässig
***fīlia, -ae*** *f.* Tochter
***fīlius, -ī*** *m.* Sohn
***fīnis, -is*** *m.* Grenze; Ende
***firmus, -a, -um*** stark, fest; zuverlässig
***flamma, -ae*** *f.* Flamme, Feuer
***flūctus, -ūs*** *m.* Strömung, Flut
***flūmen, -inis*** *n.* Fluss, Strom
***forma, -ae*** *f.* Gestalt, Form, Schönheit
***fortis, -e*** tapfer, mutig; stark
***forum, -ī*** *n.* Marktplatz, Forum
***fuga, -ae*** *f.* Flucht, Verbannung
***fundāmentum, -ī*** *n.* Grund(lage), Fundament

## G

***gēns, -ntis*** *f.* Geschlecht, Stamm, Volk
***genū, -ūs*** *n.* Knie
***genus, -eris*** *n.* Geschlecht, Gattung, Art
***gladiātor, -ōris*** *m.* Gladiator
***glōria, -ae*** *f.* Ruhm
***gravis, -e*** schwer; ernst

## H

***habēre, -eō, -uī, -itum*** haben, halten, besitzen
***hodiē*** (Adv.) heute
***homō, -inis*** *m.* Mensch
***hōra, -ae*** *f.* Stunde
***hostis, -is*** *m.* Feind
***hūmānus, -a, -um*** menschlich
***humilis, -e*** niedrig, gering; demütig

## I

***iam*** (Adv.) schon, bereits
***īgnārus, -a, -um*** unwissend, nichts ahnend
***immānis, -e*** ungeheuer, riesig, schrecklich
***imperāre, -ō, -vī, -tum*** befehlen; herrschen
***imperātor, -ōris*** *m.* Feldherr; Herrscher, Kaiser
***impetus, -ūs*** *m.* Angriff
***incola, -ae*** *m.* Ein-, Bewohner
***incolere, -ō, -uī, -cultum*** (be)wohnen
***ingēns, -ntis*** ungeheuer, gewaltig
***inimīcus, -a, -um*** feindlich; Subst.: Feind
***invādere, -ō, -vāsī, -vāsum*** einfallen, angreifen, eindringen
***īnsula, -ae*** *f.* Insel
***iter, itineris*** *n.* Weg, Reise, Marsch
***iūstus, -a, -um*** gerecht, rechtmäßig
***iuvenis, -is*** *m.* junger Mann

## L

***labōrāre, -ō, -vī, -tum*** arbeiten, sich anstrengen
***lacus, -ūs*** *m.* See, Teich
***laetus, -a, -um*** froh, fröhlich
***laudāre, -ō, -vī, -tum*** loben
***lēgātus, -ī*** *m.* Abgesandter, Legat
***legiō, -ōnis*** *f.* Legion
***levis, -e*** leicht, leichtsinnig
***liber, -brī*** *m.* Buch
***līber, -era, -erum*** frei, unabhängig
***līberālis, -e*** frei, edel, freigiebig
***līberī, -ōrum*** *m.* Kinder
***licet*** es ist erlaubt
***litterae, -ārum*** *f.* Brief; Wissenschaft

**lōngus, -a, -um** lang, weit
**lūcēre, -eō, -xī** leuchten, strahlen
**lūdus, -ī** *m.* Spiel; Schule
**lūdere, -ō, lūsī, lūsum** spielen, scherzen
**lūna, -ae** *f.* Mond
**lupus, -ī** *m.* Wolf
**lūx, lūcis** *f.* Licht

## M

**maestus, -a, -um** traurig, betrübt
**magister, -trī** *m.* Lehrer
**magistrātus, -ūs** *m.* Amt, Behörde; Beamter
**māgnus, -a, -um** groß; bedeutend
**malus, -a, -um** schlecht, schlimm, böse
**mare, -is** *n.* Meer
**mīles, -itis** *m.* Soldat
**mīlitāris, -e** militärisch, soldatisch
**miser, -era, -erum** elend, unglücklich, armselig
**mōns, -ntis** *m.* Berg
**mōs, mōris** *m.* Sitte, Brauch, Art
**mōtus, -ūs** *m.* Bewegung, Lauf; Antrieb
**mox** (Adv.) bald
**multī, -ae, -a** viele
**multitūdō, -inis** *f.* Menge, Vielzahl

## N

**nātiō, -ōnis** *f.* Volk(sstamm)
**nauta, -ae** *m.* Seemann, Matrose
**nāvis, -is** *f.* Schiff
**nōmen, -inis** *n.* Name; Begriff
**nōn** nicht
**nōscere, -ō, nōvī, nōtum** kennen lernen, erfahren
**nox, noctis** *f.* Nacht

## O

**oppidum, -ī** *n.* (befestigte) Stadt
**opīniō, -ōnis** *f.* Vermutung, Meinung
**opprimere, -ō, -pressī, -pressum** unterdrücken; überfallen
**ōrātiō, -ōnis** *f.* Rede; Sprache; Gebet
**ōrātor, -ōris** *m.* Sprecher, Redner
**ōtiōsus, -a, -um** untätig; ruhig; sorglos

## P

**parāre, -ō, -vī, -tum** (vor)bereiten
**parcus, -a, -um** sparsam; enthaltsam
**parentēs, -um** *m.* Eltern
**parere, -iō, peperī, partum** hervorbringen, gebären
**pārēre, -eō, -uī, -itum** gehorchen
**pars, -tis** *f.* Teil; Richtung
**parvus, -a, -um** klein, gering
**passus, -ūs** *m.* Schritt; Doppelschritt
**pater, -tris** *m.* Vater
**patiēns, -ntis** geduldig
**paucī, -ae, -a** wenige
**pauper, -eris** arm
**pecūnia, -ae** *f.* Geld
**perniciēs, -ēī** *f.* Verderben, Untergang
**pervenīre, -veniō, -vēnī, -ventum** gelangen, hinkommen
**philosophus, -ī** *m.* Philosoph
**pīrāta, -ae** *m.* Pirat, Seeräuber
**plūrēs, -a** mehrere
**poēta, -ae** *m.* Dichter, Poet
**pōns, -ntis** *m.* Brücke
**porta, -ae** *f.* Tür, Tor
**posse, possum, potuī** können
**potēns, -ntis** mächtig
**praeesse, -sum, -fuī** (+ Dat.) an der Spitze stehen, leiten
**prīnceps, -cipis** erster, angesehenster
**prōdesse, prōsum, prōfuī** nützen, nützlich sein
**prōvincia, -ae** *f.* Provinz
**puella, -ae** *f.* Mädchen
**puer, puerī** *m.* Junge; Kind
**pūgnāre, -ō, -vī, -tum** kämpfen
**pulcher, -chra, -chrum** schön, hübsch
**pūblicus, -a, -um** öffentlich, allgemein, staatlich

## Q

**quam** als
**quia** weil

## R

**reditus, -ūs** *m.* Rückkehr
**rēgīna, -ae** *f.* Königin
**regiō, -ōnis** *f.* Gegend, Gebiet; Richtung
**rēs, -eī** *f.* Sache, Ding, Angelegenheit
**rēx, rēgis** *m.* König

## S

**sacer, -cra, -crum** heilig, geweiht; verflucht
**sacerdōs, -ōtis** *m./f.* Priester(in)
**sacrificāre, -ō, -vī, -tum** opfern
**saepe** (Adv.) oft
**saevus, -a, -um** wütend; schrecklich
**sapiēns, -ntis** weise, vernünftig
**scīre, sciō, scīvī, scītum** wissen, verstehen
**scrībere, -bō, -psī, -ptum** schreiben, verfassen
**senātor, -ōris** *m.* Senator

***senātus, -ūs*** *m.* Senat; Senatsversammlung
***senex, senis*** *m.* alter Mann, Greis
***serva, -ae*** *f.* Sklavin
***servus, -ī*** *m.* Sklave
***sevērus, -a, -um*** ernst, streng
***silva, -ae*** *f.* Wald
***similis, -e*** ähnlich
***socius, -ī*** *m.* Gefährte; Verbündeter
***sonus, -ī*** *m.* Ton, Klang, Laut
***spēs, -eī*** *f.* Hoffnung, Erwartung
***studēre, -eō, -uī*** sich bemühen; wollen
***studium, -ī*** *n.* Eifer, Bemühung

## T

***templum, -ī*** *n.* Tempel; Heiligtum
***tempus, -oris*** *n.* Zeit
***terra, -ae*** *f.* Erde, Land
***theātrum, -ī*** *n.* Theater
***timēre, -eō, -uī*** fürchten; besorgt sein
***tribūnus, -ī*** *m.* Volkstribun
***turba, -ae*** *f.* Durcheinander; Menge
***turris, -is*** *f.* Turm

## U

***urbs, urbis*** *f.* Stadt
***ūsus, -ūs*** *m.* Gebrauch, Nutzen
***ūtilis, -e*** brauchbar, nützlich

## V

***valdē*** (Adv.) sehr
***varius, -a, -um*** mannigfaltig, bunt
***venīre, -iō, vēnī, ventum*** kommen
***versus, -ūs*** *m.* Zeile, Vers
***vetus, -eris*** alt; ehemalig
***via, -ae*** *f.* Straße, Weg
***vīcīnus, -a, -um*** nahe, benachbart; Subst.: Nachbar(in)
***vīcus, -ī*** *m.* Dorf; Gasse; Stadtviertel
***vidērī, -eor, vīsus sum*** scheinen, gelten als
***vīlla, -ae*** *f.* Landhaus, -gut
***vincere, -ō, vīcī, victum*** siegen, besiegen
***vīs*** *f.* Gewalt, Kraft
*Pl.* ***vīrēs, -ium*** *f.* Streitkräfte
***vīsitāre, -ō, -vī, -tum*** besuchen, besichtigen
***vīta, -ae*** *f.* Leben
***vīvus, -a, -um*** lebend(ig); zu Lebzeiten
***vocāre, -ō, -vī, -tum*** rufen, nennen

## Inhalt



- Eine **Übersicht über die Konjugationen** findest du auf den vorderen und hinteren Umschlaginnenseiten.
- Ein **Vokabelverzeichnis** findest du auf S. 129.
- Die **Lösungen** beginnen auf S. 351.

# VERBEN

# So arbeitest du in dem Teil „Verben"

Einen weiteren wichtigen „Baustein" in lateinischen Sätzen stellen die Verben dar, auch sie werden dich über deine gesamte Latein-Schulzeit begleiten. Meist geht beim Übersetzen der erste Blick zum Prädikat des Satzes, die Analyse der Verbform steht also an erster Stelle. Anhand der Ergebnisse dieser Analyse weißt du schon, nach welcher Art von Subjekt du suchen musst und in welchem Zeitrahmen sich das Erzählte abspielt.

In diesem Teil lernst du die Konjugationen der verschiedenen Verbklassen und unregelmäßigen Verben bzw. wiederholst diese und kannst dich für Klassenarbeiten oder Prüfungen fit machen. Mit einer Vielzahl an Übungen kann sich dein Wissen festigen, und du gewinnst Sicherheit beim Erkennen der Verbformen.

Auch andere Verbformen wie Infinitive und Partizipien sind enorm wichtig in der lateinischen Grammatik. Ihre Formen lernst du in diesem Teil kennen - wie sie verwendet werden und du sie am besten übersetzt, übst du jedoch im Teil „Grammatik und Übersetzungstraining ab dem 2./3. Lernjahr" ab S. 133 ff.

## Aufbau des Kapitels

Der Teil „Verben" enthält zunächst eine kurze Einführung ins Thema, in der wichtige Begriffe erläutert werden. In viele übersichtliche Lerneinheiten unterteilt übst du das Erkennen und Bilden der verschiedenen Verbformen: Mit den Aktivformen aller Konjugationen in allen Tempora beschäftigst du dich in Kapitel 2. Im Kapitel 3 geht es um das Passiv, Kapitel 4 führt dich an den Konjunktiv heran. Die Kapitel 5 und 6 handeln von sogenannten infiniten Formen, nämlich dem Infinitiv und den Partizipien. Wie die einzelnen Konjunktivformen, Infinitive und Partizipien verwendet und übersetzt werden, übst du jedoch ausführlich im Teil „Grammatik und Übersetzungstraining ab dem 2./3. Lernjahr" ab S. 133 ff.

*Tipp:* Du musst diesen Teil nicht unbedingt von vorne bis hinten durcharbeiten, wenn du schon länger mit Latein zu tun hast. Suche dir im Inhaltsverzeichnis das Thema heraus, bei dem du noch Schwierigkeiten hast, und übe gezielt diese bestimmten Verbformen.

## Üben

In jeder Einheit findest du Übungen **(Checks)**, bei denen du dein Wissen zum jeweiligen Thema überprüfen und Sicherheit darin gewinnen kannst. Das Beherrschen der Verbformen wird zum Kinderspiel für dich!

Der **Check-up Verben** in Kapitel 7 bietet dir abschließend viele Aufgaben zum Üben, die sich auf größere Themenbereiche beziehen. Hier kannst du testen, wie fit du in den einzelnen Bereichen der Verbformen bist, und überprüfen, welche Teilbereiche du dir vielleicht noch einmal genauer anschauen solltest.

Die **Lösungen** zu allen Checks findest du natürlich am Ende des Buches. Und falls dir die Bedeutung eines Wortes entfallen ist, kannst du im **Vokabelverzeichnis** auf S. 129 ff. nachschlagen.

**Viel Spaß und Erfolg beim Üben der Verben!**

# 1 Das Verb und seine Formen

Das Verb (Zeitwort oder Tätigkeitswort) drückt eine Tätigkeit, ein Geschehen, einen Vorgang oder Zustand aus: **laudāre** - *loben*, **capere** - *fassen, ergreifen*, **dīcere** - *sprechen*, **esse** - *sein*. Bei den lateinischen Verben werden **finite** und **infinite** Formen unterschieden.

## 1.1 Finite Verbformen

Verbformen mit Personenzeichen nennt man **finite Verbformen** (Personalformen). Sie werden verändert hinsichtlich

- **Person** (1., 2., 3. Person: ich, du, er, sie, es ...),
- **Numerus:** Singular (**audiō** - *ich höre*) und Plural (**audīmus** - *wir hören*),
- **Tempus:** Präsens (**audīs** - *du hörst*), Imperfekt (**audiēbas** - *du hörtest*), Perfekt (**audīvistī** - *du hast gehört*), Plusquamperfekt (**audīverās** - *du hattest gehört*), Futur I (**audiēs** - *du wirst hören*) und Futur II (**audīveris** - *du wirst gehört haben*),
- **Modus:** Indikativ (Wirklichkeitsform: **audiunt** - *sie hören*), Konjunktiv (Vorstellungsform: **audiant** - *sie mögen hören*) und Imperativ (Befehlsform: **audīte**! - *hört!*) und
- **Genus verbi:** Aktiv (Tatform: **audit** - *er/sie/es hört*) und Passiv (Leideform: **audītur** - *er/sie/es wird gehört*).

## 1.2 Infinite Verbformen

Zu den sogenannten **infiniten Verbformen,** den Formen ohne Personenzeichen (Nominalformen), zählen

- **die Infinitive:** z. B. Infinitiv Präsens Aktiv (**audīre** - *hören*) und Infinitiv Perfekt Aktiv (**audīvisse** - *gehört haben*),
- die **nd-Formen** (▶ Grammatik und Übersetzungstraining ab dem 2./3. Lernjahr, S. 184 ff. Gerundium (**ad audiendum** - *zum Hören*) und Gerundivum (**audiendus** - *einer, der gehört werden muss*) sowie
- **die Partizipien:** Partizip Präsens Aktiv (PPA, **audiēns** - *hörend*), Partizip Perfekt Passiv (PPP, **audītus** - *gehört*) und Partizip Futur Aktiv (PFA, **audītūrus** - *einer, der hören wird/will*).

## 1.3 Konjugationsklassen

Nach dem Auslaut des Präsensstamms (▶ 1.4) werden die Verben in verschiedene Konjugationsklassen eingeteilt:

| | | |
|---|---|---|
| **laudāre** - *loben* | → **laudā-** | a-Konjugation |
| **monēre** - *ermahnen* | → **monē-** | e-Konjugation |
| **audīre** - *hören* | → **audī-** | i-Konjugation |
| **agere** - *tun, handeln* | → **ag-** | konsonantische Konjugation |
| **capere** - *fassen, ergreifen* | → **cap(i)-** | gemischte Konjugation |

Die gemischte Konjugation wird auch konsonantische Konjugation mit i-Erweiterung genannt.

## Check 1

Ordne die Infinitive der jeweils richtigen Konjugation zu.

**audīre - afficere - aedificāre - ārdēre - arcessere - augēre - rapere - agitāre - agere - aperīre**

| a-Konj. | e-Konj. | i-Konj. | kons. Konj. | gem. Konj. |
|---|---|---|---|---|
| | | | | |
| | | | | |

## Check 2

Ergänze die Konjugation und übersetze.

**clāmat** *a-Konjugation* — *er/sie/es ruft*

**audit** ____________ ____________

**labōrat** ____________ ____________

**gaudet** ____________ ____________

**currit** ____________ ____________

## 1.4 Präsensstamm

Der **Präsensstamm**, mit dem Präsens, Imperfekt und Futur I gebildet werden, entspricht in der a-, e- und i-Konjugation dem Infinitiv Präsens Aktiv ohne die Endung **-re**.

Beispiele: **laudāre** - *loben* → **laudā-**
**monēre** - *ermahnen* → **monē-**
**audīre** - *hören* → **audī-**

In der konsonantischen Konjugation endet der Präsensstamm auf einen Konsonanten; er entspricht also dem Infinitiv Präsens Aktiv ohne **-ere**.

Beispiele: **regere** - *lenken* → **reg-**
**vīvere** - *leben* → **vīv-**

Der Präsensstamm der gemischten Konjugation endet meist auf **-i**.

Beispiele: **capere** - *fassen* → **cap(i)-**
**rapere** - *rauben* → **rap(i)-**

## Check 3

Nenne die Konjugationsklasse der Verben. Bilde dann den Präsensstamm. Schreibe in dein Übungsheft.

**dēlēre - dēlectāre - vincīre - petere - regere - clāmāre - aperīre - capere - manēre - cupere**

# 2 Das Verb im Aktiv

## 2.1 Präsens

Die Formen des **Indikativ Präsens Aktiv** setzen sich aus dem Präsensstamm eines Verbs und den aktiven Personalendungen zusammen. Das Präsens weist kein eigenes Tempuszeichen auf. Die aktiven Personalendungen lauten:

| | Singular | Plural |
|---|---|---|
| **1. Person** | **-ō** | **-mus** |
| **2. Person** | **-s** | **-tis** |
| **3. Person** | **-t** | **-nt** |

**Achtung:** Bei der 1. Person Singular der a-Konjugation verschmilzt der Stammauslaut **-a-** mit der Personalendung zu **-o**.
Beispiele: **laudō** - *ich lobe*, **amō** - *ich liebe*

In der 3. Person Plural der i-, konsonantischen und gemischten Konjugation wird der Bindevokal **-u-** eingefügt.
Beispiele: **audi-u-nt** - *sie hören*, **reg-u-nt** - *sie lenken*, **capi-u-nt** - *sie fassen*

In der konsonantischen Konjugation wird bei allen anderen Personen (außer 1. Pers. Sg.) der Bindevokal **-i-** eingefügt.
Beispiele: **vīv-i-s** - *du lebst*, **cōgnōsc-i-mus** - *wir erkennen*,
aber: **reg-ō** - *ich lenke*, **reg-u-nt** - *sie lenken*

### Check 1

Welche Formenbestimmung ist die richtige? Verbinde.

| | |
|---|---|
| **timent** | 3. Pers. Sg. |
| **lūdimus** | 2. Pers. Sg. |
| **curris** | 1. Pers. Sg. |
| **intrātis** | 1. Pers. Pl. |
| **doleō** | 3. Pers. Pl. |
| **dēcipit** | 2. Pers. Pl. |

### Check 2

Bilde die genannten Formen im Indikativ Präsens Aktiv.

**cantāre** ______________________ (2. Pers. Pl.)

**rapere** ______________________ (1. Pers. Sg.)

**fugere** ______________________ (2. Pers. Sg.)

**dolēre** ______________________ (3. Pers. Pl.)

**venīre** ______________________ (3. Pers. Sg.)

## Check 3

Ergänze im Konjugationsschema die fehlenden Endungen. Wo musst du zusätzlich Bindevokale einsetzen?

| a-Konjugation | Singular | Plural |
|---|---|---|
| 1. Person | amō | amā ______ |
| 2. Person | amā ______ | amā ______ |
| 3. Person | ama ______ | amant |

| e-Konjugation | Singular | Plural |
|---|---|---|
| 1. Person | gaude ______ | gaudēmus |
| 2. Person | gaudēs | gaudē ______ |
| 3. Person | gaude ______ | gaude ______ |

| i-Konjugation | Singular | Plural |
|---|---|---|
| 1. Person | veni ______ | venī ______ |
| 2. Person | venī ______ | venītis |
| 3. Person | venit | veni ______ |

| kons. Konjugation | Singular | Plural |
|---|---|---|
| 1. Person | legō | leg ______ |
| 2. Person | leg ______ | leg ______ |
| 3. Person | leg ______ | legunt |

| gem. Konjugation | Singular | Plural |
|---|---|---|
| 1. Person | rapi ______ | rapimus |
| 2. Person | rapis | rapi ______ |
| 3. Person | rapi ______ | rapi ______ |

## Check 4

❶ Bilde die angegebenen Formen von **servāre**.

**servāre** → (1. Pers. Sg.) ____________ → (Pl.) ____________ →

(3. Pers.) ____________ → (2. Pers.) ____________ →

(Sg.) ____________ → (3. Pers.) ____________

❷ Mache nun denselben Formenlauf mit **tacēre, audīre** und **capere**.

*taceō* → ________________________________

________________________________

________________________________

________________________________

________________________________

________________________________

## Check 5

Welche Personen und welcher Numerus sind in folgenden Verbformen jeweils bezeichnet? Nenne auch die Konjugation.

| | | | |
|---|---|---|---|
| **dēcēdis** | ____________ | **dēpōnunt** | ____________ |
| **dolet** | ____________ | **dēlectō** | ____________ |
| **dēsīderātis** | ____________ | **capimus** | ____________ |
| **clāmant** | ____________ | **timēmus** | ____________ |

Das Präsens wird für die Beschreibung von Handlungen und Zuständen der Gegenwart oder für allgemeingültige Aussagen verwendet.

Beispiele: **Lūcius Gāium vocat**. – *Lucius* ***ruft*** *Gaius.*
**Vītae discimus**. – *Wir* ***lernen*** *fürs Leben.*

## Check 6

Verbinde die Satzbestandteile zu kurzen, sinnvollen Sätzen. Achte auf die Kongruenz. Übersetze sie anschließend in deinem Übungsheft.

| | |
|---|---|
| **dominus** | **nāvigant** |
| **nōs** | **clāmātis** |
| **agricola** | **gaudent** |
| **nautae** | **student** |
| **deae** | **docet** |
| **magister** | **monet** |
| **discipulī** | **arat** |
| **vōs** | **currimus** |

### Check 7

Setze in jede Lücke das richtige Verb ein. Übersetze dann in deinem Übungsheft.

**ambulant - intrat - lūdere - appāret - spectant**

a) **In forō amīcī** __________ **et mercātōrēs** __________.

b) **Ūnus ē mercātōribus clāmat: „Līberī, hīc** __________ **nōn dēbētis!"**

c) **Senātor cūriam** __________.

d) **Subitō fūr** __________.

## 2.2 Imperfekt

Das Imperfekt ist ein Vergangenheitstempus. Du erkennst es am Tempuszeichen **-ba-** (a-/e-Konjugation) bzw. **-ēba-** (i-, gemischte und konsonantische Konjugation), das zwischen Präsensstamm und Personalendungen eingeschoben wird.

| Singular | | | Plural | | |
|---|---|---|---|---|---|
| **cantā-ba-m** | - | *ich sang* | **fug-i-ēbā-mus** | - | *wir flohen* |
| **tac ē-bā-s** | - | *du schwiegst* | **leg-ēbā-tis** | - | *ihr last* |
| **veni-ēba-t** | - | *er/sie/es kam* | **cantā-ba-nt** | - | *sie sangen* |

**Merke:** Die Personalendungen im Imperfekt sind mit Ausnahme der 1. Person Singular **(-m)** dieselben wie im Präsens.

### Check 8

Schreibe alle Imperfektformen heraus, bestimme und übersetze sie.

timēmusrelinquēbantturbāsveniēbāsprobāmusparantcapiēbamdabātisverba

## Check 9

❶ Verbinde die Imperfektformen mit der richtigen Übersetzung.

**currēbātis - aperiēbāmus - monēbat - temptābās - respiciēbant - monēbam - respiciēbat - temptābāmus - currēbam - aperiēbant**

sie öffneten - du versuchtest - ich ermahnte - er blickte zurück - sie ermahnte - wir öffneten - ich lief - ihr lieft - sie blickten zurück - wir versuchten

________________________________________

________________________________________

________________________________________

________________________________________

________________________________________

________________________________________

________________________________________

❷ Ordne nun die Formen aus Übung 9.1 einer Konjugationsgruppe zu.

| a-Konj. | e-Konj. | i-Konj. | gem. Konj. | kons. Konj. |
|---|---|---|---|---|
| | | | | |
| | | | | |

## Check 10

Setze die Präsensformen ins Imperfekt und übersetze sie.

Beispiel: *excitat → excitābat - er/sie/es weckte auf*

**vident** ________________________________________

**audīs** ________________________________________

**perditis** ________________________________________

**errō** ________________________________________

**dīcō** ________________________________________

**cēdimus** ________________________________________

**cadit** ________________________________________

**capiunt** ________________________________________

## Check 11

❶ Übersetze die Sätze. Was drückt das Imperfekt aus? Kreuze unten das Zutreffende an. Achte auf die adverbialen Bestimmungen.

a) **Saepe tē vīsitābāmus et vīsitābimus.**
b) **Diū dormiēbam.**
c) **Semper idem faciēbātis.**
d) **Cottīdiē labōrābant.**

___

___

___

___

❷ Das Imperfekt bezeichnet ...

andauernde Vorgänge ◯ versuchte Handlungen ◯ wiederholte Vorgänge ◯
einmalige Ereignisse ◯ abgeschlossene Vorgänge ◯

## 2.3 Perfekt

Die Formen des Indikativs Perfekt Aktiv setzen sich aus zwei Bestandteilen zusammen:
- dem Perfektstamm und
- bestimmten Personalendungen, die es nur im Indikativ Perfekt Aktiv gibt. Diese lauten:

| | | | |
|---|---|---|---|
| **-ī** | *ich* | **-imus** | *wir* |
| **-istī** | *du* | **-istis** | *ihr* |
| **-it** | *er/sie/es* | **-ērunt** | *sie* |

Die Personalendungen werden an den Perfektstamm gehängt. Dieser Perfektstamm wird je nach Verb auf unterschiedliche Weise gebildet. Es gibt folgende Perfektbildungsarten:

| | | | |
|---|---|---|---|
| v-Perfekt | **audīv-ī** | - | *ich habe gehört* |
| u-Perfekt | **monu-ī** | - | *ich habe ermahnt* |
| s-Perfekt | **sēns-ī** | - | *ich habe gemeint* |
| Dehnungsperfekt | **cēp-ī** | - | *ich habe gefasst* |
| Reduplikationsperfekt | **cucurr-ī** | - | *ich bin gelaufen* |
| Stammperfekt | **incend-ī** | - | *ich habe angezündet* |

Bei den meisten Verben musst du den Perfektstamm mitlernen, denn er unterscheidet sich oft sehr vom Infinitiv Präsens bzw. dem Präsensstamm. Im Wörterbuch oder in Vokabelverzeichnissen ist daher die 1. Person Singular Indikativ Perfekt Aktiv mit angegeben:

**vīvere, vīvō, vīxī** - *leben, ich lebe, ich habe gelebt*

## Check 12

Welche Art der Perfektbildung liegt vor? Ordne zu.

| | |
|---|---|
| **appāruit** | s-Perfekt |
| **trādidī** | v-Perfekt |
| **respēximus** | u-Perfekt |
| **adiūvistī** | Stammperfekt |
| **dēfendērunt** | Reduplikationsperfekt |
| **temptāvistis** | Dehnungsperfekt |

## Check 13

Nenne zu den folgenden Perfektstämmen die entsprechenden Präsensstämme. Bestimme die Art der Perfektbildung.

**adiūv-** ____________________ ____________________

**iactāv-** ____________________ ____________________

**fēc-** ____________________ ____________________

**scrīps-** ____________________ ____________________

**dēbu-** ____________________ ____________________

**ascend-** ____________________ ____________________

**dīx-** ____________________ ____________________

## Check 14

Unterstreiche in jeder Reihe die Form, die nicht im Perfekt steht, und bestimme sie.

a) **mīsistī - dēlectāvērunt - contemnimus - rēximus** ____________________

b) **relīquistis - movent - cecidit - pepercī** ____________________

c) **dēbēbās - cessāvērunt - habuit - invēnistis** ____________________

d) **fīnīvit - ēripuimus - dēcrēvī - ascenditis** ____________________

## Check 15

Bilde die 1. Person Singular Perfekt und übersetze. Benenne die Art der Perfektbildung.

**adiuvāre** → ____________________ ____________________

**cēdere** → ____________________ ____________________

**habēre** → ____________________ ____________________

**trādere** → ____________________ ____________________

**contendere** → ____________________ ____________________

## Check 16

Bilde zu den angegeben Perfektstämmen die gefragten Personalformen. Übersetze dann die Formen.

| | | |
|---|---|---|
| **audīv**__________ | wir __________ | |
| **dēb**__________ | er __________ | |
| **ēg**__________ | ich __________ | |
| **petīv**__________ | ihr __________ | |
| **fēc**__________ | sie __________ | (Pl.) |
| **cucurr**__________ | du __________ | |

**Imperfekt ⟷ Perfekt**
Das **Imperfekt** wird für Handlungen bzw. Ereignisse verwendet, die
- noch nicht abgeschlossen sind,
- sich in der Vergangenheit wiederholen,
- einen Versuch in der Vergangenheit bezeichnen oder
- eine Haupthandlung (im Perfekt ausgedrückt) begleiten.

Das **Perfekt** wird für Handlungen bzw. Ereignisse verwendet, die
- einmalig sind,
- abgeschlossen sind oder
- eine Haupthandlung neben einer Hintergrundhandlung (im Imperfekt ausgedrückt) darstellen.

## Check 17

Übersetze folgenden Text und erkläre, warum das Imperfekt bzw. das Perfekt verwendet wird.

a) **Nox erat.** __________

Begründung: __________

b) **Subitō servus dominō dominaeque nūntiāvit: „Audīte nūntium trīstem! Vesuvius mōns saevus iam multa oppida exstīnxit.**

__________

__________

Begründung: __________

c) **Hominēs quiēscēbant. Tum tumultus omnēs ē somnō excitāvit.**

__________

Begründung: __________

d) **Etiam vīcus fīnitimus nōnnūllās hōrās ārdēbat."**

__________

Begründung: __________

## 2.4 Plusquamperfekt

Das Plusquamperfekt wird mit dem Perfektstamm dem Tempuszeichen **-era-** und den Personalendungen, die du vom Imperfekt kennst, gebildet.

| Singular | | Plural | |
|---|---|---|---|
| **cantāv- era-m** | - *ich hatte gesungen* | **vēn- erā-mus** | - *wir waren gekommen* |
| **tenu- erā-s** | - *du hattest gehalten* | **dēfend- erā-tis** | - *ihr hattet verteidigt* |
| **lūs- era-t** | - *er/sie/es hatte gespielt* | **iūss- era-nt** | - *sie hatten befohlen* |

**Lerntipp:** Tempuszeichen plus Personalendungen sehen aus wie das Imperfekt von *esse*. Merke also: Das Plusquamperfekt setzt sich aus dem Perfektstamm und dem Imperfekt von *esse* zusammen.

Das **Plusquamperfekt** beschreibt Handlungen und Ereignisse, die vor einer anderen Handlung in der Vergangenheit stattgefunden haben, also noch weiter zurückliegen.

**Graecī cum Trōiānīs bellum gessērunt, nam Paris Helenam rapuerat**. - *Die Griechen führten mit den Trojanern Krieg, denn Paris **hatte** Helena **geraubt**.*

### Check 18

Ergänze die Plusquamperfektformen in der Tabelle.

| Präsens | Imperfekt | Perfekt | Plusquamperfekt |
|---|---|---|---|
| **tangit** | **tangēbat** | **tetigit** | |
| **dīcitis** | **dīcēbātis** | **dīxistis** | |
| **fūgiunt** | **fūgīebant** | **fūgērunt** | |
| **stāmus** | **stābāmus** | **stetimus** | |
| **nōminō** | **nōminābam** | **nōmināvī** | |
| **monēs** | **monēbās** | **monuistī** | |

### Check 19

Übersetze die Verbformen und setze sie ins Plusquamperfekt.

Beispiel: *habitāmus - wir (be-)wohnen → habitāverāmus*

**dēligō** ______________________ → ______________________

**respondet** ______________________ → ______________________

**cēdent** ______________________ → ______________________

**īnstituēbās** ______________________ → ______________________

**trādimus** ______________________ → ______________________

**currētis** ______________________ → ______________________

## Check 20

Vervollständige die Verbpaare (Gegensätze bzw. Synonyme) im Plusquamperfekt und übersetze sie.

| audīverās | | dī________ | |
|---|---|---|---|
| cupīverāmus | | dēsīderā________ | |
| laudāverātis | | reprehend________ | |
| cucurrerat | | st________ | |

## Check 21

Übersetze und erkläre, in welchem Zeitverhältnis die Sätze bzw. Handlungen zueinanderstehen.

a) **Paris, quī Helenam rapuerat, in patriam rediit.**

______________________________

b) **Menelāus māgnō cum exercitū Troiam petīvit, quia Paris uxōrem abdūxerat.**

______________________________

c) **Graecī oppidum decem annōs occupāverant; tandem id dolō Ulixis cēpērunt.**

______________________________

d) **Deinde Graecī Trōiam, quam dēlēverant, relīquérunt et domum rediērunt.**

______________________________

## 2.5 Futur I

### Futur I der a- und e-Konjugation

Zukünftige Handlungen werden mit dem Futur dargestellt.
Im Lateinischen setzt es sich in der a- und e-Konjugation aus dem Präsensstamm, dem Tempuszeichen **-bi-** bzw. **-b-** (1. Pers. Sg.) und **-bu-** (3. Pers. Pl.) und den Personalendungen, die du vom Präsens kennst, zusammen:

a-Konjugation
**cantā- + -b- + -ō** → **cantābō** - *ich werde singen*
**cantā- + -bi- + -s** → **cantābis** - *du wirst singen*
**cantā- + -bu- + -nt** → **cantābunt** - *sie werden singen*

e-Konjugation
**tenē- + -b- + -ō** → **tenēbō** - *ich werde halten*
**tenē- + -bi- + -mus** → **tenēbimus** - *wir werden halten*
**tenē- + -bu- + -nt** → **tenēbunt** - *sie werden halten*

**Merke:** Das Tempuszeichen des Futurs ist bei diesen beiden Konjugationen in allen Personen außer der 1. Pers. Sg. und der 3. Pers. Pl. **-bi-**.

## Check 22

Setze die Präsensformen ins Futur I und übersetze sie.

**respondētis** → ______________________

**habitās** → ______________________

**prōvident** → ______________________

**temptō** → ______________________

**appāret** → ______________________

**dēsperāmus** → ______________________

## Check 23

Ergänze die fehlenden Formen im Futur I.

| a-Konjugation | Singular | Plural |
|---|---|---|
| 1. Person | cantābō | |
| 2. Person | | cantābitis |
| 3. Person | | |

| e-Konjugation | Singular | Plural |
|---|---|---|
| 1. Person | | |
| 2. Person | habēbis | |
| 3. Person | | habēbunt |

### Futur I der i-, gemischten und konsonantischen Konjugation

In der i-, gemischten und konsonantischen Konjugation lautet das Tempuszeichen **-e-** bzw. **-a-** (1. Pers. Sg.). Dieses wird ebenfalls an den Präsensstamm angehängt, zusammen mit den Personalendungen, die du vom Imperfekt kennst.

i-Konjugation
**veni- + -a- + -m** → **veniam** - *ich werde kommen*
**veni- + -e- + -t** → **veniet** - *er/sie/es wird kommen*

gemischte Konjugation
**capi- + -ē- + -s** → **capiēs** - *du wirst fangen*
**capi- + -ē- + -tis** → **capiētis** - *ihr werdet fangen*

konsonantische Konjugation
**lūd- + -a- + -m** → **lūdam** - *ich werde spielen*
**lūd- + -ē- + -mus** → **lūdēmus** - *wir werden spielen*

**Merke:** Präge dir beim Vokabellernen gut die Konjugationsklasse ein, um eine Verwechslung von Präsensformen der e-Konjugation mit Futurformen dieser drei Konjugationen zu vermeiden!

## Check 24

Trage die fehlenden Formen im Futur I in die Tabelle ein.

| i-Konjugation | Singular | Plural |
|---|---|---|
| 1. Person | | **mūnīemus** |
| 2. Person | | |
| 3. Person | **mūniet** | |

| kons. Konjugation | Singular | Plural |
|---|---|---|
| 1. Person | **mittam** | |
| 2. Person | | |
| 3. Person | **mittet** | |

| gem. Konjugation | Singular | Plural |
|---|---|---|
| 1. Person | | |
| 2. Person | | **rapiētis** |
| 3. Person | | **rapient** |

## 2.6 Futur II

Perfektstamm, Tempuszeichen und Personalendungen bilden die Formen des Futur II. Das Tempuszeichen lautet **-eri-**, nur in der 1. Person Singular verschmilzt es mit der Endung zu **-erō**.

Beispiele: **laudāv-erō** – *ich werde gelobt haben*
**monu-eri-s** – *du wirst ermahnt haben*
**scrīps-eri-t** – *er/sie/es wird geschrieben haben*
**cucurr-eri-mus** – *wir werden gelaufen sein*
**cēp-eri-tis** – *ihr werdet gefasst haben*
**dēfend-eri-nt** – *sie werden verteidigt haben*

**Lerntipp:** Tempuszeichen plus Personalendungen sehen zusammen aus wie das Futur I von *esse*. Merke also: Das Futur II setzt sich aus Perfektstamm und dem Futur I von **esse** zusammen (Ausnahme: 3. Person Plural **-erint**).

## Check 25

Welche Form ist kein Futur II? Streiche sie durch und bestimme das Tempus.

a) **sīveris - habuerō - respondēbō - petīverimus** ______________________

b) **cesserit - admīseritis - accurreris - curris** ______________________

c) **gessimus - vīderint - accēperō - lēgerimus** ______________________

d) **fūgeritis - trādiderant - ēdūcāverit - praebueris** ______________________

## Check 26

Bilde Futur-II-Formen, indem du Tempuszeichen und Personalendungen ergänzt.

| | Singular | Plural |
|---|---|---|
| 1. Person | narrāv______ | fefell______ |
| 2. Person | ēripu______ | lēg______ |
| 3. Person | sēns______ | volv______ |

**Futur I ⟷ Futur II**

Das Futur I wird für in der Zukunft stattfindende Handlungen bzw. Ereignisse verwendet. Das Futur II bezieht sich hingegen auf einen Vorgang bzw. ein Ereignis in der Zukunft, das bereits vor einem anderen zukünftigen Geschehen abgeschlossen sein wird.

Im Deutschen achtet man gewöhnlich nicht so genau auf das Zeitverhältnis in der Zukunft und übersetzt das Futur II meist mit Präsens oder Perfekt:
**Sī domum vēnerō, dormiam.** –
*Wenn ich nach Hause komme, werde ich schlafen.*
**Mox epistulam scrīpserō, tum domum ībō.** –
*Bald habe ich den Brief geschrieben, dann gehe ich nach Hause.*

## Check 27

Übersetze folgende Sätze und unterstreiche mit zwei verschiedenen Farben, was in der Zukunft bereits abgeschlossen ist und was sich noch ereignen wird.

a) **Cum Delphōs[1] advēnerō, aedem quaeram.**

______

b) **Simulac[2] aedem intrāverō, sacerdōs[3] mihī sortem dabit.**

______

c) **Cum ōrāculum accēperō, in patriam redībō.**

______

d) **Sī sors mihī placuerit, sacerdōtī mūnus dabō.**

______

e) **Cum mūnus eī placuerit, gaudēbō.**

______

[1] **Delphī, -ōrum** *m.*: Delphi (Orakelstätte des Apollon in Griechenland)
[2] **simulac:** sobald
[3] **sacerdōs, -ōtis** *f.*: Priesterin

## Check 28

Verbinde zu sinnvollen Sätzen und übersetze.

| | |
|---|---|
| **Ubi domum Nerōnis intrāveris,** | **clientēs accipiet.** |
| **Sī senātōrēs in cūriam convēnerint,** | **turba plaudet.** |
| **Cum pater domum vēnerit,** | **cōnsilia capient.** |
| **Ubi gladiātor bestiam vīcerit,** | **statuam auream vidēbis.** |

## 2.7 Unregelmäßige Verben

**esse - *sein***

Das unregelmäßige Verb **esse (sein)** weist unterschiedliche Präsensstämme auf. Das Präsens bildet sich von den Stämmen **s-** und **es-**, Imperfekt und Futur I vom Stamm **er-**.

| Präsens | Imperfekt | Futur I |
|---|---|---|
| **s-u-m** - *ich bin* | **er-a-m** - *ich war* | **er-ō** - *ich werde sein* |
| **es** - *du bist* | **er-ā-s** - *du warst* | **er-i-s** - *du wirst sein* |
| **es-t** - *er/sie/es ist* | **er-a-t** - *er/sie/es war* | **er-i-t** - *er/sie/es wird sein* |
| **s-u-mus** - *wir sind* | **er-ā-mus** - *wir waren* | **er-i-mus** - *wir werden sein* |
| **es-tis** - *ihr seid* | **er-ā-tis** - *ihr wart* | **er-i-tis** - *ihr werdet sein* |
| **s-u-nt** - *sie sind* | **er-a-nt** - *sie waren* | **er-u-nt** - *sie werden sein* |

Der Perfektstamm von *esse* lautet **fu-**; von diesem werden Perfekt, Plusquamperfekt und Futur II ganz regelmäßig gebildet.

Beispiele: **fu-ī** - *ich bin gewesen*, **fu-istī** - *du bist gewesen*
**fu-era-m** - *ich war gewesen*, **fu-erā-mus** - *wir waren gewesen*
**fu-erō** - *ich werde gewesen sein*, **fu-eri-t** - *er/sie/es wird gewesen sein*

## Check 29

Bestimme die Formen von **esse** und übersetze sie.

a) **es** ____________ ____________

b) **sumus** ____________ ____________

c) **erant** ____________ ____________

d) **erimus** ____________ ____________

e) **sunt** ____________ ____________

f) **estis** ____________ ____________

g) **fuit** ____________ ____________

h) **fueram** ____________ ____________

Entstanden ist **posse *(können)*** ursprünglich aus **pot-** und **esse**. Vor einem Vokal bleibt **pot-** im Präsens, Imperfekt und Futur I erhalten, vor **-s-** lautet der Stamm **pos-**. An diese Vorsilbe werden die entsprechenden Formen von **esse** angehängt.

Beispiele:

| | | |
|---|---|---|
| **pos-sum** | – | *ich kann* |
| **pot-es** | – | *du kannst* |
| **pos-sunt** | – | *sie können* |
| **pot-eram** | – | *ich konnte* |
| **pot-erat** | – | *er/sie/es konnte* |
| **pot-eris** | – | *du wirst können* |
| **pot-erunt** | – | *sie werden können* |

Vom Perfektstamm **potu-** bilden sich Perfekt, Plusquamperfekt und Futur II wie bei den regelmäßigen Verben.

Beispiele:

| | | |
|---|---|---|
| **potu-ī** | – | *ich habe gekonnt* |
| **potu-ērunt** | – | *sie haben gekonnt* |
| **potu-erās** | – | *du hattest gekonnt* |
| **potu-erātis** | – | *ihr hattet gekonnt* |
| **potu-erit** | – | *er/sie/es wird gekonnt haben* |
| **potu-erint** | – | *sie werden gekonnt haben* |

## Check 30

Bilde von den Formen aus Check 29 die entsprechenden von **posse** und übersetze sie.

a) ________________________

b) ________________________

c) ________________________

d) ________________________

e) ________________________

f) ________________________

g) ________________________

g) ________________________

**velle - *wollen***
Das Verb **velle *(wollen, wünschen)*** hat vor allem im Präsens unregelmäßige Formen, die du dir gut einprägen musst.

| | 1. Person | 2. Person | 3. Person |
|---|---|---|---|
| Singular | **vol-ō** | **vīs** | **vul-t** |
| Plural | **vol-u-mus** | **vul-tis** | **vol-u-nt** |

Für alle anderen Tempora gibt es verschiedene Verbstämme, von denen die Formen - ganz regelmäßig - gebildet werden.

| | | | |
|---|---|---|---|
| Imperfekt | **vol-** | + | **-ēba-** + Personalendung |
| Futur I | **vol-** | + | **-a-/-e-** + Personalendung |
| Perfekt/Plusquamperfekt | **volu-** | + | Personalendung |

**Merke:** Imperfekt und Futur werden wie bei den Verben der gemischten oder konsonantischen Konjugation gebildet.

## Check 31

❶ Welche Form von **posse** entspricht welcher von **velle**? Verbinde.

**potestis - potest -**
**possum - possunt -**
**potes - possumus**

**volumus - vultis -**
**volunt - vīs -**
**volō - vult**

❷ Ordne die Formen von **velle** dem richtigen Numerus zu und setze sie ins Futur.

Singular ______________________________

Plural ______________________________

## Check 32

Bestimme und übersetze die Formen von **velle.**

a) **volō** ______________ ______________
b) **vult** ______________ ______________
c) **volēbāmus** ______________ ______________
d) **volet** ______________ ______________
e) **vīs** ______________ ______________
f) **volēbant** ______________ ______________
g) **vultis** ______________ ______________
h) **volent** ______________ ______________
i) **volam** ______________ ______________
j) **volēbam** ______________ ______________

**īre - *gehen***

Der Präsensstamm von **īre *(gehen)***, von dem Präsens, Imperfekt und Futur I gebildet werden, lautet **i-** bzw. **e-** in der 1. Person Singular und 3. Person Plural.

| Präsens | Singular | | | Plural | | |
|---|---|---|---|---|---|---|
| **1. Person** | **e-ō** | - | *ich gehe* | **ī-mus** | - | *wir gehen* |
| **2. Person** | **ī-s** | - | *du gehst* | **ī-tis** | - | *ihr geht* |
| **3. Person** | **i-t** | - | *er/sie/es geht* | **e-u-nt** | - | *sie gehen* |

Weitere Beispiele: **ī-ba-m** - *ich ging*, **ī-ba-nt** - *sie gingen*,
**ī-bō** - *ich werde gehen*, **ī-bi-tis** - *ihr werdet gehen*,
**ī-bu-nt** - *sie werden gehen*

An den Perfektstamm **i-** werden die regelmäßigen Tempuszeichen und Personalendungen von Perfekt, Plusquamperfekt und Futur II gehängt.

Beispiele: **i-ī** - *ich bin gegangen*, **īstī** (!) - *du bist gegangen*, **i-it** - *er/sie/es ist gegangen*, **īstis** (!) - *ihr seid gegangen*, **i-era-m** - *ich war gegangen*, **i-erā-tis** - *ihr wart gegangen*, **i-era-nt** - *sie waren gegangen*

## Check 33

Trage die fehlenden Formen ein.

| Präsens | Imperfekt | Futur I | Perfekt |
|---|---|---|---|
| | **ībam** | **ībō** | |
| | | | **īstī** |
| **it** | | **ībit** | |
| | | | **iimus** |
| **ītis** | | | |
| | **ībant** | | |

## Check 34

Stammen die Formen von **īre** oder von **esse**? Ordne sie entsprechend zu.

**īs - eō - erō - es - it - est - īmus - sunt - eunt - erunt**

**īre:** ____________________

**esse:** ____________________

# 3 Das Verb im Passiv

## 3.1 Das Passiv von Präsens, Imperfekt und Futur I

Das Passiv von Präsens, Imperfekt und Futur I wird vom **Präsensstamm** gebildet. Hinzu kommen beim Imperfekt und Futur I die jeweiligen Tempuszeichen sowie in allen drei Tempora die passiven Personalendungen. Diese lauten:

| | Singular | Plural |
|---|---|---|
| 1. Person | **-or** (Präs.)/**-r** (Imperf./Fut. I) | **-mur** |
| 2. Person | **-ris** | **-minī** |
| 3. Person | **-tur** | **-ntur** |

**Präsens Passiv**
Das Präsens Passiv setzt sich in der **a-, e- und i-Konjugation** aus dem Präsensstamm und den passiven Personalendungen zusammen.

| | | | |
|---|---|---|---|
| a-Konjug.: | **voc-or** | – | *ich werde gerufen* |
| | **vocā-ris** | – | *du wirst gerufen* |
| e-Konjug.: | **mone-or** | – | *ich werde ermahnt* |
| | **monē-minī** | – | *ihr werdet ermahnt* |
| i-Konjug.: | **invenī-tur** | – | *er/sie/es wird gefunden* |
| | **inveni-u-ntur** | – | *sie werden gefunden* |

**Merke:** An den typischen Personalendungen kannst du das Passiv ganz leicht erkennen! Ansonsten gelten dieselben Bildungsregeln wie für das Aktiv, d. h., wie im Aktiv hat die 3. Person Plural der i-Konjugation den Bindevokal **-u-** zwischen Stamm und Personalendung.

Die **gemischte und konsonantische Konjugation** bilden das Präsens Passiv mit dem Präsensstamm, eventuellen Bindevokalen (wie im Aktiv) und den passiven Personalendungen.

| | | | |
|---|---|---|---|
| gem. Konjug.: | **rapi-or** | – | *ich werde geraubt* |
| | **rap-e-ris** | – | *du wirst geraubt* |
| kons. Konjug.: | **dēlig-i-tur** | – | *er/sie/es wird ausgewählt* |
| | **dēlig-u-ntur** | – | *sie werden ausgewählt* |

**Merke:** In der 2. Person Singular lautet der Bindevokal (anders als im Aktiv!) **-e-**.

### Check 1

Unterstreiche alle passiven Präsensformen. Bestimme Person und Numerus und übersetze sie.

**portant - rapiuntur - venīmus - exspector - vocās - tangiminī -**

**scrībitur - dīcit - vincimur - audīmus - reperiuntur - vidēris**

## Check 2

Ergänze die fehlenden Endungen.

| a-Konjugation | Singular | Plural |
|---|---|---|
| 1. Person | amor | amā ________ |
| 2. Person | amā ________ | amā ________ |
| 3. Person | amā ________ | amantur |

| e-Konjugation | Singular | Plural |
|---|---|---|
| 1. Person | tene ________ | tenēmur |
| 2. Person | tenēris | tenē ________ |
| 3. Person | tenē ________ | tene ________ |

| i-Konjugation | Singular | Plural |
|---|---|---|
| 1. Person | reperi ________ | reperī ________ |
| 2. Person | reperī ________ | reperīmini |
| 3. Person | reperītur | reperi ________ |

| kons. Konjugation | Singular | Plural |
|---|---|---|
| 1. Person | dūcor | dūcimur |
| 2. Person | dūc ________ | dūc ________ |
| 3. Person | dūc ________ | dūc ________ |

| gem. Konjugation | Singular | Plural |
|---|---|---|
| 1. Person | rapi ________ | rapi ________ |
| 2. Person | raperis | rapi ________ |
| 3. Person | rapi ________ | rapiuntur |

## Check 3

Schreibe alle Passivformen heraus und übersetze sie.

PELLIMURPETUNTOPPRIMERISMITTUNTURDUCI
MUSIACIODEFENDITURCAPITISACCIPIMINI

## Check 4

Setze die aktiven Präsensformen ins Passiv und übersetze.
Beispiel: *superat* → *superātur* - *er/sie/es wird übertroffen*

a) **rogō** ______
b) **trādit** ______
c) **mittimus** ______
d) **commovētis** ______
e) **audiunt** ______

## Check 5

Setze die zur Übersetzung passende Personalendung ein. Achtung: Bei einer Form musst du auch noch einen Bindevokal ergänzen!

**-mur** **-or** (2 ×) **-ris** (2 ×) **-ntur** (3 ×) **-tur** **-minī**

a) **iactā**______ *er/sie/es wird geschleudert*
b) **rīdē**______ *du wirst ausgelacht*
c) **monē**______ *ihr werdet gewarnt*
d) **mūta**______ *sie werden verändert*
e) **audi**______ *sie werden gehört*
f) **vide**______ *ich werde gesehen*
g) **urge**______ *sie werden bedrängt*
h) **pūnī**______ *du wirst bestraft*
i) **vocā**______ *wir werden gerufen*
j) **inveni**______ *ich werde gefunden*

## Imperfekt Passiv

Das Passiv des Imperfekts ist ganz leicht zu erkennen. Du kennst bereits alle „Bausteine“: Präsensstamm + Tempuszeichen + passive Personalendungen.

| | | |
|---|---|---|
| a-Konjug.: | **vocā-ba-r** | – *ich wurde gerufen* |
| | **vocā-bā-ris** | – *du wurdest gerufen* |
| e-Konjug.: | **monē-bā-tur** | – *er/sie/es wurde ermahnt* |
| | **monē-bā-mur** | – *wir wurden ermahnt* |
| i-Konjug.: | **inveni-ēbā-minī** | – *ihr wurdet gefunden* |
| | **inveni-ēba-ntur** | – *sie wurden gefunden* |
| gem. Konjug.: | **rapi-ēba-r** | – *ich wurde geraubt* |
| | **rapi-ēbā-tur** | – *er/sie/es wurde geraubt* |
| kons. Konjug.: | **dēlig-ēbā-minī** | – *ihr wurdet ausgewählt* |
| | **dēlig-ēba-ntur** | – *sie wurden ausgewählt* |

### Check 6

Bilde aus den passiven Präsensformen die entsprechenden Formen im Imperfekt. Übersetze die Formen.

a) **salūtāmur** ______________________

b) **vincitur** ______________________

c) **depōnuntur** ______________________

d) **dēciperis** ______________________

e) **neglegiminī** ______________________

f) **implētur** ______________________

### Check 7

Bilde die angegebenen Verbformen und übersetze sie.

| | | |
|---|---|---|
| **mittere** | ______________ | (1. Pers. Sg. Imperf. Passiv) |
| **aperīre** | ______________ | (3. Pers. Sg. Imperf. Passiv) |
| **clāmāre** | ______________ | (2. Pers. Sg. Präs. Passiv) |
| **obsidēre** | ______________ | (2. Pers. Sg. Imperf. Passiv) |
| **capere** | ______________ | (3. Pers. Sg. Imperf. Passiv) |
| **exspectāre** | ______________ | (1. Pers. Pl. Imperf. Passiv) |
| **dēfendere** | ______________ | (3. Pers. Pl. Präs. Passiv) |
| **quaerere** | ______________ | (2. Pers. Pl. Imperf. Passiv) |
| **invenīre** | ______________ | (1. Pers. Pl. Imperf. Passiv) |

### Futur I Passiv

Das Passiv des Futurs wird mit dem Präsensstamm, dem Tempuszeichen und den passiven Personalendungen gebildet.

| | | | |
|---|---|---|---|
| a-Konjug.: | **vocā-b-or** | - | *ich werde gerufen werden* |
| | **vocā-bu-ntur** | - | *sie werden gerufen werden* |
| e-Konjug.: | **monē-bi-tur** | - | *er/sie/es wird ermahnt werden* |
| | **monē-bi-mur** | - | *wir werden ermahnt werden* |
| i-Konjug.: | **inveni-a-r** | - | *ich werde gefunden werden* |
| | **inveni-ē-minī** | - | *ihr werdet gefunden werden* |
| gem. Konjug.: | **rapi-ē-ris** | - | *du wirst geraubt werden* |
| | **rapi-ē-mur** | - | *wir werden geraubt werden* |
| kons. Konjug.: | **dēlig-a-r** | - | *ich werde ausgewählt werden* |
| | **dēlig-e-ntur** | - | *sie werden ausgewählt werden* |

**Merke:** Erinnerst du dich? Das Tempuszeichen des Futurs lautet in der a- und e-Konjugation **-b-/-bi-/-bu-** (Achtung: 2. Pers. Sg.: **-beris**), in den anderen Konjugationen **-a-** bzw. **-e-**.

### Check 8

Wähle einen Präsensstamm und verbinde ihn mit der passenden Futurendung, sodass Verbform und Übersetzung miteinander übereinstimmen.

**excitā- iaci- accipi- vinc-** **-ēmur ētur -beris -ēminī**

a) ______________________________ *(ihr werdet aufgenommen werden)*

b) ______________________________ *(du wirst aufgeschreckt werden)*

c) ______________________________ *(er wird geworfen werden)*

d) ______________________________ *(wir werden besiegt werden)*

### Check 9

Ordne die folgenden Passivformen dem richtigen Tempus zu.

**vocābāmur - accipientur - admittor - violāberis - dūcuntur - prohibēbiminī - pōnēbātur - dēlētur - cōnspiciēbar**

| Präsens | Imperfekt | Futur I |
|---|---|---|
| | | |
| | | |
| | | |
| | | |

## 3.2 Das Passiv von Perfekt, Plusquamperfekt und Futur II

Das **Perfekt Passiv** setzt sich aus dem Partizip Perfekt Passiv (PPP, ▶ 6.2) und dem Präsens von **esse** zusammen.

| | | | |
|---|---|---|---|
| | **sum** | *ich bin* | |
| **vocātus, -a, -um** | **es** | *du bist* | *gerufen worden* |
| | **est** | *er/sie/es ist* | |
| | **sumus** | *wir sind* | |
| **monitī, -ae, -a** | **estis** | *ihr seid* | *ermahnt worden* |
| | **sunt** | *sie sind* | |

Die Formen des **Plusquamperfekt Passiv** bestehen aus dem PPP und dem Imperfekt von **esse.**

| | | | |
|---|---|---|---|
| | **eram** | *ich war* | |
| **captus, -a, -um** | **erās** | *du warst* | *gefangen worden* |
| | **erat** | *er/sie/es war* | |
| | **erāmus** | *wir waren* | |
| **dēfēnsī, -ae, -a** | **erātis** | *ihr wart* | *verteidigt worden* |
| | **erant** | *sie waren* | |

Das **Futur II Passiv** besteht aus dem PPP und dem Futur I von **esse**:

| | | | |
|---|---|---|---|
| | **erō** | *ich werde* | |
| **captus, -a, -um** | **eris** | *du wirst* | *gefangen worden sein* |
| | **erit** | *er/sie/es wird* | |
| | **erimus** | *wir werden* | |
| **captī, -ae, -a** | **eritis** | *ihr werdet* | *gefangen worden sein* |
| | **erunt** | *sie werden* | |

**Merke:** Das PPP gleicht sich in Numerus und Genus an sein Bezugswort (also das Subjekt) an!
**Discipulī ā magistrō laudātī sunt.** – *Die Schüler sind vom Lehrer gelobt worden.*
**Aulus laudātus erat.** – *Aulus war gelobt worden.*

### Check 10

Bilde Perfektformen im Passiv, indem du die Formen von **esse** bei der richtigen Formenbestimmung einsetzt. Übersetze.

**est - sumus - sunt - es - estis - sum**

a) **vocātī** ____________ (3. Pers. Pl.) ______________________________

b) **irrīsae** ____________ (1. Pers. Pl.) ______________________________

c) **damnātus** ____________ (2. Pers. Sg.) ______________________________

d) **dēfēnsī** ____________ (2. Pers. Pl.) ______________________________

e) **dēlēta** ____________ (3. Pers. Sg.) ______________________________

f) **salūtātus** ____________ (1. Pers. Sg.) ______________________________

## Check 11

Perfekt oder Plusquamperfekt? Wähle die passenden Formen von **esse** aus.
Achte dabei auf die Kongruenz (Singular/Plural)! Übersetze anschließend die Passivformen.

**sum - erant - eram - est - erātis - sum - es - estis - erat - sunt**

a) **receptus** ___________ (3. Pers. Sg. Perf. Passiv) ___________________

b) **facta** ___________ (3. Pers. Pl. Perf. Passiv) ___________________

c) **positī** ___________ (3. Pers. Pl. Plusqu. Passiv) ___________________

d) **pulsus** ___________ (2. Pers. Sg. Perf. Passiv) ___________________

e) **oppressī** ___________ (2. Pers. Pl. Plusqu. Passiv) ___________________

## Check 12

Ergänze die fehlenden Formen von **esse** und übersetze.

**Plusquamperfekt**

Singular

**victus, -a, -um eram** ___________________

**vīsitātus, -a, -um** ___________________

**servātus, -a, -um** ___________________

Plural

**expulsī, -ae, -a** ___________________

**trāductī, -ae, -a** ___________________

**sollicitātī, -ae, -a erant** ___________________

**Futur II**

Singular

**amātus, -a, -um** ___________________

**dēfectus, -a, -um eris** ___________________

**ēductus, -a, -um** ___________________

Plural

**convocātī, -ae, -a** ___________________

**circumdatī, -ae, -a eritis** ___________________

**inductī, -ae, -a** ___________________

# 4 Der Konjunktiv in Aktiv und Passiv

## 4.1 Konjunktiv Präsens und Imperfekt

Neben Indikativ und Imperativ gibt es als weiteren Modus (Aussageweise) des Verbs den Konjunktiv.
Für die Bildung des **Konjunktiv Präsens** wird in allen Konjugationen ein **-a-** an den Stamm angefügt (Ausnahme a-Konjugation: **-a-** → **-e-**).

| Aktiv | Passiv |
|---|---|
| **laud-e-m** - *ich möge loben* | **laud-e-r** - *ich möge gelobt werden* |
| **mone-ā-s** - *du mögest ermahnen* | **mone-ā-ris** - *du mögest ermahnt werden* |
| **audi-a-t** - *er/sie/es möge hören* | **audi-ā-tur** - *er/sie/es möge gehört werden* |
| **reg-ā-mus** - *wir mögen lenken* | **reg-ā-mur** - *wir mögen gelenkt werden* |
| **capi-ā-tis** - *ihr mögt fassen* | **capi-ā-minī** - *ihr mögt gefasst werden* |

Die unregelmäßigen Verben:

| | |
|---|---|
| **sim** - *ich möge sein* | **eam** - *ich möge gehen* |
| **sīs** - *du mögest sein* | **eās** - *du mögest gehen* |
| **velim** - *du mögest wollen* | **possim** - *ich möge können* |
| **velīs** - *du mögest wollen* | **possīs** - *du mögest können* |

Der **Konjunktiv Imperfekt** bildet sich aus dem Infinitiv Präsens Aktiv und den jeweiligen aktiven bzw. passiven Personalendungen.

| | |
|---|---|
| **laudāre-m** - *ich würde loben* | **monēre-r** - *ich würde ermahnt werden* |
| **audīre-t** - *er/sie/es würde hören* | **regerē-tur** - *er/sie/es würde gelenkt werden* |
| **capere-nt** - *sie würden fassen* | **laudāre-ntur** - *sie würden gelobt werden* |
| **esse-m** - *ich wäre* | **īrē-s** - *du gingest* |
| **velle-t** - *er/sie/es würde wollen* | **possē-tis** - *ihr könntet* |

Es gibt keinen Konjunktiv des Futurs.

### Check 1

Setze die folgenden Verbformen in den Konjunktiv.

| | |
|---|---|
| a) **amātur** ______________ | f) **raperis** ______________ |
| b) **parat** ______________ | g) **dormiō** ______________ |
| c) **sunt** ______________ | h) **faciuntur** ______________ |
| d) **vult** ______________ | i) **it** ______________ |
| e) **terrēminī** ______________ | j) **es** ______________ |

### Check 2

Unterstreiche alle Konjunktive und bestimme deren Form. Nenne auch den Infinitiv und die Verbbedeutung. Schreibe in dein Übungsheft.

**dubitābam - essēs - erit - eant - clāmēmus - aperiant - certant - committerētis - volam - veniēs - dīcerēs - velīs - terrēbō - pōnat**

## Check 3

Bestimme bei allen Konjunktiv-Imperfekt-Formen Person, Numerus und Genus verbi. Gib auch den Infinitiv Präsens und die Bedeutung an.

INTELLEGERETFUNDETVINCEREMURNOMINAREMVIVEMUSHABEMUSVENIR
ESSERVABANTFUGERETISCAPITERESPONDERENTOCCUPATISMITTEREMINI

## Check 4

Ergänze die Konjugationsmuster. Welche Zeit liegt vor? Stehen die Formen im Aktiv oder Passiv?

| | **Singular** | **Plural** |
|---|---|---|
| **1. Person** | **dōnem** | |
| **2. Person** | | |
| **3. Person** | | |

Zeit: ______________________ Genus verbi: ______________________

| | **Singular** | **Plural** |
|---|---|---|
| **1. Person** | **audiar** | |
| **2. Person** | | |
| **3. Person** | | |

Zeit: ______________________ Genus verbi: ______________________

| | **Singular** | **Plural** |
|---|---|---|
| **1. Person** | | |
| **2. Person** | **raperēris** | |
| **3. Person** | | |

Zeit: ______________________ Genus verbi: ______________________

| | **Singular** | **Plural** |
|---|---|---|
| **1. Person** | | |
| **2. Person** | | |
| **3. Person** | | **vincerent** |

Zeit: ______________________ Genus verbi: ______________________

## 4.2 Konjunktiv Perfekt und Plusquamperfekt

Die Formen des **Konjunktiv Perfekt Aktiv** sehen bis auf die 1. Pers. Sg. aus wie das Futur II Aktiv, sie bestehen aus dem Perfektstamm + **-eri-** + Personalendung:

**laudāverim** - *ich möge gelobt haben*
**tetigerimus** - *wir mögen berührt haben*
**volueritis** - *ihr mögt gewollt haben*
**monueris** - *du mögest ermahnt haben*
**cucurrerint** - *sie mögen gelaufen sein*
**fuerit** - *er/sie/es möge gewesen sein*

Für den **Konjunktiv Plusquamperfekt Aktiv** werden die Personalendungen an den Infinitiv Perfekt Aktiv gehängt.

**laudāvisse-m** - *ich hätte gelobt*
**dēfendisse-t** - *er hätte verteidigt*
**īssēs** - du wärest gegangen
**monuissē-s** - *du hättest ermahnt*
**cucurrisse-nt** - *sie wären gelaufen*
**potuissent** - sie hätten gekonnt

Der **Konjunktiv Perfekt Passiv** wird aus dem PPP + **sim, sis** etc., der **Konjunktiv Plusquamperfekt Passiv** aus dem PPP + **essem, essēs** etc. gebildet:

**laudātus, -a, -um sim** - *ich möge gelobt worden sein*
**captī, -ae, -a sitis** - *ihr mögt gefasst worden sein*
**audītus, -a, -um essēs** - *du wärest gehört worden*
**monitī, -ae, -a essent** - *sie wären gemahnt worden*

### Check 5

Bilde von den folgenden Verben die angegebenen Konjunktivformen.

a) **dēlectāre** ______________________ (3. Sg. Konj. Plusqu. Aktiv)
b) **dēlēre** ______________________ (3. Pl. Konj. Plusqu. Passiv)
c) **invenīre** ______________________ (2. Sg. Konj. Perf. Aktiv)
d) **redīre** ______________________ (1. Sg. Konj. Perf. Aktiv)
e) **scrībere** ______________________ (3. Sg. Konj. Perf. Passiv)
f) **esse** ______________________ (2. Pl. Konj. Perf. Aktiv)
g) **velle** ______________________ (3. Sg. Konj. Perf. Aktiv)
h) **legere** ______________________ (2. Sg. Konj. Plusqu. Aktiv)

### Check 6

Verwandle die Formen im Konjunktiv Plusquamperfekt Aktiv in Passivformen und umgekehrt.

**accēpissent** → ______________________
**captae essēmus** → ______________________
**condidisset** → ______________________
**amāta esset** → ______________________

## Check 7

Alle diese Formen stehen im Konjunktiv - aber in verschiedenen Zeiten. Trage sie in der richtigen Spalte ein.

**putāverim - possem - velīs - sīmus - potuissētis - īret - voluerit - sustulissent - vellētis - datum sit - mōtus esset - īssētis - eant - vīcerint - iubērent - putem**

| Konj. Präsens | Konj. Imperfekt | Konj. Perfekt | Konj. Plusquamperfekt |
|---|---|---|---|
| | | | |

## Check 8

Bilde eine Verbreihe aus den angegebenen Formen.

**animadvertō**

→ Konj. Präsens ________________

→ Konj. Imperfekt ________________

→ Konj. Perfekt ________________

→ Konj. Plusquamperfekt ________________

**appellātur**

→ Konj. Präsens ________________

→ Konj. Imperfekt ________________

→ Konj. Perfekt ________________

→ Konj. Plusquamperfekt ________________

**habēmus**

→ Konj. Präsens ________________

→ Konj. Imperfekt ________________

→ Konj. Perfekt ________________

→ Konj. Plusquamperfekt ________________

# 5 Der Infinitiv

## 5.1 Infinitiv Präsens

Der Infinitiv, die Grundform eines Verbs, zählt zu den unbestimmten (infiniten) Formen. Er hat im Gegensatz zu den konjugierten oder finiten Verbformen weder Person noch Numerus.

Der **Infinitiv Präsens Aktiv** wird mit dem Präsensstamm und der Endung **-re** gebildet. In der konsonantischen und gemischten Konjugation wird zusätzlich der Bindevokal **-e-** eingefügt.

| | | |
|---|---|---|
| a-Konjugation: | **laudā-re** | - *loben* |
| e-Konjugation: | **monē-re** | - *ermahnen* |
| i-Konjugation: | **audī-re** | - *hören* |
| konsonantische Konjugation: | **reg-e-re** | - *lenken* |
| gemischte Konjugation: | **cap-e-re** | - *fassen* |

### Check 1

Unterstreiche die Infinitive und schreibe die Konjugationsklasse dazu.

| | | | |
|---|---|---|---|
| **superāre** | **putant** | **placēre** | **caderem** |
| **volumus** | **pūnīre** | **dīcere** | **crēdis** |
| **agere** | **properō** | **dare** | **dēbēmus** |

______________________________________________

______________________________________________

______________________________________________

______________________________________________

______________________________________________

______________________________________________

### Check 2

Ergänze mithilfe der Übersetzung die Verbformen und bilde den Infinitiv Präsens Aktiv.

**cad**____________________ - *wir fallen* → ____________________

**pūgn**____________________ - *sie kämpfen* → ____________________

**vīv**____________________ - *ich lebe* → ____________________

**iact**____________________ - *ihr schleudert* → ____________________

**dēfend**____________________ - *er/sie/es verteidigt* → ____________________

**expl**____________________ - *du füllst aus* → ____________________

**ērud**____________________ - *er/sie erzieht* → ____________________

Die a-, e- und i-Konjugation haben im **Infinitiv Präsens Passiv** die Endung **-rī:**
**laudā-rī** - *gelobt werden*
**monē-rī** - *ermahnt werden*
**audī-rī** - *gehört werden*

Die gemischte und konsonantische Konjugation haben die Endung **-ī:**
**cap-ī** - *erfasst werden*
**reg-ī** - *gelenkt werden*

## Check 3

Welche Form ist kein Infinitiv Präsens Passiv? Unterstreiche sie und übersetze alle Wörter.

a) **docērī** ____ **vincī** ____ **legī** ____ **dulcī** ____

b) **dīcī** ____ **dīligī** ____ **ipsī** ____ **fallī** ____

c) **scrībī** ____ **dūcī** ____ **monērī** ____ **mundī** ____

## Check 4

Aktiv oder Passiv? Ordne die Infinitive zu und übersetze sie.

**recipī - flēre - probāre - mōnstrārī - dormīre - agī - āmittere - accipere - audīrī - dēlērī**

| | Infinitiv Präsens Aktiv | Infinitiv Präsens Passiv |
|---|---|---|
| **a-Konjugation** | | |
| **e-Konjugation** | | |
| **i-Konjugation** | | |
| **kons. Konjugation** | | |
| **gem. Konjugation** | | |

## 5.2 Infinitiv Perfekt

Der **Infinitiv Perfekt Aktiv** setzt sich aus dem Perfektstamm und der Endung **-isse** zusammen.

**laudāv-isse** - *gelobt haben*
**monu-isse** - *ermahnt haben*
**cucurr-isse** - *gelaufen sein*
**rēx-isse** - *gelenkt haben*
**cēp-isse** - *gefasst haben*

Der **Infinitiv Perfekt Passiv** wird mit dem Partizip Perfekt Passiv und **esse** gebildet.

**laudātum, -am, -um esse** - *gelobt worden sein*
**monitum, -am, -um esse** - *ermahnt worden sein*
**audītum, -am, -um esse** - *gehört worden sein*
**rēctum, -am, -um esse** - *gelenkt worden sein*
**captum, -am, -um esse** - *gefasst worden sein*

### Check 5

Bilde den Infinitiv Perfekt Aktiv.

**mittere** ______________ **movēre** ______________

**nāvigāre** ______________ **dolēre** ______________

**esse** ______________ **posse** ______________

**velle** ______________ **īre** ______________

### Check 6

Ergänze die fehlenden Infinitivformen.

| Infinitiv Präsens Aktiv | Infinitiv Präsens Passiv | Infinitiv Perfekt Passiv |
|---|---|---|
| **amāre** | | **amātum, -am, -um esse** |
| **vidēre** | | |
| | **ērudīrī** | |
| **fingere** | | |
| | | **factum, -am, -um esse** |

# 6 Das Partizip

Das Partizip zählt wie der Infinitiv zu den Nominalformen eines Verbs. Es ist ein sogenanntes Verbaladjektiv, d. h. es hat Eigenschaften eines Verbs (es kommt im Aktiv und Passiv vor) sowie eines Nomens (es wird dekliniert).

## 6.1 Partizip Präsens Aktiv

Das Partizip Präsens Aktiv (PPA) wird mit dem Präsensstamm + **-ns, -ntis** gebildet und nach der 3. Deklination dekliniert (Abl. Sg. **-e**, Nom./Akk. Pl. *n.* **-ia**, Gen. Pl. -ium). In der i-, gemischten und konsonantischen Konjugation wird zusätzlich ein Bindevokal **-e-** eingefügt.

**laudā-ns, lauda-ntis** - *lobend*

**monē-ns, mone-ntis** - *ermahnend*

**audi-ē-ns, audi-e-ntis** - *hörend*

**capi-ē-ns, capi-e-ntis** - *fassend*

**reg-ē-ns, reg-e-ntis** - *lenkend*

**i-ē-ns, e-u-ntis** - *gehend*

Die Verwendung und Übersetzung des PPA lernst und übst du im Teil „Grammatik und Übersetzungstraining" (▶ S. 176 ff.).

### Check 1

Bilde von den folgenden Infinitiven das PPA und übersetze es.

Beispiel: *salīre: saliēns, salientis - springend*

**amāre** ______________________

**capere** ______________________

**invenīre** ______________________

**mittere** ______________________

**cēnsēre** ______________________

**cōnspicere** ______________________

**spērāre** ______________________

**habēre** ______________________

**pellere** ______________________

**pūnīre** ______________________

### Check 2

Bestimme die PPA-Formen. Nenne das Verb im Infinitiv Präsens (Aktiv) und dessen Bedeutung. Schreibe in dein Übungsheft.

**videntī - superantium - moventēs - scrībentibus - euntem - recipientia - timēns - facientis**

### Check 3

Formenlauf - verändere die Ausdrücke mit PPA wie angegeben. Mache den Formenlauf anschließend auch mit **amīca rīdēns** und **perīculum imminēns.**

**magister monēns** → ______________________ (Genitiv)

→ ______________________ (Dativ) →

______________________ (Ablativ) →

______________________ (Plural) →

______________________ (Akkusativ) →

______________________ (Genitiv)

## 6.2 Partizip Perfekt Passiv

Das regelmäßig gebildete Partizip Perfekt Passiv (PPP) setzt sich aus dem Präsensstamm und der Endung **-tus, -ta, -tum** zusammen. In der e-Deklination wird der Stammauslaut oft zu **-i-** verändert. Das PPP wird wie ein Adjektiv der a-/o-Deklination dekliniert.

| | |
|---|---|
| a-Konjugation | **laudā-tus, -ta, -tum** - *gelobt* |
| e-Konjugation | **moni-tus, -ta, -tum** - *ermahnt* |
| i-Konjugation | **audī-tus, -ta, -tum** - *gehört* |
| konsonantische Konjugation | **dic-tus, -ta, -tum** - *gesagt* |
| gemischte Konjugation | **rap-tus, -ta, -tum** - *geraubt* |

Viele Verben haben jedoch ein unregelmäßig gebildetes PPP: Oft verändert sich der Stamm und/oder es wird die PPP-Endung **-sus, -sa, -sum** angehängt.

Beispiele: **accip-ere** → **accep-tus, -ta, -tum** - *angenommen*
**ag-ere** → **āc-tus, -ta, -tum** - *getan*
**mov-ēre** → **mō-tus, -ta, -tum** - *bewegt*
**mitt-ere** → **mis-sus, -sa, -sum** - *geschickt*

**Tipp:** Da es für die Bildung des unregelmäßigen PPP keine Regeln gibt, präge dir die Formen beim Vokabellernen mit der Stammformenreihe ein.

| | |
|---|---|
| a-Konjugation | **vetō, vetuī, vetitum, vetāre** - verbieten |
| e-Konjugation | **videō, vīdī, vīsum, vidēre** - sehen |
| i-Konjugation | **aperiō, aperuī, apertum, aperīre** - *öffnen* |
| konsonantische Konjugation | **rēgo, rēxī, rēctum, regere** - *lenken* |
| gemischte Konjugation | **interficiō, interfēcī, interfectum, interficere** - *töten* |

### Check 4

Zu welchen Verben gehören die folgenden PPP? Nenne den Infinitiv und die Bedeutung des Verbs. Schreibe in dein Übungsheft.

**versum - lēctum - caesum - impulsum - doctum - iussum - sūmptum - prōmissum - datum - factum - āctum**

## Check 5

Verbinde die Substantive mit einem passenden PPP zu sinnvollen Wortpaaren.

| | |
|---|---|
| **oppidō** | **perfectī** |
| **hostēs** | **expūgnātō** |
| **operis** | **scrīptās** |
| **verbīs** | **victōs** |
| **litterās** | **dictīs** |

## Check 6

PPA oder PPP? Bestimme die Formen der folgenden Partizipien. Nenne auch den Infinitiv.

**habitā** ______________________

**habitante** ______________________

**vincentis** ______________________

**vīnctīs** ______________________

**subitum** ______________________

**subicientium** ______________________

## Check 7

Verbinde die Substantive mit dem passenden Partizip. Übersetze die Ausdrücke.

| | |
|---|---|
| **templa** | **vituperantem** |
| **magistrum** | **laudantī** |
| **librōrum** | **territōs** |
| **dominae** | **aedificāta** |
| **līberōs** | **lectōrum** |

______________________

______________________

______________________

______________________

______________________

# 7 Check-up Verben

**1 Ergänze die fehlenden Formen.**

| Präsens | Imperfekt | Perfekt | Plusquamperfekt |
|---|---|---|---|
| adhibeō | | | |
| | | explēvimus | |
| | movēbam | | |
| | | | dūxerātis |
| | accipiēbant | | |
| parat | | | |

**2 Suche aus der Wortschlange alle Plusquamperfektformen und übersetze sie.**

OCCUPAVERASINSTRUXITCOEPERAMUSCONDEBAMPARAVERAMINVENERA
NTHABEBANTRISERUNTAPPELLAVERATISCAEDITISREGEMUSAPPARUERAT

______________________________________________

______________________________________________

______________________________________________

**3 Bilde die Verbformen wie angegeben.**

**cōgnōscō** → (Futur I) ____________ → (2. Person) ____________ →
(Plural) ____________ → (Präsens) ____________ →
(Imperfekt) ____________ → (3. Person) ____________ →
(Futur I) ____________ → (Singular) ____________ →
(Präsens) ____________

**servāmus** → (Futur I) ____________ → (Imperfekt) ____________ →
(2. Person) ____________ → (Futur I) ____________ →
(Singular) ____________ → (1. Person) ____________ →
(Präsens) ____________ → (3. Person) ____________ →
(Imperfekt) ____________

**④ Formenlauf – ändere die Formen wie angegeben. Mache den Formenlauf anschließend auch mit *possum* und *volō*. Schreibe in dein Übungsheft.**

eō → ______________ (2. Person) → ______________ (Plural) →
______________ (Imperfekt) → ______________ (3. Person) →
______________ (Futur I) → ______________ (1. Person) →
______________ (Singular) → ______________ (Perfekt) →
______________ (2. Person) → ______________ (Plural) →
______________ (Plusquamperfekt) → ______________ (Futur II) →
______________ (Singular) → ______________ (1. Person) →
______________ (Präsens)

**⑤ Ordne die Verbformen in der Tabelle ein und übersetze sie. Nenne auch den Infinitiv Präsens Aktiv.**

**appellābō – oppresserātis – relinquēbāminī – dēlectāris – terrēbuntur – factī sunt – putābās – dīvīsī erāmus – audēmus – rūpērunt**

| | Aktiv | Passiv |
|---|---|---|
| **Präsens** | | |
| | | |
| **Futur** | | |
| | | |
| **Imperfekt** | | |
| | | |
| **Perfekt** | | |
| | | |
| **Plusquam-perfekt** | | |
| | | |

**6** **Setze die Aktivformen ins Passiv und umgekehrt.**

| | | | |
|---|---|---|---|
| **vincis** | → ________________ | **vocābunt** | → ________________ |
| **vidētur** | → ________________ | **excitāvistī** | → ________________ |
| **trādēris** | → ________________ | **mīserāmus** | → ________________ |
| **rīsus est** | → ________________ | **inveniēbam** | → ________________ |
| **servābāmus** | → ________________ | **audīmur** | → ________________ |
| **fallēminī** | → ________________ | **redduntur** | → ________________ |
| **monitī erant** | → ________________ | **pulsa sum** | → ________________ |

**7** **Wandle die folgenden Sätze ins Passiv um. Achte auf das richtige Tempus sowie die passende Endung des PPP. Übersetze die Passivsätze.**

Beispiel: **Servae cibōs parāverant. Tum illae etiam vīnum apportāvērunt.** →
**Cibī ā servis parātī erant. Tum etiam vīnum ab illīs apportātum est.** –
*Die Speisen waren von den Sklavinnen zubereitet worden. Dann wurde auch der Wein von ihnen gebracht.*

a) **Servus portam aperuerat. Tum ille hospitēs salūtāvit.**

→ ________________________________________

________________________________________

________________________________________

________________________________________

b) **Rōmulus Remum interfēcerat. Tum is Rōmam urbem condidit.**

→ ________________________________________

________________________________________

________________________________________

________________________________________

**8 Verbinde zu sinnvollen Sätzen und übersetze diese. Achte auf das richtige Tempus.**

| | | |
|---|---|---|
| **Patrōnus** | **ā cōnsulibus** | **damnātus erit.** |
| **Lēgēs** | **ab amīcīs** | **stultus appellātus erat.** |
| **Gāius** | **ā iūdice** | **salūtātus est.** |
| **Reus** | **ā clientibus** | **violātae sunt.** |

**9 Ergänze die fehlenden Angaben in der Tabelle.**

Beispiel: *vocet* → *3. Pers. Sg. Konjunktiv Präsens Aktiv*

| Verb | Person und Numerus | Modus | Tempus | Genus verbi |
|---|---|---|---|---|
| **maneat** | | Konjunktiv | | |
| **essent** | | Konjunktiv | | |
| **tacuissēs** | | Konjunktiv | | |
| **relīqueritis** | | Konjunktiv | | |
| **taceantur** | | Konjunktiv | | |
| **putet** | | Konjunktiv | | |
| **habitārētur** | | Konjunktiv | | |
| **dēfenderit** | | Konjunktiv | | |
| **fingam** | | Konjunktiv | | |
| **adiūngerēminī** | | Konjunktiv | | |
| **amētur** | | Konjunktiv | | |
| **missī essent** | | Konjunktiv | | |
| **cesserimus** | | Konjunktiv | | |

⑩ **Bilde zu den folgenden Formen des Infinitiv Präsens jeweils den Infinitiv Perfekt bzw. umgekehrt. Übersetze die gebildeten Formen.**

**esse** ______________________________

**dēcesisse** ______________________________

**rapere** ______________________________

**mānsisse** ______________________________

**lūsisse** ______________________________

**relinquere** ______________________________

**trāxisse** ______________________________

⑪ **Schreibe die Formen des Infinitiv Präsens Passiv und des Infinitiv Perfekt Aktiv von *amāre, vidēre, ērudīre, aspicere* und *pōnere* in die Tabelle.**

| Infinitiv Präsens Passiv | Infinitiv Perfekt Aktiv |
|---|---|
| amārī | amāvisse |
| | |
| | |
| | |
| | |

⑫ **Vervollständige die Infinitive des Präsens und des Perfekts im Passiv.**

**cap**__________ **dict**__________ **capt**__________

**monē**__________ **scrīpt**__________ **ger**__________

**dat**__________ **pet**__________ **mitt**__________

⑬ **Von welchen Verben stammen die folgenden PPP-Formen? Bestimme auch die Formen und nenne die Bedeutung im Infinitiv Präsens.**

**respōnsum** ____________________ **tracta** ____________________

**acceptīs** ____________________ **illūsō** ____________________

**āctās** ____________________ **conditam** ____________________

**scrīptae** ____________________ **cōnstitūtī** ____________________

**⑭ Ergänze die zum Bezugswort passende Partizipendung und übersetze.**

**servī labōrant**________ ____________________
**discipulōrum dīscent**________ ____________________
**litterās miss**________ ____________________
**gladiātōris pūgnant**________ ____________________
**domum aedificāt**________ ____________________
**statuae collocāt**________ ____________________

**⑮ Setze die passende Ergänzung ein und übersetze mit einem Relativsatz.**

**cōnsilia - cum amīcīs - moenibus - domum amīcī - ā poetā**

**oppidum** ________________ **circumdatum**

________________________________________

**Cornēlia** ________________ **appropinquāns**

________________________________________

**senātōrēs** ________________ **capientēs**

________________________________________

**opera** ________________ **scrīpta**

________________________________________

**Marcus** ________________ **lūdēns**

________________________________________

# Vokabelverzeichnis

## A

**abdūcere, -ō, -dūxī, -ductum** wegbringen, entführen
**accipere, -iō, -cēpī, -ceptum** annehmen, empfangen
**accurrere, -ō, accurrī** herbeilaufen
**adhibēre, -eō, -hibuī, -hibitum** anwenden; heranziehen
**adiungere, -ō, -iūnxī, -iūnctum** hinzufügen
**adiuvāre, -ō, -iūvī, -iūtum** helfen
**admittere, -ō, -mīsī, -missum** zulassen, gestatten
**advenīre, -iō, -vēnī** ankommen
**aedificāre, -ō, -āvī, -ātum** erbauen
**aedis, -is** *f.* Tempel
**afficere, -iō, -fēcī, -fectum** versehen (mit)
**agere, -ō, ēgī, āctum** handeln, tun
**agitāre, -ō, -āvī, -ātum** antreiben; ausüben
**agricola, -ae** *m.* Bauer
**amāre, -ō, -āvī, -ātum** lieben
**ambulāre, -ō, -āvī, -ātum** spazieren gehen
**amīca, -ae** *f.* Freundin
**amīcus, -ī** *m.* Freund
**āmittere, -ō, āmīsī, āmissum** verlieren
**animadvertere, -ō, -vertī, -versum** wahrnehmen
**annus, -ī** *m.* Jahr
**aperīre, -iō, -uī, apertum** öffnen
**appārēre, -eō, -pāruī** erscheinen, sich zeigen
**appellāre, -ō, -āvī, -ātum** (be)nennen
**appropinquāre, -ō, -āvī, -ātum** sich nähern
**arāre, -ō, -āvī, -ātum** pflügen
**arcessere, -ō, -cessīvī, -cessītum** herbeirufen
**ārdēre, -eō, ārsī** brennen
**ascendere, -ō, ascendī, ascēnsum** besteigen, hinaufsteigen
**audēre, -eō, ausus sum** wagen
**audīre, -iō, audīvī, audītum** hören
**augēre, -eō, auxī, auctum** vergrößern, vermehren
**aureus, -a, -um** golden, aus Gold

## B

**bestia, -ae** *f.* (wildes) Tier

## C

**cadere, -ō, cecidī** fallen
**caedere, -ō, cecīdī, caesum** töten, fällen
**cantāre, -ō, -āvī, -ātum** singen
**capere, -iō, cēpī, captum** fassen, ergreifen; erobern
**cēdere, -ō, cessī** gehen, weichen
**cēnsēre, -eō, cēnsuī, cēnsum** schätzen, meinen
**certāre, -ō, -āvī, -ātum** kämpfen, wetteifern
**circumdare, -ō, -dedī, -datum** umgeben
**clāmāre, -ō, -āvī, -ātum** schreien, rufen
**cliēns, clientis** *m.* Schützling, Klient
**cōgnōscere, -ō, -nōvī, -nitum** erkennen; erfahren
**collocāre, -ō, -āvī, -ātum** aufstellen
**committere, - ō, -mīsī, -missum** zusammenbringen; veranstalten
**commovēre, -eō, -mōvī, -mōtum** (innerlich) bewegen, erregen
**condere, -ō, -didī, -ditum** gründen
**cōnsilium, -iī** *n.* Rat; Beschluss
**cōnspicere, -iō, -spēxī, -spectum** erblicken
**constituere, -ō, -stituī, -stitūtum** festsetzen, beschließen
**cōnsul, -is** *m.* Konsul
**contendere, -ō, -tendī, -tentum** sich anstrengen; fordern
**convocāre, -ō, -āvī, -ātum** zusammenrufen, versammeln
**cottidiē** *(Adv.)* täglich
**cum** *(Konj.)* immer wenn; als, nachdem
**cupere, -iō, cupīvī, cupītum** wünschen, verlangen
**cūria, -ae** *f.* Kurie, Senatsgebäude
**currere, -ō, cucurrī, cursum** laufen, eilen

## D

**damnāre, -ō, -āvī, -ātum** verurteilen
**dare, dō, dedī, datum** geben
**dea, -ae** *f.* Göttin
**dēbēre, -eō, dēbuī, dēbitum** müssen; schulden
**dēcēdere, -ō, -cessī** weggehen
**decem** zehn
**dēcipere, -iō, -cēpī, -ceptum** täuschen
**dēfendere, -ō, -fendī, -fēnsum** verteidigen
**dēficere, -iō, -fēcī, -fectum** nachlassen; fehlen
**deinde** *(Adv.)* dann, hierauf
**dēlectāre, -ō, -āvī, -ātum** erfreuen, Freude machen
**dēlēre, -eō, dēlēvī, dēlētum** zerstören
**dēligere, -ō, dēlēgī, dēlēctum** (aus)wählen
**dēpōnere, -ō, -posuī, -positum** ablegen, abstellen
**dēsīderāre, -ō, -āvī, -ātum** wünschen; sich sehnen
**dēsperāre, -ō, -āvī, -ātum** verzweifeln
**dīcere, -ō, dīxī, dictum** sagen, sprechen
**dīligere, -ō, -lēxī, -lēctum** schätzen, lieben
**discipulus, -ī** *m.* Schüler
**diū** *(Adv.)* lange (Zeit)
**dīvidere, -ō, dīvīsī, dīvīsum** teilen
**docēre, -eō, docuī, doctum** unterrichten, lehren
**dolēre, -eō, doluī** betrübt sein; Schmerz empfinden; schmerzen
**dolus, -ī** *m.* List
**domina, -ae** *f.* Herrin
**dominus, -ī** *m.* Herr

**domum** nach Hause
**domus, -us** *f.* Haus
**dōnāre, -ō, -āvī, -ātum** schenken
**dormīre, -iō, -īvī, -ītum** schlafen
**dubitāre, -ō, -āvī, -ātum** zweifeln
**dūcere, -ō, dūxī, ductum** führen
**dulcis, -e** süß

## E

**ēdūcāre, -ō, -āvī, -ātum** erziehen
**ēdūcere, -ō, ēdūxī, ēductum** herausziehen, hinausführen
**ēripere, -iō, ēripuī, ēreptum** ent-, herausreißen
**errāre, -ō, -āvī, -ātum** (sich) irren
**ērudīre, -iō, -īvī, -ītum** unterrichten, erziehen
**esse, sum, fuī** sein
**ex/ē** *(+ Abl.)* von, aus
**excitāre, -ō, -āvī, -ātum** (auf)wecken; erregen; ermuntern
**exercitus, -ūs** *m.* Heer
**expellere, -ō, -pulī, -pulsum** vertreiben; verbannen
**explēre, -eō, -plēvī, -plētum** ausfüllen, erfüllen
**expūgnāre, -ō, -āvī, -ātum** erobern
**exspectāre, -ō, -āvī, -ātum** erwarten, warten

## F

**facere, -iō, fēcī, factum** machen, tun
**fallere, -ō, fefellī** täuschen, betrügen
**fingere, -ō, fīnxī, fictum** gestalten, entwerfen
**flēre, -eō, flēvī, flētum** weinen
**forum, -ī** *n.* Forum, Marktplatz
**fugere, -iō, fūgī** fliehen
**fūr, -is** *m.* Dieb

## G

**gaudēre, -eō, gāvīsus sum** sich freuen
**gerere, -ō, gessī, gestum** tragen; (durch)führen
**gladiātor, -ōris** *m.* Gladiator
**Graecus, -ī** *m.* Grieche

## H

**habēre, -eō, habuī, habitum** haben, halten
**habitāre, -ō, -āvī, -ātum** (be)wohnen
**hīc** *(Adv.)* hier
**hospēs, -is** *m.* Gast
**hostis, -is** *m.* Feind

## I

**iacere, -iō, iēcī, iactum** werfen, schleudern
**iactāre, -ō, -āvī, -ātum** werfen, schleudern
**idem, eadem, idem** der-, die-, dasselbe
**illūdere, -ō, illūsī, illūsum** verspotten; täuschen
**imminēre, -eō** bevorstehen, drohen
**impellere, -ō, -pulī, -pulsum** antreiben
**implēre, -eō, -plēvī, -plētum** anfüllen, ausfüllen
**incipere, -iō, coepī, coeptum** anfangen, beginnen
**indūcere, -ō, -dūxī, -ductum** hineinführen; veranlassen
**īnstituere, -ō, -stituī, -stitūtum** errichten; beginnen; einrichten
**īnstruere, -ō, -strūxī, -strūctum** unterrichten; ausstatten
**intellegere, -ō, -lēxī, -lēctum** verstehen, einsehen
**interficere, -iō, -fēcī, -fectum** töten
**intrāre, -ō, -āvī, -ātum** eintreten, betreten
**invenīre, -iō, -vēnī, -ventum** (er)finden
**invidēre, -eō, -vīdī, -vīsum** beneiden, missgönnen
**ipse, ipsa, ipsum** selbst
**īre, eō, iī** gehen
**irrīdēre, -eō, -rīsī, -rīsum** auslachen
**is, ea, id** dieser, diese, dieses; er, sie, es
**iubēre, -eō, iussī, iussum** befehlen, anordnen
**iūdex, iūdicis** *m.* Richter

## L

**labōrāre, -ō, -āvī, -ātum** arbeiten, sich anstrengen
**laudāre, -ō, -āvī, -ātum** loben
**legere, -ō, lēgī, lēctum** lesen; sammeln
**lēx, lēgis** *f.* Gesetz
**liber, librī** *m.* Buch
**līberī, -ōrum** *m. Pl.* Kinder
**litterae, -ārum** *f. Pl.* Brief
**lūdere, -ō, lūsī, lūsum** spielen

## M

**magister, -strī** *m.* Lehrer
**māgnus, -a, -um** groß
**manēre, -eō, mānsī, mānsum** bleiben; warten
**mercātor, -ōris** *m.* Kaufmann
**mihī** *(Dat.)* mir
**mittere, -ō, mīsī, missum** schicken
**moenia, -ium** *n. Pl.* Stadtmauer
**monēre, -eō, monuī, monitum** ermahnen
**mōnstrāre, -ō, -āvī, -ātum** zeigen
**movēre, -eō, mōvī, mōtum** bewegen
**mundus, -ī** *m.* Welt
**mūnīre, -iō, mūnī(v)ī, mūnītum** befestigen, sichern
**mūnus, -eris** *n.* Aufgabe; Geschenk; Opfer
**mūtāre, -ō, -āvī, -ātum** (ver)ändern

## N

**narrāre, -ō, -āvī, -ātum** erzählen
**nauta, -ae** *m.* Seemann
**nāvigāre, -ō, -āvī, -ātum** segeln, mit dem Schiff fahren
**neglegere, -ō, -lēxī, -lēctum** vernachlässigen
**nōmināre, -ō, -āvī, -ātum** (be)nennen
**nōs** *(Nom.)* wir

## O

**obsidēre, -eō, -sēdī, -sessum** belagern, umzingeln
**occupāre, -ō, -āvī, -ātum** belagern
**oppidum, -ī** *n.* Stadt
**opprimere, -ō, -pressī, -pressum** unterdrücken
**opus, operis** *n.* Werk
**ōrāculum, -ī** *n.* Orakel, -spruch

## P

**parāre, -ō, -āvī, -ātum** vorbereiten
**pater, patris** *m.* Vater
**patria, -ae** *f.* Heimat, -land
**patrōnus, -ī** *m.* Patron; Anwalt
**pellere, -ō, pepulī, pulsum** treiben; stoßen; vertreiben
**perdere, -ō, -didī, -ditum** zugrunde richten, vernichten; verlieren
**perficere, -iō, -fēcī, -fectum** vollenden
**perīculum, -ī** *n.* Gefahr
**petere, -ō, petīvī, petītum** aufsuchen; angreifen; bitten um
**placēre, -eō, placuī, placitum** gefallen; beschließen *(unpers.)*
**plaudere, -ō, plausī, plausum** Beifall klatschen, applaudieren
**poēta, -ae** *m.* Dichter
**pōnere, -ō, posuī, positum** legen, setzen, stellen
**porta, -ae** *f.* Tor, Tür
**portāre, -ō, -āvī, -ātum** tragen, bringen
**posse, possum, potuī** können
**praebēre, -eō, -buī, -bitum** darreichen, gewähren
**probāre, -ō, -āvī, -ātum** billigen; prüfen
**prohibēre, -eō, -hibuī, -hibitum** verhindern, abhalten
**prōmittere, -ō, -mīsī, -missum** versprechen
**prōvidēre, -eō, -vīdī, -vīsum** vorsorgen; vorhersehen
**pūgnāre, -ō, -āvī, -ātum** kämpfen
**pūnīre, -iō, -īvī, -ītum** bestrafen
**putāre, -ō, -āvī, -ātum** glauben, meinen

## Q

**quaerere, -ō, quaesīvī, quaesītum** suchen; untersuchen; fragen
**quī, quae, quod** der, die, das
**quia** *(Konj.)* weil

## R

**rapere, -iō, rapuī, raptum** rauben
**recipere, -iō, -cēpī, -ceptum** (wieder) bekommen; aufnehmen
**reddere, -ō, reddidī, redditum** zurückgeben; vergelten
**redīre, -eō, rediī, reditum** zurückkehren, -gehen
**regere, -ō, rēxī, rēctum** lenken, leiten
**relinquere, -ō, -līquī, -lictum** zurücklassen, verlassen
**reperīre, -iō, rep(p)erī, repertum** (wieder)-finden; erfinden
**reprehendere, -ō, -prehendī, -prehēnsum** tadeln, kritisieren
**respicere, -iō, -spēxī, -spectum** zurückschauen; berücksichtigen
**respondēre, -eō, -spōnsī, -spōnsum** antworten
**reus, -ī** *m.* Angeklagter
**rīdēre, -eō, rīsī, rīsum** lachen
**rogāre, -ō, -āvī, -ātum** fragen, bitten
**rumpere, -ō, rūpī, ruptum** brechen, zerreißen

## S

**saepe** *(Adv.)* oft
**salūtāre, -ō, -āvī, -ātum** begrüßen
**scrībere, -ō, scrīpsī, scrīptum** schreiben
**semper** *(Adv.)* immer
**senātor, -ōris** *m.* Senator
**sentīre, -iō, sēnsī, sēnsum** wahrnehmen; denken
**servāre, -ō, -āvī, -ātum** bewahren, retten
**servus, -ī** *m.* Sklave
**sī** *(Konj.)* wenn
**sinere, -ō, sīvī, situm** (zu)lassen, erlauben
**sollicitāre, -ō, -āvī, -ātum** beunruhigen, erregen; aufhetzen
**sors, sortis** *f.* Orakelspruch; Schicksal
**spectāre, -ō, -āvī, -ātum** betrachten
**spērāre, -ō, -āvī, -ātum** hoffen
**stāre, stō, stetī, statum** stehen
**statua, -ae** *f.* Statue
**studēre, -eō, studuī** lernen; sich anstrengen
**stultus, -a, -um** dumm
**subicere, -iō, -iēcī, -iectum** unterwerfen
**subīre, -eō, -iī, -itum** auf sich nehmen
**subitō** *(Adv.)* plötzlich
**sūmere, -ō, sūmpsī, sūmptum** nehmen
**superāre, -ō, -āvī, -ātum** besiegen, übertreffen

## T

**tacēre, -eō, tacuī, tacitum** schweigen
**tandem** *(Adv.)* endlich, schließlich
**tangere, -ō, tetigī, tāctum** berühren
**tē** *(Akk.)* dich
**templum, -ī** *n.* Tempel
**temptāre, -ō, -āvī, -ātum** versuchen
**tenēre, -eō, tenuī, tentum** halten, haben
**terrēre, -eō, terruī, territum** erschrecken
**timēre, -eō, timuī** fürchten
**tollere, -ō, sustulī, sublātum** auf-, hochheben
**trādere, -ō, -didī, -ditum** übergeben; überliefern
**trādūcere, -ō, -dūxī, -ductum** hinüberführen, -bringen
**trāhere, -ō, trāxī, tractum** ziehen, schleppen
**tum** *(Adv.)* da, dann, damals
**turba, -ae** *f.* Menschenmenge

## U

**ubi** *(Konj.)* sobald
**ūnus, -a, -um** einer, eine, eines
**urbs, urbis** *f.* Stadt
**urgēre, -eō, ursī** bedrängen
**uxor, -ōris** *f.* Ehefrau

## V

**velle, volō, voluī** wollen
**venīre, -iō, vēnī** kommen
**verbum, -ī** *n.* Wort
**vertere, -ō, vertī, versum** drehen, wenden
**vidēre, -eō, vīdī, vīsum** sehen
**vincere, -ō, vīcī, victum** (be)siegen
**vincīre, -iō, vīnxī, vīnctum** fesseln
**violāre, -ō, -āvī, -ātum** verletzen
**vīsitāre, -ō, -āvī, -ātum** besuchen
**vituperāre, -ō, -āvī, -ātum** tadeln, kritisieren
**vīvere, -ō, vīxī, vīctum** leben
**vocāre, -ō, -āvī, -ātum** rufen
**volvere, -ō, volvī, volūtum** wälzen; überlegen
**vōs** *(Nom.)* ihr

# GRAMMATIK UND ÜBERSETZUNGSTRAINING AB DEM 2./3. LERNJAHR

## Inhalt



- Hier findest du für die Übersetzung relevante Grammatikphänomene, syntaktische Strukturen und Stolpersteine sowie Check-Aufgaben.
- Ein **Vokabelverzeichnis** zu diesem Teil findest du auf S. 193.
- Die **Lösungen** beginnen auf S. 367.

# So arbeitest du in diesem Teil

Du hast erste Grundkenntnisse in Latein erworben und möchtest nun das Übersetzen von Texten üben? Dein Ziel ist, dass dir die Übersetzungen schnell und leicht von der Hand gehen und womöglich (noch) mehr Spaß machen? Dann bist du hier genau richtig!

**Kapitel**
In 28 Lerneinheiten verteilt auf 10 Kapitel lernst du, mit vielen schwierigen Fragen rund um gute Übersetzungen umzugehen. Dabei befasst sich jedes Kapitel mit einem bestimmten Grammatikphänomen. Im Inhaltsverzeichnis kannst du gut erkennen, welches große Thema im jeweiligen Kapitel betrachtet wird.
*Tipp!* Du musst die Kapitel nicht unbedingt von vorne nach hinten durcharbeiten! Wenn du selber weißt, dass dir ein bestimmter Grammatikteil besondere Probleme bei der Übersetzung bereitet, kannst du das entsprechende Kapitel auch direkt üben.

**Lerneinheiten**
Da die Grammatikkapitel zum Teil sehr komplex sind, haben wir sie in kleinere Unterkapitel aufgeteilt.
Jedes Unterkapitel umfasst eine Doppelseite. Natürlich findest du hier übersichtliche Erklärungen mit vielen Beispielsätzen. Darüber hinaus gibt es zahlreiche Übungen, die dich zur idealen deutschen Übersetzung führen.
*Tipp!* Für die Übungen bzw. Checks benötigst du Stift und Papier. Am besten arbeitest du mit kariertem Papier. Wenn du die Übersetzungen systematisch angehst, ist es manchmal hilfreich, Tabellen anzulegen.

**Merkzettel**
Jede Doppelseite endet mit einem kleinen Merkzettel, in dem du selber das Thema abschließend zusammenfasst. Wenn du diesen Merkzettel gemeistert hast, kannst du das Kapitel abhaken!
*Tipp!* Nimm dir nicht zu viel vor! Am effektivsten lernst du, wenn du tatsächlich mit diesen kleinen Lerneinheiten arbeitest. 30 Minuten mit einer übersichtlichen Lerneinheit bringen in der Regel mehr, als ein ganzes Kapitel in einem großen Durchgang zu bearbeiten.

**Lösungen und Vokabelverzeichnis**
Am Ende des Buchs findest du natürlich die Lösungen zu allen Übungen. Und für den Fall, dass dir einmal ein Wort für die Übersetzung fehlt, findest du auch ein Vokabelverzeichnis auf S. 193

## Viel Spaß und Erfolg!

# 1 Subjekt, Prädikat und Objekt

## 1.1 Ganz einfach anfangen

Ohne die Satzelemente Subjekt, Prädikat und Objekt läuft im Lateinischen wie im Deutschen gar nichts. Oft folgen diese Elemente in beiden Sprachen sogar den gleichen Regeln.

| Subjekt | Objekt | Prädikat | Subjekt | Prädikat | Objekt |
|---|---|---|---|---|---|
| **Pater** | - | **intrat.** | *Der Vater* | *tritt ein.* | - |
| **Mater** | **fratrem** | **vocat.** | *Die Mutter* | *ruft* | *den Bruder.* |

Folgende Regeln gelten für beide Sprachen:

Subjekt und Prädikat stehen im selben Numerus. Das Subjekt steht immer im Nominativ. Das Prädikat besteht nie ausschließlich aus einem Infinitiv oder Partizip. Das Prädikat kann auch aus einem Prädikatsnomen (Adjektiv oder Substantiv) und einem Hilfsverb (der sogenannten **Copula**, das heißt einer Form von **esse** bzw. Verben des Eintritts wie **fieri**, Verben des Erscheinens wie **videri** und Verben des Verharrens **putari**, **haberi** etc.) zusammengesetzt sein. Doch aufgepasst: Adjektivische Prädikatsnomina stimmen in **K**asus, **N**umerus und **G**enus mit ihrem Bezugswort, also dem Subjekt, überein (**KNG**-Regel).
Aufgepasst: Man kann sich nicht zu 100 Prozent auf die Satzstellung verlassen!
In beiden Sprachen können Sätze durch Objekte erweitert werden. ▶ Kapitel **1.2**

Folgende Regeln sind typisch lateinisch:

Nicht jeder Satz hat ein eigenständiges Subjekt, manchmal ist es im Prädikat versteckt.
**Intro**. — *Ich trete ein.*
Die Objekte können im Lateinischen in anderen Kasus stehen als im Deutschen.
**Mater filium venire iubet.** — *Die Mutter befiehlt dem Sohn zu kommen.*

### Übersetzen mit System

Wenn man diese ersten Regeln zu einem System macht und die Logik durchschaut, geht es mit dem Übersetzen gleich leichter.

1. Suche das **Prädikat**!
2. Überprüfe, welches Wort oder welche Wörter als **Subjekt** in Frage kommen! Was kann **Nominativ** sein? Suchst du den **Singular** oder **Plural**? Beachte bei **Partizipien** das **Genus**!
3. Welche **Objekte** brauchst du? Erfrage sie logisch: Bei **vocare** braucht es einen, den man *ruft*, bei **dare** fragt man sich, wem man was *gibt*, bei **debere** ist es ein Verb im Infinitiv, das ausdrückt, was man tun muss.

| Caesar | summam | potestatem | cepit. |
|---|---|---|---|

**1. Wo steckt das Prädikat und welche Form hat es?**
**capere** ▶ *ergreifen*
Form ▶ 3. Pers. Sg. Indikativ Perfekt Aktiv
Übersetzung ▶ *er/sie/es hat ergriffen*

**2. Wo ist das passende Subjekt?**
Frage ▶ Wer (oder was) *hat ergriffen?*
Form ▶ Nominativ Sg. → **Caesar**

**3. Welche Ergänzung wird logisch angefügt?**
Frage ▶ Wen oder was *hat Cäsar ergriffen?*
▶ **summam potestatem**
Form ▶ Akkusativ Sg.
Übersetzung ▶ *die höchste Macht*

## Check 1: Fragen stellen

Alles klar? Dann versuche einmal, die aufgelisteten Sätze zu übersetzen.
Analysiere sie wie den Beispielsatz (**Magistrum timeo.**) auf einem Blockblatt.

| **Magistrum timeo.** | | |
|---|---|---|
| **Subjekt** | **Objekt** | **Prädikat** |
| **2. Wer fürchtet sich?**<br><br>▶ **Ø**<br>▶ *Ich!*<br>Die Person ist im Prädikat versteckt. Es gibt kein weiteres Substantiv im Nominativ, das die Funktion des Subjekts annehmen könnte. | **3. Wovor oder vor wem oder was fürchte ich mich?**<br>▶ **magistrum**<br>▶ *vor dem Lehrer*<br>Achtung, im Lateinischen gehört zu **timere** ein Objekt im Akkusativ, im Deutschen muss ich jedoch mit der Präposition *vor* übersetzen. | **1. Was passiert?**<br><br>▶ **timeo**<br>▶ *ich fürchte mich (vor jemandem)* |
| *Ich fürchte mich vor dem Lehrer.* | | |

1. **Multi pueri puellaeque linguam Latinam timent.**
2. **Nam dicunt: „Magister nobis malum vult.**
3. **Magistris placet liberos vexare."**
4. **Immo magistri optimum omnibus volunt.**
5. **Sed materiam non semper bene explicant.**

## Merkzettel 1: Satzteil-Steckbriefe

Drei Satzteile werden gesucht! Aber um sie ausfindig zu machen, müssen wir alle besonderen Kennzeichen festhalten, sonst erkennen wir sie nie im Satz!

| **Subjekt** | **Prädikat** |
|---|---|
| • Es ist der Haupttäter.<br>• Es muss immer zum ________ passen.<br>• Es steht immer im __________. | • Es steht nie im __________.<br>• Es weiß immer, dass etwas passiert, passiert ist oder passieren wird.<br>• Es kennt immer den Täter.<br>• Es passt immer zum __________, das nicht immer ausdrücklich (in Form von Nomina oder Pronomina) angegeben sein muss. |
| **Objekt** | |
| • Sie können ______________ auftreten oder zu mehreren.<br>• Sie stehen meist im ______________ oder ______________.<br>• Manchmal sind es auch Infinitive.<br>• Das ______________ bestimmt, welche oder wie viele Objekte nötig sind. | |

## 1.2 Verschiedene Objekte

**Bene observare debeo.** Du hast gelernt, dass du mit dem Prädikat anfangen musst: **debeo** *ich schulde* oder *ich muss.* Bei *schulden* fragst du weiter: *Wem schulde ich was?* Und bei *müssen Was muss ich tun?* Gut, also was steht hier? Ein Infinitiv **observare**: *Ich muss gut beobachten.*

Manche Verben können, je nach Bedeutung, verschiedene Objekte haben. Wichtig ist, dass man sich klar macht, wie man weiter fragen muss, nachdem man Subjekt und Prädikat herausgefunden hat. Oft wird ein Satz erst durch ein oder sogar zwei Objekte vollständig!

Schau dir folgende Sätze an: Welche sind vollständig, welche sind unvollständig? Kreuze an! Die Lösung findest du mit den entscheidenden Fragen. Ergänze auch die passende lateinische Antwort.

| | Frage | Lateinische Antwort | Vollständiger Satz |
|---|---|---|---|
| **Marcus venire cupit.** | Was wünscht sich Markus? | | ja/nein |
| **Pater Marco dat.** | | | ja/nein |
| **Gaius optat, ut amici veniant.** | | | ja/nein |
| **Legatus militi imperat, ut nuntium ferret.** | 1<br>2<br>3 | 1<br>2<br>3 | ja/nein |
| **Roma periculis non caret.** | | | ja/nein |
| **Marcus mihi debet.** | | | ja/nein |

### Schlussfolgerungen

In jedem der Sätze steht ein Objekt, aber dennoch sind einige Sätze nicht vollständig, es fehlen weitere Objekte, um sie zu sinnvollen Sätzen zu machen.
Im zweiten Satz fragt man sich: Was gibt der Vater Markus? Und im letzten: Was schuldet mir Markus? Mögliche Objekte wären z. B. **donum** ein Geschenk bzw. **pecuniam** Geld.
Im dritten und vierten Satz ist das Akkusativ-Objekt ein ganzer Nebensatz.
Im fünften Satz steht das Objekt im Ablativ. **Achtung:** Verben werden im Lateinischen häufig anders konstruiert als im Deutschen. ▶ Kapitel **3**

## Check 2: Markus bettelt

Übersetze die folgenden Sätze, wie du es in Check 1 gemacht hast, auf einem Blatt. Die richtigen Fragen bringen dich schnell zur Lösung.

1. **Marcus donum petit.**
2. **Patri dicit: „Semper te adiuvabam.**
3. **Numquam me vituperare debuisti.**
4. **Cur mihi non plus pecuniae das?“**
5. **Pater: „Pecunia numquam caruisti.**
6. **Pecuniae tuae parcere debes!**
7. **Si pueritiae meae memini, tibi invideo.“**
8. **Marcus *(secum)*: „Patrem de pueritia sua dicentem abhorreo!“**

Da die Verben bestimmen, welche Objekte ihnen folgen, ist es sinnvoll diese Elemente einmal gemeinsam zu betrachten. Aber Achtung - wie du bei den Beispielen oben gesehen hast, kann ein Verb je nach Bedeutung verschiedene Objekte nach sich ziehen. Bei **debeo** ist es entweder ein **Infinitiv als Objekt** (bei der Bedeutung *müssen*) oder ein **Dativ-** und ein **Akkusativobjekt** (bei der Bedeutung *schulden* bzw. *verdanken*).

## Check 3: Objektsalat

Sortiere die Verben in die in der Tabelle genannten Gruppen.

Ordne dann die aufgelisteten Objekte den Verben zu (z. B. **vacare** + **curis** in das Kästchen Ablativobjekt).

| **Dativ-Objekt** | **Akkusativ-Objekt** | **Genitiv-Objekt** | **Ablativ-Objekt** |
|---|---|---|---|
| | | | *curis vacare* |
| **Dativ- und Akkusativ-Objekt** | **Akkusativ- und Ablativ-Objekt** | **Infinitiv als Objekt** | **Nebensatz als Objekt** |
| | | | |

**Verben:** ~~**vacare**~~**, timere, scribere, parcere, liberare, optare, superare, posse, credere, tribuere, laudare, capere, iubere, privare, audire, placere, permittere, meminisse**

**Objekte:** **ut intret - leonem - epistulam - Caesari - hosti victo -** ~~**curis**~~ **- Ciceronis - homines periculis - hanc vocem - ut salvus redeat - divitiis - nuntium venire - consilium - Gallos - natare - discipulum bonum - huic viro - pauperibus pecuniam**

## Merkzettel 2: Was alles ein Objekt sein kann

Objekt kann ein Nomen im ______________________ oder ______________________, gelegentlich auch im ______________________ (bei Verben der Trennung), selten im ______________________ (bei Verben, die mit Erinnerung zu tun haben) sein. Statt eines Substantivs kann auch ein ______________________ (bei Hilfsverben wie *können* oder *müssen*) oder ein ganzer ______________________ Objekt sein.

## 1.3 Attribut und Adverbiale

Ohne Prädikat und Subjekt geht nichts. (Achtung, das Subjekt ist manchmal etwas versteckt.) Je nach Verb geht es auch nicht ohne Objekt.
Du kannst das Ganze mit einer Brücke vergleichen: Für eine solche braucht es Material für die Pfeiler und für die eigentliche Brücke.
Ein Geländer, damit man nicht ins Wasser fällt, ist aber auch ganz angenehm. So etwas sind Attribute und Adverbialien. Sie beschreiben etwas näher:

- Das Attribut beschreibt eine Person oder Sache.
- Das Adverbiale beschreibt das Geschehen.

Durch Attribute und Adverbialien werden Angaben verdeutlicht:

**Caesar Gallos fortissimos vincit.** *Cäsar besiegt die **äußerst tapferen** Gallier.*
Durch das Attribut *äußerst tapfer* kann Cäsar seine Leistung noch herausstellen.

**Maximo cum labore Marcus ripam consecutus est.** ***Unter größter Mühe** erreichte Markus das Ufer.*
Mithilfe des Adverbiales wird deutlich, wie genau es Markus erging. Er kam zwar an, aber es war kein „Kinderspiel".

Ein Attribut steht also auf die Frage *Wie ist jemand/etwas?* oder *Was für ein?*
Ein Adverbiale steht auf die Frage *Wie geschieht etwas?*

### Check 4: Was für Geister? Wie erschrecken sie uns?

Übersetze und überlege, ob die kursiv gedruckten Wörter Attribute oder Adverbialien sind!

1. **Marcus et amici in castris *adulescentium*[1] sunt.**

   ______________________________

2. **Marcus Tito, *amico suo,* proponit:**

   ______________________________

3. **„Placetne tibi puellas *valde* terrere?**

   ______________________________

4. **Vestes *monstrorum* induemus[2] et *his vestibus et voce mira* per cubicula *puellarum* ibimus.**

   ______________________________

5. **Nam puellae *semper* res *miras* timent et *magna voce* clamant.**

   ______________________________

6. **Sed curare debemus. *Si magister nos viderit,* nos puniet."**

   ______________________________

7. **Titus, *cui hoc placet,* velum[3] capit et induit.**

   ______________________________

[1] **castra, -orum, n. (Pl.), adulescentium:** *(hier:) Jugendherberge*
[2] **induere, induo, indui, indutum:** *anziehen*
[3] **velum, -i, n.:** *(hier:) Betttuch*

## Check 5: Ergänze sinnvoll!

Füge die Wörter in der oberen Zeile so ein, dass sich sinnvolle lateinische Sätze ergeben und übersetze!

**Titi - monstrorum - qui severus est - velis suis - quae cum eis sunt**

1. **Marcus amicus ________________ est.**

   ______________________________________________

2. **Marcus Titusque magistrum ________________________ timent.**

   ______________________________________________

3. **Pueri ________________ sibi figuram ________________ dant.**

   ______________________________________________

4. **Puellas ________________ terrere parant.**

   ______________________________________________

## Merkzettel 3: Attribut oder Adverbiale?

Schau noch einmal die Übersetzungssätze in **Check 4** an! Es geht jetzt darum, welche Formen typischerweise für Attribute oder Adverbialien verwendet werden.

**Attribut:**

Es beschreibt eine ________________ oder ________________.

Es steht entweder im ________________ (Satz 1, 4) oder im ________________

Kasus wie die Sache selbst. Auch ________________ (Satz 5) sind Attribute.

Auch ein ganzer ________________ (Satz 7) kann ein Attribut sein.

**Adverbiale:**

Es erklärt, wie etwas ________________. Wie der Name schon sagt, verwendet man

hier ________________ (Satz 3, 5), aber auch Substantive im ________________ (Satz 4, 5).

Auch ________________ (Satz 6) werden als Adverbialien verwendet.

# 2 Der Wort-Detektiv

## 2.1 Unbekanntes im Zusammenhang

Was könnte das heißen? **Praefectus omnia oppida omnesque vicos visitavit.**

Du bist auf das Wort *Dörfer* gekommen, obwohl du es vielleicht noch nicht gelernt hast. Sicher hast du vermutet, dass es eben außer *Städten* noch *Dörfer* gewesen sein mussten, die der Präfekt besuchte. Prima! Oft kann man sich so helfen, wenn man Wörter wieder vergessen hat. Auch manche mehrdeutige Wörter wie **cum** oder **quod** kann man nur so richtig übersetzen.

| | |
|---|---|
| **In foro templum est, quod Augustus aedificavit.** | *Auf dem Forum steht ein Tempel, den Augustus erbaut hat.* |
| **Reus laetus est, quod absolutus est.** | *Der Angeklagte ist froh, weil er freigesprochen wurde.* |

### Check 6: Zusätzlicher Schreckmoment

Versuche, die farbig hervorgehobenen Wörter zu erschließen, und übersetze auf einem Blatt. Beschreibe, wie du die Wörter herleitest.

1. **Titus et Marcus e cubiculo exierunt et in faucibus sunt.**
2. **Titus ex aedificio spectans vidit lapides[1] e muro prosilire.**
3. **Marco proponit: „Hi lapides tam fortes sunt, ut pondus hominis ferre possint.**
4. **Si in illis steterimus[2], puellae nos in aere pendere credent. Nam pedes nostros non videbunt."**
5. **Marcus: „Timeo, ne de lapidibus ruamus. Nocte paulum videmus."**
6. **Titus: „Ignavus es, nisi hoc audes. Nihil periculi nobis instat."**
7. **Et vero pueri aedificium in lapidibus paene circumierunt.**

[1] **lapis, lapidis, m.:** *Stein* [2] **steterimus** ist Futur II - hier übersetzt man es am besten mit dem Präsens.
[3] **stella, -ae, f.:** *Stern*

### Check 7: Alles im Kontext

Was heißt das farbig hervorgehobene Wort auf Deutsch? Wähle die Bedeutung aus der Wortliste aus! Die Anfangsbuchstaben ergeben ein Lösungswort.

*Obst, abergläubisch, Kugel, Freunde, Bären, Reben, Ölbaum, verrückt, Verwandte, fromm, Tiger*

| | Übersetzung |
|---|---|
| 1 **In Africa leones, in Germania ursi bestiae periculosissimae sunt.** | |
| 2 **Servi vites curant, ut vinum bonum sit.** | |
| 3 **Homines, qui in stellas[3] bonas et malas credunt, superstitiosi dicuntur.** | |
| 4 **Marcus fratres et sorores et omnes cognatos invitavit.** | |
| 5 **Arbores in horto meo pomorum plenae sunt.** | |

**Lösung:** Ein Fremdwort im Deutschen, das jeder kennt! _ _ _ _ _

## Check 8: Scrabble

Jede farbig hervorgehobene Form kann von zwei völlig verschiedenen Wörtern abgeleitet werden und demnach zwei Bedeutungen haben. (Achtung, **hic** ist hier eine Ausnahme.) Trage in das eine Wortgitter die *hier* korrekte lateinische Ausgangsform ein, in das andere die alternative Ausgangsform, die hier nicht richtig ist. Die Buchstaben in den farbigen Feldern, ergeben ein Lösungswort.

1. **Hic finis terrae est.**
2. **Duces Gallorum ad Caesarem venerunt.**
3. **Athenis multa opera virorum clarorum videre potes.**
4. **Cur contra Caesarem pugnas?**
5. **Hic nemo te audiet.**
6. **Postquam Troia deleta est, furor victorum ingens erat.**
7. **Miles legato paret.**
8. **Placetne liber, quem legis?**

**Korrekte Form**

| | | | | | | | |
|---|---|---|---|---|---|---|---|
| **1** | | | | | | | |
| **2** | | | | | | | |
| **3** | | | | | | | |
| **4** | | | | | | | |
| **5** | | | | | | | |
| **6** | | | | | | | |
| **7** | | | | | | | |
| **8** | | | | | | | |

**Alternative Ausgangsform**

| | | | | | | | |
|---|---|---|---|---|---|---|---|
| **7** | | | | | | | |
| **2** | | | | | | | |
| **3** | | | | | | | |
| **4** | | | | | | | |
| **6** | | | | | | | |
| **1** | | | | | | | |
| **8** | | | | | | | |

**Lösung**: Name eines römischen Gottes

| 1 | 2 | 3 | 4 | 5 | 6 | 7 | 8 |
|---|---|---|---|---|---|---|---|
| | | | | | | | |

**Lösung**: Das hättest du getan, wenn du diese Form gewählt hattest!

| 7 | 2 | 3 | 4 | 6 | 1 |
|---|---|---|---|---|---|
| | | | | | |

## Merkzettel 4: Was ist wohl gemeint?

Oft kann man Wörter aus dem Kontext erschließen. Dies ist nötig, wenn Wörter ______________________ Bedeutungen haben (**cum, quod** etc.). Das Erschließen funktioniert entweder, weil man bestimmte Dinge über die anderen ____________ im Satz weiß (z. B. welche Raubtiere es in Germanien gab) oder weil sich aus dem ________________ etwas ergibt (z. B.: Jemand scheint zu schweben, weil man seine Füße nicht sieht.).

## 2.2 Bekanntes im Zusammenhang

Während einer Lateinarbeit brütet ein Schüler über einem Satz – ihm fällt das Verb einfach nicht ein. Schließlich flüstert er seinem Nachbarn zu: „Was heißt **ignoro**?" Die Antwort kommt sofort: *„Ich weiß nicht"*, so dass der Verzweifelte nur ein leises „Mist" von sich gibt.

Hätte der Schüler daran gedacht, dass das Wort *Ignorant* auch im Deutschen jemanden bezeichnet, der keine Ahnung hat, hätte er seinen Freund richtig verstanden. Wenn man also nicht weiter weiß, kann man versuchen, die Wörter aus Bekanntem herzuleiten!

Oft kann man zusammengesetzte Wörter herleiten, wenn man die einzelnen Bestandteile kennt (z. B. **ad** = *zu* + **mittere** = *gehen lassen, schicken* ▶ **admittere** *zulassen*). Wichtig sind dabei **Präfixe** (Wörter, die vor ein anderes Wort gestellt werden, z. B. **ad-, per-**), die sich überwiegend von den Präpositionen ableiten (außer **dis-** *auseinander* und **re-** *zurück*) und **Suffixe**, also Silben oder Wörter, die an ein Wort angehängt werden. Die wichtigsten Suffixe sind **-tio** für eine Tätigkeit, **-tudo** oder **-tas** für eine Eigenschaft, **-tor** für die handelnde Person und **-osus** für ein Adjektiv mit dieser Eigenschaft.

### Check 9: Wie schützt man sich gegen Geister?

Übersetze mit System auf einem Blatt! Die farbig hervorgehobenen Wörter gehören nicht zum Grundwortschatz, aber du kannst sie sicherlich aufgrund einiger Teilelemente, wie Vor- oder Nachsilben, entschlüsseln. Zum Beispiel kann man **anteponere** *(voranstellen, vorziehen)* von **ante** = *vor* und **ponere** = *legen, setzen, stellen* herleiten.

1. **Claudia monstrum in aere pendens videt.**
2. **Valde territa amicas advocat:**
3. **„Monstrum volans extra cubiculum est. Mox fenestram perfringet."**
4. **Iulia: „Estne", inquit, „monstrum fictio tua, ut me terreas?"**
5. **Iulia, cum per fenestram prospiciat, terretur. Tum autem vocem monstri audit.**
6. **Auditione vocem Marci noscit.**
7. **Tum Iulia: „Lineam sub fenestra tendamus, ut Marcus, si intrat, super eam cadat!"**

### Check 10: Was bedeutet das?

Oft lässt sich die Bedeutung eines Wortes durch Prä- oder Suffixe erahnen. Wenn dann auch der Kern des Wortes schon bekannt ist, kann kaum noch etwas schiefgehen.

1. Erschließe diese Verben anhand der Prä- und Suffixe!

| | | | |
|---|---|---|---|
| **abscindere** | | **inficere** | |
| **compellere** | | **interdicere** | |
| **demittere** | | **perrumpere** | |
| **discurrere** | | **provenire** | |
| **excludere** | | **proludere** | |
| **sublevare** | | **reicere** | |

- Gelegentlich komm
**Heu me miserum!**
- Manche Verben hab
**id studer**
aber: **litteris st**
genauso: **haec dubi**
**id memin**
- Der Akkusativ der r
**Graecus**) steht klas
**Nihil se differunt.**
- Der **adverbiale Akk**
**pars** sowie mit Mer
**Gladiatores magna**
**erant.**

## Check 11: Wagenre

Unterstreiche die Akku

1. **Multi homines Ron**
2. **Currus septies**[1] **per**
3. **Aurigii**[2] **id studere**
4. **Sed hanc spinam e**
5. **Si quis de curru ca**
6. **Itaque, si quis casu**
7. **Quamquam aurigii**
8. **Multi hos viros for**

[1] **septies:** *siebenmal*
[2] **aurigius, -i, m.:** *Wagenlenke*
[3] **spina, -ae, f.:** (eigtl. *Dorn*) *T*
[4] **casus, -us, m.:** *(hier:) Sturz*

## Merkzettel 6: Akk

**Wie im Deutschen**
Bei den Fragen
________? *Was?*
*Wie* __________? *u*
steht nichts als der *A*

**Vorsicht Pronomin**
**id studere, ut/litte**
*beschäftigen*
**haec dubitare/de a**
**id meminisse/huiu**

---

2. Erschließe diese Substantive anhand der Prä- und Suffixe!

| | | | |
|---|---|---|---|
| **admissio** | | **humilitas** | |
| **admiratio** | | **difficultas** | |
| **spectator** | | **latitudo** | |
| **scriptor** | | **periculosus** | |
| **amplitudo** | | **otiosus** | |

3. Erkläre auch einige deutsche Wörter, sie könnten für einen Rückbezug hilfreich sein!

| | |
|---|---|
| *Projektor* | |
| *Traktor* | |
| *Präsident* | |
| *progressiv* | |
| *intensiv* | |

## Merkzettel 5: Bedeutungsrad Prä- und Suffixe

Ergänze die fehlenden Formen in den Bedeutungsrädern!

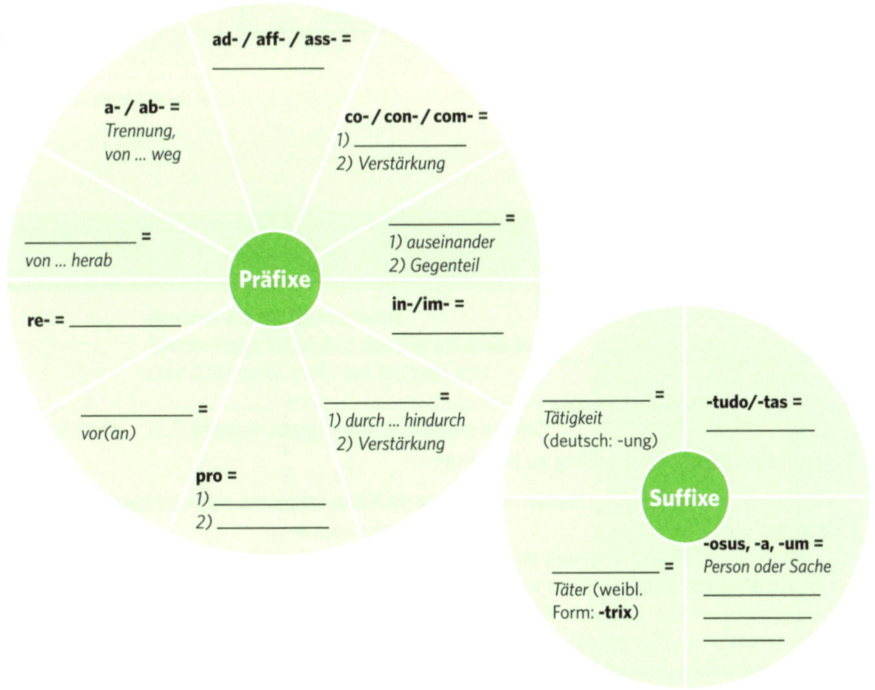

## 3.5 Der Ablativ – Fortsetzung

### Check 16: Die starken Männer der Arena

Übersetze auch diese Sätze – kannst du die Hilfsfragen selber formulieren? Welche Ablativfunktion liegt jeweils vor?

1. **Gladiatores homines magna audacia et fortitudine erant.**
   Frage: ______________________
   Ablativfunktion: ______________________
2. **Bello capti aut egestate coacti in arenam venerunt.**
   Frage: ______________________
   Ablativfunktion: ______________________
3. **Vestibus et armis inter se differebant.**
   Frage: ______________________
   Ablativfunktion: ______________________
4. **Saepe alius e pugnantibus melius adversario armatus erat.**
   Frage: ______________________
   Ablativfunktion: ______________________
5. **Nonnulli multis victoriis magnas divitias sibi comparabant.**
   Frage: ______________________
   Ablativfunktion: ______________________
6. **Nam cum victi erant, saepe morte afficiebantur.**
   Frage: ______________________
   Ablativfunktion: ______________________
7. **Imprimis homines, qui gladiatores emebant, eis divites fiebant.**
   Frage: ______________________
   Ablativfunktion: ______________________
8. **Hodie crudelitate harum pugnarum terremur.**
   Frage: ______________________
   Ablativfunktion: ______________________
9. **Sed multi adhuc gaudio crudelitatis non vacant.**
   Frage: ______________________
   Ablativfunktion: ______________________

- Gelegentlich kommt der Akkusativ in Ausrufen vor und wird mit Nominativ übersetzt.
  **Heu me miserum!** — *Ach, ich Armer!*
- Manche Verben haben bei Pronomina den Akkusativ, werden sonst aber anders konstruiert:

| | | |
|---|---|---|
| | **id studere, ut** | *sich darum bemühen, dass* |
| aber: | **litteris studere** | *sich mit Wissenschaften beschäftigen* |
| genauso: | **haec dubitare/de aliqua re dubitare** | *daran/an dieser Sache zweifeln* |
| | **id meminisse/huius rei meminisse** | *sich daran/an diese Tat erinnern* |

- Der Akkusativ der näheren Bestimmung (Frage *In welcher Hinsicht?*, **Accusativus Graecus**) steht klassisch fast nur bei Pronomina:
  **Nihil se differunt.** — *Sie unterscheiden sich in nichts.*
- Der **adverbiale Akkusativ** steht in einigen festen Wendungen mit Pronomina oder mit **pars** sowie mit Mengenadjektiven.
  **Gladiatores magnam partem servi erant.** — *Die Gladiatoren waren zu einem großen Teil Sklaven.*

## Check 11: Wagenrennen

Unterstreiche die Akkusative und übersetze die folgenden Sätze mit System auf einem Blatt!

1. **Multi homines Romam veniebant, ut certamina curruum spectarent.**
2. **Currus septies[1] per circum, id est quinque milia passuum, vehebantur.**
3. **Aurigii[2] id studere debebant, ut spinam[3] quam celerrime circumirent.**
4. **Sed hanc spinam etiam cavere debebant, quod casum[4] timere debebant.**
5. **Si quis de curru cadebat, is, qui eum sequebatur, concursum fugere paene non potuit.**
6. **Itaque, si quis casum passus erat, mortem effugere vix poterat.**
7. **Quamquam aurigii magnam partem servi erant, magnis in honoribus erant.**
8. **Multi hos viros fortes deis similes venerabantur.**

[1] **septies:** *siebenmal*
[2] **aurigius, -i, m.:** *Wagenlenker*
[3] **spina, -ae, f.:** (eigtl. *Dorn*) *Trennmauer* (in der Mitte eines Circus)
[4] **casus, -us, m.:** *(hier:) Sturz*

## Merkzettel 6: Akkusativ

**Wie im Deutschen!**
Bei den Fragen
________? *Was?*
*Wie* __________*?* und *Wie* ________*?*
steht nichts als der Akkusativ weit und breit.

**Anders als im Deutschen!**
Bei der Frage *Wohin?* ist das Ziel entscheidend!
Der Akkusativ steht bei Namen von
___________ und _____________ Inseln.
(z.B. **Rhodum navigo.** Aber: **In Siciliam navigo.**)

**Vorsicht Pronomina!**
**id studere, ut/litteris studere –** *sich darum bemühen, dass/sich mit Wissenschaften beschäftigen*
**haec dubitare/de aliqua re dubitare –** *daran/an dieser Sache zweifeln*
**id meminisse/huius rei meminisse –** *sich daran/an diese Tat erinnern*

## 3.2 Der Dativ

Beginnen wir auch beim Dativ mit den Ausnahmen, denn auch hier gibt es Verben, die im Lateinischen den Dativ bei sich haben, im Deutschen aber den Akkusativ mit sich bringen. Diese muss man wieder auswendig lernen!
**Paula filio Tullii nupsit.** *Paula heiratete den Sohn des Tullius.*

| Dativ | Akkusativ | Dativ | Akkusativ |
|---|---|---|---|
| **favere** | *unterstützen* | **nubere** | *heiraten* (aus Sicht der Frau) |
| **invidere** | *beneiden* | **parcere** | *schonen* |
| **minari** | *bedrohen* | **praestare** | *voranstehen, übertreffen* |

**Dativus possessivus** *(Dativ des Besitzers):* Besinne dich beim Übersetzen des Dativs auch auf deine Deutschkenntnisse - die wörtliche Übersetzung (mit der Frage *Wem?*) ist zwar oft möglich, hört sich jedoch nicht gut an!
**Claudiae nova tunica est.** *Claudia hat eine neue Tunika.* (wörtl.: *Claudia ist eine neue Tunika.*)
Der Dativ zeigt hier einen Besitz an und heißt deshalb **Dativus possessivus**.

**Dativus finalis** *(Dativ des Zwecks):* Der Dativ steht im Lateinischen auf die Frage *Wofür? Wozu?* - die Wiedergabe mit *zu* stellt oft nur eine Hilfsübersetzung dar. Dies ist z. B. beim Sachobjekt im doppelten Dativ der Fall.
**Hoc tibi usui erit.** *Dies wird dir nützen.* (wörtl.: ***zum*** *Nutzen sein)*
**Nero multis odio erat**. *Nero wurde von vielen gehasst.* (wörtl.: *war vielen* ***zum*** *Hass)*

**Dativus commodi** *(Dativ des Vorteils):* Im Dativ steht außerdem eine Person, der etwas nützt bzw. schadet etc. Dieser Dativ kann oft mit *für* übersetzt werden.
**Servi dominis suis laborabant, non sibi.** *Sklaven arbeiteten für ihre Herren, nicht für sich.*

**Dativus iudicantis** *(Dativ des Standpunkts):* Auch eine subjektive Überzeugung kann im Dativ stehen.
**Mihi Gracchus scelestus est.** *Meiner Meinung nach ist Gracchus ein Verbrecher.* (wörtl.: *mir, für mich)*

**Dativus auctoris** *(Dativ des Urhebers):* Im Dativ steht bei Gerundivkonstruktionen derjenige, der etwas tun muss. ▶ Kapitel **8.2**
**Mihi multum laborandum est.** *Ich muss viel arbeiten.*

**Unpersönliches Passiv:** Verben, die den Dativ bei sich haben, bilden in beiden Sprachen ein unpersönliches Passiv. So heißt es z. B. *Mir wird geholfen.* (aktivisch: *Man hilft mir.*) Da manche Verben in den beiden Sprachen unterschiedlich konstruiert werden, kann es vorkommen, dass ein lateinischer Dativ in einem Passivsatz mit Nominativ übersetzt wird. Ebenso kann das Subjekt eines lateinischen Passivsatzes im Deutschen mit Dativ übersetzt werden.
**Viro diviti invidetur.** *Der reiche Mann wird beneidet.*
**Ab amico iuvor.** *Mir wird von einem Freund geholfen.*

Einige wenige Verben haben mit Dativ und Akkusativ verschiedene Bedeutungen. Hier sind einige wichtige Beispiele!

{ **Te fortem praestitisti.** *Du hast dich als tapfer erwiesen.*
{ **Hercules omnibus fortitudine praestitit.** *Herakles übertraf alle an Kraft.*

{ **Croesus vatem consuluit.** *Krösus fragte einen Seher um Rat.*
{ **Consul hominibus consulere debet.** *Der Konsul muss sich um die Bürger kümmern.*

{ **Apollo futura providebat.** *Apollo sah die Zukunft voraus.*
{ **Mater liberis providet.** *Die Mutter sorgt für die Kinder.*

## Check 12: Zirkusspiele sind nicht jedermanns Geschmack

Übersetze die folgenden Sätze auf einem separaten Blatt. Achte besonders auf Akkusativ- und Dativformen.

1. **Claudiae, Marco Publioque ludos visitare placuit.**
2. **Primo ludi eis gaudio erant.**
3. **Sed Claudiae spectacula mox non iam placuerunt.**
4. **Itaque ei arenam relinquere placuit.**
5. **Nam gladiatoribus victis nulla spes salutis erat.**
6. **Claudia: „Mihi", inquit, „homines, quos hi ludi delectant, barbari sunt."**

## Check 13: Von wegen „Ich werde geholfen"!

Setze die folgenden Sätze ins Passiv und übersetze sie dann.

1. **Caesar milites abire iussit.**

   ______________________________

2. **Caesar Bruto pepercit.**

   ______________________________

3. **Marcus nobis servitium bonum praestat.**

   ______________________________

4. **Amicus mihi in Graeciam ire persuasit.**

   ______________________________

5. **Cicero multis eloquentia praestabat.**

   ______________________________

## Merkzettel 7: Den Dativ besser übersetzen!

***Wem? Für wen?***

**Hoc mihi est.** *Das ist mir.*

Besser: *Das* ______________ *mir.*

▶ Im **Dativus** ____________ steht der ____________ im Dativ.

**Liberis meis laboro.**

*Ich arbeite* __________ *meine Kinder.*

▶ Diesen Dativ nennt man **Dativus** ____________.

***Wofür? Wozu?***

**Hoc mihi gaudio est.** *Das ist mir zur Freude.*

Besser: *Das* ______________ *mir Freude.*

▶ Der **Dativus** __________ nennt den __________ (v. a. bei doppeltem Dativ).

**Mihi ludi crudeles sunt.**
*Mir sind die Spiele grausam.*

Besser: ______________ *sind die Spiele grausam.*

▶ Diesen Dativ nennt man **Dativus** ____________.

## 3.3 Der Genitiv

Es wäre ein Leichtes, einem alten Römer den deutschen Genitiv zu erklären: Überall, wo er im Deutschen steht, findet man ihn auch im Lateinischen. Leider findet man ihn im Lateinischen auch an vielen Stellen, an denen man ihn im Deutschen nie verwenden würde. Die Übersetzung ist einfach, wenn der Genitiv den Besitzer angibt (**Genitivus possessivus**).

| | |
|---|---|
| **Domus patris in colle Palatino est.** | *Das Haus meines Vaters steht (ist) auf dem Palatin.* |

Auch den **Genitivus subiectivus**, der das Subjekt einer Handlung bezeichnet (z. B. **consilium amici** *der Rat des Freundes*), und den **Genitivus partitivus**, mit dem das Ganze, von dem ein Teil angegeben ist, (z. B. **maxima pars senatorum** *die Mehrheit der Senatoren*), bezeichnet wird, kann man ohne Probleme wörtlich übersetzen.

Schwieriger wird die Übersetzung bei anderen Formen des Genitivs. Der **Genitivus obiectivus** ist nur aus dem Zusammenhang vom **Genitivus subiectivus**, der das Objekt einer Handlung bezeichnet, zu unterscheiden.

| | |
|---|---|
| **amor matris** | *Liebe der Mutter/Liebe zur Mutter* |
| **Liberi amore matris carent.** | *Kinder brauchen Mutterliebe.* |
| **Amor patriae multos Romanos ad res gestas audaces movit.** | *Die Liebe zum Vaterland bewegte viele Römer zu mutigen Taten.* |

Der **Genitivus explicativus** steht bei Substantiven wie **nomen** oder **verbum**. Im Deutschen wird er als **Apposition** übersetzt.

| | |
|---|---|
| **nomen regis** | *die Bezeichnung König* |

Bei unpersönlichen Verben und bei Verben des Erinnerns und Vergessens steht der **Genitiv als Objekt**.

| | |
|---|---|
| **Piget me huius loci sordidi.** | *Dieser dreckige Ort widert mich an.* |
| **Hoc omnium interest.** | *Dies ist für alle wichtig.* |
| **Caesaris memini.** | *Ich erinnere mich an Cäsar.* |

Und auch bei **allgemeinen Wertangaben** kommt er vor (**Genitivus pretii**).

| | |
|---|---|
| **Hoc vas magni/pluris est.** | *Dieses Gefäß ist viel/sehr viel wert.* |
| aber: **Hoc vas tribus sestertiis est.** | *Dieses Gefäß ist drei Sesterzen wert.* |

Außerdem stehen dauerhafte Eigenschaften meist im Genitiv (**Genitivus qualitatis**). Im Deutschen ist häufig eine Übersetzung mit Adjektiv möglich.

| | |
|---|---|
| **vir magni ingenii** | *ein Mann von großer Begabung/ ein sehr begabter Mann* |

Es gibt jedoch einen Dreischritt, der dir hilft den Genitiv zu knacken.

1. Was bezeichnet der Genitiv jeweils? - Welche Bedeutung liegt vor?
2. Kannst du ihn wörtlich übersetzen?
3. Sollten dich die Fragen 1 und 2 nicht weiterbringen, musst du nach Alternativen suchen, die im Deutschen sinnvoll sind.

### Check 14: Wörtlich oder nicht?

Lege eine Tabelle für die Übersetzungen an. Manchmal findest du Hinweise auf die Art des Genitivs oder Besonderheiten, mit denen du alternative Übersetzungen findest, wo du wörtlich nicht weiterkommst.

Beispiel: **Saeculo p. Chr. n. primo omnia Romanorum erant.**

| Latein | Bedeutung | wörtlich | freie Übersetzung | Satz-Übersetzung |
|---|---|---|---|---|
| **Romanorum** | Besitzer | nein | **esse** + Gen. = *gehören* + Dat. | *Im 1. Jh. n. Chr. gehörte alles den Römern.* |

1 **Haec domus Caesaris est.** (Gen. possessivus)
2 **Vos iam de rebus gestis huius viri audivisse credo, cui multi favebant.** (Gen. subiectivus)
3 **Tum autem Caesar abusus**[1] **pecuniae accusatus est.** (Gen. criminis)
4 **Sed ille dixit: „Iamne periculi imperii obliti estis?"** (Genitiv als Objekt)
5 **Imperatoris boni est imperium defendere.** (Gen. possessivus)
6 **Omnium civium interest fines tutos esse.** (Genitiv als Objekt)
7 **Si permisissem, ut Galli nos oppugnarent, nomen imperatoris non meruissem.** (Genitivus explicativus)
8 **Sed cum pugnaverim, etiam nepotes nostri rerum gestarum mearum meminerint."** (Genitiv als Objekt)
9 **Adversarii eius dixerunt: „Nonne verborum falsorum pudet?"** (Genitiv als Objekt)
10 **Timore Caesaris moti senatores contra eum pugnabant.** (Gen. obiectivus)
11 **Nam cupidissimus potestatis erat.** (Genitiv als Objekt beim Adjektiv)
12 **Sed multis vita tuta pluris erat quam libertas.** (Genitivus pretii)

[1] **abusus, -us, m.:** *Missbrauch*

## Merkzettel 8: Genitiv – wörtlich oder nicht?

| **Genitive, die man wörtlich übersetzen kann:** |
|---|
| Dieser Genitiv gibt den ____________ an: **Genitivus possessivus**<br>Dieser Genitiv gibt den ____________ an: **Genitivus subiectivus**<br>Dieser Genitiv bezeichnet das ____________, von dem ein Teil angegeben ist: **Genitivus partitivus** |
| **Bei manchen Genitiven braucht man Alternativen und Fantasie!** |
| In einem Satz ohne Subjekt (Satz 5) kann man den Genitiv übersetzen mit: *Es ist die ____________ oder Eigenschaft von …* |
| Wenn der Genitiv für nähere Bestimmungen gebraucht wird (Satz 7, **Genitivus explicativus**), kann man ihn zwar wörtlich übersetzen, besser jedoch mit einer ____________, d. h. im selben Kasus. Ähnlich ist es bei **interest** + Genitiv (Satz 6). Hier sollte man eine Wendung mit *für* wählen. |
| Bei Verben der Gerichtssprache (Satz 3, **Genitivus criminis**) und einigen unpersönlichen Verben (z. B. **pudet** und **paenitet**) übersetzt man den Genitiv mit ____________. |
| Wenn der **Genitiv als Objekt** bei Verben der ____________ steht (Satz 4, 6, 8) oder bei einigen Adjektiven (Satz 11), muss man ihn ebenfalls freier übersetzen. |
| Den **Genitivus obiectivus** (Satz 10) kannst du nur dem Sinn nach erkennen. Übersetze mit ____________ oder *nach*. |
| Im **Genitivus pretii** stehen ____________ Wertangaben (Satz 12), man übersetzt ihn mit ____________. |

## 3.4 Ein vielseitiger Fall – der Ablativ

Der Ablativ, den es im Deutschen gar nicht gibt, wird meist als Adverbiale (Umstandsbestimmung) gebraucht. Der Satz ohne Ablativ muss bereits sinnvoll sein.
Der Ablativ kann jedoch auch als Objekt auftreten:

- bei Verben, die mit *trennen, nicht haben* oder *befreien* zu tun haben: **separare, spoliare, vacare, carere, liberare**
- bei den entsprechenden Adjektiven: **liber, -a, -um, vacuus, -a, -um**
- bei den Deponentia **uti, frui, fungi, niti** und **potiri** und bei **opus est**

Bei Verben, die mit *trennen* oder *entfernen* zu tun haben, kann der Ablativ mit oder ohne Präposition stehen. Als Faustregel gilt: **Personen** stehen mit den Präpositionen **a, ab (a piratis liberare)** - **Dinge** stehen ohne Präposition **(pecunia spoliare)**.

Weil der Ablativ meistens ein ergänzendes Adverbiale ist und gleichzeitig viele verschiedene Bedeutungen haben kann, solltest du zuerst die anderen, eindeutigeren Wörter im Satz übersetzen.

Bei der Übersetzung des Ablativs helfen dir dann seine drei Grundbedeutungen:
**Ablativus separativus:** bei Verben, die *Herkunft, Trennung, Raub* oder *Befreiung* ausdrücken
**Ablativus instrumentalis:** zur Angabe des *Mittels,* wodurch etwas geschieht
**Ablativus loci (Locativ)** und **Ablativus temporis:** zur Angabe des *Ortes* und der *Zeit*

Der Ablativ tritt auch auf, wenn begleitende Personen beschrieben werden:
**Cum amicis in circum ii.** *Ich bin mit Freunden in den Zirkus gegangen.*
Dieser Ablativ heißt **Ablativus comitativus** oder **sociativus**.

Auch **Vergleiche** können im Ablativ stehen **(Ablativus comparationis)**. Dies ist die Regel, wenn mit einem Relativpronomen verglichen wird und bei rein rhetorischen Vergleichen (z. B. **sole clarior** *sonnenklar*). Wenn das verglichene Substantiv nicht Subjekt oder Akkusativobjekt ist, muss der Vergleich mit **quam** gebildet werden.
**Libros Ciceronis lego, quo nullus orator melior erat.**
*Ich lese die Bücher Ciceros, im Vergleich zu dem kein Redner besser war* (freier: *der der beste Redner war*).

### Check 15: Was will der Ablativ wirklich sagen?

Auch beim Ablativ können bestimmte Fragen die Übersetzung erleichtern.
Den Grundfunktionen des Ablativs, v. a. des **Instrumentalis** können verschiedene Kasusfunktionen zugeordnet werden. In der folgenden Übung kannst du sie aufspüren.
Übersetze wie im Beispiel auf einem Extrablatt. Die Fragen hinter den Sätzen erleichtern die Arbeit!

| 1 | **Romani fortitudine Carthaginiensium terrebantur.** |
|---|---|
| Frage | Warum/wodurch wurden die Römer erschreckt? |
| Antwort(en) | *Die Römer wurden durch die Tapferkeit der Karthager erschreckt/erschraken über die Tapferkeit der Karthager.* |

2 **Naves Poenae multo celeriores erant quam Romanae.** (Frage: __________ waren sie schneller?)

3 **Magna pecunia Poeni merces[1] emebant.** (Frage: __________ kauften sie Waren?)

4 **Milites Romani gladiis et scutis[2] pugnabant.** (Frage: __________ kämpften sie?)

5 **Roma maior Carthagine erat.** (Frage: Im __________ zu welcher Stadt war Rom größer?)

6 **Hannibal magna audacia erat.** (Frage: Welche __________ hatte Hannibal?)

7 **Hannibal summo studio contra Romanos pugnabat.** (Frage: __________ kämpfte er gegen die Römer?)

8 **Germani Romanos altitudine superabant.** (Frage: __________ übertrafen sie die Römer?)

9 **Maiores Poenorum Tyro[3] venerunt.** (Frage: __________ kamen sie?)

10 **Scipio Romam periculis liberavit.** (Frage: __________ befreite er sie?)

11 **Anno a. Chr. n. CXLVI Carthago deleta est.** (Frage: __________ wurde es zerstört?)

12 **Tum nemo Carthagine vixit.** (Frage: __________ lebte niemand mehr?)

1 **merx, mercis, f.:** *Ware*
2 **scutum, -i, n.:** *der Schild*
3 **Tyros/Tyrus, -i, f.:** *Tyros* (alte Handelsstadt an der Ostküste des Mittelmeeres)

## Merkzettel 9: Ablativ-Fragen

Notiere die Fragen, die dir helfen den jeweiligen Ablativ zu erkennen. Die Zahlen neben den deutschen Bezeichnungen beziehen sich auf die Sätze in **Check 15**.

| **Abl. comparationis** (Vergleichsgegenstand; 5) | **Abl. mensurae** oder **discriminis** (Unterschied; 2) | **Ablativus pretii** (Wert; 3) |
|---|---|---|
| __________ | __________ | __________ |
| **Abl. causae** (Grund; 1) | **Abl. instrumentalis** (im engeren Sinn) (Mittel; 4) | **Abl. qualitatis** (Eigenschaft; 6) |
| __________ | __________ | __________ |
| **Abl. separativus** (im engeren Sinn) (Trennung; 10) | **Ablativus temporis** (Zeit; 11) | **Abl. limitationis** (Beziehung; 8) |
| __________ | *Wann?* | __________ |
| **Abl. separativus** (Ausgangspunkt; 9) | **Ablativus loci** (Ortsangaben; 12) | **Ablativus modi** (gelegentlich mit **cum**) (Art und Weise, 7) |
| __________ | __________ | __________ |

## 3.5 Der Ablativ – Fortsetzung

### Check 16: Die starken Männer der Arena

Übersetze auch diese Sätze - kannst du die Hilfsfragen selber formulieren? Welche Ablativfunktion liegt jeweils vor?

1. **Gladiatores homines magna audacia et fortitudine erant.**

   Frage: ______________________

   Ablativfunktion: ______________________

2. **Bello capti aut egestate coacti in arenam venerunt.**

   Frage: ______________________

   Ablativfunktion: ______________________

3. **Vestibus et armis inter se differebant.**

   Frage: ______________________

   Ablativfunktion: ______________________

4. **Saepe alius e pugnantibus melius adversario armatus erat.**

   Frage: ______________________

   Ablativfunktion: ______________________

5. **Nonnulli multis victoriis magnas divitias sibi comparabant.**

   Frage: ______________________

   Ablativfunktion: ______________________

6. **Nam cum victi erant, saepe morte afficiebantur.**

   Frage: ______________________

   Ablativfunktion: ______________________

7. **Imprimis homines, qui gladiatores emebant, eis divites fiebant.**

   Frage: ______________________

   Ablativfunktion: ______________________

8. **Hodie crudelitate harum pugnarum terremur.**

   Frage: ______________________

   Ablativfunktion: ______________________

9. **Sed multi adhuc gaudio crudelitatis non vacant.**

   Frage: ______________________

   Ablativfunktion: ______________________

## Merkzettel 10: Der Ablativ-Baum

Notiere den Fachausdruck für die jeweils vorliegende Ablativfunktion!
(**Tipp:** Die Zahlen in den Kästchen beziehen sich auf die Sätze in Check 15.)

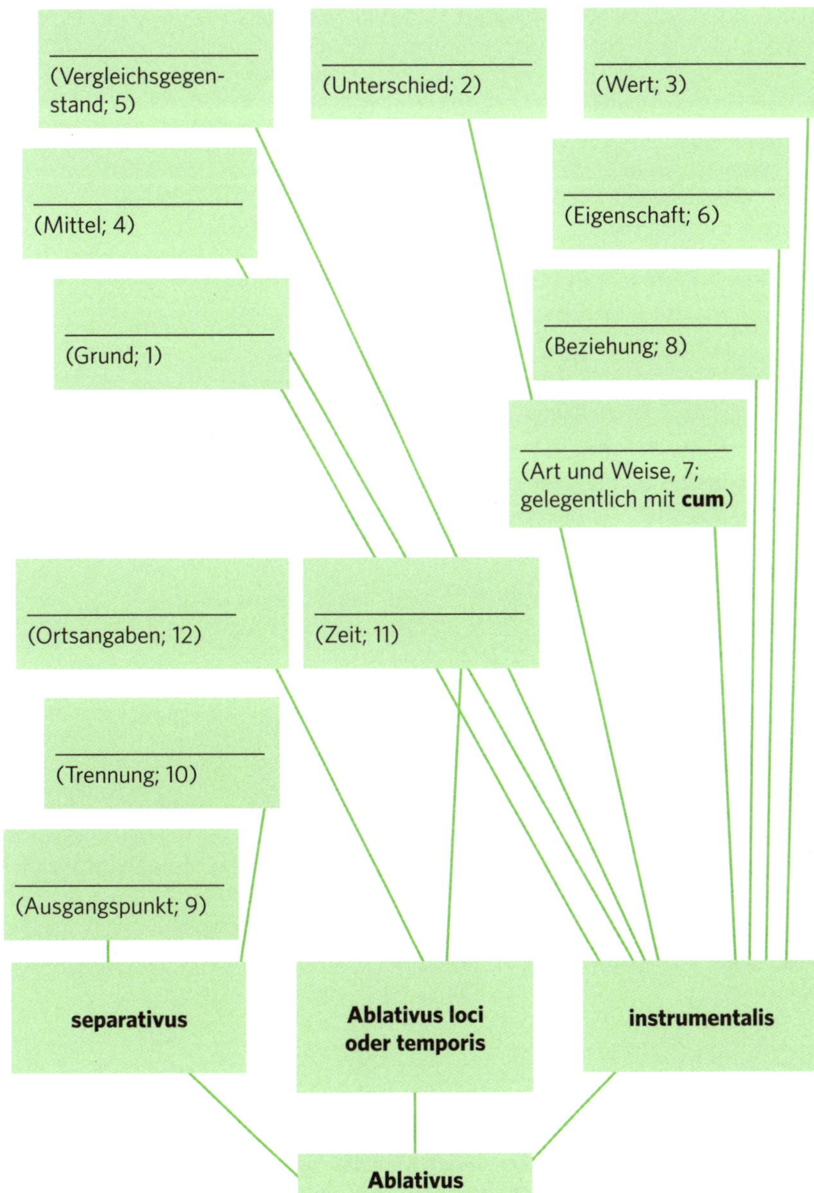

# 4 Der Konjunktiv

## 4.1 Wünsch dir was: Der Konjunktiv im Hauptsatz

Wenn du aus dem Fenster schaust, kannst du einfach feststellen, ob es regnet oder ob die Sonne scheint. Wenn du aber morgen schwimmen gehen willst, weißt du noch nicht, ob die Sonne scheinen wird. Natürlich wünschst du es dir: „***Hoffentlich*** scheint die Sonne; es ***könnte*** aber auch regnen. Wir ***sollten*** früh losfahren, wenn das Wetter schön ist!"

**Konjunktiv Präsens:** Diese erfüllbaren Wünsche, Aussagen oder Absichten werden im **Konjunktiv Präsens** dargestellt. Man unterscheidet folgende Arten des Konjunktivs:

| | | | |
|---|---|---|---|
| **Optativ** | **Utinam Marcus veniat!** | *Hoffentlich kommt Markus!* | (oft mit **utinam**) |
| **Potentialis** | **Veniat Marcus.** | *Markus könnte kommen.* | *(kommt vielleicht)* |
| **Jussiv** | **Veniat Marcus!** | *Markus soll kommen!* | (Ausrufezeichen ohne **utinam**) |

Auch Fragen, bei denen der Sprecher überlegt, was er tun soll, und Aufforderungen, die ein Sprecher an sich selbst und andere (1. Person Plural) stellt, können im Konjunktiv Präsens stehen. Im letzteren Fall übersetzt man mit *Lasst uns* oder durch Umstellen.

| | | |
|---|---|---|
| **Deliberativ/Dubitativ** | **Eamne Romam aut hic maneam?** | *Soll ich nach Rom gehen oder hier bleiben?* |
| **(Ex-/Ad-) Hortativ** | **Intremus!** | *Gehen wir hinein!/Lasst uns eintreten!* |

**Konjunktiv Imperfekt:** Der **Konjunktiv Imperfekt** drückt dagegen eine nicht wirkliche Sache (Irrealis) oder einen Wunsch (Optativ), der nicht erfüllbar ist, aus. Man übersetzt ihn wörtlich, wenn er sich im Deutschen vom Indikativ des Imperfekts (Präteritums) unterscheidet, sonst mit *würde*.

**Optativ Gegenwart**

| | |
|---|---|
| **Utinam imperator essem!** | *Wäre ich doch Kaiser!* (immer mit **utinam**) |

**Irrealis Gegenwart**

| | |
|---|---|
| **Omnes homines felices essent.** | *Alle Menschen wären glücklich.* (Wenn eine unerfüllbare Bedingung erfüllt wäre.) |
| **In Graeciam volarem.** | *Ich würde nach Griechenland fliegen.* (z.B. wenn ich Flügel hätte) |

**Konjunktiv Plusquamperfekt:** Der **Konjunktiv Plusquamperfekt** drückt entweder einen unerfüllbaren Wunsch oder den **Irrealis** in der Vergangenheit aus. Er kann immer wörtlich übersetzt werden.

| | | |
|---|---|---|
| **Optativ Vergangenheit** | **Ne hoc fecissem!** | *Hätte ich dies doch nicht getan!* |
| **Irrealis Vergangenheit** | **Omnes homines felices fuissent.** | *Alle Menschen wären glücklich gewesen.* |

**Konjunktiv Perfekt:** Der **Konjunktiv Perfekt** (2. Person) kommt im Hauptsatz eigentlich nur in der Verbindung mit **ne** als **Prohibitiv** (im Deutschen übersetzt als verneinter Imperativ) vor.

| | | |
|---|---|---|
| **Prohibitiv** | **Ne eo intraveris!** | *Geh nicht dort hinein!* |

### Check 17: Claudia und Aulus

Übersetze auf einem separaten Blatt mit System. Achte besonders auf die Tempora!

1. ***Claudia:*** **„Utinam Aulum videam! Tertia hora huc veniat, si magister ei hoc permittit."**
2. ***Aulus:*** **„Nescio, an Claudia me vere amet. Me fallat aut mecum tantum ludat?**
3. **Nullo modo! Dicat hoc mater mea, ego Claudiam me amare scio.**
4. **Utinam mecum in schola esset, ut eam saepius viderem!"**
5. ***Magister:*** **„Nunc eatis! Sed nemo aliquid mali faciat!**

6 Ne vinum potaveritis aut puellas seduxeritis! Post unam horam recreati revertamini!"
7 *Aulus:* „Si pater Claudiae hoc permitteret, dies noctesque cum ea essem. Sed ecce, ibi Claudia est! Salve, Claudia! Eamus post arbores, mea Venus, ne quis nos videat!"
8 *Claudia:* „Quocumque eas, tecum ibo."
9 *Aulus:* „Utinam pater tuus mihi permittat, ut te uxorem ducam!"
10 *Quintus:* „Utinam puellis tantopere placerem quam Aulus!
11 *Magister:* „Ne pueri quid mali faciant! Eamne per vias, ut videam, quid agant?
12 Ne pueris permisissem, ut soli abirent!"

## Check 18: Da fällt die Wahl schwer

Setze eine der zur Auswahl gestellten Formen ein und übersetze!

1 **Utinam immortalis (sim/essem)!**
2 **Utinam bellum civile numquam (accidat/accideret/accidisset)!**
3 **(Ne/Non) pater nos videat!**
4 **Hoc (ne/non) credas, sed oculis meis id vidi.**
5 **Domum (iremus/eamus/issemus)! Iam nox est.**
6 **Ne templum (intres/intraveris/intrares)! Nemini nisi sacerdotibus intrare licet.**
7 **Marcus iam hodie domum (redeat/rediret/redierit), sed nescio.**

## Merkzettel 11: Konjunktiv im Hauptsatz

**Konjunktiv im Hauptsatz**

**Aussagesatz**
a) **Potentialis**
Konjunktiv ____________
oder ____________
Übersetzung: ____________,
____________, ____________

a) **Irrealis**
Konjunktiv ____________
oder ____________

**Fragesatz**

**Deliberativ**

**Begehrsatz**

**Wunsch (Optativ)**
a) ____________:
Konjunktiv ____________
**utinam** heißt ____________
b) ____________:
Konjunktiv ____________
oder ____________
**utinam** heißt ____________

**Aufforderung**
a) an andere: ________ oder ________ Pers. Präsens
**(Jussiv)**
Übersetzung: ____________
b) an sich und andere:
1. Pers. ____________
Konjunktiv Präsens
**(Hortativ)**
Übersetzung: ____________

**Verbot**
____________ +
2. Pers. Sg. od. Pl. Konjunktiv
____________
**(Prohibitiv)**

## 4.2 *Ut, cum* & Co.: Der Konjunktiv im Nebensatz

Du weißt wahrscheinlich längst, dass es im Lateinischen einige Konjunktionen gibt, bei denen der Konjunktiv stehen muss. Dazu gehören vor allem **cum** in der Bedeutung *als, weil, nachdem* oder *obwohl* und **ut** in der Bedeutung *dass, damit*. Im Deutschen übersetzen wir diesen Konjunktiv mit Indikativ. **Ut** kann bei gleichem Subjekt im Haupt- und Nebensatz auch mit *um ... zu* + Infinitiv übersetzt werden. Der **ut**-Satz kann verschiedene Bedeutungen zum Ausdruck bringen:

Abhängiger Wunsch: **Opto, ut hoc bene intellegas.** *Ich möchte, dass du das gut verstehst.*
Folge: **Tam laetus erat, ut magna voce cantaret.** *Er war so froh, dass er mit lauter Stimme sang.*
Zweck: **Pecuniae parco, ut in Graeciam navigem.** *Ich spare Geld, um nach Griechenland zu fahren.*

Die Beispiele 1 und 3 verneint man mit **ne**, Beispiel 2 mit **ut non**.

Manche Verben haben mit **ut** eine andere Bedeutung als mit AcI (▶ Kapitel **6.1**) (z. B. **videre, dicere, persuadere**).

**Video Marcum venire.** *Ich sehe Markus kommen.*
aber: **Vide, ut hoc finias.** *Sieh zu, dass du damit fertig wirst.*

**Indirekte Fragen und Relativsätze**
Auch indirekte Fragen stehen im Konjunktiv. Im Deutschen **können** sie im Konjunktiv stehen, müssen es aber nicht.

**Pater rogavit, quo Paulus isset.** *Der Vater fragte, wohin Paul gegangen war/sei.*

Relativsätze können im Konjunktiv stehen, wenn sie einen **Nebensinn** haben. Sie werden dann oft als Adverbialsätze übersetzt.

**Marcus magistrum, qui severus sit, timet.** *Markus fürchtet den Lehrer, der nämlich (weil er) streng ist.*
aber: **Amicum, qui ad litus vivit, visito.** *Ich besuche einen Freund, der an der Küste lebt.*
(Wo der Freund wohnt, hat nichts mit dem Besuch zu tun, sondern beschreibt nur den Freund näher.)

**Konjunktivgebrauch in anderen Nebensätzen**
In anderen Nebensätzen (z. B. Konditionalsätzen) gelten im Lateinischen dieselben Regeln für den Konjunktivgebrauch wie im Hauptsatz. In Nebensätzen im Konjunktiv gilt die sogenannte Zeitenfolge **(Consecutio temporum)**, die aber genau betrachtet nicht so viel anders ist als im Deutschen.

| Hauptsatz / Nebensatz | Präsens oder Futur | Perfekt, Imperfekt oder Plusquamperfekt |
|---|---|---|
| **gleich- oder nachzeitig** | **Venire non possum, cum laborare debeam.** *Ich kann nicht kommen, weil ich arbeiten muss.* **Konjunktiv Präsens** | **Marcus studuit, ut hoc intellegeret.** *Markus bemühte sich, dass er dies verstand.* **Konjunktiv Imperfekt** |
| **vorzeitig** | **Cum Marcus redierit, gaudeo.** *Ich freue mich, weil Markus zurückgekommen ist.* **Konjunktiv Perfekt** | **Cum advenissent, milites castra posuerunt.** *Nachdem sie angekommen waren, schlugen die Soldaten ein Lager auf.* **Konjunktiv Plusquamperfekt** |

## Check 19: Muttersorgen und der Wunsch nach Unabhängigkeit

Übersetze die Sätze auf einem separaten Blatt – gehe bei deiner Analyse mit System vor!

1. **Mater Marcum saepe monebat, ut curaret, quid faceret.**
2. **Semper scire volebat, quo filius iret et quocum conveniret.**
3. ***Mater:* „Cave, ne pericula incognita ineas!**
4. **Scis, quot homines mali in urbe sint. Timeo, ne quis te oppugnet.**
5. **Videre debes, ne nocte solus sis!**
6. **Num scis, quantopere Titum vexaverint?"**
7. ***Marcus:* „Optarem, ne mihi hoc semper diceres.**
8. **Me rogo, quando videas me infantem non iam esse.**
9. **Necesse non est te mihi semper dicere quid faciam.**
10. **Numquam timere debuisti, ne res stultas committerem!"**

## Check 20: Pech eines Touristen

Ein Tourist gerät in Rom an jemanden, der sich leider selbst nicht auskennt. – Mache die folgenden Sätze wie im Beispiel von **nescio** abhängig! Achte auf die richtige Person! Tipp: In Satz 2 musst du in der indirekten Frage **an** statt **-ne** verwenden.

**Ubi forum Romanum est?** *Nescio, ubi forum Romanum sit.*

1. **Cui deo hoc templum sacrum est?**
2. **Possumne hic cibos emere?**
3. **Quomodo M. Aemilium Celerem inveniam?**
4. **Quis me melius adiuvare potest?**

## Check 21: *Videre* ist nicht gleich *videre*

Übersetze die folgenden Sätze und unterscheide dabei die Bedeutungen der Verben!

1. **Custos hostes appropinquare vidit et suos monuit: „Videte, ut hostes arceatis!"**
2. **Marcus magistrum se probaturum esse dixit. Mater ei dixit, ut studere inciperet.**
3. **Lucius mihi persuasit, ut cum eo ludos visitarem. Sed nemo me umquam persuadebit ludos crudeles libenter spectare.**

## Merkzettel 12: Konjunktionen im Nebensatz

1. Zwei Konjunktionen, die im Lateinischen den Konjunktiv verlangen, sind ___________ und ______.

   Auch _______________ Fragen stehen im Lateinischen im Konjunktiv.

   Im Deutschen übersetzt man diesen Konjunktiv nicht!
2. Für die Zeitenfolge in konjunktivischen Nebensätzen gilt die ____________________ ____________________. (Siehe Tabelle am Ende der Einleitung dieses Kapitels!)
3. Manche Wörter bedeuten mit **ut**-Satz etwas anderes als mit **AcI**.
   Trage entsprechend in die Tabelle ein!

| Lateinisches Wort | Bedeutung mit AcI | Bedeutung mit ut |
|---|---|---|
| **dicere** | | |
| **persuadere** | | |
| **videre** | | |

# 5 Nebensätze

## 5.1 Nebensätze aller Art

Es gibt Fragen, die sich mit einem einzigen Wort beantworten lassen, z. B. „Welche Sprache sprachen die alten Römer?" - „Latein." Es gibt aber auch Fragen, auf die man nicht so leicht eine Antwort findet, sondern auf die man in einem ganzen Satz antworten muss, z. B. „Warum bist du gestern zu spät gekommen?" - „Weil ich ..."

### Adverbialsätze

Fast immer nehmen Nebensätze die Position eines **Adverbiale** ein, d. h. sie bestimmen das Prädikat näher. Man spricht deshalb auch von **Adverbialsätzen.**

**Claudia tristis erat, cum amici abessent.**

Was geschieht? — *Er/sie/es war traurig.* (Prädikat)
Wer war traurig? — *Claudia* (Subjekt)
**Warum** war sie traurig? — *Weil ihre Freunde nicht da waren.* (Adverbiale)

*Claudia war traurig, weil ihre Freunde nicht da waren.*

| **Cum Cicero consul esset, Catilina coniurationem fecit.** | |
|---|---|
| Was geschieht?<br>Wer hat durchgeführt?<br>Was hat er durchgeführt?<br>**Wann** hat er sie durchgeführt? | *Er/sie/es hat durchgeführt.* (Prädikat)<br>*Catilina* (Subjekt)<br>*eine Verschwörung*<br>*als Cicero Konsul war* |
| *Als Cicero Konsul war, hat Catilina seine Verschwörung durchgeführt.* | |

▶ Da für Temporalsätze und Konditionalsätze einige spezielle Dinge zu beachten sind, werden sie getrennt behandelt. ▶ Temporalsätze siehe **5.2**, Konditionalsätze siehe **5.3**

### Subjekt- und Objektsätze

Sowohl indirekte Fragen als auch Begehrsätze (nach Verben des **Veranlassens** oder **Sich-Bemühens**, **Verba postulandi** oder **Verba curandi** wie **postulare, curare, studere, petere**) können als **Subjekt** oder **Objekt** im Satz fungieren.

▶ Zur Konstruktion **indirekter Fragesätze** siehe **4.2**

### Check 22: Ausreden eines Schreibers

Übersetze die folgenden Sätze mithilfe der entsprechenden Fragen.

1. **Quod Marcus librum, quem scribere debebat, nondum finiverat, magister[1] eum monuit.**
2. **Marcus: „Nisi", inquit, „tam celeriter loquereris, omnia intellegerem."**
3. **Magister iratus: „Cum", inquit, „ceteri verba mea bene intellegant, tu solus quereris."**
4. **Tum Marcus: „Cum res ad scribendum necessariae mihi desint, scribere non possum."**
5. **Magister: „Satis atramenti[2] hic est, ut nemo hoc careat."**
6. **Marcus: „Sed cum atramentum affero, tempus mihi deest, ut scribam."**
7. **Magister: „Satis nunc est. Hanc fabulam narras, quamquam semper, cum necesse est, loqui desino.**
8. **Ut tibi tantum temporis sit, quantum vis, numquam iterum venias!"**

[1] **magister, -tri, m.:** (hier:) *Leiter, Chef*
[2] **atramentum, -i, n.:** *Tinte*

## Check 23: Zusammenhänge

Verbinde Haupt- und Nebensätze sinnvoll! Überlege dir, welche Frage der Nebensatz beantwortet!

1. **Claudia terretur,**
2. **Romani vicerunt,**
3. **Mercator gaudet,**
4. **Caesar in Italiam iit,**
5. **Marcus Claudiam terret,**
6. **Hieme difficile est in Germaniam ire,**
7. **Pauci viri in Oceanum navigare audebant,**
8. **Regiones ad Rhenum flumen sitae fructibus abundant,**

a) **cum negotia bona fecerit.**
b) **quod amicus in periculo est.**
c) **quamquam Germani eos numero superabant.**
d) **cum reliqua Germania solo bono eget.**
e) **quoniam Alpes nive opertae sunt.**
f) **cum sibi vestem monstri dat.**
g) **quia ibi tempestates graves sunt.**
h) **postquam Galliam expugnavit.**

## Merkzettel 13: Nebensätze

**Adverbialsätze**

Frage: ______
**Temporalsatz**
**Konjunktionen:** ______, ______, ______, ______, ______
▶ siehe auch 5.2

Frage: ______
**Modalsatz**
**Konjunktion:** ______
Modus: ______

Frage: ______
**Kausalsatz**
**Konjunktionen:** ______, ______, ______
Modus: ______
***oder***
**Konjunktion:** ______
Modus: ______

Frage: ______
**Konzessivsatz**
**Konjunktion:** ______
Modus: ______
***oder:***
**Konjunktion:** ______
Modus: ______

Frage: ______
**Konditionalsatz**
**Konjunktion:** ______
Modi: ______
Verneinung: ______
▶ siehe auch 5.3

Frage: ______
**Finalsatz**
**Konjunktion:** ______
Modus: ______
Verneinung: ______

Frage: ______
**Adversativsatz**
**Konjunktion:** ______
Modus: ______

Frage: ______
**Konsekutivsatz**
**Konjunktion:** ______
Modus: ______
Verneinung: ______

## 5.2 Temporalsätze

Die Unterscheidung der Tempora fällt Schülern in fast allen Sprachen schwer. Latein ist da keine Ausnahme. Es gibt zwar ebenfalls drei Tempora der Vergangenheit, wie wir aber wissen, muss das lateinische Perfekt oft mit Imperfekt wiedergegeben werden.

| | |
|---|---|
| **Caesar Gallos vicit.** | *Cäsar besiegte die Gallier.* |

Das lateinische Futur II existiert im Deutschen nicht und wird daher meist mit Perfekt, gelegentlich auch mit Präsens übersetzt.

| | |
|---|---|
| **Cum advenero, Marcum visitabo.** | *Wenn ich angekommen bin (ankomme), werde ich Markus besuchen.* |

Ein weiteres Problem ist, dass manche lateinische Konjunktionen mit anderen Tempora stehen als ihre deutschen Übersetzungen. So stehen **postquam** und **ubi** im Lateinischen mit Indikativ Perfekt, *nachdem* und *sobald* im Deutschen dagegen mit Plusquamperfekt. **Dum** in der Bedeutung *während* steht oft mit Präsens, auch wenn der Hauptsatz in einem Tempus der Vergangenheit steht.

| | |
|---|---|
| **Dum Romani nihil suspiciunt, Hannibal Alpes montes transiit.** | *Während die Römer keinen Verdacht hatten, überschritt Hannibal die Alpen.* |
| **Postquam Caesar Rubiconem flumen transiit, Pompeius ei obstitit.** | *Nachdem Cäsar den Rubikon überschritten hatte, ging Pompeius ihm entgegen.* |
| **Romani paucas naves habebant, antequam bellum cum Poenis coepit.** | *Die Römer hatten wenige Schiffe, bevor der Krieg mit den Puniern begonnen hatte.* |

Für alle Nebensätze im Konjunktiv gilt dagegen die **Consecutio temporum** (Tabelle ▶ Kapitel **4.2**).

### Check 24: Erholungsurlaub

Übersetze den Text auf einem separaten Blatt.

1. **Postquam pater ultima negotia finivit, familia urbem reliquit.**
2. **Dum Romae manere debebant, Claudia et Marcus aestu laborabant.**
3. **Ubi ad villam venerunt, pater vilicum[1] ad se vocavit.**
4. **Antequam otio fructus est, scire voluit, quomodo res se haberent.**
5. **Dum pater cum vilico loquitur, Marcus iam in lacu natavit.**
6. **Mater Marcum monuerat: „Exspecta paulum, priusquam in lacu natas!" At Marcus eam non iam audiverat.**
7. **Cum Marcus natando et ludendo delectaretur, Claudia tristis erat, cum Aulum desideraret.**
8. **Nec natabat nec ludebat nec ridebat, dum epistulam eius accepit.**
9. **Ubi epistulam legit, laeta erat.**

[1] **vilicus, -i, m.:** *Verwalter*

## Check 25: Feine Unterschiede

Übersetze auf einem separaten Blatt, achte auf den Tempusgebrauch! Versuche, Regeln für jeden Satz zu formulieren!

**1a Dum Romani classe carent, bella cum Poenis non erant.**

(= während der ________________ Zeit)

**1b Homines solem circum terram se movere credebant, dum Nicolaus Copernicus id falsum esse invenit.**

(= Sie glaubten es, __________ es sich als falsch herausstellte.)

**1c Dum Germani Imperium Romanum inter se dividebant, Arabes[1] partes orientales[2] Maris Interni[3] expugnabant.**

(= gleichzeitig, aber nicht während der ______________ Zeit)

**2a Advenire debemus, antequam hostes nos videant.**

(= auch möglich: ______________ die Feinde uns nicht sehen)

**2b Antequam iter fecerunt, Romani deis sacrificabant.**

(= in der ____________________)

**2c Antequam laborare incipimus, vos cognoscere volo.**

(= noch in der ____________________)

1 **Arabes, -um, m.:** *Araber*
2 **orientalis, -e:** *östlich*
3 **Mare, -is Internum, n.:** *das Mittelmeer*

## Merkzettel 14: Temporalsätze

Wir unterscheiden im Lateinischen wie im Deutschen zwischen Konjunktionen für die

________________, ______________________ und ________________.

Es stehen allerdings oft ______________________ als im Deutschen. Die Konjunktion __________ kann, je nach Tempus, verschiedene Bedeutungen haben.

| Vorzeitigkeit | Gleichzeitigkeit | Nachzeitigkeit |
|---|---|---|
| längere Vorzeitigkeit<br>**Konjunktion:** __________<br>unmittelbare Vorzeitigkeit<br>**Konjunktion:** __________<br>**Tempus:** __________<br>Im Deutschen: __________<br>____________________,<br>wenn Hauptsatz im Präteritum. | **Konjunktion:** __________<br>**Tempus:** __________<br>(ganze Zeit) oder<br>____________________<br>(nicht ganze Zeit)<br>Im Deutschen __________<br>bei Hauptsatz im Präsens,<br>________________ bei Hauptsatz im Präteritum. | **Konjunktionen:**<br>____________________,<br>____________________<br>(Konjunktiv bei __________<br>______________)<br>**dum** *(bis)*<br>mit Indikativ Perfekt: Situation verändert sich. |

## 5.3 Konditionalsätze

Wenn das Wörtchen „wenn“ nicht wäre, dann ... Hier kann man vieles einsetzen. Aber das Wörtchen existiert, wie wir wissen, insofern trifft das, was unter ... stehen könnte, nicht zu. Es gibt aber auch durchaus realistische Bedingungen:

**Si caelum bonum fuerit, natandum ibimus.** — *Wenn das Wetter gut ist, gehen wir schwimmen.*
**Si potes, amicos adiuves!** — *Wenn du kannst, sollst du Freunden helfen!*
**Si Marcus advenit, nos mox visitabit.** — *Wenn Markus (jetzt schon) angekommen ist, wird er uns bald besuchen.*
**Si Marcus advenerit, nos visitabit.** — *Wenn (sobald) Markus ankommt, wird er uns besuchen.*

Wenn die Bedingung **realistisch** ist, steht der Nebensatz im **Indikativ**. Häufig steht er im **Futur II**, der Hauptsatz dagegen im **Futur I**. Wie im Beispiel 3 gezeigt, sind aber auch andere Zeiten möglich, wenn die Bedingung schon eingetroffen ist (Perfekt) oder allgemein gehalten ist (Präsens). Der Hauptsatz steht im Konjunktiv, wenn es sich um eine Aufforderung handelt, sonst im Indikativ.

Eine Bedingung, die als nicht unbedingt sicher, aber **möglich** gekennzeichnet wird, steht im **Konjunktiv Präsens** oder **Perfekt**:
Übersetzt wird wie beim Potentialis im Hauptsatz (▶ Kapitel **4.1**) mit *sollte*.

**Si nostri vicerint, gaudebimus.** — *Wenn die unseren gewinnen, werden wir uns freuen.*
**Si nostri vincant, gaudebimus.** — *Wenn die unseren gewinnen sollten, werden wir uns freuen.* (= Ich traue es ihnen nicht unbedingt zu.)

Eine **irreale** Bedingung steht im **Imperfekt** (nicht oder schwer möglich) oder **Plusquamperfekt** (schon vergangen). Wie im Irrealis wird der Konjunktiv Plusquamperfekt immer, der Konjunktiv Imperfekt, wenn er im Deutschen eine eigene Form bildet, wörtlich übersetzt.

**Si avis essem, ad te volarem.** — *Wenn ich ein Vogel wäre, würde ich zu dir fliegen.*
**Si Caesar bellum perdidisset, deis Gallorum sacrificatus esset.** — *Wenn Cäsar den Krieg verloren hätte, wäre er den Göttern der Gallier geopfert worden.*

Die Verneinung von **si** ist **nisi**. **Si non** wird verwendet, wenn nicht das Gegenteil behauptet, sondern die Aussage nur eingeschränkt wird. Für die Übersetzung macht dies keinen Unterschied.

**Nisi anseres clamavissent, Galli Capitolium expugnavissent.** — *Wenn nicht die Gänse geschrien hätten, hätten die Gallier das Kapitol erobert.*
**Si non omnes, tamen multi affuerunt.** — *Wenn nicht alle, so waren doch viele anwesend.*

Eine Verbindung von **si quis/quid (= aliquis/aliquid)** ist eine allgemeine Feststellung, die im Deutschen oft, gerade in rechtlichen Hinweisen, mit *wer* übersetzt wird.

**Si quis bellum hominibus commodo esse putat, errat.** — *Wer glaubt, Krieg bringe den Menschen Vorteil, irrt (wenn einer glaubt, dass ..., der irrt).*

**Si** mit Konjunktiv heißt gelegentlich *ob*, v. a. nach Verben des *Erwartens* und des *Versuchens*.

**Caesar expertus est, si Britanniam expugnare posset.** — *Cäsar versuchte, Britannien zu erobern (ob er Britannien erobern könnte).*

Ein bedingender Wunschsatz kann durch **dum** oder **dummodo** eingeleitet werden.
Die Verneinung lautet **ne**. Übersetzt wird mit *wenn nur/solange nur*.

**Habeant hostes hanc regionem, dum pax servetur.** — *Sollen die Feinde diese Region haben, solange nur der Friede bewahrt wird.*

## Check 26: Wenn und aber

Übersetze ohne wenn und aber auf einem separaten Blatt!

1. **Pater vilicum monet: „Si servi bene laboravissent, plus frumenti haberemus."**
2. **Vilicus: „Nisi", inquit, „tot eorum aegri fuissent, melius laboravissent.**
3. **Si quis laborare nolebat, a me puniebatur.**
4. **Sed non plus frumenti habebimus, nisi imber suo tempore venerit."**
5. **Pater: „Frumentum iam bonum est. Dum velitis, demetere[1] potestis.**
6. **Si non messem[2] optimam, tamen satis frumenti habebimus.**
7. **Si bene laboraveritis, praemium vobis dabo.**
8. **Sed si fieri possit, vos iam cras incipere volo."**
9. **Vilicus: „Experiemur, si id facere possimus."**

[1] **demetere, demeto, demetui, demessum:** *ernten*
[2] **messis, -is, f.:** *Ernte*

## Check 27: Tatsache, Wunsch oder nichts von beidem

Ordne die lateinischen Bedingungen den deutschen Umschreibungen zu!

1. **Si omnia bene didiceris, nihil timere debebis.**
2. **Dum omnia bene discas, nihil timere debebis.**
3. **Si omnia bene discas, nihil timere debebis.**
4. **Si omnia bene disceres, nihil timere deberes.**

a) *Du bist faul und wirst nichts lernen.*
b) *Ich glaube, du wirst alles lernen.*
c) *Hoffentlich hast du alles gelernt.*
d) *Ich bin nicht sicher, ob du alles lernen wirst.*

## Merkzettel 15: Konditionalsätze

Folgende Tempora und Modi werden in den jeweiligen Konditionalsätzen benötigt. Die Konjunktionen zur Verneinung und Einschränkung kennst du auch.

______________
______________ oder
______________
**unerfüllbar**

______________
______________ oder
______________
**möglicherweise erfüllbar**

______________
**erfüllbar**

**si**

______________
verneint

______________
schränkt ein

## 5.4 Multifunktional: Die Konjunktion *cum*

Die Konjunktion **cum** ist sehr vielseitig, sie kann viele verschiedene Bedeutungen haben. Manchmal kann man wenigstens vom Modus ausgehend erschließen, welche gemeint ist: **cum** mit Konjunktiv heißt *als, da, weil, während* oder *obwohl*, mit Indikativ dagegen *immer wenn, als plötzlich* oder *indem:*

| | |
|---|---|
| **Cum in Graecia essem, multos philosophos audiebam.** | *Als ich in Griechenland war, hörte ich viele Philosophen.* |
| **Avunculus, cum venit, liberis dona fert.** | *Immer wenn der Onkel kommt, bringt er den Kindern Geschenke.* |

Oft kann man allerdings auch nur aus dem Kontext erkennen, wie man **cum** übersetzen soll:

| | |
|---|---|
| **Cum Claudia Aulum videret, laeta fuit.** | *Weil Claudia Aulus sah, war sie froh.* **(cum causale)** |
| **Nautae abierunt, cum tempestatem timerent.** | *Die Seeleute legten ab, obwohl sie einen Sturm fürchteten.* **(cum concessivum)** |
| **Cum Caesar in Galliam veniret, Helvetii ibi maximum valebant.** | *Als Cäsar nach Gallien kam, hatten die Helvetier dort den größten Einfluss.* **(cum narrativum** oder **historicum)** |
| **Cum apud Gallos druidae maximo in honore essent, Germani sacerdotes non habebant.** | *Während bei den Galliern die Druiden in höchster Ehre standen, hatten die Germanen keine Priester.* **(cum adversativum)** |
| **Naves paene in portum venerant, cum tempestas venit.** | *Die Schiffe waren schon fast in den Hafen gekommen, als plötzlich ein Sturm begann.* **(cum inversum)** |
| **Remi potestatem in Gallia comparaverunt, cum Caesari favebant.** | *Die Remer erwarben Macht in Gallien, indem sie Cäsar unterstützten.* **(cum identicum** oder **modale)** |
| **Cum res publica in discrimine erat, consules dictatorem appellare poterant.** | *Immer wenn der Staat in Gefahr war, konnten die Konsuln einen Diktator ernennen.* **(cum iterativum)** |

**Cum** kann auch eine Präposition mit Ablativ sein. Dies ist allerdings nur möglich, wenn der Ablativ dem Wort **cum** direkt folgt und keine Konjunktion nötig ist.

| | |
|---|---|
| **Cum patre in Hispaniam iturus Hannibal Romanos sibi semper odio fore iuravit.** | *Als er mit seinem Vater nach Spanien gehen wollte, schwor Hannibal, die Römer immer zu hassen.* |

### Check 28: Ein Kriminalfall – oder auch nicht?

Übersetze auf einem separaten Blatt!

1. **Marcus, cum mane e fenestra videret, virum ignotum per hortum properare vidit.**
2. **Cum ille vir rem gravem ferret, Marcus eum furem esse suspexit.**
3. **Cum se induisset, statim in hortum cucurrit.**
4. **Cum Marcus oculos bonos haberet, non vidit, quid vir secum duceret.**
5. **Cum quam quietissime appropinquavit, Marcus istum virum spectare voluit.**
6. **Marcus territus est, cum vilicus hortum intravit.**
7. **Ille Marcum non videns cum viro alieno locutus est.**
8. **Cum Marcus hunc virum scelestum putaret, vilicus eum cognovisse visus est.**
9. **Marcus hunc audivit: „Salve, vilice! Hic falces[1] sunt, quas a magistro meo petivisti."**
10. **Tum Marcus risit, cum tam celeriter scelus suspexisset.**

[1] **falx, falcis, f.:** *Sichel*

## Check 29: Immer wieder *cum*

Übersetze und erkläre die Unterschiede zwischen den Satzpaaren!

**1a Poeni territi sunt, cum Celtae de montibus venientes eos oppugnaverunt.**

**1b Cum Celtae oppugnavissent, Hannibal milites expedire iussit.**

1a ist ein ____________________, 1b dagegen ____________ schon abgeschlossen.

**2a Cum Romam venio, in Capitolium eo.**

**2b Cum Romam venirem, in Capitolium ii.**

2a ist eine ____________________, 2b dagegen eine ____________________.

**3a Hannibal Romanos vicit, cum consilium melius pugnandi haberet.**

**3b Hannibal Romanos vicit, cum pars equitum suorum post aciem Romanam pervenit.**

3a ist der ____________ für den Sieg, 3b dagegen die ____________________.

## Merkzettel 16: Die Konjunktion *cum*

Trage die deutschen Übersetzungen für **cum** und dort, wo es gefordert ist, das Tempus ein!

____________, ____________
**(cum modale/ identicum)**

____________
**(cum iterativum)**
**Tempus:** ____________
oder ____________

____________
**(cum inversum)**
**Tempus:** ____________

**mit Indikativ**

**CUM**

**mit Konjunktiv (es gilt die Consecutio temporum)**

____________
**(cum narrativum)**

____________
**(cum causale)**

____________
**(cum concessivum)**

____________
**(cum adversativum)**

## 5.5 Weitere Konjunktionsteekessel: *ut, quod* und *ubi*

Nicht nur **cum** hat mehrere Bedeutungen, auch bei **ut, quod** und **ubi** ist die Übersetzung nicht eindeutig. So heißt **ut** mit Konjunktiv *dass, damit*, mit Indikativ dagegen *wie* oder *sobald.*

**Marcus optat, ut amici veniant.** — *Markus wünscht sich, dass die Freunde kommen.*

**Helvetii gens fortis erant, ut Caesar scripsit**. — *Die Helvetier waren ein starker Stamm, wie Cäsar schrieb.*

Bei **quod** und **ubi** können wir die Bedeutung nur aus dem Kontext erkennen. **Ubi** heißt im temporalen Gebrauch *sobald,* im lokalen *wo.* **Quod** heißt *das* (Relativpronomen), *weil* oder *dass* (nach Verben der Stimmung; nach Adverbien, die Glück oder Unglück ausdrücken und nach Demonstrativpronomina; dieses **quod** nennt man **faktisches quod**).

**Frater in oppido, quod Vetoniana appellatur, vivit.** — *Mein Bruder lebt in einer Stadt, die Vetoniana heißt.*

**Nescio, ubi Marcus sit.** — *Ich weiß nicht, wo Markus ist.*

**Nihil dicere possum, quod nihil vidi**. — *Ich kann nichts sagen, weil ich nichts gesehen habe.*

**Gaudeo, quod bene redisti.** — *Ich freue mich, dass du gut zurückgekehrt bist.*

**Ubi Claudia Aulum vidit, ei obviam iit.** — *Sobald Claudia Aulus sah, ging sie ihm entgegen.*

**Bene accidit, quod omnes amici adsunt.** — *Es trifft sich gut, dass alle Freunde da sind.*

Beim Übersetzen beginnen wir zuerst mit dem Hauptsatz und überlegen uns dann, in welchem Zusammenhang der Nebensatz damit steht. Mehrdeutige Konjunktionen übersetzen wir zuletzt, da wir nur so wissen können, wie wir sie am besten auf Deutsch wiedergeben. Sätze mit **ut** (Begehrsätze) können auch Subjekt oder Objekt sein.

| **Catilina cupiebat, ut rex fieret.** | |
|---|---|
| Was geschieht?<br>Wer wollte?<br>**Was** wollte er? | *Er wollte.* (Prädikat)<br>*Catilina* (Subjekt)<br>*König werden* (Objekt) |
| *Catilina wollte König werden.* | |

**Achtung:** Für Konjunktivsätze gilt die **Consecutio temporum** (▶ Kapitel **4.2**)
Auch bei indikativischen Nebensätzen gilt meist: Das Imperfekt bezeichnet eine Handlung, die gleichzeitig zur Handlung des Hauptsatzes in der Vergangenheit erfolgt ist, das Perfekt dagegen eine Handlung, die vor der Handlung eines Hauptsatzes in der Gegenwart erfolgt ist.

## Check 30: Claudias Geheimnis (I)

Übersetze auf einem separaten Blatt.

1. **Claudia, cum per Campum Martium it, saepe ad nemus[1] parvum pervenit.**
2. **Cum Titus frater eam rogaret, quid ibi quaereret, nihil respondit.**
3. **Tum Titus consuluit, ut inveniret, quid soror ibi faceret.**
4. **Cum autem omnia ibi diu exquireret, nihil invenit.**
5. **Secum: „In frutice[2]", inquit, „me occultabo, ut omnia videam, ut Claudia venerit."**
6. **Cum autem Claudia hoc die in Campum Martium non veniret, hoc frustra fecit.**
7. **Nihil nisi animal, quod ibi vivebat, vidit.**
8. **Quod omnem diem ibi fuerat et nihil viderat, iratus erat.**
9. **Secum: „Aliquid", inquit, „hic esse debet velut locus occultus, ubi res suas servat.**
10. **Non credo eam huc cum amico convenire, quod numquam ullum puerum vidi."**

[1] **nemus, -oris, n.:** *Hain, Wäldchen*
[2] **frutex, -icis, m.:** *Busch, Strauch*

## Check 31: Was passt hier?

Vervollständige die Sätze mit den Konstruktionen aus der Liste. Übersetze dann den ganzen Satz!

**lacrimas vix teneat - Homerus scripsit - Claudia afuit - reditum inveniret - nemo antea fuerat - amicus mihi pecuniam dedit - centurionem venire audiverunt - istum hominem caveas**

1. **Alexander in terras iit, ubi** ______________________________
______________________________
2. **Bene evenit, quod** ______________________________
______________________________
3. **Claudia tam tristis est, ut** ______________________________
______________________________
4. **Id tibi dico, quod** ______________________________
______________________________
5. **Aulus dolore affectus est, quod** ______________________________
______________________________
6. **Milites aleas deposuerunt, ubi** ______________________________
______________________________
7. **Theseus filum post se traxit, ut** ______________________________
______________________________
8. **Ulixes diu per maria erravit, ut** ______________________________
______________________________

## Merkzettel 17: *ut, quod, ubi*

Einige Konjunktionen und Subjunktionen haben mit Konjunktiv eine andere Bedeutung als mit Indikativ. So heißt **ut** mit Konjunktiv __________ **(ut consecutivum)** oder __________ **(ut finale)**, mit Indikativ dagegen __________ **(ut comparativum)** oder __________ **(ut temporale)**.

Die verschiedenen Bedeutungen von **cum** mit Konjunktiv oder auch die von **quod**, das zum einen __________ **(kausales quod)**, zum anderen __________ **(Neutrum des Relativpronomens)**, aber auch __________ **(faktisches quod)** heißen kann, kann man dagegen nur __________________ erschließen. Deshalb sollte man **ut**, **cum** und **quod** immer __________________ übersetzen.

## 5.6 Relativsätze

Normalerweise funktionieren Relativsätze wie im Deutschen. Sie sind **Attribute**, das heißt sie beschreiben das **Subjekt** oder das **Objekt** näher.

| **Amicum, qui Ostiae vivit, visito.** | |
|---|---|
| Was passiert?<br>Wen besuche ich?<br>**Welchen Freund?** | *ich besuche* (Subjekt und Prädikat)<br>*einen Freund* (Objekt)<br>*einen, der in Ostia lebt* (Attribut) |
| *Ich besuche einen Freund, der in Ostia lebt.* | |

Oft haben Relativsätze im Lateinischen aber auch einen **Nebensinn**.
Sie stehen dann im **Konjunktiv** und werden häufig als **Adverbialsatz** übersetzt. Es gibt Relativsätze mit **kausalem**, **finalem**, **konsekutivem** oder **konzessiven Nebensinn**: Vor allem nach den Adjektiven **aptus, idoneus, dignus** und **indignus** ist dies der Fall.

| | |
|---|---|
| **kausal** | **Multi Ciceronem, qui maxima eloquentia esset, admirabantur.**<br>*Viele bewunderten Cicero, der äußerst redegewandt war.*<br>(oder: *weil er äußerst redegewandt war*). |
| **final** | **Helvetii, qui novas terras quaererent, Rhodanum transierunt.**<br>*Die Helvetier überschritten die Rhône, um neue Gebiete zu suchen.* |
| **konsekutiv** | **Vento cinis, quae Pompeios deleret, ad meridiem mota est.**<br>*Durch den Wind wurde die Asche nach Süden getrieben, die Pompeii zerstörte.* |
| **konzessiv** | **Hannibal, qui in Italia victus non esset, in Africam rediit.**<br>*Obwohl Hannibal in Italien nicht besiegt worden war, kehrte er nach Afrika zurück.* |

Relativsätze stehen auch nach allgemeinen Ausdrücken wie **sunt/inveniuntur, qui** *es gibt/man findet Leute, die* oder **nemo est, qui** *es gibt niemand, der* im Konjunktiv.

| **sunt/inveniuntur, qui + Relativsatz im Konjunktiv** | **nemo est, qui + Relativsatz im Konjunktiv** |
|---|---|
| **Sunt, qui servos homines esse negent.**<br>*Es gibt Leute, die abstreiten, dass Sklaven Menschen sind.* | **Nemo est, qui hoc neget.**<br>*Es gibt niemand, der dies abstreitet.* |

Außerdem stehen Relativsätze im Konjunktiv, wenn sie keine Tatsache, sondern eine Meinung ausdrücken.

| **Relativsatz im Konjunktiv = Meinung (nicht Tatsache)** |
|---|
| **Caesar Alexandrum, qui optimus imperator fuisset, admirabatur.**<br>*Cäsar bewunderte Alexander, der seiner Meinung nach der beste Feldherr gewesen war.* |

Ein Problem bei der Übersetzung von Relativsätzen sind **verschränkte Relativsätze** d. h. Relativsätze, die einen **AcI** oder **NcI** oder eine indirekte Frage enthalten.
Diesen **AcI** müssen wir mit *von dem*, besser aber mit einem Einschub oder Adverb übersetzen.

| **Verschränkte Relativsätze (Relativsatz + AcI oder NcI)** |
|---|
| **Nero, quem crudelem fuisse constat matrem suam necavit.**<br>*Nero, der, wie bekannt ist (bekanntlich), grausam war*<br>*(oder: Nero, von dem bekannt ist, dass er grausam war), tötete seine eigene Mutter.* |
| **Cretenses, quos, unde venierint, nemo scit, paene omnem Graeciam regnabant.**<br>*Die Kreter, von denen niemand weiß, woher sie kamen, beherrschten beinahe ganz Griechenland.* |

## Check 32: Der arme Publius

Übersetze und achte bei den Relativsätzen auf den passenden Nebensinn!

1. **Publius, cuius pater agros vendere debuisset, Romam venit.**
2. **Puero, qui scribendi inscius esset, difficile erat laborem invenire.**
3. **Pater non curaverat, ut Publius scribere, quod ad agros colendum necesse non esset, disceret.**
4. **Omnes labores a servis, qui multo minus pecuniae constarent, fiebant.**
5. **Publius, qui in urbe opus non invenisset, ad portum iit.**
6. **Nauta fieri, quod magni periculi esse sciret, voluit.**
7. **Sed multi nautae puerum, qui navigandi peritus non esset, recusabant.**
8. **Tandem dominum navis, qui ei opus daturus erat, invenit.**
9. **Nauta, qui multarum rerum peritus esse videbatur, Publio multas res monstravit.**

## Check 33: Die Germanen

Wähle zwischen der Indikativ- und der Konjunktivform. Begründe deine Wahl und übersetze.

1. **Germani in terra, quae frigidior (erat/esset) quam Italia, vivebant.**
   **Grund:** ______________________________
2. **Milites Germanos, qui fortissimi esse (dicebantur/dicerentur), timebant.**
   **Grund:** ______________________________
3. **Germani, qui prope Rhenum (vivebant/viverent), cum Romanis agebant.**
   **Grund:** ______________________________
4. **Romanis, qui divitiores (erant/essent), invidebant.**
   **Grund:** ______________________________
5. **Nonnulli, qui victum Romanorum (cognoscebant/cognoscerent), finem transibant.**
   **Grund:** ______________________________
6. **Tacitus de Germanis, qui barbari, sed honesti (erant/essent), narravit.**
   **Grund:** ______________________________
7. **Erant, qui Germanos homines fortissimos mundi fuisse (dicebant/dicerent).**
   **Grund:** ______________________________

## Merkzettel 18: Relativsätze

Relativsätze stehen normalerweise im ______________ und haben die Funktion eines ______________.
Relativsätze im Konjunktiv haben entweder einen ______________, ______________, ______________ oder ______________ Nebensinn.
Dann übersetzen wir in der Regel mit ______________. Oder sie drücken eine ______________ aus. Dann fügen wir ______________ ein.
Auch nach ______________ Ausdrücken wie **sunt, qui** stehen Relativsätze im ______________.

# 6 AcI und NcI

## 6.1 Der AcI

Als altem Lateiner kommt dir der AcI vielleicht wie eine typisch lateinische Spinnerei vor. Aber damit liegst du nicht ganz richtig. Das Phänomen AcI gibt es auch im Deutschen - in der Überschrift ist es dir schon begegnet. Du *siehst ihn* wahrscheinlich noch öfter *vorkommen;* vielleicht *hörst* du auch *andere* darüber *klagen.* Und damit ahnst du, wann der AcI im Deutschen vorkommt: Bei **sinnlichen Wahrnehmungen** (*sehen, hören, riechen* und ähnlichen Wörtern). Du kannst also wörtlich übersetzen, wenn der AcI hinter **videre, audire, spectare** etc. steht:

| | |
|---|---|
| **Audio te queri.** | *Ich höre dich jammern.* |

### Übersetzung mit dass-Satz

Im Lateinischen kommt der AcI aber noch häufiger vor, nämlich bei allen Verben, die mit **Wissen, Vermuten** oder **Sagen** zu tun haben oder die ein **Gefühl** ausdrücken. Hier übersetzt man am besten mit einem **dass-Satz**:

| | |
|---|---|
| **Video Marcum venire.** | *Ich sehe Markus kommen./Ich sehe, dass Markus kommt.* |
| **Aulus dicit Marcum venire.** | *Aulus sagt, dass Markus kommt.* |

Mit einem dass-Satz muss übersetzt werden, wenn im Lateinischen Infinitiv Perfekt (Vorzeitigkeit) oder Futur (Nachzeitigkeit) steht.

| | |
|---|---|
| **Audio Marcum hic fuisse.** | *Ich höre, dass Markus hier war.* |
| **Iam video te casurum esse.** | *Ich sehe schon, dass du herunterfallen wirst.* |

### Übersetzung mit Konjunktiv

In einer **indirekten Rede (oratio obliqua)** - vor allem wenn mehrere Aussagen im AcI aneinandergereiht sind - übersetzt man mit Konjunktiv:

| | |
|---|---|
| **Caesar dixit Helvetios oppugnavisse, se patriam tantum defendisse, se causam belli habere.** | *Cäsar behauptete, die Helvetier hätten angegriffen, er habe nur die Heimat verteidigt, er habe einen Grund für den Krieg.* |

### Aufgepasst beim AcI

- Alle Pronomina, die sich auf das Subjekt beziehen, stehen in der reflexiven Form **se** oder **sibi** (wie im Deutschen: *Er hört sich gern reden.*).
  **Marcus se in certamine vicisse narrat.** *Markus erzählt, er habe in einem Wettkampf gewonnen.*
- Bei einigen Wörtern (**sperare, dicere** in der Bedeutung *behaupten*) kann man das lateinische **se** einfach unübersetzt lassen:
  **Marcus se leonem necavisse dixit.** *Markus behauptete, einen Löwen getötet zu haben.*
- Schwierig ist auch manchmal zu unterscheiden, was im Deutschen Subjekt des dass-Satzes und was Objekt sein muss. Meistens ist der erste Akkusativ der, den wir zum Subjekt im deutschen Nebensatz machen müssen. Oft lässt sich auch aus dem Kontext erkennen, was Subjekt und was Objekt ist.
  **Vates Pyrrho dixit eum Romanos vincere posse.**
  *Ein Seher sagte Pyrrhos, dass er die Römer besiegen könne.* (aber auch: *dass die Römer ihn besiegen könnten.*)
  **Homerus Paridem Helenam rapuisse narrat.**
  *Homer erzählt, dass Paris Helena geraubt hat.* (Es ist bekannt, wer Täter und wer „Opfer" war.)
- Verben des **Meinens** können wir im Deutschen manchmal mit bloßem Infinitiv übersetzen, während im Lateinischen der AcI stehen muss:
  **Marcus se victurum esse putavit.** *Markus glaubte zu gewinnen.*
- Vor allem aber ist das **Zeitverhältnis** zu beachten. Infinitiv Präsens (Gleichzeitigkeit) bedeutet nicht, dass im Deutschen mit Präsens zu übersetzen ist, sondern dass im dass-Satz dieselbe Zeitstufe steht wie im Hauptsatz.

**Marcus videt multos amicos adesse.** *Markus sieht, dass viele Freunde da sind.*
**Marcus vidit multos amicos adesse.** *Markus sah, dass viele Freunde da waren.*

### Tempusgebrauch beim AcI

| Hauptsatz<br>Infinitiv | Präsens oder Futur | Imperfekt, Perfekt, Plusquamperfekt |
|---|---|---|
| | **Marcus videt** *Markus sieht,* | **Marcus vidit** *Markus sah,* |
| **Präsens** ***(Gleichzeitigkeit)*** | **Paulum venire.**<br>*dass Paul kommt.* | **Paulum venire.**<br>*dass Paul kam.* |
| **Perfekt** ***(Vorzeitigkeit)*** | **Paulum venisse.**<br>*dass Paul gekommen ist.* | **Paulum venisse.**<br>*dass Paul gekommen war.* |
| **Futur** ***(Nachzeitigkeit)*** | **Paulum venturum esse.**<br>*dass Paul kommen wird.* | **Paulum venturum esse.**<br>*dass Paul kommen würde.* |

## Check 34: Claudias Geheimnis (II)

Übersetze die folgenden Sätze auf einem separaten Blatt.

1. **Titus Claudiam arboribus appropinquare vidit.**
2. **Nunc se visurum esse, quid soror faceret, speravit.**
3. **Claudiam ad dextram et sinistram spectare vidit.**
4. **Titus secum: „Apparet eam aliquem venturum esse sperare."**
5. **Sed Claudiam paulum tantum manere, considere et verba in lapidem[1] scribere vidit.**
6. **Claudia fratrem caventem, ne animadverteretur, appropinquare audivit.**
7. **Clamavit: „Abi! Te veto me observare."**
8. **Titus sorori non parens lapidem spectavit et multa verba a Claudia in eum scripta esse vidit.**
9. **Ibi Claudia scripserat se examen artium mathematicae[2] timere; fratrem sibi odio esse; se spiritui hic viventi gratias agere, cum se adiuvisset.**
10. **Claudia irata: „Spiritum", inquit, „hic vivere scio. Sed te eum expulisse constat."**
11. **Titus ridens: „Te", inquit, „tam stultam esse non credidissem. Nonne scis spiritus non esse?"**

[1] **lapis, -idis, m.:** *Stein*
[2] **examen artium mathematicae:** *Mathematikarbeit*

## Merkzettel 19: Der AcI

Der AcI steht im Lateinischen bei Wörtern aus dem Wortfeld ____________ oder ____________ und bei ____________ Wahrnehmungen (*sehen, hören* etc.). Nur im letzten Fall kann man ____________ übersetzen, ansonsten übersetzt man mit ________ oder – vor allem bei längeren indirekten Reden – mit ____________.

Die Zeitstufen des Infinitivs drücken ein ____________ zum Hauptsatz aus und müssen entsprechend übersetzt werden (s. Tabelle).

Pronomina, die sich auf das ____________ des Hauptsatzes beziehen, stehen in der ____________ Form **(se, sibi)**.

## 6.2 Der NcI

Der NcI kommt nicht so häufig vor wie der AcI, ist aber relativ leicht zu verstehen, wenn man den AcI kapiert hat. So wie in einem normalen Satz das Akkusativobjekt zum Subjekt wird, wenn man den Satz ins Passiv setzt, so geschieht das auch beim AcI. Der NcI steht also beim Passiv von Verben, die im Aktiv einen AcI bei sich haben (welche das sind, siehst du in Kapitel **6.1**).

| | |
|---|---|
| **Vates Socratem sapientem esse dixit.** | *Der Seher sagte, dass Sokrates weise sei.* |
| **Socrates sapiens esse dictus est.** | *Es wurde behauptet, dass Sokrates weise sei.* |

Die Schwierigkeit ist, dass man das Prädikat im Passiv und das Subjekt selten wörtlich übersetzen kann. Oft gibt es verschiedene Möglichkeiten, mit leicht unterschiedlichen Bedeutungsnuancen, die man im Zusammenhang abgleichen muss.

| | | |
|---|---|---|
| *sagen* | **Socrates dicitur ...** | *Es wird gesagt, dass Sokrates...* |
| | | *Man sagt, dass Sokrates...* |
| | | *Angeblich hat Sokrates ...* |
| *glauben* | **In oceano monstra esse credebantur.** | *Es wurde geglaubt, dass es im Ozean Ungeheuer gab.*<br>*Man glaubte, dass es im Ozean Ungeheuer gab.* |

Achtung, nicht immer sind alle Übersetzungen möglich. Gelegentlich kann man **creditur esse** mit *vermutlich gibt es* übersetzen - im vorangehenden Beispiel jedoch nicht, da heute kaum jemand davon ausgeht, dass es im Ozean Seeungeheuer gibt!

### Übersetzungsmöglichkeiten für Verben mit NcI

| | |
|---|---|
| ***1. Wörtliche Übersetzung*** | |
| **videor** | *ich scheine* |
| ebenso: **sinor, prohibeor, cogor** | |
| ***2. Im Deutschen unpersönliches Passiv, da im Aktiv Dativobjekt*** | |
| **iubeor** | *mir wird befohlen* |
| **vetor** | *mir wird verboten* |
| ***3. Im Deutschen Übersetzung mit „man" üblich:*** | |
| **dicor** | *man sagt, dass; angeblich* |
| **putor** | *man glaubt, dass; nach Meinung vieler* |
| **existimor, iudicor, cognoscor, audior, intellegor, nuntior, scribor, demonstror, memoror** | |
| ***4. NcI nur in der 3. Person*** | |
| **traditur, traduntur** | *es wird überliefert* |
| ebenso: **fertur, feruntur** | |

Die Regeln für den Gebrauch der Pronomina und für die Übersetzung des Zeitverhältnisses sind beim NcI dieselben wie beim AcI. ▶ Kapitel **6.1**

## Check 35: Das Orakel von Delphi

Beachte die Übersetzungsmöglichkeiten und übertrage die Sätze in gutes Deutsch.

1. **Apollo deus res futuras praedicere[1] posse credebatur.**
2. **Delphis per os[2] Pythiae loqui dicebatur.**
3. **Haec Pythia puella temulenta[3] facta esse hodie a multis suspicitur.**
4. **Sacerdotes verba Pythiae explicare narrantur.**
5. **Multi reges Delphos adire multis in libris traduntur.**
6. **Sed verba sacerdotum Delphicorum semper fere ambigua[4] fuisse cognita sunt.**
7. **Exemplum Croesi, qui oraculo Delphico motus bellum inisse dicitur, non ignoramus.**
8. **Hodie tot homines verbis sacerdotum credidisse non intelleguntur.**
9. **Sed fortasse mores Graecorum de verbis dei dubitare vetabant.**

[1] **praedicere, praedico, praedixi, praedictum:** *voraussagen*
[2] **os, oris, n.:** *der Mund*
[3] **temulentus, -a, -um:** *berauscht*
[4] **ambiguus, -a, -um:** *zweideutig*

## Check 36: NcI oder AcI?

Setze die eingeklammerten Nomina in den Akkusativ, wenn es sich um einen AcI handelt. Übersetze!

1. **(Multi discipuli) linguam Latinam non amare scimus.**
2. **Nam (lingua Latina) difficilis esse dicitur.**
3. **Nonnulli dicunt: „Utinam quis (discipuli) hac lingua vexari vetaret!"**
4. **Sed iam video (tu) multas res intellexisse, (quae) difficiles esse videbantur.**
5. **(Hic liber) tibi auxilio esse speramus.**
6. **(Lingua Latina atrox) non esse videtur!**

## Merkzettel 20: Der NcI

Der NcI ist quasi das ________________ des AcI. Er tritt bei Verben aus dem Wortfeld ________________ oder ________________ im ________________ auf.

Den NcI kann man nur selten wörtlich übersetzen. Je nach Wortfeld wird er entweder mit dem unpersönlichen __________ *sagt/glaubt* oder mit einem ________________ __________ (*angeblich/vermutlich/scheinbar*) übersetzt.

# 7 Partizipien

## 7.1 Grundsätzliches

Das Partizip ist eine Verbform, die als Adjektiv gebraucht wird, d. h.: Es wird vom Verbum abgeleitet und existiert in verschiedenen **Zeitstufen**. Aber es wird dekliniert und richtet sich in Kasus, Numerus und Genus (**K**o**NG**ruenzregel) nach seinem Bezugswort, das es näher beschreibt. Es kann mit Formen von **esse** verwendet und durch Objekte ergänzt werden. Es hat also sowohl Eigenschaften eines Verbums als auch die eines Adjektivs.

### Bildung

Es gibt im Lateinischen drei Partizipien:

- **laudans, laudantis** **Partizip Präsens Aktiv** (**PPA**) oder Partizip der **Gleichzeitigkeit**, es wird nach der Mischdeklination dekliniert; Bildung ***immer*** mit **-ns/-ntis** (a-/e-Konjugation) bzw. **-ens, -entis** (i- und konsonantische Konjugation) am Präsensstamm.
- **laudatus, -a, -um** **Partizip Perfekt Passiv** (**PPP**) oder Partizip der **Vorzeitigkeit**, es wird nach der a-/o-Deklination dekliniert; Bildung in der Regel mit **-tus, -ta, -tum** am Präsensstamm.
  **Achtung: Es gibt Ausnahmen! Am besten lernst du das PPP als 4. Stammform bei den Verben mit.**
- **laudaturus, -a, -um** **Partizip Futur Aktiv** (**PFA**) oder Partizip der **Nachzeitigkeit**, es wird nach der a-/o-Deklination dekliniert; Bildung entsprechend der Bildung des **PPP** mit **-turus, -tura, -turum** am Präsensstamm.

**Für die Grundbedeutung gilt Folgendes:**

| | *attributiver Gebrauch*<br>**ohne esse** | *prädikativer Gebrauch*<br>**mit esse** |
|---|---|---|
| PPA<br>(Gleichzeitigkeit)<br>**laudans** | was man **derzeit** selbst tut<br>**magister laudans**<br>*ein lobender Lehrer; ein Lehrer, der lobt* | dauerhafte Eigenschaft<br>**Tullius magister pueros laudans est/erat.** *Tullius ist/war ein Lehrer, der (häufig) die Schüler lobt/e.* |
| PPP<br>(Vorzeitigkeit)<br>**laudatus, -a, -um** | was einem **früher** passiert ist<br>**discipulus laudatus**<br>*ein gelobter Schüler; ein Schüler,* der gelobt wurde/worden ist/ worden war | Passiv von Perfekt, Plusquamperfekt und Futur II<br>**Marcus laudatus est/erat/erit.**<br>*Marcus ist/war/wird gelobt worden (sein).* |
| PFA<br>(Nachzeitigkeit)<br>**laudaturus, -a, -um** | was man **später** selbst tun wird oder vorhat, zu tun<br>**magister laudaturus**<br>*ein Lehrer, der loben wird/will/ vorhat zu loben* | Vorhaben (ähnlich dem englischen going-to-future)<br>**Magister puerum laudaturus est/erat.**<br>*Der Lehrer hat/hatte vor, den Jungen zu loben.* |

Für die Übersetzung müssen wir außerdem beachten:
Alles, was vom Partizip abhängt, steht **zwischen Bezugswort und Partizip** bzw., wenn kein Bezugswort steht, **vor dem Partizip** (geschlossene Wortstellung).

**Homines hic laborantes** servi Tullii sunt. ***Die Menschen, die hier arbeiten****, sind Sklaven des Tullius.* (oder: *Die hier arbeitenden Menschen*)

▶ Für die Partizipien gilt, **ebenso wie für die Infinitive beim AcI**, dass sie ein **Zeitverhältnis zum Hauptsatz** ausdrücken. Ein PPP in einem Satz, dessen Hauptverb in einem Tempus der Vergangenheit steht, übersetzen wir also mit Plusquamperfekt.
Gelegentlich kommt es, v. a. bei Verben der Wahrnehmung, vor, dass man ein Partizip, das sich auf das Akkusativ-Objekt bezieht, einfach mit Infinitiv übersetzen kann:
**Marcus gladiatores fortiter pugnantes spectavit.** *Markus sah die Gladiatoren tapfer kämpfen.*

## Check 37: Markus bekommt Ärger

Übersetze auf einem Blatt, siehe dir dazu die Grundbedeutungen an!

1. **Marcus a magistro monitus est.**
2. **Magister Marcum monens dicit: „Officia tua bene facta non sunt."**
3. **Stephanus et Petrus Marcum irridentes dicunt:**
4. **„Nos numquam moniti sumus, nam bene laborantes sumus."**
5. **Marcus saeviens: „Vos verberaturus[1] sum, si me irriseritis."**
6. **Stephanus Marcum timens: „Puer nos terrens non es.**
7. **Nam viri nihil timentes sumus."**

[1] **verberare, -o, -avi, -atum:** *verprügeln*

## Check 38: Loben in allen Formen

Bestimme die Formen und übersetze sie!
**laudatura** (6) **- laudantes** (6) **- laudatos - laudanti** (3) **- laudatum** (4) **- laudantem** (2) **- laudaturam**

## Merkzettel 21: Partizipien

Das Partizip ist eine ______________-form, die wie ein ______________________ dekliniert wird und sich nach einem Bezugswort richtet.
Es gibt __________ Partizipien, nämlich das Partizip ______________ (bzw. Partizip der ________________) und das Partizip ________________ (bzw. Partizip der ________________) im Aktiv und das Partizip __________________ (bzw. Partizip der ________________) im Passiv.
Das Partizip ________________ und das Partizip ____________________ werden analog gebildet (d. h. wenn das eine unregelmäßig ist, zeigt das andere dieselbe Unregelmäßigkeit). Das Partizip ________________ wird immer regelmäßig gebildet und nach der ________________-Deklination dekliniert.
Da die Endungen des Partizips sonst selten vorkommen, können wir davon ausgehen: Eine __________-form, die auf **-ns, -ntis** usw. oder **-tus/-ta/-tum** endet, ist ein Partizip.

## 7.2 Das Participium coniunctum

Bisher haben wir gelernt, dass man ein Partizip wörtlich oder mit einem Relativsatz übersetzen kann. Oft ist allerdings eine andere Übersetzung besser, denn die attributive und prädikative Verwendung des Partizips ist im Lateinischen gar nicht so häufig.

**1) Germani iuxta Rhenum viventes vinum colere coeperunt.**

**2) Caesar Galliam expugnaturus milites conscripsit.**

Um diese Konstruktionen richtig wiedergeben zu können, übersetzen wir **zuerst den Hauptsatz, dann das Partizip:**

*1a) Die Germanen begannen Wein anzubauen* *1b) nahe am Rhein lebend.*
*2a) Cäsar warb Soldaten an* *2b) Gallien erobern wollend.*

Um die Sätze auf Deutsch sinnvoll wiederzugeben, müssen wir überlegen, ***welche Frage das Partizip beantwortet.***

Im ersten Satz sind es nicht alle Germanen, die Wein anbauten, sondern nur ein Teil von ihnen. Die Frage lautet: **Welche Germanen?**
Im zweiten Satz ist keine Eigenschaft Cäsars angesprochen, sondern die Frage ist: **Warum tat Cäsar dies?**

1) *Die Germanen, die am Rhein lebten, begannen Wein anzubauen.* **(Relativsatz)**
2) *Cäsar warb Soldaten an, um Gallien zu erobern/weil er Gallien erobern wollte.* (**Nebensatz**, hier am besten **kausal** oder **final**; **obwohl er es erobern wollte* ist unsinnig)

Wir übersetzen das Partizip mit einem Relativsatz, wenn es die Frage **Welcher? Was für ein?** beantwortet - also attributiv verwendet wird - und mit einem adverbialen Nebensatz, wenn es die Frage **Unter welchen Umständen?** (d. h. Wann?/Warum?/Wozu?/Unter welcher Bedingung? etc.) beantwortet. In Satz 2 wird das Partizip **adverbial** verwendet; diese Konstruktion nennt man **Participium coniunctum (PC)**. Ein PC kann in jedem Kasus vorkommen, es steht in KNG-Kongruenz zu seinem Bezugswort.

Statt mit Nebensatz kann man oft auch mit Präpositionalausdruck oder durch Beiordnung übersetzen:

**Pompeius piratas vincens mare tutum reddidit.**

a) *Indem Pompeius die Piraten besiegte, machte er das Meer wieder sicher.*
b) *Durch seinen Sieg über die Piraten machte Pompeius das Meer wieder sicher.*
c) *Pompeius besiegte die Piraten; dadurch machte er das Meer wieder sicher.*

Hier eine Übersicht über die Übersetzungsmöglichkeiten der verschiedenen Sinnrichtungen:

| Sinnrichtung | Konjunktion des Adverbialsatzes | Präposition | beiordnende Konjunktion |
|---|---|---|---|
| **kausal** | *weil, da* | *wegen, aus* | *daher, deshalb* |
| **temporal** | *als* | *während* | *währenddessen* |
| **konzessiv** | *obwohl* | *trotz* | *trotzdem, dennoch* |
| **final** | *damit, um ... zu* | *für, zwecks* | *dazu, dafür* |
| **modal** | *indem* | *durch* | *dadurch* |
| **konditional** | *wenn, falls* | *im Fall von* | *unter dieser Bedingung* |

## Check 39: Schon immer war die Jugend schlimm, oder?

Attributive oder adverbiale Verwendung? Übersetze entsprechend auf einem separaten Blatt. Gib die attributiven Partizipien mit einem Relativsatz wieder, die adverbialen mit einem Adverbialsatz.

1. **Iam temporibus antiquis multi homines mores adulescentium vituperantes[1] erant.**
2. **Tacitus mores temporis sui non amans hoc modo flevit:**
3. **„Adulescentes deos neglegentes omnes mores bonos perdunt.**
4. **Quis hos pueros a patribus numquam vituperatos sustinere potest?**
5. **Ii se ad religiones, quae ex oriente veniunt, advertentes periculum imperii sunt."**
6. **Multi homines ipsi, dum adulescentes erant, a senibus vituperati, ubi senes sunt, adulescentes vituperant.**
7. **Fortasse etiam tu aliquando dices: „Ego scholam attendens mores meliores habebam!"**

[1] **vituperare, -o, -avi, -atum:** *tadeln*

## Check 40: Wie sagt man es am besten

Übersetze die folgenden Sätze mit PC. Wähle dazu eine passende Sinnrichtung aus. Welche Konjunktion, Präposition oder welcher beiordnende Satzanschluss sind sinnvoll und möglich? Wähle aus der Übersichtstabelle auf S. 178 aus.

1. **Galli fortiter pugnantes superati sunt.**
2. **Cicero in Graecia vivens multas urbes spectabat.**
3. **Brutus summam potestatem unius viri timens Caesarem necavit.**
4. **Mercator in Asiam navigaturus naves emit.**
5. **Pompeium vincens Caesar homo potentissimus Romae factus est.**

[1] **mendax, -acis:** lügnerisch
[2] **ne ... quidem:** nicht einmal

## Merkzettel 22: Übersetzungsmöglichkeiten

Wir übersetzen das lateinische Partizip mit einem Relativsatz, wenn wir fragen können: ______________________________, und mit einem Adverbialsatz, wenn wir fragen: ______________________________________________.

Dabei kommen bei **Partizip Präsens** und **Perfekt** am häufigsten ____________________ (*Warum?*), ______________________________ (*Wann?*) oder ____________________ Sinn (*Was spricht dagegen?*), gelegentlich auch __________________________ (*Wie?*) vor. **Partizip Futur** übersetzen wir in der Regel mit ____________________________. __________________________ .

## 7.3 Der Ablativus absolutus

**Absolutus** heißt *losgelöst*. Ein absolutistisch herrschender König hatte keinerlei Pflichten gegenüber irgendjemandem, weder der Kirche noch dem Volk. Ebenso ist der **Ablativus absolutus** aus der übrigen Satzkonstruktion herausgelöst: Das Partizip bezieht sich auf ein Nomen im Ablativ, das keinerlei Funktion im Satz hat. So unterscheidet er sich vom **Participium coniunctum**, das mit dem Subjekt oder einem anderen Satzglied verbunden ist.

| | |
|---|---|
| **Caesar in Galliam veniens quattuor legiones secum duxit.** | *Als Cäsar nach Gallien kam, führte er vier Legionen mit sich.* (**PC** - **veniens** bezieht sich auf das Subjekt: **Caesar**) |
| **Caesare in Galliam veniente Haedui cum Sequanis pugnabant.** | *Als Cäsar nach Gallien kam, kämpften die Häduer mit den Sequanern.* (**Abl. abs.** - **veniente** bezieht sich auf den Ablativ: **Caesare**) |

Wie der Ablativ im Allgemeinen ist auch der Ablativus absolutus in der Regel ein Adverbiale. Er wird daher (wie das PC) mit Unterordnung (Adverbialsatz), mit Präpositionalausdruck oder Beiordnung übersetzt.

| | |
|---|---|
| **Magistro absente Marcus ranam sub mensam exposuit.** | a) *Während der Lehrer abwesend war, setzte Markus einen Frosch unter den Tisch.* (Unterordnung/Nebensatz) |
| | b) *In Abwesenheit des Lehrers setzte Markus einen Frosch unter den Tisch.* (Präpositionalausdruck) |
| | c) *Der Lehrer war abwesend. Währenddessen setzte Markus einen Frosch unter den Tisch.* (Beiordnung) |

### Nominaler Abl. abs.

Anstatt des Partizips kann auch ein Nomen (Substantiv oder zweites Adjektiv) im Ablativ stehen. Hier fehlt das im Lateinischen nicht existente Partizip von **esse**; man spricht von einem nominalen Abl. abs. Übersetzt wird mit *als/weil/obwohl ... ist/war.* Oft ist auch eine Übersetzung mit Präposition möglich, z. B. **Hannibale duce -** *mit Hannibal als Führer.*

| | |
|---|---|
| **Augusto imperatore Vergilius Aeneidem scripsit.** | a) *Als Augustus Kaiser war, schrieb Vergil die Aeneis.* |
| | b) *Unter der Herrschaft des Augustus schrieb Vergil die Aeneis.* |
| | c) *Augustus war Kaiser; damals schrieb Vergil die Aeneis.* |

**Wichtige nominale Wendungen**

**Substantive**

| | |
|---|---|
| **... adulescente** | *in der Jugend von* |
| **... auctore** | *auf Veranlassung von* |
| **... comite** | *in Begleitung von* |
| **... consule** | *unter dem Konsulat von,* (ebenso bei anderen Amtsbezeichnungen) |
| **... duce** | *unter Führung von* |
| **... puero/puella** | *in der Kindheit von* |
| **... rege/ imperatore** | *als ... König/Kaiser war; unter der Herrschaft von* |

**Adjektive**

| | |
|---|---|
| **... inscio/ignaro** | *ohne Wissen des...* |
| **... incolume/ salvo** | *ohne dass ... verletzt wurde* |
| **... invito** | *gegen den Willen von* |
| **... vivo** | *zu Lebzeiten von; als ... noch lebte* |
| **mare aperto** | *bei offener See* |
| **vento forti** | *bei starkem Wind* |

## Check 41: Der arme Titus

Übersetze auf einem separaten Blatt! Achte auf die richtigen Bezüge. Erkennst du die „losgelösten" Satzelemente?

1. **Amicis iter in Graeciam parantibus Titus aberat.**
2. **Aulus: „Titum", inquit, „Graeciam valde amantem non adesse mirum est."**
3. **Claudia: „Mihi", inquit, „narravit se matre a patre relicta pecunia carere."**
4. **Gaius: „Cur", inquit, „Titus nobis in tabernam euntibus semper tantum bibit?**
5. **Etiam virginibus iuxta eum sedentibus semper omnia solvit.**
6. **Fortasse etiam vestibus nuper emptis pecuniam disprevit[1]."**
7. **Cornelia: „Iulia adamata[2] Titus pecunia sua abuti coepit.**
8. **Patre divitissimo Iulia pecuniae nullo modo parcere debet.**
9. **Titus pecunia deficiente se divitem esse simulat, ne Iulia eum neglegat."**
10. **Aulus: „Ne Tito mente capto perturbemur!**
11. **Credat ille nulla ratione data se Iuliam amicam suam facere posse!"**

[1] **dispernere, disperno, disprevi, dispretum:** *verstreuen, verschwenden*
[2] **adamare, adamo, adamavi:** *liebgewinnen, sich verlieben in*

## Check 42: War er es selbst – oder nicht?

Bette die Sätze in Klammern wie in den Beispielsätzen als **PC** oder **Ablativus absolutus** in die Sätze ein. Übersetze auf einem separaten Blatt!

**(Caesar necatus est.) Multi senatum potestatem iterum accepturum esse sperabant.**
*Caesare necato multi senatum potestatem iterum accepturum esse sperabant.*
**(A Cicerone defensus est.) Milo damnatus est.**
*A Cicerone defensus Milo damnatus est.*

1. **(Arminius dux erat.) Germani Romanos vicerunt.**
2. **(Augustus mortuus est.) Ovidius speravit Tiberium sibi reditum permissurum esse.**
3. **(Germani saepe oppugnabant.) Domitianus limitem aedificari iussit.**
4. **(Hercules multa monstra necabat.) Homines curis liberavit.**
5. **(Piratae a Pompeio victi sunt.) Pompeius sibi gloriam paravit.**
6. **(Nero inter incendium cantavit.) Multi eum Romam accendisse putabant.**

## Merkzettel 23: Der Ablativus absolutus

Der Ablativus absolutus ist, wie der Ablativ generell, ein ______________________.

Im Gegensatz zum Participium coniunctum bezieht er sich weder auf das ______________________, noch auf ein anderes ______________________ des Hauptsatzes. Wie das PC kann er mit ______________________, ______________________ oder ______________________ übersetzt werden.

Bilden zwei Substantive oder ein Substantiv und ein Adjektiv im Ablativ einen Ablativus absolutus, so übersetzen wir, als ob eine Form von ______________________ dabeistünde.

## 7.4 Verwechslungsgefahren

Nun wissen wir, wie man einen **Ablativus absolutus** übersetzt, wenn man ihn einmal erkannt hat. Doch wie erkennt man ihn - oder auch ein **Participium coniunctum**? Der Ablativ kann in der o-Deklination und bei Adjektiven der Mischdeklination (3. Deklination) mit dem Dativ und in der a-Konjugation mit dem Nominativ verwechselt werden.

Während ein Partizip noch relativ leicht erkannt werden kann, da es meist keine alternativen Verbformen gibt, ist das beim nominalen Abl. abs. manchmal nicht so eindeutig.

| | |
|---|---|
| **Romanis ad lacum exspectantibus** | **Hannibal subito abiit.** |
| *Während die Römer am See warteten,* | *ging Hannibal plötzlich weg.* |

**Exspectantibus** kann nur eine Partizipialform sein. Deshalb brauchen wir nur das Bezugswort zu suchen, wofür nur **Romanis** in Frage kommt.

Bei nominalen oder doppeldeutigen Konstruktionen kann es oft verwirrend sein:

| | |
|---|---|
| **Magistro ignaro Marcus libros occultavit.** | *Markus versteckte ohne Wissen des Lehrers Bücher.* |
| **Servo praesenti pater Claudiae librum dat.** | *Während der Sklave dabeisteht, gibt der Vater Claudia ein Buch.*<br>Theoretisch könnte man auch übersetzen:<br>*Claudias Vater gibt dem anwesenden Sklaven ein Buch.* |

Wir müssen hier zum einen nach dem Sinn fragen. Zum anderen ist die übliche Stellung **Subjekt-Objekt-Prädikat** hilfreich. Meist steht ein Ablativus absolutus entweder zu Beginn des Satzes oder unmittelbar nach dem Subjekt.

### Ablativus absolutus oder Ablativ als Objekt

Auf den ersten Blick sieht man oft nicht, ob es sich um einen Ablativus absolutus oder einen Ablativ als Objekt handelt.

| | | |
|---|---|---|
| **Ablativus absolutus** | **Amicis domi manentibus** **Gaius Tusculum it.** | *Während die Freunde zu Hause bleiben, geht Gaius nach Tusculum.* |
| **Ablativ als Objekt** | **Pater otio diu desiderato fruitur.** | *Der Vater genießt die Ruhe, nach der er sich lange gesehnt hat /die lang ersehnte Ruhe.* |

### Konstruktionen mit Participium coniunctum

Auch manche PC-Konstruktionen sind schwer zu durchschauen:

| | |
|---|---|
| **Caesar pulchritudine Cleopatrae animo motus reginae adiuvare decrevit.** | *Cäsar beschloss, durch die Schönheit Kleopatras veranlasst, der Königin zu helfen.* |

**Tipp:** In jedem längeren Satz sollte man nach einer Partizipialkonstruktion Ausschau halten und alle dazugehörigen Satzglieder markieren. Anschließend ist es hilfreich, nach Objekten zu suchen, die meistens **direkt vor dem Prädikat** stehen, man analysiert also den Satz, nachdem man Prädikat und Subjekt gefunden hat, sozusagen „von hinten".

### Check 43: Schulprobleme

Übersetze auf einem separaten Blatt. Achte dabei besonders auf die Identifikation der Ablativ-Formen.

1. **Tito scriptores Graeci propter sententias suas difficiles odio sunt.**
2. **Nam lingua Graeca multis modis verborum in lingua Latina non existentibus difficilis est.**
3. **Marco facile discenti invidet.**
4. **„Utinam" inquit, „lingua Graeca mihi facilius esset, ne timore gravi magistri vexarer!"**
5. **Nam magister Titum iam muneribus male factis verberavit.**

**6 Tum Titus ad Marcum it eumque rogat: „Quid conversione[1] tua mihi data poscis?"**
**7 Marcus: „Uno denario accepto tibi conversionem dabo."**
**8 Titus: „Pretio alto a tibi postulato terreor!"**
**9 Marcus: „Laborem bonum nisi pretio bono non vendam."**

1 **conversio, -onis, f.:** *Übersetzung*

## Check 44: Abl. abs. oder nicht?

Welche der folgenden Konstruktionen sind Ablativi absoluti (✓), welche können es nicht sein (x)? Begründe deine Wahl. Welche Funktion erfüllen die Formen, die nicht Ablativus absolutus sein können? Übersetze auf einem separaten Blatt.

| | ✓ | x | Funktion |
|---|---|---|---|
| **1. Gallis victis Caesar rediit.** | | | |
| **2. Marcus dono accepto gavisus est.** | | | |
| **3. Multi Crasso magnas divitias possidenti invidebant.** | | | |
| **4. Diu multi scientia a Graecis tradita utebantur.** | | | |
| **5. Cicerone aspicente Caesar necatus est.** | | | |
| **6. Iosephus Christo necato sepulcrum dedit.** | | | |
| **7. Leonidas Persis aggredientibus insidias fecit.** | | | |
| **8. Ab Augusto imperatore facto senatores potestatem perdebant.** | | | |

## Merkzettel 24: Wichtiges zum Abl. abs.

Der Ablativus absolutus kann oft mit dem Ablativ als ____________________ oder auch dem ____________________ verwechselt werden. Wie generell beim Ablativ sollte man ihn daher ____________________ übersetzen.

In der Regel finden wir den Ablativus absolutus am ____________________ oder nach dem ____________________.

# 8 Gerundium & Gerundivum

## 8.1 Das Gerundium – ein Verbalsubstantiv

Was waren noch einmal Gerundium und Gerundivum? Und was waren die Unterschiede? Denn beide **nd-Formen** werden fast gleich gebildet.
Das **Gerundium** ist der deklinierte Infinitiv. Man bezeichnet es als **Verbalsubstantiv**, da es einerseits vom Verbstamm abgeleitet wird und dieselben Kasus regiert wie das entsprechende Verbum, andererseits wie ein Substantiv dekliniert werden kann.

**libros scribere** *Bücher (zu) schreiben*
**ars libros scribendi** *die Kunst des Bücherschreibens/Bücher zu schreiben*

**otio frui** *die Ruhe genießen*
**otio fruendo** *dadurch, dass man die Ruhe genießt („durch das Die-Ruhe-Genießen")*

An den Wortstamm tritt **-nd-** und daran die Kasusendung nach der o-Deklination. **Laudandi** heißt also *des Lobens*. Von dieser wörtlichen Bedeutung lässt sich auch die übertragene Bedeutung ableiten:

| Diese Form | heißt wörtlich: | oder freier übersetzt: |
|---|---|---|
| **ars scribendi** | *die Fähigkeit des Schreibens* | *die Fähigkeit* ***zu*** *schreiben* |
| **ad visitandum** | *zum Besuchen* | ***um zu*** *besuchen* |
| **bene audiendo** | *durch gutes Zuhören („gut Zuhören")* | ***indem*** *man gut zuhört* |

Dies sind bereits die wichtigsten Formen beim Gerundium. Der **Dativ** kommt sehr selten vor, ein Plural existiert nicht. Der **Akkusativ** steht immer mit Präposition, meist mit **ad** oder **in.** Der **Genitiv** des Gerundiums mit nachgestelltem **causa** kann mit *um ... zu* oder einem Kausalsatz (*weil*) übersetzt werden.

**Titus Aulum verberandi causa punitus est.** *Titus wurde bestraft, weil er Aulus geschlagen hatte.*

Verben und Adjektive, die den Genitiv bei sich haben, haben ihn auch bei sich, wenn ein Gerundium von ihnen abhängt. Oft wird die Konstruktion so wiedergegeben, wie ein substantivisches Objekt übersetzt würde.

**peritus loquendi** *erfahren im Reden*
**comites deserendi accusare** *wegen Verlassens der Gefährten anklagen*

**Achtung!** Im Gerundium (und Gerundivum, ▶ Kapitel **8.2**) taucht immer der Wortbestandteil, das sogenannte Infix **-nd-** auf, im Partizip Präsens Aktiv dagegen **-nt-**. ▶ Kapitel **7.1**

### Check 45: Vorbildlich

Übersetze und beachte vor allem die Formen des Gerundiums.

1. **Marcus ceteros discipulos adiuvando sibi laudem paravit.**
2. **Cum natandi peritissimus erat, saepe curabat, ne quis in aqua mergeretur[1].**
3. **Etiam ad vulneratos curandum saepe aderat.**
4. **Marcum maxime laudando magister invidiam ceterorum puerorum movit.**
5. **Sed etiam alios cupidos laudem parandi facere voluit.**
6. **Sed ceteri Marcum irridendo iram eius movebant.**
7. **Dixerunt eum ad gratiam magistri adipiscendum omnia facere.**
8. **Marcus dixit: „Omnia, quae facio, voluptatem habendi, non laudem adipiscendi causa facio."**

[1] **mergi, mergor, mersus sum:** *versinken*

## Check 46: Anders ausgedrückt

Drücke die kursiv gedruckten Ausdrücke/Wortverbindungen mit Gerundium aus und übersetze!

**Gaius in urbem it, *ut libros emat*. → *ad libros* emendum**
*Gaius geht in die Stadt, um Bücher zu kaufen.*

1. **Marcus Ostiam iit, *ut navem quaereret*.**

   ______________________________

   ______________________________

2. ***Roscio defenso* Cicero cognitus erat.**

   ______________________________

   ______________________________

3. **Catilina cupidus erat, *ut summum imperium caperet*.**

   ______________________________

   ______________________________

4. **Hannibal *Romam non expugnans* Romanis victoria usus non est.**

   ______________________________

   ______________________________

5. **Caesar in Britanniam navigavit *insulam expugnaturus*.**

   ______________________________

   ______________________________

6. **Cicero, *quo modo dicere oporteret*, peritissimus erat.**

   ______________________________

   ______________________________

## Merkzettel 25: Das Gerundium

Das Gerundium ist der ______________ Infinitiv. Es kommt nur im ______________ vor. Im ______________ steht es meist mit der Präposition **ad.**

In der Regel wird es folgendermaßen übersetzt:

Genitiv: ______________

Akkusativ: ______________

Ablativ: Nebensatz mit ______________

## 8.2 Das Gerundivum – ein Verbaladjektiv

Wir haben gesehen, dass das Gerundium ein Verbalsubstantiv ist. Es richtet sich in seiner Form nach den Gegebenheiten im Satz (also z. B. Akkusativ nach der Präposition **ad**) und kann wie ein konjugiertes Verb oder ein Infinitiv Objekte und Adverbien bei sich haben.
Ein **Gerundivum** hingegen ist ein **Verbaladjektiv**, es hat ein Bezugswort und richtet sich in Kasus, Numerus und Genus nach diesem. Dieses Bezugswort hat eine bestimmte Satzgliedfunktion und Form (also z. B. Akkusativ nach der Präposition **ad**) und das Gerundivum ist von diesem abhängig.
Das wird ebenfalls mit dem Stamm, dem Infix **-nd-** und den Endungen **-us/-a/-um** gebildet: **laudandus, laudanda, laudandum**. Es wird wie ein Adjektiv der a-/o-Deklination dekliniert und kommt in allen Formen in Singular und Plural vor.

### Attributives Gerundivum

Wird das Gerundivum wie ein adjektivisches Attribut verwendet, so bezeichnet man diese Konstruktion auch als **attributives Gerundivum**.

| | Gerundium | Gerundivum |
|---|---|---|
| **Genitiv** | **ars libros scribendi** | **ars librorum scribendorum** |
| | *die Kunst des Bücher Schreibens* (oder: *die Kunst Bücher zu schreiben*) | |
| **Akkusativ** | **ad amicos visitandum** | **ad amicos visitandos** |
| | *zum Besuchen der Freunde* (oder mit Infinitiv: *um die Freunde zu besuchen*) | |
| **Ablativ** | **multas orationes habendo** | **multis orationibus habendis** |
| | *durch das Halten vieler Reden* | |
| | Diese Kasus von Gerundivkonstruktionen werden ebenso übersetzt wie die des Gerundiums mit Objekt. | |

### Prädikatives Gerundivum

Das Gerundivum mit **esse,** das so genannte **prädikative Gerundivum,** wird im Deutschen meist mit ***müssen/sollen*** oder im verneinten Satz mit ***nicht dürfen*** übersetzt.
**Aliquis laudandus est.** heißt wörtlich: *Jemand ist* ***zu*** *loben /„ein zu Lobender".* In gutem Deutsch übersetzen wir meist mit: *Jemand* ***muss/soll*** *gelobt werden.* Oder im verneinten Satz mit *Jemand* ***darf nicht*** *gelobt werden.* Derjenige, der etwas tun muss oder soll, steht im **Dativ (Dativus auctoris):**
**Mihi multa facienda sunt.** *Ich habe viel zu tun./Ich muss viel tun.*

Eine Schwierigkeit ergibt sich, wenn auch das Objekt zum Gerundivum im Dativ steht. Ähnlich wie beim AcI gilt meist, dass das erstgenannte Nomen im Deutschen zum Subjekt wird.
**Mihi pecuniae parcendum est.** *Ich muss Geld sparen.*

Fehlt das Dativobjekt, übersetzt man mit Passiv oder mit *man.*

Das prädikative Gerundivum tritt meist im Nominativ oder Akkusativ (ohne Präposition), vor allem im doppelten Akkusativ, auf - also in Fällen, in denen das attributive Gerundivum nicht auftritt. So sind Verwechslungen selten möglich. Außerdem muss beim attributiven Gerundivum **immer** ein Bezugswort im selben Kasus stehen, beim prädikativen Gebrauch **kann** es fehlen.
**Hic liber legendus est.** *Dieses Buch muss gelesen werden.* (nur prädikativ)

| | |
|---|---|
| **Ad urbes visitandas in Graeciam veni.** | *Ich bin nach Griechenland gekommen, um Städte anzuschauen.* (nur attributiv, da mit **ad**) |
| **Caesar hoc sibi non concedendum (esse) putavit.** | *Cäsar glaubte, dies nicht erlauben zu dürfen.* (nur prädikativ) |

## Check 47: Der kleine Unterschied – mit oder ohne *-iv-*?

Verwandle, wenn möglich, Gerundium in Gerundivum oder umgekehrt und übersetze!

1. **Domus et horti bene curandi sunt.**
   ______________________________

2. **Piratis vincendis Pompeius laudem sibi paravit.**
   ______________________________

3. **Cicero libros Platonis omnibus legendos esse putavit.**
   ______________________________

4. **Plinius ad naturam eruptionis[1] inquirendum ipse Pompeios navigavit.**
   ______________________________

5. **Caesar cupidus erat Galliae possidendae.**
   ______________________________

6. **Libros Platonis convertendo Cicero philosophiam Romam induxit.**
   ______________________________

7. **Seneca Neronem ad cupiditates coercendas monuit.**
   ______________________________

[1] **eruptio, -onis, f.:** *(Vulkan-)Ausbruch*

## Merkzettel 26: Das Gerundivum

| **attributiv** | **prädikativ** |
|---|---|
| • passt sich in ____________ , ____________ und ____________ dem Bezugswort an | • wird meist mit ____________ oder bei Verben mit ____________ ____________ gebraucht |
| • wird wie das ____________ im entsprechenden ____________ übersetzt | • wird übersetzt mit ____________ oder ____________ |

# 9 Satzanalyse

## 9.1 Achtung – die Satzmonster greifen an!

### „Most Wanted“: Der Hauptsatz

Jeder kennt das Gefühl: Da hat man fleißig alle Einzelheiten gelernt, doch dann ist da ein Bandwurmsatz, und man vergisst alle guten Vorsätze. Es ist auch wirklich recht unübersichtlich, wenn man einen solchen Satz übersetzen soll:

**Reliqua vero multitudo, quae quidem est civium, tota nostra est, neque eorum quisquam, quos undique intuentes, unde aliqua fori pars aspici potest, et huius exitum iudicii exspectantes videtis, non cum virtuti Milonis favet, tum de se, de liberis suis, de patria, de fortunis hodierno die decertari putat.** (Cicero, Pro Milone 3)

Wo soll man hier anfangen? Welches der Verben ist das Prädikat? Hier setzt die Satzanalyse ein: Lange Sätze wie der im Beispiel müssen in kürzere Elemente aufgeteilt werden. Verschiedene Methoden werden im Kapitel 9.2 vorgestellt. Hier geht es zunächst darum, wie man den Hauptsatz findet, um überhaupt mit der Übersetzung beginnen zu können.

**1. Regel:**
Ein Hauptsatz beginnt nie mit einer Subjunktion/Konjunktion oder einem Relativpronomen.

### Zusätzliche Fragestellungen

- **Relativpronomen:** Achtung, hier muss du überprüfen, ob ein relativer Satzanschluss vorliegt, dann kann nämlich durchaus ein Hauptsatz vorliegen!
  **Quam ob rem Pompeius forum custodiri iussit.**
  *Deshalb befahl Pompeius das Forum zu bewachen.*
- **Fragewörter:** Achtung, Fragewörter stehen nur im Hauptsatz, wenn er tatsächlich ein Fragesatz ist und mit einem Fragezeichen endet. Z. B. kann in einem Satz, der mit **Quid Caesar dixerit** beginnt und mit einem Punkt endet, **quid Caesar dixerit** nicht der Hauptsatz sein. **Quid Caesar dixisset (...)?** kann dagegen der Hauptsatz sein.
- **cum:** Tritt das Wort **cum** auf, achte darauf, ob die Präposition oder die Subjunktion vorliegt. Liegt eine Präposition vor, muss das nächste Wort im Ablativ stehen, ergo kann **cum amico in forum eo** ein Hauptsatz sein, **cum amicus venit** dagegen nicht.

Die Tatsache, dass auf **cum** im Beispielsatz kein Ablativ folgt und der folgende Satz mit **tum** beginnt, zeigt, dass es sich hier um eine beiordnende Konjunktion handelt: **cum ... tum** *sowohl ... als auch (besonders).*
Somit kann man einige Teile des obigen Bandwurmsatzes bereits streichen:

**Reliqua vero multitudo,** ~~quae quidem est civium,~~ **tota nostra est, neque eorum quisquam,** ~~quos undique intuentes, unde aliqua fori pars aspici potest, et huius exitum iudicii exspectantes videtis,~~ **non cum virtuti Milonis favet, tum de se, de liberis suis, de patria, de fortunis hodierno die decertari putat.**

**2. Regel:**
So genannte satzwertige Konstruktionen (AcI, Participium coniunctum, Ablativus absolutus, Gerundium mit Objekt und Gerundivkonstruktionen) müssen ausgeklammert werden.

Vom vorliegenden Satz bleiben dann zwei mit *und* verbundene Hauptsätze übrig:
**Reliqua vero multitudo,** ~~quae quidem est civium,~~ **tota nostra est, neque eorum quisquam,** ~~quos undique intuentes, unde aliqua fori pars aspici potest, et huius exitum iudicii exspectantes videtis,~~ **non cum virtuti Milonis favet, tum** ~~de se, de liberis suis, de patria, de fortunis hodierno die decertari~~ **putat.**

| Reliqua vero multitudo [...] tota nostra est, | [...] neque eorum quisquam, non cum virtuti Milonis favet, tum [...] putat. |
|---|---|
| *Die übrige Menge ist ganz unsere (= auf unserer Seite)* | *und nicht einer von ihnen ist dem tapferen Milo nicht gewogen und glaubt nicht.* |

Das war nicht schwer zu übersetzen. Nun haben wir zwar noch nicht den ganzen Satz, aber doch das Wichtigste, mit dem wir weiter arbeiten können: Im zweiten Teil drängen sich bereits die Fragen *Niemand von wem?* und *Was glaubt niemand?* auf. Wir sehen: Der Relativsatz nach **quisquam** beantwortet die erste, der AcI von **de se** bis **decertari** die zweite Frage. Auch der restliche Satz lässt sich so auflösen. (▶ Kapitel **9.2**)

## Check 48: Ein Prozess mit „wenn und aber"

Suche den Hauptsatz und übersetze ihn, mache dich dann auch an den Rest!

1. **Milo Clodium, adversarium suum, necandi accusatus, quamquam a Cicerone defensus erat, damnatus est.**
2. **Cicero, cum Milo reditum suum perfecisset, dum Clodius effecisset, ut Catilina necato in exilium missus esset, Miloni favit.**
3. **Milo et Clodius, quorum uterque viros armatos secum habuit, sibi invicem in Via Appia obviam ierunt.**
4. **Testes Milonem Clodium, cum ille vulneratus in tabernam latus esset, necari iussisse dixerunt.**
5. **Cicero servos Milonis a Clodio oppugnatos et nec imperante nec praesente domino Clodium necavisse dixit.**
6. **Itaque Milonem, qui ea ratione, ut impetum arceret, gladium strinxisset, absolvendum esse dixit.**

## Check 49: Fallen

Suche den Hauptsatz in diesen kurzen Sätzen. Erkläre, wie du den Hauptsatz identifiziert hast, und beschreibe, wo die Schwierigkeit lag. Dann sollst du natürlich auch die Sätze übersetzen.

1. **Quid cras futurum sit, quis dicere potest?**
2. **Hunc virum si videris, mihi hoc statim dicas!**
3. **Magnis cum verbis Cicero Milonem defendisset, ille damnatus est.**
4. **Quorum clamor, si qui fuerit, vos admonere debet, ut contra clamantes iudicetis.**
5. **Ne mihi id, quod de Homero narravi, neglexeritis!**

## Merkzettel 27: Satzanalyse

Wenn wir eine längere Satzkonstruktion übersetzen sollen, suchen wir zuerst nach dem ____________________. Diesen erkennt man daran, dass er nicht mit einer ____________________ beginnt. ____________________ können gelegentlich den Hauptsatz einleiten, stehen aber meist am Anfang des Nebensatzes.

Wenn man den Hauptsatz isoliert hat, muss man ____________________ wie AcI, PC, Abl. abs. u. a. im Hauptsatz erkennen und ebenfalls herauslösen.

## 9.2 Methoden der Satzanalyse – alles Kinderkram?!

Der Leiter eines Latein-Leistungskurses wurde in der Abiturzeitung seiner Schule mit folgendem Spruch zitiert: „Satzanalyse mach'ma im Abitur ned - so mit Kästchenmethode und so. Da kann ich ja gleich Mathematiklehrer in der 6. Klasse machen."
Vielleicht hatte er einen ungewöhnlich guten Leistungskurs und alle konnten vom Blatt übersetzen. Den meisten Schülern und Schülerinnen dürfte es allerdings öfter passieren, dass sie einen Satz nicht auf Anhieb durchschauen. Da ist es sinnvoll zu wissen, wie man Sätze in übersetzbare Teile gliedern kann. Hier sollen kurz drei Methoden vorgestellt werden:

### Unterstreichmethode/Markierungsmethode

Zusammengehörende Satzglieder werden mit der gleichen Farbe unterstrichen oder markiert: Wenn du nicht genügend Farbstifte zur Verfügung hast, kannst du auch mit unterschiedlichen Arten von Unterstreichungen arbeiten (z. B. gestrichelte oder gepunktete Linien, gebrochene Linien, Wellenlinie etc.)

**Reliqua vero multitudo, quae quidem est civium, tota nostra est, neque eorum quisquam, quos undique intuentes, unde aliqua fori pars aspici potest, et huius exitum iudicii exspectantes videtis, non cum virtuti Milonis favet, tum de se, de liberis suis, de patria, de fortunis hodierno die decertari putat.**

Vorteil dieser Methode ist, dass man schon auf dem Arbeitsblatt einer Klassenarbeit markieren oder unterstreichen kann und den Satz nicht abschreiben muss. Man muss allerdings darauf achten, dass man zusammengehörige Satzteile (im Beispiel **neque ... quisquam** und **non cum ... putat**) nicht versehentlich mit verschiedenen Farben unterstreicht.

### Einrückmethode

Die Satzteile werden untereinander geschrieben und nach dem Grad ihrer Abhängigkeit eingerückt.

**Reliqua vero multitudo**
        **quae quidem est civium**
**tota nostra est**
**neque eorum quisquam**
        **quos**
                **undique intuentes**
                        **unde aliqua fori pars aspici potest**
                **et huius exitum iudicii exspectantes**
        **videtis**
**non cum virtuti Milonis favet**
**tum**
        **de se, de liberis suis, de patria, de fortunis hodierno die decertari**
**putat.**

Gegenüber der Unterstreichmethode hat die Einrückmethode den Vorteil, dass bei korrekter Anwendung der Satz übersichtlicher ist. Allerdings muss man den Satz abschreiben und schon vorher die verschiedenen Abhängigkeiten erkannt haben, während bei der Unterstreichmethode nur erkannt werden muss, was zusammengehört.

### Kästchenmethode

Die einzelnen Satzteile werden nach dem Grad ihrer Abhängigkeit untereinander in Kästchen geschrieben.

| **Reliqua vero multitudo** | | **tota nostra est** |
|---|---|---|
| | **quae quidem est civium** | |

| **neque eorum quisquam** | | | | | | **non cum ... favet,** | **tum** | | **putat** |
|---|---|---|---|---|---|---|---|---|---|
| | **quos** | | | | **videtis** | | | **de ... decertari** | |
| | | **undique intuentes** | | **et ... exspectantes** | | | | | |
| | | | **unde ... potest** | | | | | | |

Hier ist noch klarer sichtbar, welche Satzteile genau zusammengehören, als bei der Einrückmethode. Allerdings ist diese Methode sehr zeit- und platzaufwendig. Du musst selbst ausprobieren, welche Methode du für die beste hältst. Sinnvoll ist es auf jeden Fall, sich eine Methode anzugewöhnen. Alle drei Methoden haben den Vorteil, dass der lange Satz in kurze Stücke zerfällt und nun leicht übersetzt werden kann.

## Check 50: Was soll's nun heißen?

Übersetze den oben analysierten Satz!

## Check 51: Ganz schön verwickelt

Analysiere die folgenden Sätze nach deiner Lieblingsmethode und übersetze!
Wenn du noch nicht weißt, welche Methode dir liegt, versuche alle einmal und beobachte, bei welcher Art dir das Übersetzen am besten von der Hand geht.

1. **Cicero multis libris Graecis lectis, quamquam Graecos, qui veritatem parvi aestimarent, sibi odio esse dixit, philosophiam Graecorum Romam induxit.**
2. **In libris suis amicos suos vel homines claros, quasi si forte loquentes ad hoc agendum venissent, de philosophia aut de re publica disputare scripsit.**
3. **Ita argumenta variarum doctrinarum philosophorum, cum singuli viri pro quacumque doctrina loquebantur, in libris contulit et, quid de quaqua doctrina sentiret, scripsit.**
4. **Quamquam multi eum nihil novi invenisse, immo omnia, quae in libris suis legimus, a Graecis legisse dicunt, agnoscendum est, quantopere de philosopia meritus sit[1].**
5. **Sed non de philosophia scribere coepit, dum in re publica gubernanda aliquid valebat, id est antequam Caesar Pompeio victo, cum dictator perennis factus esset, summum imperii cepit.**

[1] **mereri, -eor, meritus sum (de):** *sich verdient machen um*

## Merkzettel 28: So werd' ich es machen!

Satzanalyse dient dazu, lange Sätze in ______________ ______________ zu gliedern. Es gibt mehrere Methoden. Die wichtigsten sind:

1. **Unterstreichmethode:**

   Zusammengehörige Satzteile werden ______________ mit ______________ Farbe unterstrichen.

   Vorteil: ______________________________

   Nachteil: ______________________________

2. **Einrückmethode:**

   Die Nebensätze werden ______________ nach dem Grad ihrer ______________ eingerückt.

   Vorteil: ______________ als die Unterstreichmethode

   Nachteil: Setzt ______________ der Satzstruktur ______________ Beginn der Analyse voraus.

3. **Kästchenmethode:**

   Die Nebensätze werden nach dem ______________ ihrer Abhängigkeit ______________ in Kästchen geschrieben.

   Vorteil: ______________________________

   Nachteil: ______________________________

Welche Methode ist deine Lieblingsmethode? ______________________________

# Vokabelverzeichnis

## A

| | |
|---|---|
| a, ab (+ Abl.) | von ... her; seit |
| abhorrere, abhorreo, abhorrui | zurückschrecken |
| abire, abeo, abii, abiturus | weggehen |
| absolvere, absolvo, absolvi, absolutum | freisprechen |
| abundare, -o, -avi, -atum (m. Abl.) | Überfluss haben an |
| abuti, abutor, abusus sum (m. Abl.) | missbrauchen, verschwenden |
| accendere, accendo, accensi, accensum | anzünden |
| accipere, accipio, accepi, acceptum | empfangen, annehmen |
| accusare, -o, -avi, -atum | anklagen |
| acies, -ei, f. | Schlachtreihe |
| adesse, adsum, afui, adfuturus | da sein, helfen |
| adhuc | bis jetzt |
| adire, adeo, adii, aditum | hinzutreten |
| adiuvare, adiuvo, adiuvi, adiutum | helfen |
| adulescens, -ntis, m. | Jugendlicher |
| advenire, advenio, adveni, adventum | ankommen |
| adversarius, -i, m. | Gegner |
| advertere, -to, -ti, -sum | zuwenden |
| advocare, -o, -avi, -atum | anrufen; anbeten |
| aedificare, -o, -avi, -atum | erbauen |
| aedificium, -i, n. | Gebäude |
| aeger, -gra, grum | krank |
| aestimare, -o, -avi, -atum | schätzen, meinen |
| aestus, -us, m. | Hitze |
| afferre, affero, attuli, allatum | herbeibringen |
| afficere, -io, affeci, affectum (m. Abl.) | behandeln, versehen mit |
| agere, ago, egi, actum | treiben, verhandeln, Handel treiben |
| aggredi, aggredior, aggressus sum | angreifen |
| agnoscere, agnosco, agnovi, agnotum | erkennen |
| alienus, -a, -um | fremd |
| aliquando | irgendwann |
| aliquis, aliquid | irgend jemand, irgend etwas |
| alius, -a, -ud | ein anderer |
| altitudo, -inis, f. | Höhe, Tiefe |
| altus, -a, -um | hoch, tief |
| amare, -o, -avi, -atum | lieben, mögen |
| amica, -ae, f. | Freundin |
| amicus, -i, m. | Freund |
| an | oder |
| animadvertere, -to, -ti, -sum | wahrnehmen; einschreiten gegen |
| animal, animalis, n. | Tier, Lebewesen |
| annus, -i, m. | Jahr |
| antea | vorher |
| antequam | bevor |
| antiquus, -qua, -qum | alt, altertümlich |
| appropinquare, -o, -avi | sich nähern |
| aqua, -ae, f. | Wasser |
| arbor, -oris, f. | Baum |
| arcere, -eo, -ui | abwehren |
| arena, -ae, f. | Sand, Kampfplatz |
| argumentum, -i, n. | Argument, Streitgespräch |
| arma, -orum, n. Pl. | Waffen |
| armare, -o, -avi, -atum | bewaffnen |
| ars, artis, f. | Kunst, Fähigkeit |
| aspicere, -cio, aspexi, aspectum | anschauen, erblicken |
| at | doch |
| atrox, -ocis | schrecklich, furchtbar |
| attendere, attendo, attendi, attentum | (regelmäßig) besuchen |
| audacia, -ae, f. | Kühnheit, Waghalsigkeit |
| audere, audeo, ausus sum | wagen |
| audire, -io, -ivi, -itum | hören |
| auditio, -onis, f. | Anhörung |
| aut | oder |
| auxilium, -i, n. | Hilfe |

## B

| | |
|---|---|
| barbarus, -a, -um | fremd, Subst.: Barbar |
| bellum, -i, n. | Krieg |
| bestia, -ae, f. | Tier |
| bibere, bibo, bibi | trinken |
| bonus, -a, -um (Adv. bene) | gut |

## C

| | |
|---|---|
| cadere, cado, cecidi, casurus | fallen |
| capere, capio, cepi, captum | fangen, nehmen |
| carere, -eo, -ui (m. Abl.) | nicht haben |
| cavere, caveo, cavi, cautum | sich in Acht nehmen vor |
| celer, celeris, celere | schnell |
| cena, -e, f. | Speise, Mahlzeit |
| centurio, -onis, m. | Hauptmann |
| certamen, -minis, n. | Streit, Wettkampf |
| circus, -i, m. | Rennbahn |
| civilis, -e | bürgerlich, öffentlich |
| civis, -is, m. | Bürger |
| ceteri, -ae, -a | die Übrigen |
| cibus, -i, m. | Speise, Nahrung |
| circum (+ Akk.) | um ... herum |
| circumire, -eo, -ii | herumgehen |
| clamare, -o, -avi, -atum | schreien |
| clamor, -oris, m. | Geschrei |
| clarus, -a, -um | hell, klar, berühmt |

| | |
|---|---|
| classis, -is, f. | Flotte |
| coepi | *(s. incipere)* |
| coercere, -eo, -ui, -itum | zügeln, maßregeln |
| cogere, cogo, coegi, coactum | zwingen, zusammenbringen |
| cogitare, -o, -avi | denken |
| cognatus, -a, -um | verwandt |
| cognoscere, cognosco, cognovi, cognitum | kennenlernen |
| cognovisse | kennen |
| colere, colo, colui, cultum | bebauen, pflegen, verehren |
| concursus, -us, m. | Zusammenlauf, Zusammenstoß |
| conferre, confero, contuli, collatum | vergleichen |
| consilium, -ii, n. | Rat, Plan, Beschluss |
| constare, -sto, -stiti | bestehen, kosten |
| consulere, consulo, consului, consultum | *(Akk.)* beraten, beschließen, befragen, *(Dat.)* sorgen für |
| contra (+ Akk.) | gegen |
| convenire, -io, conveni, conventum | zusammenkommen, treffen |
| convertere, converto, converti, conversum | verwandeln, übersetzen |
| cras | morgen |
| credere, credo, credidi, creditum | glauben, vertrauen |
| crudelis, -e | grausam |
| cubiculum, -i, n. | Schlafzimmer |
| cui | wem |
| cuius | wessen |
| cum (m. Ind.) | wenn; als plötzlich |
| cum (m. Konj.) | als, da, weil, obwohl, nachdem |
| cum (Präp. m. Abl.) | mit |
| cum ... tum | sowohl ... als auch (besonders) |
| cupiditas, -atis, f. | Begierde, Leidenschaft |
| cupidus, -a, -um | begierig, gierig |
| cur | warum |
| cura, -ae, f. | Sorge, Sorgfalt |
| curare, -o, -avi, -atum | sorgen, pflegen, sich kümmern um |
| currus, -us, m. | Wagen |
| custos, -odis, m. | Wächter |

## D

| | |
|---|---|
| damnare, -o, -avi, -atum | verurteilen |
| de (+ Abl.) | von ... herab, über *(übertr.)* |
| debere, -eo, -ui, -itum | schulden, müssen, verdanken |
| decertare, -o, -avi, -atum | um die Entscheidung kämpfen |
| deesse, desum, defui | fehlen |
| defendere, defendo, defendi, defensum | abwehren, verteidigen |
| deficere, deficio, defeci, defectum | abfallen, ausgehen, fehlen |
| delectare, -o, -avi, -atum | Freude machen, erfreuen |
| delere, -eo, -evi, -etum | zerstören |
| deponere, depono, deposui, depositum | niederlegen, ablegen |
| desiderare, -o, -avi, -atum | ersehnen, vermissen |
| deus, -i, m. | Gott |
| dexter, -tra, -trum | rechts |
| dicere, dico, dixi, dictum | sagen, sprechen |
| dictator, -oris, m. | Diktator |
| dies, -ei, m. | Tag |
| differre, differo, distuli, dilatum | verschieben, sich unterscheiden |
| difficilis, -e | schwierig |
| discere, disco, didici | lernen |
| discipulus, -i, m. | Schüler |
| disputare, -o, -avi, -atum | diskutieren |
| diu | lange |
| dives, divitis | reich |
| dividere, divido, divisi, divisum | trennen, teilen |
| divitiae, -arum, n. Pl. | Reichtum |
| doctrina, -ae, f. | Lehre |
| dolere, -eo, -ui | Schmerz empfinden, bedauern, leiden |
| dolor, -oris, m. | Schmerz |
| domus, -us, f. | Haus |
| donum, -i, n. | Geschenk |
| dubitare, -o, -avi, -atum | zögern, zweifeln |
| ducere, duco, duxi, ductum | führen, ziehen |
| dum (+ Ind.) | während, solange |
| dux, ducis, m. | Anführer |

## E

| | |
|---|---|
| ecce! | sieh da! |
| efficere, efficio, effeci, effectum | bewirken; fertig bringen |
| effugere, effugio, effugi | entkommen |
| egere, -eo, -ui | Mangel haben an |
| ego | ich |
| egestas, -atis, f. | Bedürftigkeit, Armut |
| eligere, eligo, elegi, electum | wählen |
| eloquentia, -ae, f. | Redegewandtheit |
| emere, emo, emi, emptum | kaufen, nehmen |
| epistula, -ae, f. | Brief |
| eques, -itis, m | Reiter |
| equus, -i, m. | Pferd |
| et | und |
| etiam | auch, sogar |
| evenire, evenit, evenit | sich ereignen *(nur unpers.)* |
| errare | sich irren, sich verirren |
| esse, sum, fui, futurus | sein |
| equus, -i, m. | Pferd |
| examen, -inis, n. | Prüfung |
| exemplum, -i, n. | Beispiel |
| exilium, -i, n. | Verbannung |
| exire, -eo, -ii | hinausgehen |
| existere, existo, exstiti | herausgehen, hervorkommen |
| exitus, -us, m. | Ausgang, Ende |

| | |
|---|---|
| expedire, -io, -ivi, -itum | bereit machen |
| expellere. expello, expuli, expulsum | vertreiben |
| experiri, experior, expertus sum | erfahren, versuchen |
| explicare, -o, -avi, -atum | erklären |
| expugnare, -o, -avi, -atum | erobern |
| exquirere, exquiro, exquisivi, exquisitum | untersuchen, erforschen |
| exspectare, -o, -avi, -atum | erwarten, abwarten |
| extra (+ Akk.) | außerhalb |

## F

| | |
|---|---|
| fabula, -ae, f. | Geschichte |
| facere, facio, feci, factum | machen, tun |
| facilis, -e (Adv. facile) | leicht (zu tun) |
| fallere, fallo, fefelli, falsum | täuschen, betrügen |
| falsus, -a, -um | falsch |
| fauces, -ium, f. Pl. | Rachen, *(übertr.)* Flur |
| favere, faveo, favi, fautum | begünstigen, unterstützen |
| fenestra, -ae, f. | Fenster |
| fere | fast, ungefähr |
| ferre, fero, tuli, latum | tragen, bringen, ertragen |
| fictio, -onis, f. | Erfindung |
| fieri, fio, factus sum | werden, geschehen |
| figura, -ae, f. | Figur, Gestalt |
| filia, -ae, f. | Tochter |
| filium, -i, n. | Faden |
| filius, -i, m. | Sohn |
| finire, -io, -ivi, -itum | beenden, begrenzen |
| finis, finis, m./f. | Ende, Grenze |
| flere, fleo, flevi, fletum | weinen, klagen |
| fortasse | vielleicht |
| forte | zufällig |
| fortis, -e | stark, tapfer |
| fortitudo, -inis, f. | Tapferkeit, Stärke |
| fortunae, -arum, f. Pl. | Vermögen |
| forum, -i, n. | Forum, Marktplatz |
| frater, fratris, m. | Bruder |
| frigidus, -a, -um | kalt |
| fructus, -us, m. | Frucht, Ertrag |
| frumentum -i, n. | Getreide |
| frustra | vergeblich |
| fugere, fugio, fugi | fliehen vor, meiden |
| fui | *(s. esse)* |
| fungi, fungor, functus sum (m. Abl.) | verrichten, verwalten |
| fur, furis, m. | Dieb |
| furor, -oris, m. | Raserei, Wut |
| futurus, -a, -um | *(s. esse)* |

## G

| | |
|---|---|
| gaudere, gaudeo, gavisus sum | sich freuen |
| gaudium, -i, n. | Freude |
| gladiator, -oris, m. | Schwertkämpfer, Gladiator |
| gladius, -i, m. | Schwert |
| gloria, -ae, f. | Ruhm, Ehre |
| gratias agere | danken |
| gravis, -e | schwer |
| gubernare, -o, -avi, -atum | lenken, steuern |

## H

| | |
|---|---|
| habere, -eo, -ui, -itum | haben, halten |
| hic | hier |
| hic, haec, hoc | dieser |
| hiems, hiemis, f. | Winter |
| hodie | heute |
| hodiernus, -a, -um | heutig |
| homo, hominis, m. | Mensch |
| honestus, -a, -um | anständig, angesehen |
| honos, -oris, m. | Ehre |
| hora, -ae, f. | Stunde |
| horrere, -eo, -ui | schaudern, erschrecken *(intr.)* |
| hortus, -i, m. | Garten |
| hostis, -is, m. | Feind |
| huc | hierher |

## I

| | |
|---|---|
| iacēre, iaceo, iacui | liegen |
| iacere, iacio, ieci, iactum | werfen |
| iam | schon |
| ibi | dort |
| ignavus, -a, -um | feige, träge |
| ignorare, -o, -avi, -atum | nicht wissen, nicht kennen |
| ignotus, -a, -um | unbekannt |
| ille, illa, illud | jener |
| immo | ja sogar; im Gegenteil |
| immortalis, -e | unsterblich |
| imperator, -oris, m. | Kaiser, Feldherr |
| imperium, -i, n. | Befehl, Herrschaft, Reich |
| impetus, -us, m. | Angriff |
| imprimis | vor allem, besonders |
| incendium, -i, n. | Brand |
| incipere, incipio, coepi, coeptum | anfangen |
| incognitus, -a, -um | unbekannt |
| inducere, -duco, -duxi, -ductum | heranführen, veranlassen |
| induere, induo, indui, indutum | anziehen |
| infans, -ntis, m./f. | Kleinkind, Baby |
| inire, -eo, -ii, -itum | anfangen, herangehen |
| inquirere, -quiro, -quisivi, -quisitum | untersuchen |
| inquit | er/sie sagt(e) *(innerhalb d. wörtl. Rede)* |
| inscius, -a, -um | unkundig |
| insidiae, -arum, f. | Überfall, Hinterhalt |
| instare, insto, institi | bevorstehen, drohen |
| insula, -ae, f. | Insel; Wohnblock |
| intellegere, intellego, intellexi, inellectum | einsehen, verstehen |
| inter (+ Akk.) | zwischen; während |

| | |
|---|---|
| interesse, -sum, -fui, -futurus | dabei sein, teilnehmen, *(unpers.)* es ist wichtig |
| intueri, -eor, intuitus sum | betrachten |
| invenire, invenio, inveni, inventum | finden |
| invicem | wechselweise, gegenseitig |
| invidere, invideo, invidi, invisum (+ Dat.) | beneiden |
| invidia, -ae, f. | Neid |
| invitare, -o, -avi, -atum | einladen |
| ipse, ipsa, ipsum | selbst |
| ira, -ae, f. | Zorn |
| iratus, -a, -um | zornig |
| ire, eo, ii, iturus | gehen |
| irridere, -deo, -si, -sum | auslachen |
| iste, ista, istud | dieser (da) |
| itaque | daher, deshalb |
| iter, itineris, n. | Reise, Marsch, Weg |
| iterum | wieder |
| iubere, iubeo, iussi, iussum | befehlen |
| iudicare, -o, -avi, -atum | urteilen |
| iudicium, -i, n. | Prozess, Urteil |
| iurare, -o, -avi, -atum | schwören |
| iuvare, iuvo, iuvi, iutum | helfen, unterstützen |
| iuxta (+ Akk.) | neben |

## L

| | |
|---|---|
| labor, -oris, m. | Arbeit |
| laborare, -o, -avi, -atum | arbeiten, leiden an |
| lacrima, -ae, f. | Träne |
| lacus, -us, m. | See |
| laedere, laedo, laedi, laesum | verletzen |
| laetus, -a, -um | froh |
| Latinus, -a, -um | lateinisch |
| latus, -a, -um | *(s. ferre)* |
| laus, laudis, f. | Lob |
| legere, lego, legi, lectum | lesen, sammeln |
| leo, -onis, m. | Löwe |
| lex, legis, f. | Gesetz |
| libenter | gern |
| liber, -bri, m. | Buch |
| liber, libera, liberum | frei |
| liberare, -o, -avi, -atum | befreien |
| liberi, -orum, m. Pl. | Kinder |
| libertas, -atis, f. | Freiheit |
| licet, licuit | es ist erlaubt |
| limes, -itis, m. | Grenzwall |
| linea, -ae, f. | Zeile, Schnur |
| lingua, -ae, f. | Sprache, Zunge |
| loqui, loquor, locutus sum | sprechen, reden |
| ludere, ludo, lusi, lusum | spielen, scherzen |
| ludus, -i, m. | Spiel, Schule |
| lugere, lugeo, luxi, luctum | trauern |

## M

| | |
|---|---|
| magister, -tri, m. | Leiter, Lehrer |
| malus, -a, -um | schlecht, böse |
| mane | morgens |
| manere, -eo, mansi, mansurus | bleiben |
| mater, -tris, f. | Mutter |
| materia, -ae f. | Stoff, Baustoff, Holz |
| me | mich |
| melior, melius | besser |
| meminisse, memini | sich erinnern an |
| mens, mentis f. | Geist, Gesinnung, Verstand |
| mente captus, -a, -um | verrückt |
| mentionem facere | erwähnen |
| mercator, -oris, m. | Kaufmann, Händler |
| merere, -eo, -ui, -itum | verdienen |
| meus, -a, -um | mein |
| mihi | mir |
| miles, -itis, m. | Soldat |
| mille passus (Pl. milia passuum) | Meile |
| minari, -or, -atus sum | drohen |
| minor, minus | kleiner, weniger |
| mirus, -a, -um | wunderbar, sonderbar |
| mittere, mitto, misi, missum | schicken, gehen lassen |
| modus, -i, m. | Art und Weise, Maß |
| moenia, -ium, n. Pl. | Stadtmauer |
| monere, -eo, -ui, -itum | ermahnen |
| monstrum, -i, n. | Ungeheuer |
| mori, morior, mortuus sum | sterben |
| mors, mortis, f. | Tod |
| mos, moris, m. | Sitte, Brauch |
| movere, moveo, movi, motum | bewegen |
| mox | bald |
| multi, -orum | viele |
| multitudo, -inis, f. | Menge |
| mundus, -i, m. | Welt |
| munus, -eris, n. | Amt, Aufgabe, Geschenk |

## N

| | |
|---|---|
| nam | denn |
| natare, -o, -avi, -aturus | schwimmen |
| nauta, -ae, m. | Seemann, Matrose |
| navigare, -o, -avi, -atum | segeln, fahren |
| navis, -is, f. | Schiff |
| -ne | *Fragepartikel* |
| ne | dass nicht, damit nicht<br>dass *(bei Verben der Gefahr, des Hinderns oder des Fürchtens)* |
| necare, -o, -avi, -atum | töten |
| necessarius, -a, -um | nötig, notwendig |
| necesse est | es ist nötig |
| neglegere, neglego, neglexi, neglectum | vernachlässigen |
| negotium, -i, n. | Geschäft, Aufgabe |
| nemo, nullius, nemini, neminem, a nullo | niemand |
| nepos, -otis, m. | Enkel |
| nescire, -io, -ivi | nicht wissen |
| nihil | nichts |
| nisi (+ non) | wenn nicht (außer) |

| | |
|---|---|
| nix, nivis, f. | Schnee |
| nobis (Dat./Abl.) | uns |
| nolle, nolo, nolui | nicht wollen |
| nomen, -inis, n. | Name |
| non | nicht |
| non iam | nicht mehr |
| nonne | (etwa) nicht *(in Fragen)* |
| nos (Nom./Akk.) | wir; uns |
| noster, -tra, -trum | unser |
| novus, -a, -um | neu |
| nox, noctis, f. | Nacht |
| nubere (m. Dat.) | heiraten *(aus Sicht der Frau)* |
| nullus, -a, -um | kein |
| numerus, -i, m. | Zahl |
| numquam | nie(mals) |
| nunc | jetzt |
| nuper | neulich |

## O

| | |
|---|---|
| oblivisci, obliviscor, oblitus sum | vergessen |
| observare, -o, -avi, -atum | beobachten |
| obviam | entgegen |
| occultare, -o, -avi, -atum | verstecken |
| occultus, -a, -um | versteckt |
| oculus, -i, m. | Auge |
| odium, -i, n. | Hass |
| officium, -i, n. | Pflicht |
| omnis, -e | jeder; *Pl.* alle |
| onus, oneris, n. | Last, Ladung |
| operire, -io, -ui, opertum | bedecken |
| oppugnare, -o, -avi, -atum | angreifen |
| optimus, -a, -um | der Beste |
| opus esse | nötig sein |
| opus, -eris, n. | Werk, Arbeit |
| otium, -i, n. | Ruhe; Freizeit |

## P

| | |
|---|---|
| paene | fast |
| parare, -o, -avi, atum | vorbereiten, vorhaben |
| parcere, parco, peperci, parsurus | sparen, schonen |
| parre, -eo, -ui, -iturus | gehorchen |
| parere, -io, peperi, partum | erzeugen, hervorbringen |
| pars, partis, f. | Teil |
| parvus, -a, -um | klein |
| pati, patior, passus sum | leiden, dulden |
| patria, -ae, f. | Heimat |
| pauci, -ae, -a | wenige |
| paulum | ein wenig |
| pecunia, -ae, f. | Geld |
| peior, peius | schlechter |
| pendere, pendo, pependi | hängen, schweben |
| per (+ Akk.) | durch |
| perennis, -e | dauerhaft, ewig, auf Lebenszeit |
| perficere, perficio, perfeci, perfectum | vollenden |
| perfringere, perfringo, perfregi | durchbrechen |
| periculosus, -a, -um | gefährlich |
| periculum, -i, n. | Gefahr |
| peritus, -a, -um | erfahren |
| permittere, permitto, permisi, permissum | erlauben |
| persuadere, -eo, persuasi, persuasum | überreden, überzeugen |
| pervenire, pervenio, perveni | (ans Ziel) gelangen |
| pes, pedis, m. | Fuß |
| pessimus, -a, -um | der Schlechteste |
| petere, -o, -ivi, -itum | bitten, fordern |
| philosophia, -ae, f. | Philosophie |
| pirata, -ae, m. | Seeräuber |
| placere, -eo, -ui | gefallen, *(unpers.)* man beschließt |
| plenus, -a, -um | voll |
| plurimi, -ae, -a | die Meisten |
| plus, pluris | mehr |
| poma, -orum, n. Pl. | Obst |
| pondus, -eris, n. | Gewicht |
| portus, -us, m. | Hafen |
| poscere, posco, poposci | fordern |
| posse, possum, potui | können |
| possidere, -eo, possedi, possessum | besitzen |
| post (+ Akk.) | nach, hinter |
| postquam (+ Ind. Perf.) | nachdem |
| postulare, -o, -avi, -atum | fordern |
| potare, -o, -avi, -atum | trinken, bechern |
| potestas, -atis, f. | Macht |
| potiri, -ior, -itus sum (+Abl.) | sich bemächtigen; in seine Gewalt nehmen |
| praemium, -i, n. | Belohnung |
| praestare, praesto, praestiti (alicui aliqua re) (alicui aliquid) | jm. in etw., voranstehen übertreffen, leisten, erweisen |
| pretium, -ii, n. | Preis, Wert |
| priusquam | bevor |
| probare, -o, -avi, -atum | prüfen, billigen, gutheißen |
| prope | nahe bei |
| properare, -o, -avi, -atum | sich beeilen |
| proponere, propono, proposui, propositum | vorlegen, vorschlagen |
| propter (+ Akk.) | wegen |
| prosilire, -io, -ui | vorstehen, herausstehen |
| prospicere, -io, prospexi, prospectum | voraussehen |
| pudet me alicuius rei | ich schäme mich wegen etwas |
| puella, -ae, f. | Mädchen |
| puer, pueri, m. | Junge, Bub |
| pueritia, -ae, f. | Kindheit |
| pugnare, -o, -avi, -atum | kämpfen |

| | |
|---|---|
| punire, -io, -ivi, -itum | bestrafen |
| putare, -o, -avi, -atum | glauben, meinen |

## Q

| | |
|---|---|
| quaerere, quaero, quaesivi, quaesitum | suchen, fragen |
| qualis, -e | wie beschaffen; was für ein |
| quam | als, wie |
| quam (+ Superlativ) | möglichst |
| quamquam | obwohl |
| quando | wann |
| quantopere | wie sehr |
| quantus, -a, -um | wie groß |
| queri, queror, questus sum | sich beklagen |
| qui, quae, quod | der, die, das; welcher, welche, welches |
| quietus, -a, -um | ruhig |
| quinque | fünf |
| quis, quid | wer, was |
| quiscumque, quidcumque | wer/was auch immer |
| quisquis, quaequae, quodquod | welcher/welches auch immer; jeder, jede, jedes |
| quo | wohin |
| quod | weil, dass, das |
| quomodo | wie |
| quoniam | da ja |
| quot | wie viele |

## R

| | |
|---|---|
| ratio, -onis, f. | Meinung, Vernunft |
| recreare, -o, -avi, -atum | erholen, erfrischen |
| recusare, -o, -avi, atum | zurückweisen |
| redire, -eo, -ii, -itum | zurückkehren |
| reditus, -us, m. | Rückkehr |
| regio, -onis, f. | Gegend, Gebiet |
| religio, -onis, f. | Götterverehrung, Religion |
| relinquere, relinquo, reliqui, relictum | verlassen, zurücklassen |
| reliquus, -a, -um | übrig |
| res, rei, f. | Sache, Ding |
| res futurae | Zukunft |
| res gestae | Taten, Geschichte |
| res publica | Staat |
| respondere, respondeo, respondi, responsum | antworten |
| reverti, revertor, reverti | zurückkehren |
| ridere, rideo, risi, risum | lachen |
| rogare, -o, -avi, -atum | fragen, bitten |
| ruere, ruo, rui | stürzen |

## S

| | |
|---|---|
| sacer, sacra, sacrum | heilig, geweiht |
| sacerdos, -otis, m. /f. | Priester/-in |
| sacrificare, -o, -avi, -atum | opfern |
| saepe | oft |
| salus, salutis, f. | Wohlergehen, Rettung |
| salve | sei gegrüßt |
| satis | genug |
| scelestus, -i, m. | Verbrecher |
| schola, -ae, f. | Schule |
| scire, scio, scivi, scitum | wissen |
| scribere, scribo, scripsi, scriptum | schreiben |
| scriptor, -oris, m. | Schriftsteller |
| se | sich |
| sed | aber; sondern |
| sedere, sedeo, sedi, sessum | sitzen |
| seducere, -o, seduxi, seductum | verführen |
| semper | immer |
| senator, -oris m. | Senator |
| senex, senis, m. | Greis, alter Mann |
| sententia, -ae, f. | Meinung, Urteil |
| sentire, sentio, sensi, sensum | meinen, fühlen |
| separare, -o, -avi, -atum | trennen |
| sequi, sequor, secutus sum | folgen |
| servare, -o, -avi, -atum | dienen |
| servitium, -i, n. | Sklaverei, Knechtschaft |
| servus, -i, m. | Sklave |
| severus, -a, -um | ernst, streng |
| si | wenn, ob |
| similis, -e | ähnlich |
| simulare, -o, -avi, -atum | vortäuschen |
| singuli, -ae, -a | einzeln |
| sinister, -tra, -trum | links |
| situs, -a, -um | gelegen |
| sol, solis, m. | Sonne |
| solum | nur |
| solus, -a, -um | allein |
| solvere, solvo, solvi, solutum | lösen, bezahlen |
| soror, -oris, f. | Schwester |
| spectaculum, -i, n. | Schauspiel |
| spectare, -o, -avi, -atum | betrachten |
| sperare, -o, -avi, -atum | hoffen |
| spes, spei, f. | Hoffnung |
| spiritus, -us, m. | Geist, Atem |
| spoliare, -o, -avi | rauben |
| stare, sto, steti, staturus | stehen |
| statim | sofort |
| stella, -ae, f. | Stern |
| stringere, stringo, strinxi, strictum | schnüren, streifen, ziehen |
| studere, -o, -ui | sich bemühen |
| studium, -i, n. | Eifer, Fleiß |
| stultus, -a, -um | dumm |
| sub (+ Akk./Abl.) | unter |
| summus, -a, -um | der oberste, der höchste |
| super (+Akk.) | über *(lokal)* |
| superare, -o, -avi, -atum | überwinden, besiegen |
| superstitiosus, -a, -um | abergläubisch |

| | |
|---|---|
| suspicere, suspicio, suspexi, suspectum | verdächtigen |
| sustinere, -eo, -ui, sustentum | aushalten |
| suus, -a, -um | sein, ihr |

## T

| | |
|---|---|
| taberna, -ae, f. | Kneipe, Laden |
| tam | so |
| tandem | endlich |
| tantopere | so sehr |
| tantum | nur |
| tantus, -a, -um | so groß |
| tempestas, -atis, f. | Sturm |
| templum, -i, n. | Tempel |
| tempus, -oris, n. | Zeit |
| (suo) tempore | rechtzeitig |
| tendere, tendo, tetendi, tentum | spannen, zielen |
| terra, -ae, f. | Erde, Land |
| terrere, -eo, -ui, -itum | erschrecken *(trans.)* |
| tertius, -a, -um | der Dritte |
| testis, -is, m. | Zeuge |
| timere, -eo, -ui, -itum | fürchten |
| timor, -oris, m. | Furcht |
| tot | so viele |
| totus, -a, , -um | ganz |
| tradere, -do, -didi, -ditum | überliefern |
| traducere, traduco, traduxi, traductum | hinüberbringen |
| trahere, traho, traxi, tractum | ziehen, schleppen |
| transire, -eo, -ii | hinübergehen über |
| tristis, -e | traurig |
| tu | du |
| tuli | *(s. ferre)* |
| tum | da, dann, darauf, damals *(s. auch cum … tum)* |
| tutus, -a, -um | sicher, geschützt |
| tuus, -a, -um | dein |

## U

| | |
|---|---|
| ulcisci, ulciscior, ultus sum | bestrafen, rächen |
| ullus, -a, -um | irgendein *(in verneinten Sätzen)* |
| ultimus, -a, -um | der letzte |
| undique | von überall her |
| unus, -a, -um | ein |
| urbs, urbis, f. | Stadt |
| ursus, -i, m. | Bär |
| ut | *(m. Konj.)* dass, damit *(m. Ind.)* wie, sobald |
| uti, utor, usus sum (m. Abl.) | benutzen, verwenden |
| utinam | *(m. Konj. Pr.)* hoffentlich, *(m. Konj. Impf. od. Plusqf.)* wenn doch |
| uxor, -oris, f. | Ehefrau |
| uxorem (in matrimonium) ducere | heiraten *(aus Sicht des Mannes)* |

## V

| | |
|---|---|
| vacare, -o, -avi | frei sein von |
| valde | sehr |
| valere, valeo, valui | gesund sein, vermögen, gelten |
| vehi, vehor, vectus sum | fahren *(intr.)* |
| velle, volo, volui | wollen |
| velut | wie zum Beispiel |
| vendere, vendo, vendidi, venditum | verkaufen |
| venire, venio, veni, venturus | kommen |
| verberare, -o, -avi, -atum | verprügeln |
| verbum, -i, n. | Wort |
| veritas, -atis, f. | Wahrheit |
| vestis, -is, f. | Kleid(-ung) |
| vetare, veto, vetui, vetitum | verbieten |
| vexare, -o, -avi, -atum | quälen |
| via, -ae, f. | Straße, Weg |
| victor, -oris, m. | Sieger |
| victoria, -ae, f. | Sieg |
| videre, video, vidi, visum | sehen *(Pass. scheinen)* |
| villa, -ae, f. | Landhaus, Villa |
| vincere, vinco, vici, victum | siegen, besiegen |
| vinum, -i, n. | Wein |
| vir, viri, m. | Mann |
| virgo, -inis, f. | Mädchen |
| virtus, -utis, f. | Tugend, Leistung |
| visitare, -o, -avi, -atum | besuchen |
| vita, -ae, f. | Leben |
| vituperare, -o, -avi, -atum | tadeln |
| vivere, vivo, vixi, victurus | leben |
| vix | kaum |
| vocare, -o, -avi, -atum | rufen, nennen |
| voluptas, -atis, f. | Vergnügen, Lust |
| vox, vocis, f. | Stimme |
| vulnerare, -o, -avi, -atum | verletzen |

## Inhalt



- In diesem Teil findest du die Grundlagen der **Texterschließung** sowie **Originaltexte zur praktischen Erprobung**.
- Die **Lösungen** beginnen auf S. 392.

# ÜBERSETZUNGSTRAINING FÜR DIE LEKTÜREPHASE

# 1 Grundlagen der Texterschließung

## 1.1 Was macht das Übersetzen so schwierig?

*„Ich nenne alle Vorstellungen rein (im transzendentalen Verstande), in denen nichts, was zur Empfindung gehört, angetroffen wird; demnach wird die reine Form sinnlicher Anschauungen überhaupt im Gemüte a priori angetroffen werden, worinnen alles Mannigfaltige der Erscheinungen in gewissen Verhältnissen angeschaut wird."*
(Immanuel Kant, 1724–1804, dt. Philosoph, aus: „Kritik der reinen Vernunft")
Na, hast du diesen Satz auf Anhieb verstanden? Etwa nicht? - Dabei handelt es sich doch um einen deutschen Satz. Was macht das Verstehen zunächst so schwierig?

- Der Satz ist nicht nur ziemlich lang, sondern auch - durch die Gliedsätze - zunächst unübersichtlich.
- In dem Satz werden Begriffe verwendet, die nicht zu unserer Alltagssprache gehören: Es handelt sich um Fachbegriffe.
- Der Verfasser dieses Satzes scheint in einer anderen Zeit geschrieben zu haben; daher ist der Sprachstil auch anders als der, den man heute verwendet.
- Der Satz ist zudem aus einem größeren Zusammenhang herausgerissen, auch dies macht das Verständnis zunächst schwierig.

Man könnte die Liste dieser Gründe noch fortsetzen, doch dürfte eines bereits klar geworden sein: Um einen Satz zu verstehen, genügt es nicht, ihn nur akustisch oder optisch aufgenommen zu haben. Noch komplizierter wird das Ganze natürlich, wenn der Satz nicht in Deutsch, sondern in einer Fremdsprache formuliert wird.

Wenn du dich nun an das Übersetzen lateinischer Texte machst, hast du mit folgenden Schwierigkeiten zu kämpfen:

| |
|---|
| • Die Texte sind in einer anderen Sprache - eben in Latein - abgefasst. Du hast es also mit fremden Vokabeln, Formen und Satzkonstruktionen zu tun. |
| • Die Texte entstammen einer anderen Zeit, in aller Regel sind sie vor etwa 2000 Jahren verfasst worden. Du musst dich also auf andere zeitgeschichtliche Hintergründe und Vorstellungen einlassen. |
| • Es handelt sich bei den meisten Texten nicht um gesprochene, sondern literarische Sprache, die sich um eine besonders gewählte Ausdrucksweise und einen kunstvollen Satzbau bemüht. Du hast es also mit einer sehr anspruchsvollen Lektüre zu tun. |
| • Häufig handelt es sich um Texte aus bestimmten Fachgebieten (Philosophie, Politik, Poesie), mit denen du dich vermutlich nicht jeden Tag beschäftigst. |
| • Die Texte sind oft aus einem inhaltlichen oder zeitlichen Zusammenhang herausgenommen, den du nicht unmittelbar kennst. Ein Einführungstext (auf Deutsch) kann dir zwar den Zugang erleichtern, aber nicht den Hintergrund, den man zu einem Textverständnis braucht, vollständig ersetzen. |

Die genannten Punkte sollen dir erklären, warum das Übersetzen lateinischer Texte nicht immer eine leichte Aufgabe ist, selbst wenn man alle Vokabeln und Formen kennt.
Wir wollen dir nun zeigen, wie du trotzdem diese Probleme meistern kannst.

## 1.2 Unbekannte Vokabeln im Wörterbuch finden

Auch wenn man ab einem bestimmten Zeitpunkt im Lateinunterricht ein Wörterbuch bei den Klassenarbeiten oder Klausuren verwenden darf, kommt man nicht daran vorbei, die „alten" Vokabeln aus dem Lateinbuch immer wieder zu wiederholen. Wenn man nämlich zu viele unbekannte Vokabeln nachschlagen muss, geht kostbare Arbeitszeit verloren!
Aber auch die Verwendung eines lateinischen Wörterbuches ist nicht so ohne, denn
1 musst du wissen, wie und wo du die gesuchte Vokabel überhaupt im Wörterbuch findest,
2 haben lateinische Vokabeln in der Regel mehrere deutsche Bedeutungen, von denen aber oft nur eine die richtige sein kann.
Um eine unbekannte Vokabel im Wörterbuch zu finden, musst du unter einer bestimmten Form suchen:

- Verben in der 1. Person Singular Präsens Indikativ Aktiv, z. B. **legebat** unter: **lego**
- Nomina im Nominativ (meistens Singular), z. B. **orationi** unter: **oratio; illustribus** unter: **illustris; hunc** unter: **hic, haec, hoc** usw.

Ein rasches Auffinden der richtigen Vokabel setzt also Kenntnisse in der lateinischen Formenlehre voraus.

Dazu nun ein Beispiel:
**Hanc deus et melior litem natura diremit.**
**Nam caelo terras et terris abscidit undas**
**et liquidum spisso secrevit ab aere caelum.**
(Ovid, Metamorphosen, I 21–23)
Der erste Vers enthält wenigstens zwei Vokabeln, die du in deinem Lateinbuch nicht gelernt hast: **litem** und **diremit**. Beginnen wir mit **litem.**

Wir müssen das unbekannte Wort auf die Form zurückführen, unter der wir es im Wörterbuch finden.

Der Form nach gibt es zwei Möglichkeiten:
1 Es handelt sich um ein Nomen (im Akkusativ Singular).
2 Es handelt sich um ein Verb (1. Person Singular Präsens Konjunktiv Aktiv).
Wir suchen im Wörterbuch nach Vokabeln mit der Wurzel **lit-:**

**liquor,** ōris *m (liquere)* Flüssigkeit *(auch Pl.)*.

**līs,** lītis *f* (*Gen. Pl.* lītium) ❶ Streit, Zank; ❷ Rechtsstreit, Prozess.

**litāre** unter günstigen Vorzeichen opfern.

**lītigāre** *(lis u. agere)* ❶ streiten; ❷ prozessieren.

**lītigiōsus,** a, um *(litigare)* voller Streit: ❶ *(v. Sachen)* strittig; ❷ *(v. Personen)* zänkisch; prozesssüchtig.

**littera,** ae *f* ❶ Buchstabe; ❷ *Pl.* **a**) Geschriebenes, Schrift, Aufzeichnung; **alqd -is mandare, tradere** schriftl. aufzeichnen; **b**) Brief; **-as signare, perlegere;**

Aus: PONS Basiswörterbuch Latein,
Ernst Klett Sprachen GmbH, Stuttgart 2008

Es können also zwei Vokabeln in Frage kommen:
**lis, litis** *f* - *Streit, Zank* und **lito, litare** - *unter günstigen Vorzeichen opfern, ...*
Daher müssen wir entweder

- nach weiteren Signalen im Satz suchen, um die Vokabel eindeutig identifizieren zu können, oder
- auf die Satzkonstruktion achten oder
- vom Sinn der Vokabeln ausgehen.

Das **hanc** (Akkusativ Singular femininum) am Anfang des ersten Verses könnte sich der Form nach auf unser **litem** beziehen; somit müssten wir es von **lis, litis** (Variante 1) herleiten. Für diese Entscheidung spräche auch **deus** als mögliches Subjekt des Satzes, welches ein Prädikat in der 3. Person Singular erfordern würde. Übersetzt man zudem dieses **litem** als Verbform *(ich möge glücklich opfern)*, so ist ein Zusammenhang zum Rest des Satzes kaum denkbar.

Wir entscheiden uns also für **lis, litis** *f* - *Streit, Zank*.
Bleibt noch **diremit.** Schon die Endung zeigt, dass es sich um eine Verbform handeln muss. Außerdem ist es das einzige Wort, das noch als Prädikat in Frage kommen kann. Für ein Nachschlagen im Wörterbuch müssen wir allerdings die 1. Person Singular Präsens Indikativ Aktiv bilden: **diremio?** Schlagen wir einmal unter **diremio** nach:

**dīrēctus,** a, um (*P. Adj. m. Komp. v. dirigere; Adv.* -ē *u.* -ō) ❶ gerade (gerichtet); ❷ *(übtr.)* direkt, ohne Umschweife, geradeheraus [**verba**].
**dir-ēmī** *Perf. v. dirimere.*
**dirēmptus**[1], ūs *m (dirimere)* Trennung.
**dirēmptus**[2] *P. P. P. v. dirimere.*
**dīreptiō,** ōnis *f (diripere)* Plünderung, Raub.

Wir stellen fest, dass es kein **diremio** gibt, und finden stattdessen den Hinweis: „**dir-emi** *Perf. v. dirimere*". Wir müssen also unter **dirimo** nachsehen:

**dir-imere,** imō, ēmī, ēmptum *(dis*[1] *u. emere)* ❶ unterbrechen, stören, verhindern; ❷ *(einen Kampf)* abbrechen; ❸ *(eine Verbindung)* aufheben, auflösen [**amicitias**]; ❹ *(einen Streit)* schlichten.

Aus: PONS Basiswörterbuch Latein, Ernst Klett Sprachen GmbH, Stuttgart 2008

Glück gehabt: Unter Punkt 4 finden wir sogar einen Ausdruck für unser **litem** als Objekt zu **dirimere**: *(einen Streit) schlichten*.
Damit sind die beiden unbekannten Vokabeln geklärt, und es kann an die Übersetzung des gesamten Verses gehen.

Du siehst also, die Verwendung eines Wörterbuches ist nur dann sinnvoll, wenn man auch systematisch damit umzugehen weiß. Auf jeden Fall sollte man sich vor der Benutzung des Wörterbuches die Hinweise zur Benutzung durchlesen!

## Check 1: Vokabeln im Wörterbuch finden

Ermittle die Bedeutung der Vokabeln **abscidit** (zweiter Vers), **spisso** und **aere** (dritter Vers).

## 1.3 Immer gut in Form?

Lateinische Formen – für viele Schüler ein Albtraum, weil es scheinbar unendlich viele davon gibt.
Wenn man aber mit System vorgeht, lichtet sich der Formen-Dschungel, und die Lage wird überschaubar.
(Für viele Schüler scheinen lateinische Formen allerdings völlig unwichtig zu sein. Sie achten nur auf die Bedeutung eines Wortes. Dieses Vorgehen führt aber in aller Regel in eine Sackgasse.)
**Erst die richtige Bestimmung der Bedeutung und der Form eines Wortes stellt den richtigen Satz- und Textzusammenhang her.**

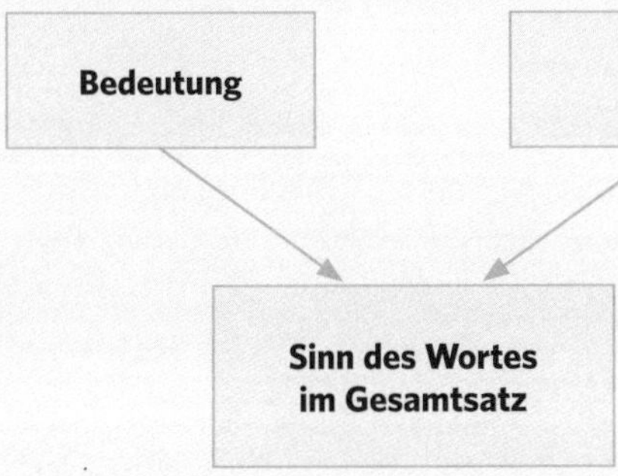


**Tipp:**

- Achte genau auf die **Wortendung:** Sie gibt dir Auskunft über den Kasus und damit die Funktion eines Wortes im Satz, sie zeigt dir – bei Verben – die Person, um die es geht, und sie verrät dir etwas über die Beziehung der einzelnen Wörter zueinander oder gibt dir Hinweise auf die Satzkonstruktion (z. B. deuten Infinitive oft auf einen AcI hin).
- **Weitere Signale** bei Verbformen geben dir z. B. Auskunft über das Tempus oder den Modus (Indikativ oder Konjunktiv).
- Oft verrät schon das **Prädikat**, welche weiteren Satzglieder zu erwarten sind (▶ **1.5** Übersetzungsmethoden). Daher kommt der korrekten **Übersetzung des Prädikates** eine besonders wichtige Bedeutung zu.
- Wenn du die lateinischen Formen richtig übersetzen willst, musst du auch die entsprechenden **Formen im Deutschen kennen!**

**Mögliche Schwierigkeiten:**
- Manche lateinische Endungen sind mehrdeutig: **natio, audio, subito**: ein **-o** muss also nicht immer 1. Person Singular im Aktiv bedeuten. Dasselbe gilt für die Endungen **-a, -e, -i, -as, -is, -us** usw.
- Manche lateinische Formen sind mehrdeutig, dies gilt insbesondere für den Ablativ, den es ja als Kasus im Deutschen nicht gibt und der verschiedene Bedeutungen haben kann.
- Bestimmte lateinische Formen, wie z. B. das Gerundivum, haben im Deutschen keine Entsprechung und müssen daher umschrieben werden.

Aus diesen Gründen ist für das Übersetzen neben einem guten Wörterbuch (z. B. PONS Wörterbuch für Schule und Studium Latein) auch eine gute Grammatik unbedingt nötig.

## Check 2: Formen bestimmen

Alles soweit verstanden? Dann probiere es mal mit folgenden Formen. Die Zahlen geben dir an, wo es mehrere Lösungen gibt.

sentis ______________________________

ingentis ______________________________

navis (2) ______________________________

viris (2) ______________________________

ducis (2) ______________________________

duces (3) ______________________________

facinus (2) ______________________________

manus (4) ______________________________

missus ______________________________

facultas ______________________________

tradas ______________________________

servas (2) ______________________________

servias ______________________________

negotia (2) ______________________________

materia (2) ______________________________

vide ______________________________

clare ______________________________

rege (2) ______________________________

audi ______________________________

audiri ______________________________

duci (2) ______________________________

iussi (3) ______________________________

vi ______________________________

## 1.4 AcI, PC, Abl. abs. & Co.

Beim Übersetzen lateinischer Texte gibt es ganz besondere „Fallen" in Form von typischen lateinischen Formulierungen, die es so im Deutschen nicht gibt. Doch zum Glück gibt es gute Strategien, diese „Fallen" zu vermeiden, wie du in den Seiten 212 bis 221 ausführlich üben kannst.
Diese „Fallen" sind glücklicherweise nicht unsichtbar versteckt, sondern an deutlichen Signalen leicht erkennbar:

| Konstruktion | Signale | Übersetzung |
|---|---|---|
| **AcI** | **Infinitiv** mit (logischem) Subjekt im **Akkusativ** | dass-Satz<br>Dabei wird die entsprechende Akkusativ-Form zum Subjekt, der Infinitiv zum Prädikat; man muss das Zeitverhältnis (beim Infinitiv) beachten. |
| **NcI (selten)** | **Infinitiv** mit Subjekt im **Nominativ,** häufig nach **videtur (videntur), dicitur (dicuntur), traditur (tradunter)** u. Ä. | dass-Satz |
| **PC** | **Partizip,** das zu einem weiteren Nomen **(Bezugswort)** im Satz KNG-kongruent[1] ist | mit einem Gliedsatz (oft Temporal- oder Kausalsatz)<br>Das Beziehungswort wird zum Subjekt, das Partizip zum Prädikat; man muss das Zeitverhältnis (beim Partizip) beachten. |
| **Abl. abs.** | **Partizip** (manchmal auch ein Adjektiv oder Substantiv) in Verbindung mit einem weiteren Nomen **(Bezugswort),** die beide im **Ablativ** stehen müssen | mit einem Gliedsatz (oft Temporal- oder Kausalsatz)<br>Das Beziehungswort wird zum Subjekt, das Partizip (bzw. Adjektiv oder Substantiv) zum Prädikat; man muss das Zeitverhältnis (beim Partizip) beachten. |
| **Gerundium/ Gerundivum** | Verbform, die auf **-nd-** und **Kasus-Signal** endet | Oft kommt man mit einer Übersetzung im Infinitiv mit „zu" weiter; steht die Form im Ablativ (evtl. mit Präposition), dann übersetzt man mit „durch" oder „bei". |

[1] KNG-kongruent: Übereinstimmung in Kasus, Numerus und Genus

## Der AcI

**AcI** ist die Abkürzung für den lateinischen Ausdruck **„Accusativus cum Infinitivo“**, also „Akkusativ mit Infinitiv“. Der Akkusativ ist - wie du sicherlich weißt - der Kasus, der häufig für die Objekte in einem Satz zuständig ist:
Marcus **amicum** videt. - *Markus sieht seinen Freund.*
Das Akkusativ-Objekt beantwortet die Frage „wen oder was sieht Markus?“.

Dieses Objekt kann man nun auch „animieren“, z. B. mit einem Infinitiv:
Marcus amicum venire videt. - *Markus sieht seinen Freund kommen.*
Oder: *Markus sieht, dass sein Freund kommt.* Und schon hast du es mit einem AcI zu tun. Ein AcI ist also zunächst nichts anderes als ein Akkusativ-Objekt, das man mit einer Handlung oder einem Zustand verbindet.

Dadurch wird aus dem Objekt eine eigenständige Aussage, sozusagen ein Satz im Satz:

| Satz 1 (Subjekt) | Satz 2 (AcI) | Satz 1 (Prädikat) |
|---|---|---|
| Marcus | **amicum venire** | videt. |

In der Regel übersetzt man einen AcI mit einem dass-Satz, dabei wird das Nomen im Akkusativ zum Subjekt, der Infinitiv zum Prädikat.
Worauf du beim Übersetzen eines AcI noch achten musst:

- Auf die Form des Infinitivs: Aktiv oder Passiv? Präsens, Perfekt oder Futur?
- Auf die Form des Subjekts: Nomen oder Pronomen (z. B. **me, nos, se, illum** usw.)
- Gibt es zum Subjekt oder Prädikat im AcI noch weitere Ergänzungen (z. B. Attribute, Prädikatsnomina usw.)?
- Achtung: Nicht jede Akkusativ-Form in einem AcI muss automatisch Subjekt sein! Es können auch Akkusativ-Objekte in einem AcI vorkommen. (Beispiel: Marcus **amicum donum portare** videt. - *Markus sieht, dass sein Freund ein Geschenk bringt.*)

### Check 3: AcI bestimmen

Unterstreiche in dem folgenden Text alle AcI-Konstruktionen und markiere (farbig) die Wörter, die jeweils das Subjekt und Prädikat im AcI bilden.

1 Cum dies hibernorum complures transissent frumentumque eo comportari iussisset, subito per exploratores certior factus est omnes noctu discessisse montesque, qui impenderent, a maxima multitudine Sedunorum et Veragrorum teneri.

2 Naves in Venetiam, ubi Caesarem primum bellum gesturum esse constabat, quam plurimas possunt, cogunt.

3 Multa Caesarem ad id bellum incitabant: imprimis, ne hac parte neglecta reliquae nationes sibi idem licere arbitrarentur.

4 Itaque cum intellegeret omnes fere Gallos novis rebus studere et ad bellum mobiliter celeriterque excitari, omnes autem homines natura libertati studere et condicionem servitutis odisse, priusquam plures civitates conspirarent, partiendum sibi ac latius distribuendum esse exercitum putavit.

5 Compluribus expugnatis oppidis Caesar, ubi intellexit frustra tantum laborem sumi neque hostium fugam captis oppidis reprimi neque iis noceri posse, statuit exspectandam esse classem.

Übrigens: Bei bestimmten Verben (im Passiv), die eine Erzählung oder einen Bericht einleiten, wie z. B. **traditur, dicitur, dicuntur** usw. oder bei **videtur/videntur** wird aus dem AcI ein **NcI**, der Kasus des Subjekts wird vom Akkusativ (im AcI) zum Nominativ (im NcI). Auch der NcI wird mit einem dass-Satz ins Deutsche übersetzt.

### Beispiel:

Cimbris et Teutonis a C. Mario pulsis non minorem laudem **exercitus** quam ipse **imperator meritus esse** videtur. (Caesar, De bello Gallico I 40, 5)
*Als die Cimbrer und die Teutonen durch C. Marius vertrieben worden waren, schien sich das Heer kein geringeres Lob verdient zu haben als der Feldherr selbst.*

## Participium coniunctum (PC)

Die lateinische Sprache hat eine Vorliebe für **Partizipien,** weil man mit ihnen häufig Sachverhalte in knapper Form ausdrücken kann, für die wir im Deutschen einen ganzen Satz brauchen.
Damit hast du schon zwei wichtige Informationen zu dem sogenannten **Participium coniunctum** erhalten: Es kann aus nur zwei Satzgliedern bestehen, nämlich einem Partizip und dem dazugehörigen Beziehungswort (in KNG-Kongruenz), hat aber im Deutschen die Bedeutung eines Satzes, meistens eines Gliedsatzes. Es ist also - wie der AcI - „satzwertig".
Da das **PC** häufig prädikativ (d. h. als Ergänzung zum Prädikat des Satzes) verwendet wird, bietet sich in aller Regel die Übersetzung mit einem **Adverbialsatz** (z. B. Temporal- oder Kausalsatz) an. Du musst beim Übersetzen darauf achten, welches **Zeitverhältnis** (zum Prädikat) mit dem Partizip ausgedrückt wird.
Im Lateinischen gibt es **drei Partizipien:**

| Partizip Perfekt Passiv (PPP) | Partizip Präsens Aktiv (PPA) | Partizip Futur Aktiv (PFA) |
|---|---|---|
| **laudatus, -a, -um** | **laudans, -antis** | **laudaturus, -a, -um** |
| *vorzeitig:*<br>*als ..., nachdem ...* | *gleichzeitig:*<br>*als ..., während ...* | *nachzeitig:*<br>*um zu ...* |

### Check 4: PC und Beziehungswort

Markiere im folgenden Text die PCs und ihr Beziehungswort und übersetze sie.

1 Alteram partem eius vici Gallis concessit, alteram vacuam ab his relictam cohortibus attribuit.
2 Itaque celeriter milites certiores facit, ut paulisper intermitterent proelium ac tantummodo tela missa exciperent.
3 Sabinus suos hortatus cupientibus signum dat.
4 Hi nostros disiectos adorti proelium renovaverunt.

## Ablativus absolutus (Abl. abs.)

Der **Ablativus absolutus (Abl. abs.)** gilt allgemein als eine schwierige Konstruktion - völlig zu Unrecht!
Er lässt sich meistens leicht in einem Satz erkennen und auch eben so leicht übersetzen.
Glaubst du nicht?
Dann lass dich überzeugen!
Natürlich ist das Erkennen eines Ablativus absolutus - wie auch das Erkennen anderer Konstruktionen - nur möglich, wenn man auch die lateinischen Formen kennt. Hier kommt es vor allem darauf an, die Kasusformen des Ablativs und die Formen des Partizips zu kennen. Taucht nämlich in einem Satz ein Partizip im Ablativ auf und findet man noch eine weitere Ablativform, die grammatisch und dem Sinn nach zu diesem Partizip passen könnte, kann man meistens davon ausgehen, es mit einem Ablativus absolutus zu tun zu haben.

Ein Ablativus absolutus besteht also aus mindestens zwei Wörtern im Ablativ, kann aber durch weitere Satzglieder noch verlängert werden: **nuntiis acceptis ▶ his nuntiis acceptis; consilio convocato ▶ consilio celeriter convocato** usw.
Caesar liebt förmlich den Abl.abs., im folgenden Satz kommen gleich vier Abl.-abs.-Konstruktionen vor:

**His nuntiis acceptis** Galba, cum neque opus hibernorum munitionesque plane essent perfectae neque de frumento reliquoque commeatu satis esset provisum, quod **deditione facta obsidibusque acceptis** nihil de bello timendum existimaverat, **consilio celeriter convocato** sententias exquirere coepit.
(Caesar, De bello Gallico III 3, 1)

Die **Übersetzung** ins Deutsche erfolgt in der Regel mit Hilfe eines **Adverbialsatzes**.
Zunächst kann man es mit einem Temporalsatz „probieren" (eingeleitet z. B. mit „nachdem", „als"); ist dann eine Sinnrichtung (kausal, modal, adversativ, konzessiv usw.) zum Prädikatsinhalt erkennbar, wählt man einen entsprechenden adverbialen Gliedsatz („weil ...", „indem ...", „während ...", „obwohl ..." usw.).

### Check 5: Abl. abs. übersetzen

Übersetze die Ablativi absoluti aus dem oben abgedruckten Caesarsatz.
Suche jetzt in den folgenden Sätzen die Abl.-abs.-Konstruktionen heraus und übersetze sie.

1 Itaque convocatis centurionibus celeriter milites certiores facit, ut paulisper intermitterent proelium seque ex labore reficerent, post dato signo ex castris erumperent atque omnem spem salutis in virtute ponerent.
2 Ita commutata fortuna eos undique circumventos intercipiunt et ex hominum milibus amplius XXX plus tertia parte interfecta reliquos perterritos in fugam coniciunt.
3 Erant hae difficultates belli gerendi: rebellio facta post deditionem, defectio datis obsidibus, tot civitatum coniuratio, imprimis, ne hac parte neglecta reliquae nationes sibi idem licere arbitrarentur.

### Gerundium und Gerundivum

Gerundium und Gerundivum werden häufig miteinander verwechselt. Kein Wunder, erstens klingt ihre Bezeichnung ähnlich und zweitens sehen sie auch fast gleich aus. Dennoch gibt es deutliche Unterschiede, wie dir die folgende Tabelle zeigt:

| | **Gerundium** | **Gerundivum** |
|---|---|---|
| **Form** | o-Deklination, aber nur im Singular | a- und o-Deklination, im Singular und Plural, meistens in KNG-Kongruenz zu einem Beziehungswort |
| **Verwendung** | wie ein Substantiv: als Objekt oder adverbiale Bestimmung | wie ein Adjektiv: als Attribut, Prädikativum oder Prädikatsnomen (mit **esse**) |
| **Übersetzung** | Häufig lassen sich nd-Konstruktionen mit einem **Infinitiv** „(um) zu ..." oder **Substantiv** wiedergeben. Treten sie im Ablativ auf (mit oder ohne Präposition), bietet sich oft die Übersetzung mit „durch" oder „bei(m)" an.<br>Das Gerundivum mit **esse** drückt eine Notwendigkeit („müssen", „nicht dürfen") aus. | |

Beispiele für ein **Gerundium:**

- Qua ex parte homines **bellandi cupidi** magno dolore afficiebantur.
  *Aus diesem Grund wurden die **auf das Führen von Kriegen versessenen** Menschen von einem großen Schmerz getroffen.* (Caesar, De bello Gallico I 2, 4)
- Reperiebat etiam **in quaerendo** Caesar ... initium eius fugae factum ab Dumnorige atque eius equitibus.
  *Caesar fand **bei seiner Untersuchung** heraus, dass die Flucht bei Dumnorix und seinen Reitern ihren Ausgang genommen hatte.* (Caesar, De bello Gallico I 18, 10)

Beispiele für ein **Gerundivum:**

- **attributiv:** Si quid accidat Romanis, summam in spem per Helvetios **regni obtinendi** venire.
  *Wenn den Römern etwas zustoßen sollte, habe er größte Hoffnung, mit Hilfe der Helvetier **an die Macht zu gelangen**.* (Caesar, De bello Gallico I 18, 9)
- **prädikativ:** Hoc proelio facto ... **pontem in Arari faciendum curat** atque ita exercitum traducit.
  *Nach diesem Gefecht **ließ er eine Brücke bauen** und führte auf diese Weise das Heer hinüber.* (Caesar, De bello Gallico I 13, 1)
- **Prädikatsnomen:** Quibus rebus adductus Caesar **non exspectandum <esse>** sibi statuit.
  *Aufgrund dieser Lage fasste Caesar den Beschluss, **nicht länger abwarten zu dürfen.*** (Caesar, De bello Gallico I 11, 6)

## 1.5 Übersetzungsmethoden

Wie kann man nun erfolgreich lateinische Texte ins Deutsche bringen? Wenn du jetzt einen „Königsweg" erwartest, auf dem es gelingt, alle Probleme beim Übersetzen zu lösen, dann müssen wir dich leider enttäuschen. Zwar führen bekanntlich alle Wege nach Rom, doch welcher davon der richtige Weg ist, hängt von einer Reihe von Faktoren ab:

- von der grammatischen Struktur eines Textes
- von der Textsorte
- von der eigenen Lektüreerfahrung usw.

In der Regel wird man eine Kombination verschiedener Übersetzungsmethoden anwenden müssen.

Um nun die einzelnen Übersetzungstechniken vorzustellen, wollen wir einen Ausschnitt aus Caesars De bello Gallico (I 16) wählen, der geeignet ist, alle Wege vorzuführen.

Der Hintergrund: Caesar wartet verzweifelt auf das Getreide für sein Heer, das von dem mit den Römern verbündeten Stamm der Häduer geliefert werde sollte. Der Abschnitt beginnt folgendermaßen:
Interim cottidie Caesar Haeduos frumentum, quod essent publice polliciti, flagitare.
(Caesar, De bello Gallio, I 16, 1)

### 1 Die Wort-für-Wort-Methode

Dieses Verfahren entspricht am ehesten der Art der Übersetzung, wie du sie aus dem modernen Fremdsprachenunterricht kennst.
Man übersetzt einen Satz einfach Wort für Wort von vorne nach hinten, wobei man natürlich die Formen der einzelnen Wörter berücksichtigen muss:

| **Interim** | **cottidie** | **Caesar** | **Haeduos** | **frumentum,** |
|---|---|---|---|---|
| *Inzwischen* | *täglich* | *Caesar* | *die Häduer* | *das Getreide,* |
| **quod** | **essent** | **publice** | **polliciti,** | **flagitare.** |
| *welches* | *sie* | *offiziell* | *versprochen hätten,* | *forderte.* |

Du merkst vielleicht schon die Grenzen dieser Methode: Sie ist nur anwendbar, wenn die Wortstellung und der Satzbau im Lateinischen dem deutschen weitgehend entspricht (was nicht so oft vorkommt). Schwierigkeiten gibt es in unserem Fall z. B. bei den unterschiedlichen Ergänzungen zum Prädikat **flagitare** *(fordern)* oder der gesperrt stehenden Form **essent ... polliciti.**

Problematisch ist bei dieser Methode auch die Übertragung typisch lateinischer Konstruktionen, wie z. B. Abl. abs. oder nd-Konstruktionen. Doch sie kann für eine erste Annäherung an einen Satz oder Text durchaus hilfreich sein, vorausgesetzt sind natürlich solide Formenkenntnisse.

## 2 Die Drei-Schritt- oder Pendel-Methode[1]

Im Gegensatz zum Wort-für-Wort-Übersetzen versucht diese Methode die Wortabfolge im deutschen Satzbau zu berücksichtigen. Du konzentrierst dich zunächst auf den Hauptsatz und beginnst bei deiner Übersetzung mit dem ersten Satzteil (Schritt 1), suchst und übersetzt dann das Prädikat, das sich meistens am Satzende befindet (Schritt 2) und „pendelst" wieder zum Satzanfang zurück (Schritt 3), um anschließend die übrigen Satzglieder - unter Berücksichtigung zusammengehörender Wortgruppen - der Reihe nach zu übersetzen. Bei Gliedsätzen beginnt man zunächst mit der Subjunktion, übersetzt anschließend das Subjekt und die restlichen Satzglieder mit dem Prädikat am Schluss.

**Beispiel:**
His rebus comparatis Catilina nihilo minus in proximum annum consulatum petebat.
(Sallust, Catilina 26, 1)

## 3 Konstruktionsmethode

Hier handelt es sich um ein traditionelles, für den Lateinunterricht typisches Verfahren der Übersetzung, das vor allem dann zum Einsatz kommt, wenn die Situation etwas vertrackter wird - also relativ häufig.
Es geht bei ihr um die Analyse der syntaktischen Struktur eines Satzes, mit dem Ziel, die Beziehung der einzelnen Satzglieder zueinander zu erkennen. Unterstützend dazu kann man die Satzstruktur auch in einer Grafik darstellen.

Man geht dabei folgendermaßen vor:

1 Handelt es sich um eine längere Satzperiode mit Gliedsätzen, löst du zunächst den Hauptsatz heraus. Dabei musst du auf die Satzzeichen und auf eventuelle Subjunktionen achten, die Hinweise auf einen Gliedsatz liefern.
2 Jetzt beginnt die Untersuchung der Struktur des Hauptsatzes:
   a Suche zunächst den **Satzkern:** Prädikat (meist am Ende des Satzes) und Subjekt (meist am Anfang des Satzes) und übersetze dann den Satzkern.
   b Ausgehend von der Übersetzung des Satzkerns fragst du nach weiteren möglichen **Ergänzungen** (Objekte, Präpositionalobjekte) und suchst nach entsprechenden Kasusformen.
   c Schließlich integrierst du die **übrig gebliebenen Satzglieder** („freie Angaben", z. B. adverbiale Bestimmungen oder Attribute).
   d Sollte der Satz interne Konstruktionen wie AcI. oder Abl. abs. enthalten, behandelst du diese nach der Konstruktionsmethode wie selbstständige Sätze und verbindest sie dann mit dem übergeordneten Satz.
3 Anschließend verfährst du mit den Gliedsätzen in der gleichen Weise.
4 Abschließend setzt du den gesamten Satz unter Berücksichtigung seiner logischen Struktur - achte dabei auf Konjunktionen und Subjunktionen - zusammen.

[1] Die Pendel-Methode ähnelt der sogenannten Drei-Schritt-Methode. Die Bezeichnung stammt von den Lateinfachdidaktikern Gerhard Fink und Friedrich Maier.

**Bleiben wir beim Beispielsatz von S. 212:**
Interim cottidie Caesar Haeduos frumentum, quod essent publice polliciti, flagitare.

1 Hauptsatz: Interim cottidie Caesar Haeduos frumentum flagitare.
2 Struktur des Hauptsatzes:
   a **Satzkern: Caesar ... flagitare (= flagitat):** *Caesar forderte ...*
   b Was forderte Caesar? ▶ **frumentum; Haeduos**? ▶ Ein Blick ins Wörterbuch zeigt, dass bei **flagitare** die Person, von der etwas gefordert wird, ebenfalls im Akkusativ stehen kann; **Haeduos** antwortet also auf die Frage „Von wem?".
   Ergebnis: *Caesar forderte von den Häduern Getreide.*
   c freie Angaben: **interim** *(in der Zwischenzeit)* und **cottidie** *(täglich): In der Zwischenzeit forderte Caesar von den Häduern täglich das Getreide ...*
3 **Anschluss des Gliedsatzes: quod essent publice polliciti:** *welches (oder weil?) sie offiziell versprochen hätten.*
4 **Ergebnis:** *In der Zwischenzeit forderte Caesar von den Häduern täglich das Getreide, das sie offiziell versprochen hätten.*

## Grafische Darstellung:

| | | | | |
|---|---|---|---|---|
| **Satzkern** | **Caesar**<br>Wer? | ←——→ | **flagitare** | *er, sie, es fordert* |
| **Ergänzungen** | | **frumentum**<br>Was? | | **Haeduos**<br>Von wem? |
| **freie Angaben** | | **interim** | | **cottidie** |

In unserem Beispieltext geht es etwas komplizierter weiter:
Ubi se diutius duci intellexit et diem instare, quo die frumentum militibus metiri oporteret, convocatis eorum principibus, quorum magnam copiam in castris habebat, in his Diviciaco et Lisco, qui summo magistratui praeerat, quem *vergobretum* appellant Haedui, qui creatur annuus et vitae necisque in suos habet potestatem, graviter eos accusat, quod, cum neque emi neque ex agris sumi possit, tam necessario tempore, tam propinquis hostibus ab iis non sublevetur, praesertim cum magna ex parte eorum precibus adductus bellum susceperit.

(Caesar, De bello Gallico I 16, 5–6)

1 **Untersuchung des Hauptsatzes: <convocatis eorum principibus> graviter eos accusat.**
2 Hier erübrigt sich wohl, nachdem der Abl. abs. abgetrennt wurde, eine aufwendige Konstruktionsmethode! Daher nach der Übersetzung gleich weiter mit Schritt 3.

3 **Analyse der Struktur der Gliedsätze:**

a Anfertigen einer Liste der Gliedsätze:

Ubi se diutius duci intellexit et diem instare
quo die frumentum militibus metiri oporteret,
convocatis eorum principibus,
quorum magnam copiam in castris habebat,
in his Diviciaco et Lisco,
qui summo magistratui praeerat,
quem vergobretum appellant Haedui,
qui creatur annuus et vitae necisque in suos habet potestatem,
graviter eos accusat,
quod ab iis non sublevetur
cum neque emi neque ex agris sumi possit,
tam necessario tempore, tam propinquis hostibus,
praesertim cum magna ex parte eorum precibus adductus bellum susceperit.

b Jetzt solltest du die Konstruktionsmethode bei den Gliedsätzen anwenden, bei denen es dir notwendig erscheint und die einzelnen Teilsätze übersetzen!

4 Nun kannst du unter Berücksichtigung der Konjunktionen und Subjunktionen den Gesamtsatz „zusammenbauen".

Auch wenn die Konstruktionsmethode beim Erkennen grammatischer Strukturen häufig zum Erfolg führen kann, sind vielleicht auch ihre Schwächen deutlich geworden:

- Manchmal wird im Lateinischen anders nach Satzgliedern gefragt als im Deutschen, z. B. bei **flagitare.**
- Es gibt Verben, die verschiedene Fragen nach ihren Ergänzungen zulassen bzw. durch ihre Ergänzungen erst in ihrer Bedeutung festgelegt werden; z. B. wäre es unsinnig, bei der Wendung **rei publicae consulere** vom Prädikat ausgehend mit „Wen?" weiterzufragen – **consulere** kann zwar auch *(um Rat) fragen* bedeuten, allerdings nur mit Akkusativ-Objekt; mit einem Dativ-Objekt bedeutet es *sorgen für*.
- Bei längeren Satzperioden kann die Konstruktionsmethode bei Teilsätzen helfen, doch es bleibt die Schwierigkeit, aus all diesen Teilsätzen nachher eine sinnvolle und logisch richtige Gesamtkomposition des Satzes zusammenzubauen.

Gerade wenn es sich um längere und schwer überschaubare Sätze handelt, hilft es, wenn du zunächst den Satz gliederst und dir so einen Überblick verschaffst.

Während die bisher gezeigten Übersetzungsmethoden eher satzweise vorgehen, beziehen sich die folgenden auf längere Textabschnitte.

## 4 Die Reduktionsmethode

Bei der Reduktionsmethode unterstreicht man im Text zunächst alle Verbformen (Prädikate der Haupt- und Gliedsätze, Partizipien, Infinitive), die dazugehörenden Subjekte, eindeutig zuordenbare Objekte und weitere wichtige Gliederungssignale (z. B. Konjunktionen und Subjunktionen).
Statt zu unterstreichen kannst du die genannten Formen auch (mit Zwischenräumen) auf ein Notizblatt schreiben. Oder du bearbeitest den Text am Computer, wobei du alle Satzglieder – außer die genannten – entfernst.

Flumen est Arar, quod per fines Haeduorum et Sequanorum in Rhodanum influit, incredibili lenitate, ita ut oculis, in utram partem fluat, iudicari non possit; id Helvetii ratibus ac lintribus iunctis transibant. Ubi per exploratores Caesar certior factus est tres iam partes copiarum Helvetios id flumen traduxisse, quartam vero partem citra flumen Ararim reliquam esse, de tertia vigilia cum legionibus tribus e castris profectus ad eam partem pervenit, quae nondum flumen transierat. Eos impeditos et inopinantes aggressus magnam partem eorum concidit; reliqui sese fugae mandarunt atque in proximas silvas abdiderunt.
(Caesar, De bello Gallico I 12, 1-3)

**Reduziert** kann dann dein Text folgendermaßen aussehen:
Flumen est Arar, quod in Rhodanum influit; id Helvetii ratibus iunctis transibant. Caesar certior factus tres partes copiarum Helvetios id flumen traduxisse, cum legionibus e castris profectus ad eam partem pervenit, quae nondum flumen transierat.

Eos aggressus magnam partem eorum concidit; reliqui sese fugae mandarunt.

**Noch einfacher** wird es, wenn du dich zunächst nur auf die Hauptsätze konzentrierst und entweder auch die Gliedsätze - erkennbar an den Subjunktionen - herausstreichst:
Flumen est Arar; id Helvetii ratibus iunctis transibant. Caesar certior factus tres partes copiarum Helvetios id flumen traduxisse, cum legionibus e castris profectus ad eam partem pervenit. Eos aggressus magnam partem eorum concidit; reliqui sese fugae mandarunt.

Oder den gekürzten Textabschnitt **gliederst** (▶ Einrückverfahren):

Flumen est Arar,
                    quod in Rhodanum influit;
id Helvetii ratibus iunctis transibant.
Caesar certior factus
tres partes copiarum Helvetios id flumen traduxisse,
cum legionibus e castris profectus
ad eam partem pervenit,
                    quae nondum flumen transierat.
Eos aggressus
magnam partem eorum concidit;
reliqui sese fugae mandarunt.

Anschließend versuchst du zu ermitteln, worum es inhaltlich in den einzelnen Segmenten geht:
- ein Fluss, nämlich der Arar, wird genannt,
- die Helvetier haben diesen Fluss überquert,
- Caesar erhält Nachricht über den Vorfall,
- er reagiert: bricht auf - eilt zu den Helvetiern - greift sie an,
- viele (von den Helvetiern) kommen dabei ums Leben, einigen gelingt die Flucht.

Jetzt kehrst du zum Originaltext zurück und versuchst - evtl. mit Hilfe der ▶ Konstruktionsmethode - die noch nicht berücksichtigten Satzglieder aufzunehmen und den gesamten Text in ein angemessenes Deutsch zu übertragen.

### 5 Das Einrückverfahren

Ähnlich wie beim Reduktionsverfahren wird bei dieser Methode der Gesamtsatz zunächst in Teilsätze zerlegt. Es geht jedoch zunächst nicht um inhaltliches Verständnis, sondern um einen Überblick über die Satz- bzw. Textstruktur. Insofern kann das **Einrückverfahren** auch

die Grundlage für die Verwendung weiterer Methoden wie z. B. das unten beschriebene **lineare Dekodieren** sein.
**Beim Einrückverfahren** gehst du folgendermaßen vor:

1 Du legst dir zunächst eine Tabelle mit mehreren Spalten an. Anschließend „zerlegst" du den Satz oder Text, den du übersetzen möchtest, in seine einzelnen Teilsätze oder Sinnabschnitte (auch AcI, Abl. abs. usw.), wobei du auf die Konjunktionen und Subjunktionen sowie die oben beschriebenen Signale für die lateinischen Satzkonstruktionen achten musst.
2 Nun trägst du diese einzelnen Teilsätze bzw. Satzkonstruktionen – dem Verlauf des Gesamtsatzes entsprechend – untereinander in die Tabelle ein, und zwar so, dass du die Hauptsätze und Konstruktionen, die zum Hauptsatz gehören, in die linke Spalte einträgst. Je höher der Abhängigkeitsgrad eines Gliedsatzes ist, umso weiter wird er in eine der Spalten nach rechts gerückt. Satzwertige Konstruktionen, wie der AcI oder Abl. abs., werden dabei nicht als untergeordnete Gliedsätze betrachtet, d. h., sie bleiben in der Spalte der Teilsätze, zu denen sie gehören. (▶ Beispiel unten)

Damit hast du einen Überblick über die Satz- bzw. Textstruktur erhalten.

3 Jetzt kannst du die Subjekte, Prädikate und weitere Gliederungssignale (Konjunktionen oder Subjunktionen) der einzelnen Teilsätze nochmals gesondert hervorheben (unterstreichen) oder längere Teilsätze auf die wichtigsten Informationen (z. B. Prädikate mit zugehörigen Subjekten und Objekten) verkürzen.
4 Anschließend übersetzt du die einzelnen Satzabschnitte, ergänzt die noch nicht berücksichtigten Satzglieder und verknüpfst sie schließlich zu einem Gesamtsatz.

Auf unseren langen Satz von S. 215 angewendet erhalten wir damit folgende Übersicht:

| HS | GS 1 | GS 2 | GS 3 | GS 4 |
|---|---|---|---|---|
| | Ubi<br>**se** *diutius* **duci**<br>**intellexit**<br>*et* ***diem instare,*** | | | |
| | | quo die frumentum militibus **metiri oporteret,** | | |
| <convocatis eorum principibus,> | | | | |
| | quorum magnam copiam in castris **habebat,** | | | |
| <in his Diviciaco et Lisco,> | | | | |
| | **qui** summo magistratui **praeerat,** | | | |
| | | quem vergobretum **appellant Haedui,** | | |
| | | | **qui creatur** annuus<br>et vitae necisque in suos **habet** potestatem, | |
| graviter eos **accusat,** | | | | |
| | quod, | | | |
| | | cum neque **emi** neque ex agris **sumi possit,** | | |
| | <tam necessario tempore>,<br><tam propinquis hostibus><br>ab iis **non sublevetur,** | | | |
| | | praesertim cum magna ex parte<br>eorum precibus **adductus**<br>bellum **susceperit.** | | |

In unserer Tabelle haben wir alle Subjekte und Prädikate **fett** gedruckt, AcI-Konstruktionen kursiv gekennzeichnet, Abl.-abs.-Formulierungen in spitze Klammern (< >)gesetzt und die satzgliedernden Elemente (Konjunktionen und Subjunktionen) unterstrichen.
Beim Übersetzen kannst du nun von links nach rechts vorgehen, also zunächst nur den Hauptsatz übersetzen, dann die Gliedsätze ersten Grades hinzunehmen usw. Dabei darfst du aber die Abfolge der einzelnen Teilsätze im Gesamtsatz nicht aus den Augen verlieren.

## 6 Das „lineare Dekodieren“[1]

Beim „linearen Dekodieren“ konzentriert man sich zunächst nur auf die **Verbformen,** und zwar alle Verbformen, nicht nur die Prädikate, sowie auf Konnektoren (Konjunktionen, Subjunktionen), die mit diesen Verbformen in einem syntaktischen Zusammenhang stehen. Bei dieser ersten Satzanalyse kann man außerdem schon Subjekte, Objekte oder Attribute miteinbeziehen, die sich eindeutig auf die **Verbformen** beziehen.

Helvetii repentino eius adventu commoti, cum id, quod ipsi diebus XX aegerrime confecerant, ut flumen transirent, illum uno die fecisse intellegerent, legatos ad eum mittunt.
(Caesar, De bello Gallico, I 13, 2)

Verkürzt:
Helvetii ... **commoti**, cum ..., quod ... **confecerant**, ut flumen **transirent**, illum ... **fecisse intellegerent**, legatos ad eum **mittunt**.

Um einen besseren Überblick zu erhalten, kann man sich auf einem eigenen Blatt oder am Computer eine Tabelle (mit mehreren Spalten) anlegen und alle Verbformen - in der Reihenfolge, in der sie im Satz auftreten - untereinander schreiben und ihre wichtigsten Ergänzungen hinzufügen; dabei trägt man - wie beim Einrückverfahren - Hauptsatzelemente in der linken Spalte ein, Satzteile, die zu einem Gliedsatz ersten Grades gehören, in die zweite Spalte usw.

Noch übersichtlicher wird diese Tabelle, wenn man die einzelnen Elemente nicht einfach nebeneinander in die Tabelle einträgt, sondern, dem Verlauf des Satzes entsprechend, auch untereinander rückt. Dies klingt kompliziert, wird aber hoffentlich aus folgendem Beispiel deutlich:
**Also nicht:**

| HS | GS 1 | GS 2 | GS 3 |
|---|---|---|---|
| Helvetii ... commoti legatos mittunt | cum ... illum fecisse intellegerent | quod ... confecerant | ut flumen transirent |

[1] Das „lineare Dekodieren“ wurde von dem Lateinfachdidaktiker Hans-Joachim Glücklich entwickelt und gilt als eine der modernsten Methoden zur Erschließung lateinischer Texte.

**Sondern:**

| HS | GS 1 | GS 2 | GS 3 |
|---|---|---|---|
| Helvetiis commoti | | | |
| | cum ... | | |
| | | quod ... confecerant | |
| | | | ut flumen transirent |
| | illum fecisse intellegerent | | |
| legatos ad eum mittunt. | | | |

Jetzt geht es an das Übersetzen: Alle Verbinformationen werden - wie gleichberechtigte Sätze - ins Deutsche übertragen. Dabei kann man bereits weitere Satzglieder mitberücksichtigen, deren Zuordnung eindeutig ist:
Die Helvetier sind beunruhigt
sie hatten (etwas) vollendet/geschafft
um einen Fluss zu überqueren
(weil/als) sie sahen, dass (AcI!) jener es getan hatte
sie schickten Gesandte zu ihm

Wenn man so ein Grundgerüst der Struktur und des Inhaltes erstellt hat, kann man nun versuchen, durch geeignete Fragen die noch nicht berücksichtigten Satzglieder einzuordnen, z. B.: „Die Helvetier sind beunruhigt" ▶ Wodurch?/Worüber? ▶ **eius adventu:** *durch/über seine Ankunft* ▶ **repentino eius adventu:** *über seine plötzliche Ankunft* usw.

Abschließend wird dann der gesamte Text ins Deutsche übertragen, wobei jetzt alle Satzglieder und auch die syntaktische Struktur beachtet werden müssen.

## 1.6 Allgemeine Regeln

1 Vor dem Übersetzen ein **erstes Vorverständnis** herstellen: Lies dir den lateinischen Text einmal, am besten mehrmals durch und achte dabei auf folgende Merkmale:
- In welchen (erzählerischen) Zusammenhang ist der Text eingebettet? Was ist unmittelbar vorher passiert? Wie könnte die Handlung weitergehen?
- Um welche Personen geht es im Text?
- Wie ist der Text gegliedert (Satzarten, Konnektoren, lateinische Konstruktionen)?
- Welche Verbinformationen (Prädikate, Partizipien usw.) gibt der Text? In welcher Form (Tempus, Modus) tauchen die Verbformen auf?
- Welche Begriffe oder Wortfelder scheinen eine besondere Rolle zu spielen?

2 Beim Übersetzen **nicht voreilig einen Sinn vermuten,** ohne genau auf die Formen und die genauen Inhalte der Wörter und damit auf ihre Beziehung zueinander zu achten. Dies gilt sowohl für die lateinischen Kasus wie auch die Tempora und Modi.

3 Längere Sätze **erst gliedern** (Satz- oder Textanalyse), um sich so eine Übersicht zu verschaffen. Auf Gliederungssignale achten!

4 Für die Übersetzung gilt:
- So wörtlich wie möglich, so frei wie nötig.
- Prinzipiell sollte man sich beim Übersetzen immer an die Reihenfolge der Gedanken des Originaltextes halten, natürlich nur, soweit dies nach der deutschen Satzgrammatik möglich ist.

5 Nach dem Übersetzen alles noch einmal **kontrollieren:**
- Wurde kein Wort oder kein Satz übersehen keine lateinische Konstruktion (AcI, Abl. abs. usw.) übersehen?
- Wurden alle Formen korrekt ins Deutsche übersetzt?
- Gibt es noch Formulierungen, die stilistisch verbessert werden können?

### Besondere Tipps für das Übersetzen lateinischer Dichtung

Pyramus et Thisbe, iuvenum pulcherrimus alter,
altera, quas Oriens habuit, praelata puellis,
contiguas tenuere domos, ubi dicitur altam
coctilibus muris cinxisse Semiramis urbem.
(Ovid, Metamorphosen, IV 55–58)

Auch wenn du es vielleicht nicht glaubst: Der Satzbau ist bei Dichtern meistens einfacher als bei Autoren wie Cicero oder Caesar. Warum ist dann das Übersetzen so schwierig? Dies hat folgende Gründe:

1 Wortwahl: Dichter verwenden die dir bekannten Wörter oft in einer etwas anderen Bedeutung, z. B. kann **lumina** *die Augen* bedeuten; in unserem Textbeispiel bedeutet **tenuere** *sie bewohnten*.
Auch Kasus- und Verbformen weichen manchmal von den dir bekannten ab, wie bei unserem Beispiel: **tenuere** steht anstelle von **tenuerunt.** Hier heißt es, auf die Einführungsseiten und den Kommentar in deiner Textausgabe achten oder ein gutes Wörterbuch zu Rate ziehen.

2 Die Verse enthalten oft Namen oder sogar Anspielungen aus der Mythologie wie in unseren Beispielversen der Name **Semiramis** oder die Aussage: **altam coctilibus muris cinxisse Semiramis urbem;** dazu bedarf es eines guten Hintergrundwissens. Glücklicherweise helfen dabei die Kommentare in den Schulausgaben.

3 Der vielleicht wichtigste Grund: die „vertrackte" Wortstellung. Weil der Ablauf der Verse bestimmten rhythmischen Gesetzen (z. B. Hexameter) unterliegt, müssen zwangsläufig

die Wörter umgestellt werden. Dadurch stehen inhaltlich oder grammatisch zusammengehörige Begriffe oft weit voneinander getrennt (Hyperbaton), wie z. B. **altam ... urbem**. Deshalb ist es sehr zu empfehlen, den Vers zu ordnen, vielleicht nach dem System, wie du es bei der Konstruktionsmethode vorhin kennengelernt hast:

- **Satzkern:**
  Prädikat: tenuere = tenuerunt - *sie bewohnten* ▶ Wer? Pyramus et Thisbe ▶ Was? domos ▶ Pyramus et Thisbe domos tenuere
- **Zuordnung weiterer Satzglieder:**
  iuvenum pulcherrimus alter ▶ Pyramus
  altera praelata puellis ▶ Thisbe
  quas Oriens habuit ▶ puellis
  contiguas ▶ domos
- **den Satz ordnen nach der „normalen" Wortstellung:**
  Pyramus et Thisbe - alter pulcherrimus iuvenum, altera praelata[1] puellis, quas Orient habuit - domos contiguas[2] tenuere, ubi Semiramis[3] altam urbem[4] muris coctilibus[5] cinxisse dicitur.
  *Pyramus und Thisbe, der eine (war) der schönste unter den jungen Männern, die andere zeichnete sich (durch ihre Schönheit) vor allen (anderen) Mädchen des Orients aus, bewohnten zwei nebeneinander gebaute Häuser, wo angeblich Semiramis die hohe Stadt mit Backsteinmauern umgeben hat.*

Eine weitere Möglichkeit ist es, den Satz oder Vers Wort für Wort in eine Tabelle einzutragen und die entsprechenden deutschen Übersetzungen direkt darunter anzugeben. Dabei kann man im Vers getrennte, aber grammatisch zusammengehörende Wörter in verschiedenen Zeilen notieren:

... ubi dicitur altam
coctilibus muris cinxisse Semiramis urbem

| **ubi** | **dicitur** | **altam** | **coctilibus** | **muris** | **cinxisse** | **Semiramis** | **urbem** |
|---|---|---|---|---|---|---|---|
| *wo* | *man sagt* | | | | *umgeben hat* | *Semiramis* | |
| | | *die hohe* | | | | | *die Stadt* |
| | | | *mit Backstein-* | *Mauern* | | | |

[1] **praelata puellis:** *sie zeichnete sich (durch ihre Schönheit) vor den anderen Mädchen aus* - [2] **contiguus, -a, -um:** *(hier) nebeneinander gebaut* - [3] **Semiramis:** *Name einer berühmten Königin, die einstmals in Babylon geherrscht haben soll* - **alta urbs:** *gemeint ist die Stadt Babylon* - **muri coctiles:** *Backsteinmauern*

# 2 Übersetzungstexte zum Üben

## Caesar: Übungstext 1

### Die religiösen Vorstellungen der Gallier

*Caesar vermittelt seinen Lesern auch Einblicke in die Kultur und Lebensweise der Gallier, wie z. B. in ihre Religion:*

(E numero) deorum maxime Mercurium[1] colunt[2]; post hunc[3] Apollinem[4] et Martem[5] et Iovem[6] et Minervam[7].
De his eandem fere quam reliquae gentes habent opinionem:
Apollinem[4] morbos depellere, Minervam[7] operum atque artificiorum initia[8] tradere, Iovem[6] imperium caelestium[9] tenere, Martem[5] bella regere.
Huic[10], cum proelio dimicare[11] constituerunt, ea, quae bello ceperint[12], plerumque devovent[13]; cum superaverunt, animalia capta immolant[14] reliquasque res in unum locum conferunt.
Multis in civitatibus harum rerum exstructos[15] cumulos[16] locis consecratis[17] conspicari[18] licet[19];
neque saepe accidit[20], ut neglecta quispiam[21] religione aut capta[22] apud se occultare aut posita[22] tollere auderet, gravissimumque ei rei supplicium[23] cum cruciatu[24] constitutum est.

(95 Wörter)

| Hilfen zum Text | |
|---|---|
| [1] **Mercurius, -i** - *Merkur (Hermes), Gott der Reisenden, Kaufleute und Diebe* | [12] **capere, capio, cepi, captum** - *(hier:) erbeuten* |
| [2] **colere** - *verehren, anbeten (bleibt auch Prädikat im folgenden Satz)* | [13] **devovere** - *weihen, opfern* |
| [3] **post hunc** = *an zweiter Stelle* | [14] **immolare** - *opfern* |
| [4] **Apollo, -inis** - *Apollo, Gott der Künste* | [15] **exstruere, -struo, -struxi, -structum** - *aufschichten* |
| [5] **Mars, Martis** - *Mars (Ares), Kriegsgott* | [16] **cumulus, -i** *m. - Haufen* |
| [6] **Iuppiter, Iovis** - *Jupiter (Zeus), oberster Gott* | [17] **consecratus, -a, -um** - *geweiht, heilig* |
| [7] **Minerva, -ae** - *Minerva (Athene), Göttin der Weisheit* | [18] **conspicari** - *erblicken* |
| [8] **initium, -i** *n. - Grundlage* | [19] **licet** - *man kann* |
| [9] **caelestium = deorum** | [20] **accidit** - *es kommt vor* |
| [10] **huic = Marti deo** | [21] **quispiam** - *jemand* |
| [11] **proelio dimicare** - *eine Schlacht schlagen* | [22] **capta/posita** - *(hier wie Substantive verwendet)* |
| | [23] **supplicium, -i** *n. - (Todes-)Strafe* |
| | [24] **cruciatus, -us** *m. - Folter* |

## Check 1:

1 Im Text werden verschiedene Gottheiten genannt; außerdem wird in den Zeilen 1–5 ihre Bedeutung näher beschrieben. Ordne in einer Tabelle den einzelnen Göttern die jeweiligen Aussagen des Textes zu.

| Gottheit | Bedeutung |
|---|---|
| Mercurius | |
| Apollo | |
| Mars | |
| Iuppiter | |
| Minerva | |

2 Übersetze die einzelnen Aussagen über die Götter.

3 Welchem der genannten Götter gilt im weiteren Verlauf des Textes (Z. 6ff.) besonderes Augenmerk?

4 Wie lässt sich im Deutschen die Formulierung **ea, quae bello ceperint** (Z. 6) mit einem Begriff wiedergeben?

5 Was ist mit **reliquas res** (Z. 8) – im Gegensatz zu **animalia capta** – gemeint?

6 Welche der folgenden Formen des Textes sind eindeutig Akkusativformen, welche können auch Akkusativformen sein, welche sind kein Akkusativ?

deorum – hunc – Iovem – eandem– quam – gentes – opinionem– operum – initia – caelestium – res – harum – se

| eindeutig Akkusativ | auch Akkusativ | kein Akkusativ |
|---|---|---|
| | | |
| | | |
| | | |
| | | |
| | | |

7 Reduziere den Text ab Zeile 6 auf folgende Satzglieder: Konjunktionen bzw. Subjunktionen, Verbformen, Subjekte und Objekte. Übersetze den reduzierten Text.

8 Übersetze nun den gesamten Text.

# Caesar: Übungstext 2

## Über die Sueben

*In Exkursen schildert Caesar seinen römischen Lesern auch Einzelheiten über die Kultur und Lebensweise verschiedener gallischer und germanischer Stämme:*

Sueborum[1] gens est longe maxima et bellicosissima[2] Germanorum omnium. Hi centum pagos[3] habere dicuntur, ex quibus quotannis[4] singula milia[5] armatorum[6] bellandi[7] causa ex finibus educunt. Reliqui, qui domi manserunt, se atque illos alunt[8]; hi rursus in vicem[9] anno post in armis sunt, illi domi remanent. Sic neque agri cultura nec ratio atque usus belli[10] intermittitur.

Neque multum[11] frumento, sed maximam partem[12] lacte[13] atque pecore[14] vivunt multumque[11] sunt in venationibus[15]; quae res et cibi genere et cotidiana exercitatione et libertate vitae vires alit[8] et immani corporum magnitudine homines efficit. Atque in eam se consuetudinem adduxerunt[16], ut locis frigidissimis neque[17] vestitus[18] praeter[17] pelles[19] habeant quicquam[17], quarum propter exiguitatem[20] magna est corporis pars aperta, et laventur[21] in fluminibus.

(115 Wörter)

| Hilfen zum Text | |
|---|---|
| [1] **Suebi, -orum** – *die Sueben (germanischer Stamm)* | [11] **multum** *(Adv.)* – *sehr, oft* |
| [2] **bellicosus, -a, -um** – *kriegerisch, aggressiv* | [12] **maximam partem** *(Adv.)* – *größtenteils* |
| [3] **pagus, -i** *m.* – *der Unterbezirk, die Sippe* | [13] **lac, lactis** *m.* – *die Milch* |
| [4] **quotannis** *(Adv.)* – *alljährlich* | [14] **pecus, pecoris** *n.* – *das Vieh* |
| [5] **singula milia** *n. Pl.* – *je tausend* | [15] **venatio, -onis** *f.* – *die Jagd* |
| [6] **armatus, -i** *m.* – *der bewaffnete Krieger* | [16] **se in consuetudinem adducere** – *sich an etw. gewöhnen* |
| [7] **bellare** – *Krieg führen* | [17] **neque … quicquam praeter** – *nichts … außer* |
| [8] **alere, alo, alui, -** – *ernähren, fördern* | [18] **vestitus, -us** *m.* – *Kleidung* |
| [9] **in vicem** *(Adv.)* – *im Wechsel* | [19] **pellis, -is** *f.* – *Fell* |
| [10] **ratio atque usus belli** – *die Kriegsführung in technischer und praktischer Hinsicht* | [20] **exiguitas, -atis** *f.* – *die geringe Größe* |
| | [21] **lavari** – *sich waschen, baden* |

## Check 2:

Versuche diesen Text nach der Wort-für-Wort-Methode (▶ S. 212) zu übersetzen. Doch bevor du anfängst, noch eine kleine Einführung: Wie du weißt, ist die Wort-für-Wort-Methode nur ein eingeschränktes Hilfsmittel, weil die lateinische Wortstellung der deutschen meistens nicht entspricht. So steht im Lateinischen ein Attribut oft nicht an der Stelle, an der man es im Deutschen findet.

**Beispiel:**
**Sueborum gens** - *der Sueben Volk = das Volk der Sueben*
**Germanorum omnium** - *der Germanen aller = aller Germanen*

1 Übersetze entsprechend:
cibi genus
loci frigidissimi
magna corporis pars
vestitus[18] quicquam
quarum propter exiguitatem[21]

Ein weiteres Problem bei der Wort-für-Wort-Methode ist der Ablativ, der im Deutschen in unterschiedlicher Weise übersetzt werden muss.
Hier eine Empfehlung: Wenn die Ablativform nicht mit einer Präposition verbunden ist, dann solltest du erst einmal von der Grundbedeutung des Ablativs ausgehen *(mit ..., durch ...)* und anschließend nach einer besseren Übersetzung suchen.

2 Überlege, wie der Ablativ in folgenden Ausdrücken übersetzt werden muss:
frumento, lacte[12], pecore[13] vivere
cibi genere et cottidiana exercitatione vires alunt[8]
homines immani corporum magnitudine efficit

Auch Zeit- und Ortsangaben können ohne Präposition stehen:
anno post
locis frigidissimis

3 Versuche jetzt, den gesamten Text Wort für Wort zu übersetzen!

4 Wie lautet nun der gesamte Text, in ein gutes Deutsch übertragen?

# Caesar: Übungstext 3

## Zwei Stämme Galliens

*Die Stämme Galliens hatten sich zur Zeit Caesars in zwei Lager aufgeteilt. Im einen spielten die Häduer die führende Rolle, im anderen die Sequaner.*
*Beide kämpften um die Vorherrschaft im Land. Lange Zeit waren die Häduer, Verbündete der Römer, überlegen, doch dann riefen die Sequaner die Germanen zu Hilfe ...*

Cum Caesar in Galliam venit, alterius factionis[1] principes erant Haedui[2] alterius Sequani[3]. Hi cum per se minus valerent[4], quod summa auctoritas antiquitus[5] erat in Haeduis[2] magnaeque eorum erant clientelae[6], Germanos atque Ariovistum[7] sibi adiunxerant eosque ad se magnis iacturis[8] pollicitationibusque[9] perduxerant.
Proeliis vero compluribus factis secundis[10] atque omni nobilitate Haeduorum[2] interfecta tantum[11] potentia antecesserant, ut magnam partem clientium[12] ab Haeduis[2] ad se traducerent obsidesque[13] ab eis principum filios acciperent et partem finitimi[14] agri[15] per vim occupatam possiderent Galliaeque totius principatum[16] obtinerent.
Adventu Caesaris facta commutatione rerum[17], obsidibus[13] Haeduis[2] redditis, veteribus clientelis[6] restitutis, novis[18] per Caesarem comparatis Sequani[3] principatum[16] dimiserant.

(99 Wörter)

**Hilfen zum Text**

| | |
|---|---|
| [1] **factio, -onis** *f. - Partei* | [10] **secundus, -a, -um** - *(hier:) günstig, siegreich* |
| [2] **Haedui, -orum** - *die Häduer (gallischer Stamm)* | [11] **tantum** *(Adv.) - so sehr* |
| [3] **Sequani, -orum** - *die Sequaner (gallischer Stamm)* | [12] **cliens, clientis** *m. - Gefolgsmann, Verbündeter* |
| [4] **valere** - *Einfluss, Macht besitzen* | [13] **obses, obsidis** *m. - Geisel* |
| [5] **antiquitus** *(Adv.) - seit langer Zeit* | [14] **finitimus, -a, -um** - *benachbart, angrenzend* |
| [6] **clientela, -ae** *f. - Gefolgschaft (im Plural: Scharen von Gefolgsleuten, Verbündeten)* | [15] **ager, agri** *m. - (bei Caesar meist) das Gebiet* |
| [7] **Ariovistus, -i** - *Ariovist (germanischer Stammesfürst)* | [16] **principatus, -us** *m. - Vorherrschaft, führende Rolle* |
| [8] **iactura, -ae** *f. - Aufwand, Kosten* | [17] **commutatio rerum** - *Änderung der Verhältnisse (ergänze sinngemäß: für die Häduer)* |
| [9] **pollicitatio, -onis** *f. - Versprechung* | [18] **novis** - *ergänze:* clientelis |

## Check 3:

Wir beginnen hier mit einer erleichterten Fassung des Caesartextes:

Cum Caesar in Galliam venit, principes erant Haedui[2].
Hi Germanos sibi adiunxerant eosque ad se perduxerant.
Proeliis factis tantum[11] potentia antecesserant, ut Galliaeque totius principatum[16] obtinerent.
Adventu Caesaris Sequani[3] principatum[16] dimiserant.

1 Übersetze diesen verkürzten Text.

2 Sieh dir nun den ersten Satz im Originaltext an. Welche Wörter gliedern den Hauptsatz? Welches weitere Subjekt tritt auf? Welche Aussage hat Caesar beim zweiten Subjekt weggelassen?

3 **Hi cum per se minus valerent** - Auf welches der beiden Subjekte bezieht sich diese Aussage?

4 Stelle den zweiten Satz (im Originaltext) nach dem **Einrückverfahren** (▶ S. 216 ff.) dar.
   a Übersetze anschließend zunächst den Hauptsatz. Dabei gehst du am besten von dem erleichterten Text aus und ergänzt die restlichen Satzglieder.
   b Verbinde nun den Hauptsatz mit den restlichen Gliedsätzen und übersetze.

5 Zur Erschließung des nun folgenden Satzes im Originaltext bietet sich das **lineare Dekodieren** (▶ S. 218 f.) an.
   a Unterstreiche zunächst alle Verbformen im Text und übertrage sie auf eine Liste.
   b Trage dann auf dieser Liste Konjunktionen bzw. Subjunktionen und weitere Satzglieder (Bezugswörter, Subjekte, Objekte usw.) ein, die eindeutig mit diesen Verbformen in einem Zusammenhang stehen.
   c Übersetze die so gesammelten Informationen und versuche abschließend die noch nicht berücksichtigten Satzglieder zu integrieren.

6 Notiere im letzten Satz alle Abl. abs., übersetze sie und ergänze dann den bereits von dir übersetzten Satz im erleichterten Text.

7 Lies dir jetzt noch einmal den gesamten, vollständig von dir übersetzten Text durch. Vielleicht gibt es an manchen Stellen noch etwas sprachlich oder stilistisch zu verbessern? - Fertig!

# Caesar: Übungstext 4

## Eine Brücke über den Rhein

*Um die Germanen davon abzuhalten, immer wieder in Gallien einzufallen, entschließt sich Caesar zum Gegenangriff.*

Germanico bello[1] confecto multis de causis Caesar statuit sibi Rhenum esse transeundum: Cum videret Germanos tam facile impelli[2], ut in Galliam venirent, suis quoque rebus[3] eos timere voluit, cum intellegerent et posse et audere populi Romani exercitum Rhenum transire.
Sed navibus transire neque satis tutum esse arbitrabatur neque suae neque populi Romani dignitatis esse[4] statuebat. Itaque, etsi summa difficultas faciendi pontis proponebatur[5] propter latitudinem, rapiditatem[6] altitudinemque fluminis, tamen id sibi contendendum[7] aut aliter non traducendum exercitum existimabat.
Diebus X[8] omni opere effecto exercitum traducit et ad utramque partem pontis firmo praesidio[9] relicto in fines Sugambrorum[10] contendit. At Sugambri[10] ex eo tempore, quo pons institui[11] coeptus est, finibus suis excesserant seque in solitudinem[12] ac silvas abdiderant[13].

(116 Wörter)

| Hilfen zum Text | |
|---|---|
| [1] **Germanicum bellum** - *der Krieg gegen die Germanen*<br>[2] **impelli** *(Passiv) - sich verleiten lassen*<br>[3] **suae res** *f. Pl. - Eigentum, Besitz*<br>[4] **dignitatis esse** - *der Würde entsprechen*<br>[5] **difficultas proponitur** - *(er) ist sich der Schwierigkeit bewusst*<br>[6] **rapiditas, -atis** *f. - die starke Strömung*<br>[7] **contendere** - *mit aller Anstrengung durchführen* | [8] **X = decem** - *zehn*<br>[9] **praesidium, -i** *n. - Schutztruppe, Wachtrupp*<br>[10] **Sugambri, -orum** - *die Sugambrer (germanischer Stamm)*<br>[11] **institui** *(Passiv)* = **aedificari**<br>[12] **solitudo, -inis** *f. - die Einsamkeit, verlassene Gegend*<br>[13] **se abdere** - *sich zurückziehen, verstecken* |

## Check 4:

1 Schreibe alle Abl. abs. aus dem Text und übersetze sie als Aussagesätze (im Plusquamperfekt).

| **Abl. abs.** | **Übersetzung** |
|---|---|
| | |
| | |
| | |

2 Du weißt, dass ein Gerundivum, das mit **esse** verbunden ist (als Prädikatsnomen), die Notwendigkeit einer Handlung ausdrückt. Was heißt also:

a (Caesar statuit:) Mihi Rhenus transeundus est. (Z. 1f.)
b (Caesar exisitimabat:) Id mihi contendendum est.(Z. 7f.)
c (Caesar exisitimabat:) Exercitus mihi aliter non traducendus est.(Z. 8)
d **was heißt aber:** difficultas faciendi pontis (Z. 6)

3 Der erste Satz des Übungstextes lässt sich in drei syntaktische Einheiten untergliedern. Schreibe sie untereinander und übersetze sie.

| **Aussage** | **Übersetzung** |
|---|---|
| 1 | |
| 2 | |
| 3 | |

4 Gliedere den zweiten Satz (Z. 3–5) nach dem Einrückverfahren (▶ S. 216 ff.) und erschließe seinen Inhalt, indem du zunächst nur den Hauptsatz und dann die Gliedsätze übersetzt.

<table>
<tr><th>HS</th><th>GS 1</th><th>GS 2</th></tr>
<tr><td></td><td></td><td></td></tr>
<tr><td></td><td colspan="2"></td></tr>
<tr><td colspan="2"></td><td></td></tr>
<tr><td colspan="3"></td></tr>
<tr><td></td><td colspan="2"></td></tr>
</table>

5 Caesar will mit seinem Heer den Rhein überqueren. Nenne die Gründe, warum er dazu keine Schiffe benützt. Welche Probleme stellen sich beim Bau einer Brücke?

6 Übersetze nun den gesamten Text.

# Caesar: Übungstext 5

## Die Machtverhältnisse in Gallien

*Caesar erfährt aus einem Bericht des Galliers Diviciacus nähere Einzelheiten über die politischen Verhältnisse in Gallien, wo zwei Stämme um die Vorherrschaft kämpfen: die (mit den Römern befreundeten) Häduer und die Averner. Der Text gibt die Worte des Diviciacus wieder und steht daher in der indirekten Rede (Oratio obliqua).*

Galliae totius factiones[1] esse duas;
harum alterius principatum[2] tenere Haeduos[3], alterius Avernos[4].
Hi cum tantopere de potentatu[5] inter se multos annos contenderent,
factum[6] esse, ut ab Avernis Sequanisque Germani mercede[7] arcesserentur.
Horum primo circiter milia XV[8] Rhenum transisse;
postquam agros et cultum et copias[9] Gallorum homines feri ac barbari adamavissent[10],
traductos esse plures.
Cum his Haeduos eorumque clientes[11] semel[12] atque iterum armis contendisse;
magnam calamitatem pulsos accepisse, omnem nobilitatem, omnem senatum,
omnem equitatum amisisse.
Quibus proeliis calamitatibusque fractos, qui plurimum ante in Gallia potuissent[13],
coactos esse Sequanis obsides[14] dare nobilissimos civitatis
et iure iurando[15] civitatem obstringere[15], sese neque obsides repetituros[16]
neque auxilium a populo Romano imploraturos.

(106 Wörter)

| Hilfen zum Text | |
|---|---|
| [1] **factio, -onis** *f. - Partei* | [10] **adamare** - *lieb gewinnen, schätzen* |
| [2] **principatus, -us** *m. - Führungsposition* | [11] **cliens, -entis** *m. - Verbündeter* |
| [3] **Haedui, -orum** - *die Häduer (gallischer Stamm)* | [12] **semel** *(Adv.) - einmal* |
| [4] **Averni, -orum** - *die Averner (gallischer Stamm)* | [13] **plurimum posse** - *den größten Einfluss haben* |
| [5] **potentatus, -us** *m. - Vormachtstellung* | [14] **obses, -idis** *m. - Geisel* |
| [6] **factum (esse)** - von **fieri** *(geschehen)* | [15] **iure iurando obstringere** - *durch einen Eid verpflichten* |
| [7] **merces, -edis** *f. - Lohn, Geldzahlung* | [16] **repetere** - *zurückfordern* |
| [8] **XV = quindecim** - *fünzehn* | |
| [9] **copiae, -arum** *f. Pl. - Reichtum, Wohlstand* | |

## Check 5:

Weil der Text ein Ausschnitt aus einer indirekten Rede (Oratio obliqua) ist, empfiehlt es sich die entsprechenden Kapitel der lateinischen - evtl. auch der deutschen - Grammatik zu wiederholen.

1 Gehe nach der Methode des **linearen Dekodierens** (▶ S. 218 f.) vor und trage zunächst alle Verbformen sowie Satzglieder (Subjekte, Objekte, Attribute, Sub- und Konjunktionen), die du den Verben eindeutig zuordnen kannst, in eine Tabelle auf einem Blatt ein:

| HS | GS 1 | GS 2 |
|---|---|---|
| ... factiones **esse** duas | | |
| harum ... principatum **tenere** Haeduos | | |
| | Hi cum ... **contenderent** | |
| | | |
| | | |
| | | |
| | | |
| | | |
| | | |
| | | |
| | | |
| | | |
| | | |

2 Übersetze jetzt die einzelnen Teilsätze wie selbstständige Hauptsätze. Du wirst sehen, dass du bereits eine inhaltliche Übersicht über den Verlauf der Handlung erhältst.

3 Ergänze anschließend - evtl. mit Hilfe der **Konstruktionsmethode** (▶ S. 213 ff.) - die noch nicht berücksichtigten Satzglieder und übersetze nun den gesamten Text; dabei musst du jetzt natürlich den syntaktischen Rang der einzelnen Sätze (Haupt- und Gliedsätze) beachten.

# Caesar: Übungstext 6

## Der Zug der Helvetier

*Der Stamm der Helvetier ist von zu Hause ausgewandert, um sich im südlichen Raum Galliens, im Gebiet der Santonen, neu anzusiedeln. Dieses Vorhaben gibt Caesar einen passenden Vorwand für seine Eroberungspläne. Und so trifft er militärische Vorkehrungen, um den Plan der Helvetier zu vereiteln.*

Caesari renuntiatur Helvetiis esse in animo per agrum[1] Sequanorum[2] et Haeduorum[3] iter in Santonum[4] fines facere, qui non longe a Tolosatium[5] finibus absunt, quae civitas[6] est in provincia:
id si fieret, intellegebat magno cum periculo provinciae futurum[7], ut homines bellicosos[8], populi Romani inimicos, locis patentibus[9] maximeque frumentariis[10] finitimos[11] haberet.
Ob eas causas ei munitioni[12], quam fecerat, T. Labienum[13] legatum praefecit.
Ipse in Italiam magnis itineribus contendit duasque ibi legiones conscribit[14] et tres, quae circum Aquileiam[15] hiemabant[16], ex hibernis[17] educit et, qua[18] proximum iter in ulteriorem[19] Galliam per Alpes erat, cum his quinque legionibus ire contendit.

(95 Wörter)

| Hilfen zum Text | |
|---|---|
| [1] **ager, agri** *m. - (bei Caesar fast immer) das Gebiet* | [11] **finitimus, -i** *m. - der Nachbar* |
| [2] **Sequani, -orum** - *die Sequaner (gallischer Stamm)* | [12] **munitio, -onis** *f. - Befestigungsanlage, Festung* |
| [3] **Haedui, -orum** - *die Häduer (gallischer Stamm)* | [13] **T. Labienus, -i** - *Titus Labienus (bedeutendster Offizier im Heer Caesars)* |
| [4] **Santones, -um** - *die Santonen (gallischer Stamm)* | [14] **conscribere** - *mobilisieren, in Marsch setzen* |
| [5] **Tolosates, -ium** - *die Tolosaten (gallischer Stamm)* | [15] **Aquileia, -ae** *f. - Aquileia (Stadt in Norditalien)* |
| [6] **civitas, -atis** *f. - (hier:) der Stamm* | [16] **hiemare** - *überwintern* |
| [7] **cum periculo esse** *(mit Dat.) - mit einer Gefahr verbunden sein (für jmdn.)* | [17] **hibernum, -i** *n. - Winterlager* |
| [8] **bellicosus, -a, -um** - *aggressiv, kriegerisch* | [18] **qua** - *wo* |
| [9] **patens, -entis** (von **patere**) - *offen, ungeschützt* | [19] **ulterior (Gallia)** - *jenseitiges Gallien (auf der anderen Seite der Alpen)* |
| [10] **frumentarius, -a, -um** - *fruchtbar, reich an Getreide* | |

## Check 6:

Lies dir die Hinweise zum **Einrückverfahren** noch einmal genau durch (▶ S. 216 ff.).

1 Gliedere den gesamten Text nach dem Einrückverfahren.[1]

<table>
<tr><th>HS</th><th>GS 1</th><th>GS 2</th></tr>
<tr><td colspan="3">a) [1]<br>b) AcI<br>c) erweiterter Infinitiv als Subjekt des AcI</td></tr>
<tr><td></td><td colspan="2"></td></tr>
<tr><td colspan="2"></td><td></td></tr>
<tr><td></td><td colspan="2"></td></tr>
<tr><td colspan="3">a)<br>b) AcI</td></tr>
<tr><td></td><td colspan="2">a)<br>b) Apposition (Attribut)<br>c) Fortsetzung von a)</td></tr>
<tr><td colspan="3"></td></tr>
<tr><td></td><td colspan="2"></td></tr>
<tr><td colspan="3"></td></tr>
<tr><td colspan="3"></td></tr>
<tr><td></td><td colspan="2"></td></tr>
<tr><td colspan="3"></td></tr>
<tr><td></td><td colspan="2"></td></tr>
<tr><td colspan="3"></td></tr>
</table>

2 Übersetze nur den Inhalt der Hauptsätze, also alles, was in der ersten Spalte steht.

3 Übersetze nun den gesamten Text unter Beachtung der Grundregeln (▶ S. 220) ins Deutsche.

[1] Hinweis: Die Gliederungssignale a), b), c) usw. sollen zeigen, dass der Abschnitt in sich nochmals in verschiedene Einheiten (Kola) untergliedert ist.

# Caesar: Übungstext 7

## Aufstand der Belger

*Bereits zu Beginn seiner Ausführungen im ersten Kapitel des ersten Buches der „Commentarii de bello Gallico" hatte Caesar seine Leser darauf aufmerksam gemacht, dass das Volk der Belger das größte und gefährlichste von allen gallischen Völkern ist. Nun erhält er Nachricht, dass die Belger einen Aufstand gegen die römische Besatzungsmacht planen.*

Cum esset Caesar in citeriore[1] Gallia, crebri[2] ad eum rumores[3] adferebantur litterisque item Labieni[4] certior factus est omnes Belgas, quam tertiam esse Galliae partem dixeramus, contra populum Romanum coniurare[5] obsidesque inter se dare.
Coniurandi[5] has esse causas:
primum quod vererentur, ne - omni pacata[6] Gallia - ad eos exercitus noster adduceretur; deinde quod ab nonnullis Gallis sollicitarentur, qui et Germanos diutius in Gallia versari noluerant et populi Romani exercitum hiemare[7] in Gallia moleste ferebant[8].
His nuntiis litterisque commotus Caesar duas legiones in citeriore[1] Gallia novas conscripsit[9] et inita aestate[10] in ulteriorem[11] Galliam Q. Pedium[12] legatum misit.
Ipse, cum primum[13] pabuli[14] copia esse inciperet, ad exercitum venit.

(106 Wörter)

| Hilfen zum Text | |
|---|---|
| [1] **Gallia citerior** - *das diesseits (der Alpen, d. h. noch in Norditalien) gelegene Gallien* | [8] **moleste ferre** - *sich (über etw.) empören* |
| [2] **creber, crebra, crebrum** - *zahlreich, häufig* | [9] **conscribere** - *mobilisieren* |
| [3] **rumor, -oris** *m.* - *Gerücht* | [10] **inita aestate** - *zu Beginn des Sommers* |
| [4] **T. Labienus, -i** - *(Titus) Labienus (bedeutendster Offizier im Heer Caesars)* | [11] **ulterior (Gallia)** - *das jenseits (der Alpen) gelegene Gallien* |
| [5] **coniurare** - *eine Verschwörung, einen Aufstand planen* | [12] **Q. Pedius, -i** - *Quintus Pedius (ein anderer General im Heer Caesars)* |
| [6] **pacare** - *befrieden, unterwerfen* | [13] **cum primum** - *sobald* |
| [7] **hiemare** - *überwintern* | [14] **pabulum, -i** *n.* - *Grünfutter (für die Pferde)* |

## Check 7:

Übersetze diesen Text wieder mit Hilfe des **linearen Dekodierens.** Lies dir die Hinweise zur Anwendung evtl. noch einmal genau durch (S. 218 f.).

1 Fertige auf einem eigenen Blatt eine Tabelle nach folgenden Muster an und trage alle Verbformen und die Satzglieder (Subjekte, Objekte, Attribute, Sub- und Konjunktionen), die du ihnen eindeutig zuordnen kannst, in eine entsprechende Tabelle ein:

<table>
<tr><th>HS</th><th>GS 1</th><th>GS 2</th></tr>
<tr><td></td><td colspan="2">Cum esset Caesar in ... Gallia,</td></tr>
<tr><td colspan="3">... adferebantur<br>... certior factus est<br>AcI:</td></tr>
<tr><td></td><td colspan="2">quam</td></tr>
<tr><td colspan="3">-que</td></tr>
<tr><td colspan="3">Coniurandi has esse causas:</td></tr>
<tr><td></td><td colspan="2">primum</td></tr>
<tr><td colspan="2"></td><td></td></tr>
<tr><td></td><td colspan="2">deinde</td></tr>
<tr><td colspan="2"></td><td>et<br>et</td></tr>
<tr><td colspan="3">PC:<br>et</td></tr>
<tr><td colspan="3"></td></tr>
<tr><td></td><td colspan="2"></td></tr>
<tr><td colspan="3"></td></tr>
</table>

2 Übersetze jetzt die einzelnen Teilsätze wie selbstständige Hauptsätze und ergänze – evtl. mit Hilfe der **Konstruktionsmethode** (S. 213 ff.) – die noch nicht berücksichtigten Satzglieder.

3 Erläutere, was Caesar mit folgender Zeitangabe (letzte Zeile des Textes) konkret meint: **cum primum pabuli copia esse inciperet.**

4 Übersetze nun den gesamten Text, indem du natürlich den syntaktischen Rang der einzelnen Sätze (Haupt- und Gliedsätze) beachten musst.

# Caesar: Übungstext 8

## Caesar und Ariovist

*Wie Caesar hat auch der Germanenfürst Ariovist großes Interesse an der Besetzung gallischer Gebiete. Daher musste es früher oder später zu einer Konfrontation zwischen den beiden Feldherren kommen. Zunächst versucht man den sich anbahnenden Konflikt auf dem Verhandlungsweg zu lösen. Caesar erinnert seinen Gesprächspartner dabei an die Wohltaten, die ihm von römischer Seite bisher zuteil wurden. Lässt sich Ariovist von diesem Argument beeindrucken?*

Caesar initio[1] orationis sua senatusque in[2] eum beneficia[3] commemoravit:
quod[4] rex appellatus esset a senatu, quod[4] amicus[5], quod[4] munera amplissime[6] missa[7];
quam rem et paucis contigisse[8] et pro magnis hominum officiis[9] consuesse tribui[10] docebat[11].
Postulavit, ne aut Haeduis[12] aut eorum sociis bellum inferret[13], obsides redderet, ne quos amplius[14] Rhenum transire pateretur.
Ariovistus ad postulata[15] Caesaris pauca respondit: transisse Rhenum sese[16] non sua sponte[17], sed rogatum et arcessitum[18] a Gallis; non sese Gallis, sed Gallos sibi bellum intulisse[13]:
omnes Galliae civitates ad se oppugnandum venisse ac contra se castra habuisse[19];
eas omnes copias a se uno proelio pulsas ac superatas esse.

(103 Wörter)

| Hilfen zum Text | |
|---|---|
| [1] **initio** *(Abl.) – zu Beginn* | [11] **docere** – *(hier:) deutlich machen* |
| [2] **in** – *(hier:) gegenüber, für* | [12] **Haedui, -orum** – *Häduer (gallischer Stamm, der mit den Römern befreundet ist und von den Germanen bedroht wird)* |
| [3] **beneficium, -i** *n. – Wohltat, Vergünstigung* | [13] **bellum inferre** *(m. Dat.) – (jmdn.) angreifen* |
| [4] **quod** – *dass* | [14] **(ali)quos amplius** – *noch mehr (Germanen)* |
| [5] **amicus** – *ergänze:* **appellatus esset** | [15] **postulatum, -i** *n. – Forderung* |
| [6] **amplissime** *(Adv.) – in reichlichem Maße* | [16] **sese = se** |
| [7] **missa** – *ergänze:* **essent** | [17] **sua sponte** – *aus eigener Entscheidung* |
| [8] **contingere** – *zuteilwerden* | [18] **arcessere** – *herbeiholen* |
| [9] **officium, -i** *n. – (hier:) Verdienst* | [19] **castra habere** – *sich im Krieg befinden* |
| [10] **consuesse tribui** – *gewöhnlich verliehen werden (ergänze als Subjekt des AcI:* **quam rem***)* | |

## Check 8:

Weil auch dieser Text einen Ausschnitt mit indirekter Rede (Oratio obliqua) enthält, empfiehlt es sich die entsprechenden Kapitel der lateinischen - evtl. auch der deutschen - Grammatik zu wiederholen.

1 Trage in folgende Tabellen die Satzteile der beiden Sätze ein:

Caesar sua senatusque beneficia commemoravit.

| **Subjekt** | **Prädikat** | **Akk.-Objekt** | **Attribute** |
|---|---|---|---|
| | | | |

Quam rem et paucis contigisse et pro officiis consuesse tribui docebat.

| **HS-Prädikat** | **AcI** | | | |
|---|---|---|---|---|
| | **Subjekt** | **Prädikat** | **Dat.-Obj.** | **Präp.-Obj.**[1] |
| | | 1 | | |
| | | 2 | | |

[1] Präp.-Obj. = mit einer Präposition gebildetes Objekt

2 Caesar spricht von Wohltaten, die Ariovist von römischer Seite zuteilwurden, Nenne diese **beneficia** in drei Stichworten.

3 Es ist auffällig, wie häufig der Germanenfürst Ariovist nur von sich selbst redet. Trage alle Personalpronomina, die sich auf Ariovist beziehen - passend zu der weiteren Ergänzung - in die Tabelle ein:

| **Pronomen** | **Ergänzung** |
|---|---|
| sese | Rhenum transisse |
| | Gallis non bellum intulisse |
| | Gallos bellum intulisse |
| | oppugnandum omnes Galliae civitates venisse |
| | castra habuisse |
| | eas omnes copias pulsas ac superatas esse |

4 Übersetze die Ausdrücke von Aufgabe 3 zeilenweise.
**Hinweis:** Da es sich bei dem Text um eine indirekte Rede (Oratio obliqua) handelt, musst du im Deutschen den Konjunktiv verwenden. Beispiel: **sese Rhenum transisse** - *er habe den Rhein überquert.*

5 Übersetze jetzt den gesamten Text.

# Caesar: Übungstext 9

## Die Druiden

*In Caesars Bericht über seine in Gallien geführten Kriege findet sich auch ein längeres Kapitel über die Kultur und religiösen Bräuche der Gallier:*

Druides[1] rebus divinis[2] intersunt, sacrificia[3] publica procurant[4], religiones[5] interpretantur[6]. Ad hos magnus numerus adulescentium disciplinae[7] causa concurrit magnoque hi sunt apud eos in honore. Nam fere de omnibus controversiis publicis privatisque constituunt et, si quod est facinus[8] admissum, si caedes facta, si de hereditate[9], de finibus controversia est, eidem decernunt, praemia poenasque constituunt.
Si qui aut privatus aut populus eorum decreto[10] non stetit[11], sacrificiis interdicunt[12]. Haec poena apud eos est gravissima. Quibus ita est interdictum, hi numero impiorum ac sceleratorum habentur[13], his omnes decedunt[14], aditum eorum sermonemque defugiunt[15], ne quid ex contagione[16] incommodi[17] accipiant, neque his petentibus ius redditur neque honor ullus communicatur[18].

(103 Wörter)

| Hilfen zum Text | |
|---|---|
| [1] **druides, -um** *m. Pl. - Druiden* | [11] **stare** *(m. Abl.) - zu etw. stehen, jmdm. gehorchen* |
| [2] **res divinae** - *Kulthandlungen* | [12] **interdicere** *(m. Dat. u. Abl.) - jmdn. von etw. ausschließen* |
| [3] **sacrificium, -i** *n. - Opfer* | [13] **numero haberi** - *zu etw. gerechnet werden* |
| [4] **procurare = curare** | [14] **decedere** - *aus dem Wege gehen* |
| [5] **religio, -onis** *f. - religiöser Brauch* | [15] **defugere** - *meiden* |
| [6] **interpretari** - *erklären, auslegen* | [16] **contagio, -onis** *f. - Kontakt, Berührung* |
| [7] **disciplina, -ae** *f. - Ausbildung* | [17] **incommodum, -i** *n. - Nachteil* |
| [8] **facinus admittere** - *ein Verbrechen verüben* | [18] **communicare** - *zuteilen* |
| [9] **hereditas, -atis** *f. - Erbschaft* | |
| [10] **decretum, -i** *n. - Urteil, Entscheidung* | |

## Check 9:

1 Im Text treten eine Reihe von Pronomina auf.
Trage die Formen aller Pronomina, die im Text vorkommen, in der Tabelle ein (doppelte nur einmal!).
Ergänze dann die fehlenden Formen von **hic, haec, hoc** sowie von **id, ea, id** und **qui, quae, quod.**

| | hic, haec, hoc | is, ea, id | qui, quae, quod[1] | sonstige |
|---|---|---|---|---|
| **Nom. Sg.** | | | | |
| **Gen. Sg.** | | | | |
| **Dat. Sg.** | | | | |
| **Akk. Sg.** | | | | |
| **Abl. Sg.** | | | | |
| **Nom. Pl.** | | | | |
| **Gen. Pl.** | | | | |
| **Dat. Pl.** | | | | |
| **Akk. Pl.** | | | | |
| **Abl. Pl.** | | | | |

[1] auch die Formen von **aliqui, aliqua, aliquod**

2 Liste die im Text genannten Aufgaben der Druiden auf. Verwende dazu die entsprechenden lateinischen Begriffe.

3 Wenn Personen von den Druiden geächtet, d. h. von der Teilnahme an den Opferhandlungen ausgeschlossen wurden, hatte dies folgende Konsequenzen:
hi numero impiorum ac sceleratorum habentur
his omnes decedunt
aditum eorum sermonemque defugiunt
neque his petentibus ius redditur
neque honor ullus communicatur

Gib die einzelnen Maßnahmen auf Deutsch wieder.

4 Übersetze jetzt den Gesamttext.

# Caesar: Übungstext 10

## Eine Schlacht mit den Helvetiern

*Der keltische Stamm der Helvetier hat seine Heimat verlassen, um sich im Süden Galliens neu anzusiedeln. Caesar will diese Pläne aus strategischen Gründen vereiteln. Nach erfolglosen Verhandlungen kommt es zu einer militärischen Auseinandersetzung zwischen Caesars Heer und den Helvetiern mit ihren Verbündeten.*

Caesar primum suo[1], deinde omnium ex conspectu[2] remotis[3] equis, ut aequato[4] omnium periculo spem fugae tolleret, cohortatus[5] suos proelium commisit. Milites e loco superiore pilis[6] missis facile hostium phalangem[7] perfregerunt[8]. Ea disiecta[9] gladiis destrictis[10] in eos impetum fecerunt. Gallis magno ad pugnam erat impedimento[11], quod pluribus eorum scutis[12] uno ictu[13] pilorum[6] transfixis[14] et conligatis[15], cum ferrum se inflexisset[16], neque evellere neque sinistra impedita[17] satis commode[18] pugnare poterant, multi ut diu iactato bracchio[19] praeoptarent[20] scuta[12] e manu emittere et nudo[21] corpore pugnare. Tandem, quod mons suberat[22] circiter mille passuum, eo se recipere coeperunt. Capto monte et succedentibus[23] nostris Boii[24] et Tulingi[24] ex itinere nostros latere aperto[25] adgressi circumvenire[26] et id conspicati[27] Helvetii, qui in montem sese receperant, rursus[28] instare et proelium redintegrare[29] coeperunt.

(125 Wörter)

| Hilfen zum Text | |
|---|---|
| [1] **suo** - *ergänze:* **conspectu** | [17] **sinistra impedita** *(Abl. abs.) - dadurch, dass der linke Arm gehindert war* |
| [2] **conspectus, -us** *m. - Blickfeld* | [18] **commodus, -a, -um** - *(hier:) ungehindert* |
| [3] **removere** - *entfernen* | [19] **bracchium iactare** - *den Arm schütteln* |
| [4] **aequare** - *angleichen* | [20] **praeoptare** - *bevorzugen, vorziehen* |
| [5] **cohortari** - *Mut machen* | [21] **nudus, -a, -um** - *(hier:) ungeschützt* |
| [6] **pilum, -i** *n. - Wurfspieß, (langer) Speer* | [22] **subesse** - *in der Nähe liegen* |
| [7] **phalanx, -angis** *f. - Schlachtordnung* | [23] **succedere** - *herandrängen* |
| [8] **perfringere** - *durchbrechen* | [24] **Boii et Tulingi** - *die Boier und Tulinger (Verbündete der Helvetier)* |
| [9] **disicere** - *auseinandersprengen* | [25] **apertus, -a, -um** - *(hier:) ungeschützt, ungedeckt* |
| [10] **destringere** - *zücken* | [26] **circumvenire = circumvenerunt** |
| [11] **impedimento esse** - *zum Nachteil gereichen* | [27] **conspicari** - *beobachten* |
| [12] **scutum, -i** *n. - der Schild* | [28] **rursus** *(Adv.) - wiederum* |
| [13] **ictus, -us** *m. - Wurf, Treffer* | [29] **redintegrare** - *wiederaufnehmen* |
| [14] **transfigere** - *durchbohren* | |
| [15] **colligare** - *verbinden, aneinander ketten* | |
| [16] **se inflectere** - *sich verbiegen* | |

**Spezielle Vorkenntnisse:**

| Grammatische Regeln des Ablativus absolutus | |
|---|---|
| **Struktur:** | **Übersetzung:** |
| **Partizip** (manchmal auch ein Adjektiv oder Substantiv) in Verbindung mit einem weiteren Nomen **(Bezugswort),** die beide im **Ablativ** stehen müssen | mit einem **Gliedsatz** (oft Temporal- oder Kausalsatz); das Bezugswort wird zum Subjekt, das Partizip (bzw. Adjektiv oder Substantiv) zum Prädikat; bei der Übersetzung des Partizips muss man das Zeitverhältnis beachten |

## Check 10:

1 Der Text enthält zehn Abl. abs. Schreibe sie untereinander und übersetze sie zunächst wie Aussagesätze.

2 Der erste Satz berichtet uns von drei Aktionen Caesars. Beschreibe sie mit knappen Worten.

3 Fertige für den vierten (Gallis magno ad pugnam erat impedimento ...) und sechsten Satz (Capto monte et succedentibus ...) eine Satzbauskizze nach dem **Einrückverfahren** (▶ S. 216 ff.) an.

<table>
<tr><th>HS</th><th>GS 1</th><th>GS 2</th></tr>
<tr><td colspan="2"></td><td></td></tr>
<tr><td></td><td colspan="2"></td></tr>
<tr><td></td><td></td><td></td></tr>
<tr><td></td><td colspan="2"></td></tr>
<tr><td></td><td></td><td></td></tr>
</table>

<table>
<tr><th>HS</th><th>GS 1</th><th>GS 2</th></tr>
<tr><td colspan="3"></td></tr>
<tr><td></td><td colspan="2"></td></tr>
<tr><td colspan="2"></td><td></td></tr>
</table>

4 Übersetze den Gesamttext.

# Caesar: Übungstext 11

## Ein Konflikt mit den Belgern bahnt sich an.

*Caesar hatte bereits am Anfang seines Berichtes über seine Feldzüge in Gallien davon gesprochen, dass der Stamm der Belger der tapferste und am meisten gefürchtete aller keltischen Stämme sei. Nun droht ihm ausgerechnet mit diesem Stamm eine militärische Auseinandersetzung. Nur noch ein Sumpf trennt die beiden feindlichen Heere voneinander.*

Palus[1] erat non magna inter nostrum atque hostium[2] exercitum. Hanc si[3] nostri transirent, hostes expectabant; nostri autem, si ab illis initium transeundi fieret, ut impeditos[4] adgrederentur[5], parati in armis erant. Interim proelio equestri[6] inter duas acies contendebatur[7]. Ubi neutri[8] transeundi initium faciunt, secundiore equitum proelio nostris[9] Caesar suos in castra reduxit. Hostes protinus ex eo loco ad flumen Axonam[10] contenderunt, quod esse post nostra castra demonstratum est[11]. Ibi vadis[12] repertis partem suarum copiarum traducere conati sunt eo consilio[13], ut, si possent, castellum, cui praeerat Q. Titurius legatus, expugnarent pontemque interscinderent[14]; si minus potuissent[15], agros Remorum[16] popularentur[17], qui magno nobis usui[18] ad bellum gerendum erant, commeatuque[19] nostros prohiberent.

(107 Wörter)

| Hilfen zum Text | |
|---|---|
| [1] **palus, paludis** *f. – Sumpf* | [11] **demonstratum est** – *Anmerkung: Caesar hatte bereits seinen Lesern davon berichtet.* |
| [2] **hostes** – *gemeint sind die Belger* | [12] **vadum, -i** *n. – Furt, seichte Stelle (zum Überqueren)* |
| [3] **si** – *(hier:) ob, dass* | [13] **eo consilio** – *in der Absicht* |
| [4] **impeditus, -a, -um** – *nicht kampfbereit (ergänze:* **eos***)* | [14] **interscindere** – *einreißen, zerstören* |
| [5] **adgredi = aggredi** *(angreifen)* | [15] **si minus potuissent** – *falls ihnen dies nicht gelänge* |
| [6] **proelium equestre** – *Reitergefecht* | [16] **Remi, -orum** – *die Remer (ein mit Caesar verbündeter gallischer Stamm)* |
| [7] **contendere** – *vgl. Aufgabe 1* | [17] **populari** – *verwüsten (ergänze:* **ut***)* |
| [8] **neutri** *(im Lateinischen Plural) – keiner (von beiden)* | [18] **usui esse** – *von Nutzen sein* |
| [9] **secundiore equitum proelio nostris** – *als die Unsrigen im Reitergefecht gesiegt hatten* | [19] **commeatus, -us** *m. – Nachschub, Versorgung (mit Lebensmitteln)* |
| [10] **Axona, -ae** *f. – Axona (Name eines Flusses)* | |

## Check 11:

1 **contendere** kommt bei Caesar sehr häufig und in ganz unterschiedlichen Bedeutungen vor: *sich anstrengen, eilen, erstreben, behaupten, streiten, wetteifern, kämpfen.*

Welche Bedeutung hat **contendere** bei folgenden Ergänzungen?

| Ergänzung | Bedeutung |
|---|---|
| **cum hostibus** | |
| **magnis itineribus** | |
| **ire** | |
| **ut-Satz** | |
| **gladiis strictis** | |
| **in Galliam ulteriorem** | |
| **inter se** | |
| **pugnare** | |
| **proelio equestri** | |
| **ad flumen Axonam** | |

2 Fertige von den folgenden Sätzen eine Strukturskizze nach der **Einrückmethode** an:

a Hanc si nostri transirent, hostes expectabant; nostri autem, si ab illis initium transeundi fieret, ut impeditos adgrederentur, parati in armis erant.

b Ibi vadis repertis partem suarum copiarum traducere conati sunt eo consilio, ut, si possent, castellum, cui praeerat Q. Titurius legatus, expugnarent pontemque interscinderent; si minus potuissent, agros Remorum popularentur, qui magno nobis usui ad bellum gerendum erant, commeatuque nostros prohiberent.

3 Übersetze nun den Gesamttext.

# Caesar: Übungstext 12

## Caesar in Seenot

*Caesars Heer ist mit Schiffen vor der Küste Britanniens gelandet. Während man auf einen günstigen Zeitpunkt zum Angriff wartet, werden Caesar und seine Soldaten von einer plötzlichen Sturmflut überrascht.*

Eadem nocte accidit[1], ut esset luna plena[2], qui dies[3] maritimos aestus maximos[4] in Oceano efficere consuevit[5], nostrisque id erat incognitum[6]. Ita uno tempore et longas naves[7], quibus Caesar exercitum transportandum curaverat[8] quasque in aridum subduxerat[9], aestus complebat et onerarias[10], quae ad ancoras erant deligatae[11], tempestas[12] adflictabat[13], neque ulla nostris facultas aut administrandi[14] aut auxiliandi[15] dabatur. Compluribus navibus fractis, reliquae cum essent funibus[16], ancoris reliquisque armamentis[17] amissis ad navigandum inutiles, magna - id, quod necesse erat accidere[1] - totius exercitus perturbatio[18] facta est. Neque enim naves erant aliae, quibus reportari possent, et omnia deerant, quae ad reficiendas naves erant usui[19], et, quod omnibus constabat hiemari[20] in Gallia oportere, frumentum in his locis in hiemem[21] provisum[22] non erat.

(116 Wörter)

| Hilfen zum Text | |
|---|---|
| [1] **accidere** - *passieren, geschehen* | [12] **tempestats, -atis** *f.* - *Unwetter, Sturm* |
| [2] **luna plena** - *Vollmond* | [13] **adflicare** - *beschädigen* |
| [3] **qui dies ...** - *ein Tag, welcher ..., ein Zeitpunkt, der ...* | [14] **administrare** - *(hier:) eingreifen* |
| [4] **maritimus aestus (-us** *m.*) **maximus** - *Springflut* | [15] **auxiliari** - *helfen* |
| [5] **consuevit = solet** | [16] **funis, -is** *m.* - *Seil, Tau* |
| [6] **incognitus, -a, -um** - *unbekannt* | [17] **armamenta, -orum** *n. Pl.* - *Takelage, Segelwerk* |
| [7] **navis longa** - *Kriegsschiff* | [18] **perturbatio, -onis** *f.* - *Panik* |
| [8] **curare** + *Gerundivum - vgl. Aufgabe 1* | [19] **usui esse** - *nützen, nützlich sein* |
| [9] **in aridum subducere** - *an Land ziehen* | [20] **hiemari** - *überwintern* |
| [10] **(navis) oneraria** - *Lastschiff* | [21] **in hiemem** - *für eine Überwinterung* |
| [11] **ad ancoram deligare** - *an einem Anker festbinden* | [22] **providere aliquid** - *etw. beschaffen* |

## Check 12:

1 Caesar benützt häufig **nd-Formen** (Gerundium und Gerundivum), so auch in diesem Text. Was bedeutet also:

| nd-Form | Verwendung | Übersetzung |
|---|---|---|
| **Gerundium** | facultas auxiliandi<br>(inutilis) ad navigandum | |
| **Gerundivum als Attribut** | ad reficiendas naves (usui esse) | |
| **Gerundivum mit esse** | Caesar statuit<br>Rhenum sibi transeundum esse,<br>non sibi exspectandum esse | |
| **Gerundivum als Prädikativum** | exercitum transportandum curare | |

2 Gliedere folgende Sätze nach **Haupt- und Gliedsatz.**

a Ita uno tempore et longas naves, quibus Caesar exercitum transportandum curaverat quasque in aridum subduxerat, aestus complebat et onerarias, quae ad ancoras erant deligatae, tempestas adflictabat, neque ulla nostris facultas aut administrandi aut auxiliandi dabatur.

b Compluribus navibus fractis, reliquae cum essent funibus, ancoris reliquisque armamentis amissis ad navigandum inutiles, magna - id, quod necesse erat accidere - totius exercitus perturbatio facta est.

c Neque enim naves erant aliae, quibus reportari possent, et omnia deerant, quae ad reficiendas naves erant usui, et, quod omnibus constabat hiemari in Gallia oportere, frumentum in his locis in hiemem provisum non erat.

3 Übersetze nun den gesamten Text.

# Caesar: Übungstext 13

## Kann man sich auf Indutiomarus verlassen?

*Im Norden Galliens trifft Caesar auf den Stamm der Treverer, der die Gebiete um die spätere römische Stadt Augusta Treverorum (die heutige Stadt Trier) bewohnte. Zwei Männer streiten dort um die Führungsrolle: In Indutiomarus und Cingetorix. Während der eine Caesar wohlgesonnen ist, scheint der andere dies nur vorzutäuschen.*

In ea civitate[1] duo de principatu[2] inter se contendebant, Indutiomarus et Cingetorix; e quibus alter, simul atque[3] de Caesaris legionumque adventu cognitum[4] est, ad eum venit, se suosque omnes in officio futuros[5] neque ab amicitia populi Romani defecturos[6] confirmavit. At[7] Indutiomarus equitatum peditatumque[8] cogere et bellum parare instituit. Sed postquam nonnulli principes ex ea civitate adventu nostri exercitus perterriti ad Caesarem venerunt, veritus[9], ne ab omnibus desereretur, Indutiomarus legatos ad Caesarem mittit: sese idcirco[10] ad eum venire noluisse, quo[11] facilius civitatem in officio contineret[12], ne omnis nobilitatis[13] discessu[14] plebs propter imprudentiam[15] laberetur[16]: seseque, si Caesar permitteret[17], ad eum in castra venturum, suas civitatisque fortunas eius fidei permissurum[18].

(107 Wörter)

| Hilfen zum Text | |
|---|---|
| [1] **civitas, -atis** *f. – Stamm (gemeint sind die Treverer)* | [9] **vereri, vereor, veritus sum** – *fürchten, Angst haben* |
| [2] **principatus, -us** *m. – Herrschaft, Führungsrolle* | [10] **idcirco** – *deshalb, deswegen* |
| [3] **simul atque** – *sobald* | [11] **quo = ut** *(final)* |
| [4] **cognitum est** – *entspricht hier:* **cognovit** | [12] **in officio continere** – *zur Erfüllung der Verpflichtungen zwingen* |
| [5] **in officio esse** – *seine Verpflichtungen einhalten* | [13] **nobilitas, -atis** *f. – Adel, Führungsschicht* |
| [6] **deficere a** *(m. Abl.) – abfallen von, aufgeben* | [14] **discessus, -us** *m. – Weggang, Abzug* |
| [7] **at** – *aber, dagegen* | [15] **propter imprudentiam** – *unbesonnen* |
| [8] **peditatus, -us** *m. – Fußtruppen* | [16] **labi, labor, lapsus sum** – *abfallen, untreu werden* |
| | [17] **permittere** – *erlauben* |
| | [18] **fidei permittere** – *anvertrauen, übereignen* |

## Check 13:

1 Stelle in einer in einer Tabelle auf Lateinisch alle Aussagen zusammen, die die beiden Trevererfürsten betreffen. Beschreibe nun das Verhalten des Indutiomarus und überlege, wie er von Caesar charakterisiert wird.

2 In dem Text kommt die indirekte Rede (Oratio obliqua) vor.

a Verwandle die indirekte Rede in direkte Rede (Oratio recta). Wie dies geht, wird zunächst an einem Beispiel gezeigt:

| indirekte Rede | direkte Rede |
|---|---|
| Se suosque omnes in officio futuros neque ab amicitia populi Romani defecturos confirmavit. | Cingetorix confirmavit: „**Ego meique** omnes in officio **erimus** neque ab amicitia populi Romani **deficiemus**." |
| [Indutiomarus:] sese idcirco ad eum venire noluisse, quo facilius civitatem in officio contineret, ne omnis nobilitatis discessu plebs propter imprudentiam laberetur; seseque, si Caesar permitteret, ad eum in castra venturum, suas civitatisque fortunas eius fidei permissurum. | |

b Was verändert sich bei der direkten Rede?

| indirekte Rede | direkte Rede |
|---|---|
| Reflexivpronomen der 3. Person **(se, suos)** | |
| Personalpronomen der 3. Person **(is, ea, id)** | |
| Infinitiv Futur Aktiv **(futuros, defecturos [esse])** | |
| Infinitiv Perfekt Aktiv **(noluisse)** | |
| Verbformen in der 3. Person Konjunktiv Imperfekt **(contineret, permitteret)** | |

c Übersetze zunächst die direkte, dann die indirekte Rede. Worauf muss man im Deutschen bei der indirekten Rede achten?

3 Übersetze nun den Gesamttext.

# Caesar: Übungstext 14

## Trau, schau, wem!

*Caesar plant eine Überfahrt nach Britannien. Aus strategischen Überlegungen möchte er auch einige Gallier mit auf die Reise nehmen, denen er misstraut und die er daher nicht aus den Augen lassen will. Dazu gehört auch der Häduerfürst Dumnorix.*

Erat una cum[1] ceteris Dumnorix Haeduus, de quo ante[2] ab nobis dictum est. Hunc secum habere in primis[3] constituerat, quod eum cupidum rerum novarum[4], cupidum imperii, magni animi[5], magnae inter Gallos auctoritatis[5] cognoverat.
Accedebat huc, quod[6] in concilio Haeduorum Dumnorix dixerat sibi a Caesare regnum civitatis deferri[7]; quod dictum[8] Haedui graviter ferebant[9], neque recusandi[10] aut deprecandi[11] causa legatos ad Caesarem mittere audebant. Id factum[12] ex suis hospitibus Caesar cognoverat. Ille omnibus primo precibus petere contendit, ut in Gallia relinqueretur, partim[13] quod insuetus[14] navigandi mare timeret, partim quod religionibus[15] impediri sese diceret. Postquam id obstinate[16] sibi negari vidit, omni spe impetrandi[17] adempta[18] principes Galliae sollicitare[19], sevocare[20] singulos hortarique coepit, uti in continenti[21] remanerent.

(112 Wörter)

| Hilfen zum Text | |
|---|---|
| [1] **una cum** *(m. Abl.) - bei* | [10] **recusare** - *ablehnen, zurückweisen* |
| [2] **ante(a)** - *Anmerkung: Caesar hatte bereits im ersten Buch von Dumnorix gesprochen* | [11] **deprecari** - *durch Bitten umstimmen* |
| [3] **in primis = imprimis** | [12] **factum, -i** *n. - Vorfall* |
| [4] **cupidus rerum novarum** - *auf eine Veränderung der politischen Verhältnisse aus sein* | [13] **partim ... partim** - *teils ... teils* |
| [5] **magni animi ... magnae auctoritatis esse** - *Genitivus qualitatis* | [14] **insuetus, -a, -um** - *ungewohnt, unerfahren* |
| [6] **accedit huc, quod** - *es kommt noch hinzu, dass* | [15] **religiones, -um** *f. Pl. - religiöse Bedenken, religiöse Verpflichtungen* |
| [7] **deferre** - *übertragen* | [16] **obstinate** *(Adv.) - hartnäckig, beharrlich* |
| [8] **dictum, -i** *n. - Wort, Aussage* | [17] **impetrare** - *seinen Willen durchsetzen* |
| [9] **gravitere ferre aliquid** - *über etw. empört sein* | [18] **adimere, -imo, -emi, -emptum** - *wegnehmen* |
| | [19] **sollicitare** - *aufwiegeln* |
| | [20] **sevocare** - *heimlich zu sich rufen* |
| | [21] **continens, -entis** *f. - Festland* |

## Check 14:

1 Liste die Gründe auf, warum Caesar auf die Gesellschaft des Dumnorix nicht verzichten möchte.

| **Quod eum … esse cognoverat:** | |
|---|---|
| **1.** | |
| **2.** | |
| **3.** | |
| **4.** | |

2 Übersetze zunächst nur den ersten Abschnitt.

3 Caesar nennt im zweiten Abschnitt noch einen weiteren Grund, Dumnorix zu misstrauen. Lies dir den Abschnitt (evtl. mehrmals) durch und erstelle dann eine knappe Inhaltsangabe, bevor du den Abschnitt übersetzt. Sollte dir der Inhalt nicht klar geworden sein, dann sieh dir die kurze Zusammenfassung in den Lösungen an.

4 Dumnorix seinerseits hat wenig Lust, Caesar nach Britannien zu begleiten. Welche Ausreden führt er an und welche Maßnahmen ergreift er schließlich? Untersuche dazu den dritten Abschnitt.

| **Ille omnibus primo precibus petere contendit, ut in Gallia relinqueretur:** | |
|---|---|
| **Ausrede 1:** | |
| **Ausrede 2:** | |
| **Weitere Maßnahmen:** | |

5 Übersetze nun den restlichen Text.

# Caesar: Übungstext 15

## Faire Rivalität

*In Caesars Heer befinden sich zwei Soldaten, die beide als die tapfersten aller römischen Legionäre gelten: Titus Pullo und Lucius Vorenus. Diese Konkurrenz macht sie zu Feinden.*

Erant in ea legione fortissimi viri, centuriones[1], qui primis ordinibus appropinquarent[2], Titus Pullo et Lucius Vorenus. Hi perpetuas[3] inter se controversias habebant, quinam[4] anteferretur[5], omnibusque annis de locis summis simultatibus[6] contendebant.

*Doch eines Tages übertreibt es Pullio mit seinem Heldentum: Von den Feinden plötzlich bedrängt, hat er schon den sicheren Tod vor Augen.*

Succurrit[7] inimicus[8] illi Vorenus et laboranti[9] subvenit[10]. Ad hunc se confestim[11] a Pullone omnis multitudo convertit: illum veruto[12] arbitrantur occisum. Gladio comminus[13] rem gerit[14] Vorenus atque uno interfecto reliquos paulum propellit; dum cupidius[15] instat, in locum deiectus[16] inferiorem[17] concidit[18]. Huic rursus circumvento[19] fert subsidium[20] Pullo, atque ambo[21] incolumes[22] compluribus interfectis summa cum laude sese intra munitiones[23] recipiunt. Sic fortuna in contentione[24] et certamine utrumque versavit[25], ut alter alteri inimicus[8] auxilio salutique esset[26], neque diiudicari[27] posset, uter utri virtute anteferendus[5] videretur.

(111 Wörter)

### Hilfen zum Text

[1] **centurio, -onis** *m.* – *Zenturio (militärischer Rang)*
[2] **primis ordinibus appropinquare** – *kurz vor der Beförderung in den ersten Rang stehen*
[3] **perpetuus, -a, -um** – *ständig*
[4] **quinam = qui nam** – *wer denn*
[5] **anteferri** *(Passiv)* – *der Bessere sein*
[6] **simultas, -atis** *f.* – *Rivalität*
[7] **succurrere** – *zu Hilfe eilen*
[8] **inimicus** – *(hier:) Rivale*
[9] **laborare** – *(hier:) in Bedrängnis sein*
[10] **subvenire** – *unterstützen*
[11] **confestim** *(Adv.)* – *sofort*
[12] **verutum, -i** *n.* – *Wurfspieß, Speer*
[13] **comminus** *(Adv.)* – *im Nahkampf*
[14] **rem gerere** – *(hier:) kämpfen*
[15] **cupidus, -a, -um** – *(hier:) eifrig, kühn*
[16] **deicere** – *(im Passiv:) stolpern, straucheln*
[17] **locus inferior** – *Vertiefung, Loch*
[18] **concidere** – *stürzen, hinfallen*
[19] **circumvento** – *ergänze:* **Voreno**
[20] **subsidium, -i** *n.* – *Hilfe*
[21] **ambo** – *beide*
[22] **incolumis, -e** – *unversehrt, heil*
[23] **munitio, -onis** *f.* – *Festungsanlage*
[24] **contentio, -onis** *f.* – *Wettstreit*
[25] **versare aliquem** – *mit jmdm. sein Spiel treiben*
[26] **auxilio salutique esse** – *Beachte den Dativus finalis!*
[27] **diiudicare** – *entscheiden*

## Check 15:

1 Im Text treten eine Reihe von Partizipien auf. Gib jeweils an, um welches Partizip es sich handelt, und nenne den Infinitiv.

| Partizip | PPP, PPA oder PFA? | Infinitiv |
|---|---|---|
| **laboranti** | | |
| **occisum** | | |
| **interfecto** | | |
| **deiectus** | | |
| **circumvento** | | |
| **interfectis** | | |

2 Gib nun das Bezugswort der Partizipien an und überlege, zu welcher syntaktischen Konstruktion sie gehören.

| Partizip | Bezugswort | Funktion / Konstruktion |
|---|---|---|
| **laboranti** | | |
| **occisum** | | |
| **interfecto** | | |
| **deiectus** | | |
| **circumvento** | | |
| **interfectis** | | |

3 Ergänze die (maskulinen) Formen folgender im Text auftretender Pronomina. Tipp: Eine Form existiert nicht!

| Form | hic, haec, hoc | ille, illa, illud | alter, -era, -erum | uter, utra, utrum |
|---|---|---|---|---|
| **Nom. Sg.** | | | **alter** | |
| **Gen. Sg.** | | | | |
| **Dat. Sg.** | | | | **utri** |
| **Akk. Sg.** | | **illum** | | |
| **Nom. Pl.** | **hi** | | | |

4 Übersetze nun den Text.

# Ovid: Übungstext 1

Die folgenden Ovid-Texte stammen aus den Metamorphosen, dem Hauptwerk des Dichters. Die Verse sind im Hexameter verfasst. Auf die Metrik und Stilistik wird im Interpretationsteil näher eingegangen; hier soll das Übersetzen geübt werden.

## Die Sintflut (1)

*Jupiters Geduld ist zu Ende. Allzu lange hat er das böse Treiben der Menschen auf der Erde mit ansehen müssen. Jetzt gibt es nur noch eine Lösung: Alle Übel müssen von der Erde hinweg gespült werden.*

Iamque erat in totas sparsurus[1] fulmina[2] terras;
sed timuit, ne forte[3] sacer tot ab ignibus aether[4]
conciperet[5] flammas longusque ardesceret[6] axis[7]:
Poena placet diversa[8], genus mortale sub undis
perdere et ex omni nimbos[9] demittere caelo,
emittitque Notum[10]. Madidis[11] Notus evolat[12] alis[13],
utque[14] manu late[15] pendentia[16] nubila[17] pressit,
fit fragor[18]: Hinc[19] densi[20] funduntur[21] ab aethere[4] nimbi[9]:
Nat[22] lupus[23] inter oves[24], fulvos[25] vehit unda leones[26],
iamque mare et tellus[27] nullum discrimen habebant:
pulsabantque[28] novi montana cacumina[29] fluctus.
Maxima pars unda rapitur; quibus unda pepercit[30],
illos longa domant[31] inopi[32] ieiunia[33] victu[32].

(88 Wörter)

| Hilfen zum Text | |
|---|---|
| [1] **spargere, spargo, sparsi, sparsum** - *(hier:) herabschleudern;* **sparsurus erat = (Iuppiter) spargere volebat** | [17] **nubilum, -i** *n. - Wolke* |
| [2] **fulmen, -inis** *n. - Blitz* | [18] **fragor, oris** *m. - (hier:) Wolkenbruch* |
| [3] **forte** *(Adv.) - vielleicht* | [19] **hinc = deinde** |
| [4] **aether, -eris** *m. - Himmel* | [20] **densus, -a, -um** *- dicht* |
| [5] **concipere (flammas)** *- (Feuer) fangen* | [21] **fundere** *- (im Passiv) sich ergießen* |
| [6] **ardescere** *- in Brand geraten* | [22] **nare** *- schwimmen* |
| [7] **axis, -is** *m. - Himmelsachse* | [23] **lupus, -i** *m. - Wolf* |
| [8] **poena diversa** *- eine gegenteilige Strafe* | [24] **ovis, -is** *f. - Schaf* |
| [9] **nimbus, -i** *m. - (hier im Plural:) Wassermassen, wolkenbruchartige Regenfälle* | [25] **fulvus, -a, -um** *- gelblich braun* |
| [10] **Notus, -i** *m. - Sturmwind, Regenwind* | [26] **leo, -onis** *m. - Löwe* |
| [11] **madidus, -a, -um** *- feucht, nass* | [27] **tellus, -uris** *f. - Land, Erde* |
| [12] **evolare** *- davonfliegen* | [28] **pulsare** *- (hier:) umspülen* |
| [13] **ala, -ae** *f. - Flügel* | [29] **montana cucumina** *Pl. - Berggipfel* |
| [14] **utque** *- und als (temporal)* | [30] **parcere, parco, peperci, -** *(m. Dat.) - (jmdn.) verschonen* |
| [15] **late** *(Adv.) - weithin* | [31] **domare** *- bezwingen, dahinraffen* |
| [16] **pendere** *- tief herabhängen* | [32] **inops victus** *- Nahrungsmangel* |
| | [33] **ieunia, -orum** *n. Pl. - (hier:) Hunger, Hungersnot* |

## Check 1:

1 Übersetze den Text zunächst in einer **erleichterten Fassung:**
Iam Iuppiter fulmina[2] sparsurus[1] erat, sed timuit, ne aether[4] conciperet[5] flammas et ardesceret[6] axis[7].
Poena placet diversa[8]: genus mortale sub undis perdere et nimbos[9] demittere, emittitque Notum[10]. Notus[10] evolat[12], utque nubila[17] pressit, fit frangor[18]. Densi[20] nimbi[9] ab aethere[4] funduntur[21].
Nat[22] lupus[23] inter oves[24], vehit unda leones[26], mare et tellus[27] nullum discrimen habebant: pulsabantque[28] fluctus montana cacumina[29]. Maxima pars unda *(Ablativ!)* rapitur; quibus unda pepercit[30], illos longa ieiunia[33] domant[31].

2 Vergleiche nun den erleichterten Text mit dem Originaltext. Ergänze deine erste Übersetzung mit den noch fehlenden Satzgliedern.

| Erleichterter Text | Originaltext |
|---|---|
| Iam Iuppiter fulmina sparsurus erat, sed timuit, ne aether conciperet flammas et ardesceret axis. | Iam**que** erat **in totas** sparsurus fulmina **terras;** sed timuit, ne **forte sacer tot ab ignibus** aether conciperet flammas **longusque** ardesceret axis. |
| Poena placet diversa: genus mortale sub undis perdere et nimbos demittere, emittitque Notum. Notus evolat, utque nubila pressit, fit frangor. Densi nimbi ab aethere funduntur. | Poena placet diversa, genus mortale sub undis perdere et **ex omni** nimbos demittere **caelo** emittitque Notum. **Madidis** Notus evolat **alis**, utque **manu late pendentia** nubila pressit, fit fragor: **Hinc** densi funduntur ab aethere nimbi: |
| Nat lupus inter oves, vehit unda leones, mare et tellus nullum discrimen habebant: pulsabantque fluctus montana cacumina. Maxima pars unda rapitur; quibus unda pepercit, illos longa ieiunia domant. | Nat lupus inter oves, **fulvos** vehit unda leones, **iamque** mare et tellus nullum discrimen habebant: pulsabantque **novi** montana cacumina fluctus. Maxima pars unda rapitur; quibus unda pepercit, illos longa domant **inopi** ieiunia **victu**. |

# Ovid: Übungstext 2

## Die Sintflut (2)

*Abgestoßen von dem unmoralischen Verhalten der Menschen, hat Jupiter fast alle Bewohner der Erde durch eine Sintflut vernichtet; nur wenige überleben die Katastrophe. Ovid beschreibt ihre Situation:*

Iamque[1] mare et tellus[2] nullum discrimen[3] habebant:
Omnia pontus[4] erant; deerant quoque litora ponto[4].
Occupat hic[5] collem[6], cumba[7] sedet alter[5] adunca[8]
et ducit remos[9] illic[10], ubi nuper ararat[11].
Ille supra segetes[12] aut mersae[13] culmina[14] villae
navigat, hic summa piscem[15] deprendit in ulmo[16].
Figitur in viridi[17], si fors[18] tulit, ancora prato[19].
Nat[20] lupus inter oves[21], fulvos[22] vehit unda leones,
unda vehit tigres[23], nec vires fulminis[24] apro[25]
crura[26] nec ablato[27] prosunt[28] velocia cervo[29].

(71 Wörter)

| Hilfen zum Text | |
|---|---|
| [1] **iam** *(Adv.) - noch* | [16] **summa ... in ulmo** - *in der Spitze einer Ulme (ein Baum)* |
| [2] **tellus, -uris** *f. - Erde* | [17] **viridis, -e** - *grün* |
| [3] **discrimen, -inis** *n. - Unterschied, Trennung* | [18] **si fors tulit** - *wenn es der Zufall so wollte* |
| [4] **pontus, -i** *m. - Meer* | [19] **pratum, -i** *n. - Wiese* |
| [5] **hic ... alter = alter ... alter** | [20] **nare** - *schwimmen* |
| [6] **collis, -is** *m. - Hügel, Anhöhe* | [21] **ovis, -is** *f. - Schaf* |
| [7] **cumba** - *Boot, Nachen* | [22] **fulvus, -a, -um** - *(hier:) mit goldener Mähne* |
| [8] **aduncus, -a, -um** - *gekrümmt, gebogen* | [23] **tigris, -is** *m./f. - Tiger* |
| [9] **remus, -i** *m. - Ruder* | [24] **vires fulminis** - *niederschmetternde Kräfte* |
| [10] **illic** *(Adv.) - dort* | [25] **aper, -i** *m. - Eber* |
| [11] **arare** - *pflügen;* **ararat = araverat** | [26] **crus, cruris** *n. - (Unter-)Schenkel, Bein* |
| [12] **seges, -etis** *f. - Aussaat, Saatfeld* | [27] **ablatus, -a, -um** - *(hier: von der Flut) mitgerissen, davongespült* |
| [13] **mersus, -a, -um** - *untergetaucht, versunken* | [28] **prodesse** - *nützen* |
| [14] **culmen, -inis** *n. - Giebel, First* | [29] **cervus, -i** *m. - Hirsch* |
| [15] **piscis, -is** *m. - Fisch* | |

## Check 2:

Im Folgenden kannst du diesen Text **gradatim** (schrittweise) übersetzen und dich allmählich an den Originaltext heranarbeiten. Der Text wird also zunächst in gekürzter Fassung übersetzt. Zur weiteren Erleichterung sind in der a-Version die Subjekte und Prädikate fett hervorgehoben.

1a Iamque[1] **mare et tellus**[2] nullum discrimen[3] **habebant:**
**Omnia pontus**[4] **erant; deerant litora.**
1b Iamque[1] mare et tellus[2] nullum discrimen[3] habebant:
Omnia pontus[4] erant; deerant quoque litora ponto[4].

2a **Occupat hic**[5] collem[6], cumba[7] **sedet alter**[5]
et **ducit** remos[9].
2b Occupat hic[5] collem[6], cumba[7] sedet alter[5] adunca[8]
et ducit remos[9] illic[10], ubi nuper ararat[11].

3a **Ille** supra segetes[12]
**navigat, hic** piscem[15] **deprendit.**
3b Ille supra segetes[12] aut culmina[14]
navigat, hic piscem[15] deprendit in ulmo[16].
3c Ille supra segetes[12] aut mersae[13] culmina[14] villae
navigat, hic summa piscem[15] deprendit in ulmo[16].

4a **Figitur** in **ancora** prato[19].
4b Figitur in viridi[17]ancora prato[19].
4c Figitur in viridi[17], si fors[18] tulit, ancora prato[19].

5a **Nat**[20] **lupus, vehit unda** leones,
**unda vehit** tigres[23],
**crura**[26] nec **prosunt**[28] cervo[29].
5b Nat[20] lupus inter oves[21], fulvos[22] vehit unda leones,
unda vehit tigres[23], nec vires apro[25]
crura[26] nec prosunt[28] velocia cervo[29].
5c Nat[20] lupus inter oves[21], fulvos[22] vehit unda leones,
unda vehit tigres[23], nec vires fulminis[24] apro[25]
crura[26] nec ablato[27] prosunt[28] velocia cervo[29].

Bei Ovid lohnt es sich, den Text zunächst auf Zusammenhänge zu verkürzen, die ohne weiteres erkennbar sind (Prädikate, Subjekte, weitere Ergänzungen) und zunächst diese Kurzsätze zu übersetzen. So übst du die Fähigkeit ein, auch bei komplizierteren Satzstrukturen den Überblick zu behalten, vor allem wenn Worte, die zusammengehören, sehr weit voneinander getrennt stehen (Hyperbaton):

**cumba sedet alter adunca**

**hic summa piscem deprendit in ulmo**

**crura nec ablato prosunt velocia cervo**

# Ovid: Übungstext 3

## Orpheus in der Unterwelt

*Allzu früh hat der Sänger Orpheus seine junge Frau Eurydike durch ein tragisches Schicksal verloren: Sie war von einer giftigen Schlange gebissen worden. In seiner Verzweiflung sucht Orpheus die Totengötter in der Unterwelt auf und bittet um die Rückgabe seiner Frau:*

„Causa viae est coniunx, in quam calcata[1] venenum[2]
vipera[3] diffudit[4] crescentesque[5] abstulit annos.
Posse pati volui nec me temptasse[6] negabo[7]:
Vicit amor, supera[8] deus hic bene notus in ora[8] est;
an[9] sit et hic, dubito[9]. Sed et hic tamen auguror[10] esse,
famaque si veteris[11] non est mentita[12] rapinae[11],
vos quoque iunxit amor. Per[13] ego haec loca[13] plena timoris,
per Chaos[14] hoc ingens vastique[15] silentia[16] regni,
Eurydices[17], oro: properata[18] retexite[19] fata[18]!
Omnia debentur vobis paulumque morati[20]
serius aut citius[21] sedem properamus ad unam[22].
Tendimus[23] huc[24] omnes, haec est domus ultima, vosque
humani generis longissima regna tenetis."

(95 Wörter)

**Hilfen zum Text**

[1] **calcare** – *treten (Attribut zu* **vipera***)*
[2] **venenum, -i** *n. – Gift*
[3] **vipera, -ae** *f. – Schlange*
[4] **diffundere, -fundo, -fudi, -fusum** – *verströmen*
[5] **crescentes annos** – *die weiteren Lebensjahre*
[6] **temptasse = temptavisse** – *versucht haben*
[7] **nec ... nego** *(m. AcI) – ich gestehe, dass ...*
[8] **supera in ora** – *im Reich der Lebenden*
[9] **dubitare, an** – *daran zweifeln, ob*
[10] **augurari** – *vermuten*
[11] **vetus rapina** – *der lange zurückliegende Raub (Der Unterweltgott Pluto hatte einst seine Gattin Proserpina ihrer Mutter Ceres geraubt.)*
[12] **mentiri** – *erlügen, erfinden*
[13] **per haec loca ... oro** – *(Ausruf) bei diesem Ort ... beschwöre ich euch ...*
[14] **Chaos** *n. (Akk.* **Chaos***) – Abgrund*
[15] **vastus, -a, -um** – *wüst, öde*
[16] **per silentia** – *bei dem Schweigen*
[17] **Eurydices** – *Genitiv zu* **Eurydice**
[18] **properata ... fata** – *das übereilte Schicksal*
[19] **retexere, -texo, -texui, -textum** – *widerrufen, rückgängig machen*
[20] **paulum morati** – *nach einer kurzen Weile*
[21] **serius aut citius** – *früher oder später*
[22] **ad unam ... sedem** – *nämlich:* **ad inferos**
[23] **tendere** – *hinstreben, hineilen*
[24] **huc** *(Adv.) – hierher*

## Check 3:

Eine weitere Möglichkeit, sich beim oft komplizierten Satzbau Ovids einen Überblick zu verschaffen, ist es, die Wörter in einem Satz (nicht Vers) so umzustellen, wie man es von der „normalen" Wortstellung gewohnt ist, also: Subjekt an den Anfang, Prädikat an das Ende, Wörter, die offensichtlich zusammengehören, zusammenzurücken usw. Wie das geht, soll einmal an einem Satz aus dem Text demonstriert werden:

**1. Schritt:** Nicht auf die Verse, sondern den Satz als Einheit achten:
Vicit amor, supera[7] deus hic bene notus in ora[7] est; an[8] sit et hic, dubito[8].

**2. Schritt:** Wörter ordnen:
Vicit amor, hic deus in ora[7] supera bene notus est; dubito, an[8] et hic sit.

**3. Schritt:** Übersetzung (▶ Lösungen)

1 Jetzt bist du an der Reihe; ordne entsprechend folgende Sätze:

a Sed et hic tamen auguror[9] esse,
famaque si veteris[10] non est mentita[11] rapinae[10],
vos quoque iunxit amor.

b Per[12] ego haec loca[12] plena timoris,
per Chaos[13] hoc ingens vastique[14] silentia[15] regni,
Eurydices[16], oro, properata[17] retexite[18] fata[17]!

c Tendimus[22] huc[23] omnes, haec est domus ultima, vosque
humani generis longissima regna tenetis.

2 Der Text weist zahlreiche Hyperbata (▶ Stilistik, S. 298 ff.) auf. Trage jeweils das Bezugswort in die Tabelle ein:

| | |
|---|---|
| calcata (V. 1) | |
| supera (V. 4) | |
| veteris (V. 6) | |
| ingens (V. 8) | |
| morati (V. 8) | |
| ad unam (V. 11) | |

3 Im Folgenden findest du vier Verse aus dem Text. Markiere die betonten Silben mit einem Akzent und stelle die Verse mit ihren Versfüßen dar (▶ Metrik, S. 294 ff.).

Causa viae est coniunx, in quam calcata venenum

Posse pati volui nec me temptasse negabo:

Vicit amor, supera deus hic bene notus in ora est

Omnia debentur vobis paulumque morati

4 Übersetze nun den Gesamttext.

# Ovid: Übungstext 4

## Apoll wirbt um die Gunst der schönen Daphne.

*Der Gott Apoll hat sich Hals über Kopf in die schöne, aber abweisende Daphne verliebt. Um das Mädchen zu beeindrucken, versucht er ihm seine Bedeutung klarzumachen:*

„Cui placeas, inquire[1] tamen! Non incola[2] montis,
non ego sum pastor[3], non hic armenta[4] gregesque[4]
horridus[5] observo. Nescis, temeraria[6], nescis,
quem fugias, ideoque[7] fugis. Mihi Delphica tellus[8]
et Claros[8] et Tenedos[8] Patareaque regia[8] servit[9];
Iuppiter est genitor[10]. Per me, quod eritque fuitque
estque, patet[11]; per me concordant[12] carmina nervis[13].
Certa[14] quidem nostra[15] est, nostra[16] tamen una sagitta
certior[16], in vacuo[17] quae vulnera pectore[17] fecit!
Inventum[18] medicina meum est, opiferque[19] per orbem[20]
dicor, et herbarum[21] subiecta potentia nobis[22]:
Ei mihi[23], quod nullis amor est sanabilis[24] herbis[21]
nec prosunt[25] domino, quae prosunt omnibus, artes!"

(92 Wörter)

| Hilfen zum Text | |
|---|---|
| [1] **inquirere** – *nachfragen, nachforschen* | [13] **nerva, -ae** *f.* – *die Saite (eines Musikinstrumentes)* |
| [2] **incola, -ae** *m.* – *Bewohner* | [14] **certus, -a, -um** – *(hier:) treffsicher* |
| [3] **pastor, -oris** *m.* – *Hirte* | [15] **nostra (sagitta) = mea sagitta** |
| [4] **armenta gregesque** – *Rinder- und Schafherden* | [16] **nostra ... certior** – *noch treffsicherer als mein Pfeil (war der Pfeil von Amor)* |
| [5] **horridus, -a, -um** – *ungepflegt, rau* | [17] **in vacuo pectore** – *in mein Herz, das frei war (von Liebe)* |
| [6] **temerarius, -a, -um** – *(hier:) unwissend, unerfahren, verblendet* | [18] **inventum, -i** *n.* – *Erfindung* |
| [7] **ideoque = itaque** | [19] **opifer, -i** *m.* – *Retter, Helfer* |
| [8] **Delphica tellus, Clarus, Tenedos, Patarea regia** – *Orte, an denen Apollo eine besondere Verehrung erfuhr: die Landschaft um Delphi, die Stadt Klaros, die Insel Tenedos und die Königsstadt Patara* | [20] **per orbem** – *auf der ganzen Welt* |
| [9] **servire** – *dienen* | [21] **herba, -ae** *f.* – *Heilkraut* |
| [10] **genitor = pater** | [22] **nobis = mihi** |
| [11] **patere** – *(hier:) geweissagt werden* | [23] **ei mihi!** – *ich Ärmster!* |
| [12] **concordare** *(m. Dat.)* – *zusammenklingen (mit)* | [24] **sanabilis, -e** – *heilbar* |
| | [25] **prodesse** – *nützen* |

## Check 4:

1 Apoll spricht in diesem Text von seinen unterschiedlichen Eigenschaften und Fähigkeiten. Nenne für jede Qualität den entsprechenden Vers und zitiere die passenden lateinischen Stichwörter.

| Qualität | Vers | Stichwörter |
|---|---|---|
| göttliche Abstammung | | |
| Leistungen in der Heilkunde | | |
| kultivierte Lebensart | | |
| sportlichen Leistungen beim Bogenschießen | | |
| Kultstätten | | |
| musische Qualitäten | | |
| Fähigkeiten in der Weissagekunst | | |

2 Bestimme folgende im Text auftretende Wörter und bilde dazu die in der Tabelle angegebenen Formen:

| Form | bestimmen: | bilden: |
|---|---|---|
| placeas | | 3. Pl. Futur I Akt.: |
| inquire | | Imperativ Pl.: |
| montis | | Gen. Pl.: |
| fugis | | 1. Sg. Futur I Akt.: |
| certior | | Nom. Sg. n. Komparativ: |
| vulnera | | Akk. Sg.: |
| pectore | | Nom. Pl.: |
| dicor | | 2. Sg. Ind. Präsens Pass.: |
| prosunt | | 2. Pl. Ind. Perfekt: |

3 Übersetze jetzt den Text. Sollten Schwierigkeiten auftreten, kannst du auf Lösungsmöglichkeiten zurückgreifen, die du bei den Übungstexten 1–3 kennengelernt hast.

# Ovid: Übungstext 5

Der folgende Text stammt aus Ovids Werk „Amores", einer Sammlung von Liebesgedichten. Anders als die vorausgegangenen Texte ist er nicht im Hexameter, sondern als elegisches Distichon mit dem Wechsel von Hexameter und Pentameter abgefasst. Auf die Metrik wird im Interpretationsteil näher eingegangen.

## Gebet an die Liebesgöttin

*Der verliebte Dichter wendet sich an Venus, die Göttin der Liebe, und bittet sie um ihren Beistand.*

Iusta[1] precor[2]: quae me nuper praedata puella est[3],
    aut amet aut faciat, cur[4] ego semper amem!
A, nimium[5] volui - tantum patiatur[6] amari!
    Audierit[7] nostras tot Cytherea[8] preces!
Accipe[9], per longos tibi qui deserviat[10] annos,
    accipe, qui pura norit[11] amare fide!
Non mihi mille[12] placent, non sum desultor[13] amoris:
    tu mihi, si qua fides[14], cura[15] perennis[16] eris.
Tecum, quos dederint annos mihi fila sororum[17],
    vivere contingat[18] teque dolente mori!
Te mihi materiem felicem in carmina praebe[19] -
    provenient causa carmina digna sua[20].
Nos quoque per totum pariter[21] cantabimur orbem[22],
    iunctaque semper erunt nomina nostra[23] tuis.

(93 Wörter)

**Hilfen zum Text**

[1] **iusta, -orum** *n. Pl. - Dinge, die berechtigt sind*
[2] **precari** - *erbitten*
[3] **praedata est;** *von* **praedari** - *erobern*
[4] **faciat, cur** - *(das Mädchen) soll dafür sorgen, dass ...*
[5] **nimium** - *zu viel*
[6] **tantum patiatur** - *sie soll es nur erdulden*
[7] **audierit = audiverit** - *(Venus) möge erhören*
[8] **Cytherea = Venus**
[9] **accipere** - *(hier:) erhören (ergänze:* **me***)*
[10] **deservire** - *dienen*
*Wortstellung:* **qui tibi per longos annos deserviat**
[11] **norit = noverit;** *von* **novisse** - *wissen*
[12] **mille** - *ergänze:* **puellae**
[13] **desultor** - *Betrüger, jemand, der nur sein Spiel (mit der Liebe) treibt*
[14] **si qua fides** - *wenn es überhaupt Treue gibt*
[15] **cura = amor**
[16] **perennis, -e** - *ewig*
[17] **quos mihi dederint annos mihi fila sororum** - *so viele Lebensjahre mir die Schicksalsschwestern (= Parzen) auch schenken*
[18] **contingat** - *es möge gelingen*
[19] **te mihi materiem felicem in carmina praebe** - *schenke dich mir als reichen Stoff für meine Gedichte*
[20] **causa carmina digna sua = carmina, quae causa sua digna sunt**
[21] **pariter** *(Adv.) - gemeinsam*
[22] **per orbem** - *in der ganzen Welt*
[23] **nomina nostra = nomen meum**

## Check 5:

1 Der Text enthält eine ganze Reihe von Verbformen im Konjunktiv oder Imperativ, die einen Wunsch zum Ausdruck bringen. Trage sie in eine Tabelle ein und gib jeweils die deutsche Übersetzung dazu an.

| **lateinische Form** | **Übersetzung** |
|---|---|
| | |
| | |
| | |
| | |
| | |
| | |
| | |

2 Ordne in folgenden Versen die Wortstellung nach dem Muster der folgenden Tabelle; zu deiner Hilfe sind schon einige Wörter eingetragen.

a quae me nuper praedata puella est
b audierit nostras tot Cytherea preces!
c Accipe, per longos tibi qui deserviat annos
d quos dederint annos mihi fila sororum
e provenient causa carmina digna sua
f Nos quoque per totum pariter cantabimur orbem
g iunctaque semper erunt nomina nostra tuis

| **Subjekt (mit Attribut)** | **Akk.-Objekt (mit Attribut)** | **Dat.-Objekt (mit Attribut)** | **Adverb/Adverbiale Bestimmung (mit Attribut)** | **Prädikat** |
|---|---|---|---|---|
| puella, quae | | | | |
| | | | | audierit! |
| Accipe, qui | | | | |
| | quos annos | | | |
| | | | causa sua | |
| | | | pariter | |
| | | (nominibus) tuis | | |

3 Übersetze die Verse in dieser Wortstellung.

4 Übersetze nun den gesamten Text.

# Ovid: Übungstext 6

## Männer – nein danke!

*Viele haben sich schon in die hinreißend schöne Daphne, die Tochter des Flussgottes Peneios, verliebt. Aber leider hat sie mit Liebe und Männern nichts im Sinn.*

Multi illam[1] petiere[2], illa[1] aversata[3] petentes
inpatiens expersque viri[4] nemora[5] avia[6] lustrat[7]
nec, quid Hymen[8], quid Amor, quid sint conubia[9], curat.
Saepe pater dixit: „Generum[10] mihi, filia, debes",
saepe pater dixit: „Debes mihi, nata, nepotes[11]."
Illa velut crimen taedas[12] exosa[13] iugales[12]
pulchra verecundo[14] suffuderat[15] ora[16] rubore[14]
inque[17] patris blandis[18] haerens cervice[19] lacertis[20]:
„Da mihi[21] perpetua[22], genitor[23] carissime", dixit,
„virginitate[24] frui: Dedit hoc pater ante Dianae[25]."
Ille quidem obsequitur[26]; sed te decor[27] iste, quod optas
esse vetat, votoque[28] tuo tua forma repugnat[29].

(81 Wörter)

**Hilfen zum Text**

[1] **illam/illa** – *gemeint: Daphne*
[2] **petiere = petiverunt**
[3] **aversatus, -a, -um** – *abweisend*
[4] **inpatiens expersque viri** – *ohne Interesse an Männern*
[5] **nemus, -oris** *n.* – *Hain, Flur, Feld*
[6] **avius, -a, -um** – *abgelegen*
[7] **lustrare** – *durchstreifen*
[8] **Hymen** – *Hymen (Hochzeitsgott), Heirat*
[9] **conubium, -i** *n.* – *Ehe(leben)*
[10] **gener, -i** *m.* – *Schwiegersohn*
[11] **nepos, -otis** *m.* – *Enkel*
[12] **taedae iugales** *f. Pl.* – *Vermählung (eigtl. Hochzeitsfackeln)*
[13] **exosus, -a, -um** *(m. Akk.)* – *voller Hass (auf)*
[14] **verecundus rubor** – *Schamröte*
[15] **suffundere, suffundo, suffudi, suffusus** – *einfärben, überziehen*
[16] **ora** – *dichterischer Pl. von* **os** – *Gesicht*
[17] **inque = in-que**
[18] **blandus, -a, -um** – *schmeichelnd, liebevoll*
[19] **cervix, -icis** *m.* – *Hals, Nacken*
[20] **lacertus, -i** *m.* – *Arm*
[21] **da mihi…!** – *lass mich…!*
[22] **perpetuus, -a, -um** – *ewig, ununterbrochen*
[23] **genitor = pater**
[24] **virginitas, -atis** *f.* – *Jungfräulichkeit*
[25] **Diana** – *Göttin der Jagd und der Jungfräulichkeit; ihr Vater Jupiter hatte ihr auf ihre Bitte hin erlaubt, ihr Leben ohne Männerbekanntschaften verbringen zu dürfen*
[26] **obsequi** – *nachgeben, gehorchen*
[27] **decor, -oris** *m.* – *Schönheit*
[28] **votum, -i** *n.* – *Wunsch, Verlangen*
[29] **repugnare** – *widersprechen*

## Check 6:

1 Trage die Silben der beiden ersten Verse entsprechend den Längen (-) und Kürzen (˘) in die Tabelle ein. Beachte dabei auch die in bei den Versen auftretenden Elisionen (nähere Hinweise ▶ S. 297).

Vers 1

| | | | | | | | | | | | | | |
|---|---|---|---|---|---|---|---|---|---|---|---|---|---|
| – | – | – | ˘ | ˘ | – | – | – | – | – | ˘ | ˘ | – | – |

Vers 2

| | | | | | | | | | | | | | | | |
|---|---|---|---|---|---|---|---|---|---|---|---|---|---|---|---|
| – | ˘ | ˘ | – | – | – | ˘ | ˘ | – | ˘ | ˘ | – | ˘ | ˘ | – | ˘ |

2 Markiere nun alle Silben, mit denen ein neuer Versfuß (Hinweise zur Metrik ▶ S. 294 ff.) beginnt, mit einem Betonungszeichen ( ´ ) und versuche den Vers laut zu lesen.

3 Führe nun selbstständig eine metrische Analyse der beiden letzten Verse des Textes durch. Markiere erst die Längen und Kürzen und dann die Betonungen.

4 Suche in dem Text für folgende Stilmittel jeweils ein Beispiel:

| | |
|---|---|
| **Anapher** | |
| **Alliteration** | |
| **Metonymie** | |
| **Chiasmus** | |

5 Übersetze den gesamten Text.

# Ovid: Übungstext 7

## Der Tod des Orpheus

*Der Sänger Orpheus hat ein tragisches Schicksal. Mit seiner besonderen musikalischen Begabung gelang es ihm, sogar die Tiere und Pflanzen mit seiner Gesangskunst zu verzaubern. Doch er hatte kurz nach der Hochzeit seine junge Frau Eurydike verloren. Sein Versuch, sie wieder aus dem Reich der Toten zurückzuholen, war fehlgeschlagen. Eines Tages begegnet ihm eine Schar von Anhängerinnen des Weingottes Bacchus, die ihn in ihrem Rausch töten und in Stücke zerreißen. Sein Tod löst in der gesamten Natur Bestürzung und Trauer aus.*

Te maestae volucres[1], Orpheu[2], te turba ferarum[3],
te rigidi silices[4], te carmina saepe secutae
fleverunt silvae, positis te frondibus[5] arbor
tonsa comas[6] luxit[7]. Lacrimis quoque flumina dicunt[8]
increvisse[9] suis, obstrusaque carbasa pullo
naides et dryades passosque habuere capillos[10].
Membra iacent diversa locis: caput, Hebre[11], lyramque[12]
excipis: et - mirum! - medio dum labitur amne[13],
flebile nescio quid[14] queritur lyra[12], flebile lingua
murmurat[15] exanimis[16], respondent flebile ripae.
Umbra[17] subit terras[18], et quae loca viderat ante[19],
cuncta recognoscit[20] quaerensque per arva piorum[21]
invenit Eurydicen[22] cupidisque amplectitur ulnis[23].
Hic modo coniunctis spatiantur[24] passibus ambo,
nunc praecedentem sequitur, nunc praevius anteit[25]
Eurydicenque suam iam tuto respicit[26] Orpheus.

(103 Wörter)

### Hilfen zum Text

[1] **volucris** - *Vogel*
[2] **Orpheu** - *Vokativ zu* **Orpheus**
[3] **fera** - *(wildes) Tier*
[4] **rigidi silices** - *die harten (d. h. gefühllosen) Steine* (**silex, -icis** *m. - Kieselstein)*
[5] **frons, frondis** *m. - Laub*
[6] **tonsa comas** - *mit kahl geschorenem Haupt (zum Zeichen der Trauer)*
[7] **lugere, lugeo, luxi, luctum** - *trauern*
[8] **dicunt** - *man erzählt*
[9] **(in)crescere, -cresco, -crevi, -cretum** - *(an)wachsen, anschwellen*
[10] **obstrusaque carbasa pullo naides et dryades passosque habuere capillos** - *und die Najaden (Wassernymphen) und die Dryaden (Baumnymphen) trugen Leinengewänder in dunkler Farbe und aufgelöste Haare*
[11] **Hebrus** - *Name eines Flusses in Thrakien* **(Hebre** = *Vokativ)*
[12] **lyra, -ae** *f. - Leier (Instrument des Orpheus)*
[13] **amne labi** - *auf dem Fluss dahingleiten*
[14] **flebile nescio quid** - *etwas Trauriges*
[15] **murmurare** - *murmeln*
[16] **exanimis, -e** - *entseelt, tot*
[17] **umbra, -ae** *f. - der Schatten, die Seele (des Orpheus)*
[18] **terras subire** - *sich in die Unterwelt, das Reich der Toten begeben*
[19] *Wortstellung:* **loca, quae viderat ante(a)** *(Orpheus war ja schon einmal im Totenreich, um seine Gattin Eurydike zurückzuholen)*
[20] **recognoscere** - *wiedererkennen*
[21] **arva** *(n. Pl.)* **piorum** - *das Reich der Seligen, der Guten*
[22] **Erydicen** - *Akkusativ zu* **Erydice** *(Frau des Orpheus)*
[23] **ulna, -ae** *f. - Arm*
[24] **spatiari** - *„spazieren"*
[25] **praevius anteire** - *vorangehen (Pleonasmus)*
[26] **tuto respicere** - *gefahrlos zurückblicken (Orpheus hatte dereinst durch sein Zurückschauen seine Frau verloren)*

## Check 7:

1 Untersuche den ersten Satz und trage **alle Subjekte** (mit Attributen) in die Tabelle ein. Übersetze anschließend den Satz mit allen Satzgliedern:

Te maestae volucres, Orpheu, te turba ferarum,
te rigidi silices, te carmina saepe secutae
fleverunt silvae, positis te frondibus arbor
tonsa comas luxit.

| Subjekt (mit Attribut) | |
|---|---|
| | |
| | |
| | **te fleverunt,** |
| | |
| | **te luxit.** |

2 Von **dicunt** hängt ein AcI ab; bestimme Subjekt und Prädikat und trage sie in die Tabelle ein.

Lacrimis quoque flumina dicunt
increvisse suis, obstrusaque carbasa pullo
naides et dryades passosque habuere capillos.

| **dicunt** | |
|---|---|
| **AcI** | |
| **Subjekt** | **Prädikat** |
| | |

3 Suche in dem Text Beispiele für folgende **Stilmittel:**

| **Anapher** | |
|---|---|
| **Hyperbaton** | |
| **Personifikation** | |

4 Übersetze den gesamten Text.

# Ovid: Übungstext 8

## Wie das Böse in die Welt kam.

*Auch in der griechisch-römischen Antike gibt es die Vorstellung, dass die Welt ursprünglich gut und alle Menschen glücklich waren – doch mit der Zeit wurde alles schlechter. Ovid schildert diese Entwicklung im Mythos von den vier Weltzeitaltern: Nach dem Goldenen Zeitalter verschlechtern sich die Zustände, und schließlich ist das letzte der vier Zeitalter, das Eiserne, angebrochen.*

Protinus[1] irrupit[2] venae[3] peioris in aevum[4]
omne nefas: fugere pudor verumque[5] fidesque;
in quorum subiere locum[6] fraudesque dolusque
insidiaeque et vis et amor sceleratus habendi.
Vela dabat[7] ventis – nec adhuc bene noverat illos[8] –
navita[9]; quaeque[10] diu steterant in montibus altis[11],
fluctibus ignotis insultavere[12] carinae[13].
Nec tantum segetes[14] alimentaque[15] debita[16] dives
poscebatur humus[17], sed itum est in viscera terrae[18],
quasque recondiderat[19] Stygiisque admoverat[20] umbris[21],
effodiuntur[22] opes, irritamenta[23] malorum.
Iamque nocens ferrum ferroque nocentius aurum
prodierat[24], prodit bellum, quod pugnat utroque[25],
sanguineaque[26] manu crepitantia[27] concutit[28] arma.

(84 Wörter)

### Hilfen zum Text

[1] **protinus** *(Adv.) – unverzüglich, sofort*
[2] **inrumpere (irrumpere), -rumpo, -rupi, -ruptum** – *einreißen, hereinbrechen*
[3] **vena, -ae** *f. – Ader, Erzader, Metall*
[4] **aevum venae peioris** – *das Zeitalter des schlechteren Metalls*
[5] **verum, -i** *n. – Ehrlichkeit*
[6] **in locum subire** – *an die Stelle treten*
[7] **vela dare ventis** – *die Segel setzen*
[8] **illos** – *ergänze:* **ventos**
[9] **navita = nauta**
[10] **quaeque = quae-que**
[11] **carinae, quae diu in montibus altis steterant** *(Erklärung: die Bäume, aus denen die Boote gezimmert wurden, standen vorher im Gebirge)*
[12] **insultavere = insultaverunt;** *von* **insultare** – *auf etw. umhertanzen*
[13] **carina, -ae** *f. – Kiel, Boot*
[14] **seges, segetis** *f. – Saat*
[15] **alimentum, -i** *n. – Lebensmittel*
[16] **debitus, -a, -um** – *geschuldet*
[17] **humus poscebatur** – *man forderte vom Boden*
[18] **viscera terrae** – *die Eingeweide, das Innere der Erde*
[19] **recondere, -condo, -condidi, -conditum** – *verstecken, verbergen*
[20] **admovere** *(m. Dativ) – an etw. heranrücken, in die Nähe von etw. bringen*
[21] **Stygiae umbrae** – *die Nacht der Unterwelt*
[22] **effodire** – *ausgraben, ans Tageslicht bringen*
[23] **irritamentum, -i** *n. – Anreiz, Lockmittel*
[24] **prodire** – *ans Tageslicht kommen, in Erscheinung treten*
[25] **utroque** – *mit beidem (Gold und Eisen)*
[26] **sanguineus, -a, -um** – *blutig*
[27] **crepitare** – *scheppern, dröhnen*
[28] **concutere** – *schütteln, schwingen*

## Check 8:

1 Ergänze die **Subjekte,** die zu den folgenden Prädikaten gehören, und übersetze:

| fugere | subiere |
|---|---|
| | |
| | |
| | |
| | |
| | |

2 Ordne die **Struktur** folgender Verse:
quaeque diu steterant in montibus altis, fluctibus ignotis insultavere carinae (V. 6f.)

| | Subjekt | Konjunktion | Ortsangaben | Prädikat |
|---|---|---|---|---|
| **Hauptsatz** | | | | |
| **Relativsatz** | | | | |

quas recondiderat Stygiisque admoverat umbris, effodiuntur opes (V. 10f.)

| | Subjekt | Konjunktion | Ortsangaben | Prädikat |
|---|---|---|---|---|
| **Hauptsatz** | | | | |
| **Relativsatz** | | | | |

3 Benenne folgende im Text auftretende **Stilmittel:**

| | Stilmittel |
|---|---|
| **fugere pudor verumque fidesque** | |
| **itum est in viscera terrae** | |
| **nocens ferrum ferroque nocentius** | |

4 Übersetze nun den Gesamttext.

# Ovid: Übungstext 9

## Wer zu hoch hinaus will …

*Um die Insel Kreta verlassen zu können, hatte Dädalus für sich und seinen Sohn Flügel konstruiert und anschließend seinem Sohn genaue Verhaltensmaßregeln für den Flug mitgegeben: Er sollte hinter seinem Vater herfliegen und die gleiche Flugbahn einhalten. Aber kaum hatte man sich in die Lüfte erhoben …*

Tum puer audaci coepit gaudere volatu[1]
deseruitque ducem caelique cupidine[2] tractus[3]
altius egit iter[4]: Rapidi[5] vicinia[6] solis
mollit[7] odoratas[8], pennarum[9] vincula, ceras[10].
Tabuerant[11] cerae[10]: nudos quatit[12] ille lacertos[13],
remigioque[14] carens non ullas percipit auras[15],
oraque[16] caerulea[17] patrium[18] clamantia nomen
excipiuntur aqua, quae nomen traxit[19] ab illo.
At pater infelix, nec iam[20] pater, „Icare," dixit,
„Icare," dixit, „ubi es? qua te regione requiram[21]?"
„Icare," dicebat: pennas[9] aspexit in undis
devovitque[22] suas artes corpusque sepulcro[23]
condidit[24], et tellus[25] a nomine dicta[26] sepulti[27].

(80 Wörter)

**Hilfen zum Text**

[1] **volatus, -us** *m. – Flug*
[2] **cupido, -inis** *f. – Lust, Begierde*
[3] **tractus** – *PPP von* **trahere**
[4] **iter agere** – *eine Bahn wählen*
[5] **rapidus, -a, -um** – *sengend, zerstörerisch*
[6] **vicinia, -ae** *f. – Nähe, Nachbarschaft*
[7] **mollire** – *aufweichen*
[8] **odoratus, -a, -um** – *duftend*
[9] **penna, -ae** *f. – Feder*
[10] **cera, -ae** *f. – Wachs*
[11] **tabescere, tabesco, tabui** – *weich werden, schmelzen*
[12] **quatere, quatio** – *schwingen, schlagen*
[13] **lacertus, -i** *m. – Arm*
[14] **remigium , -i** *n. – (hier:) die Flügel*
[15] **non ullas percipit auras** – *er findet keinen Halt mehr (in der Luft)*
[16] **ora** *(dichterischer Pl. von* **os***) – Mund*
[17] **caeruleus, -a, -um** – *blau*
[18] **patrium … nomen = nomen patris**
[19] **trahere** – *(hier:) beziehen, bekommen*
[20] **nec iam = non iam**
[21] **requirere = quaerere**
[22] **devovere** – *verfluchen, verwünschen*
[23] **sepulchrum, -i** *n. – Grab*
[24] **condere** – *(hier:) beisetzen*
[25] **tellus, -uris** *f. – (hier:) Landstrich, Gegend*
[26] **dicta = dicta est**
[27] **sepelire, sepelio, sepelivi, sepultum** – *beerdigen, bestatten*

## Check 9:

1 Gib die entsprechende Bedeutung an:

| Beispiel | Übungstext |
|---|---|
| **gaudere dono –** sich über ein Geschenk freuen | **gaudere audaci volatu** |
| **cupido pecuniae –** die Begierde nach Geld | **cupido caeli** |
| **armis carere –** keine Waffen besitzen / ohne Waffen sein | **remigio carere** |
| **Quid dicam? –** Was soll ich sagen? | **Qua regione requiram?** |

2 Markiere die zu den **hervorgehobenen** Wörtern gehörenden Satzteile:
Tum puer audaci coepit gaudere **volatu**
[...] **Rapidi** vicinia solis
mollit **odoratas,** pennarum vincula, ceras [...]
**ora**que caerulea patrium clamantia nomen excipiuntur **aqua** [...]

3 Markiere bei den folgenden Versen die betonten Silben:

| |
|---|
| **Tum puer audaci coepit gaudere volatu** |
| **deseruitque ducem caelique cupidine tractus** |
| **altius egit iter. Rapidi vicinia solis** |
| **mollit odoratas, pennarum vincula, ceras.** |

4 Benenne folgende im Text auftretende **Stilmittel:**

| | Stilmittel |
|---|---|
| **audaci coepit gaudere volatu** | |
| **deseruitque ducem caelique cupidine tractus** | |
| **„Icare," dixit, „Icare," dixit** | |

5 Übersetze nun den Gesamttext.

# Ovid: Übungstext 10

## Wie Echo die Sprache verlor.

*Wir alle haben schon an verschiedenen Plätzen fasziniert auf ein Echo gehört. Ovid berichtet, dass Echo ursprünglich ein Mädchen, genauer: eine Nymphe, war, die anderes zu tun hatte, als nur Stimmen nachzuäffen. Warum sie am Ende aber nur noch Stimmen imitieren konnte, erzählt folgende Geschichte.*

*Es gab da einst eine*

Vocalis[1] nymphe, quae nec reticere loquenti[2]
nec prior[3] ipsa loqui didicit[4], resonabilis[5] Echo.
Corpus[6] adhuc Echo, non vox erat; et tamen usum
garrula[7] non alium, quam nunc habet, oris habebat[8],
reddere de multis[9] ut verba novissima[10] posset.
Fecerat hoc Iuno[11], quia, cum deprendere[12] posset
sub Iove[13] saepe suo nymphas in monte iacentes,
illa deam longo prudens[14] sermone tenebat,
dum fugerent nymphae. Postquam hoc Saturnia[15] sensit,
„huius," ait, „linguae, qua sum delusa[16], potestas
parva tibi dabitur vocisque brevissimus usus."
Reque minas[17] firmat[18]: tamen haec in fine loquendi
ingeminat[19] voces[20] auditaque verba reportat.

(91 Wörter)

| Hilfen zum Text | |
|---|---|
| [1] **vocalis, -e** - *redselig* | [11] **Iuno, -onis** *f.* - *Juno (Göttin, Schwester und Gattin Jupiters)* |
| [2] **reticere loquenti** - *jmdm. das letzte Wort lassen* | [12] **depre(he)ndere** - *ertappen, erwischen* |
| [3] **prior** - *als erste, zuerst* | [13] **Iove** - *Ablativ zu* **Iuppiter** |
| [4] **didicit** - *von* **discere** - *lernen* | [14] **prudens** - *listig, raffiniert* |
| [5] **resonabilis, -e** - *widerhallend* | [15] **Saturnia, -ae** - *Saturnia (anderer Name der Göttin Juno)* |
| [6] **corpus** - *(hier:) ein körperliches Wesen* | [16] **deludere, -ludo, -lusi, -lusum** - *täuschen, hintergehen* |
| [7] **garrulus, -a, -um** - *geschwätzig* | [17] **minae, -arum** *f. Pl.* - *Drohung(en)* |
| [8] **usum oris non alium habebat** - *sie konnte ihren Mund nicht anders gebrauchen* | [18] **re firmare** - *in die Tat umsetzen* |
| [9] **de multis** - *ergänze:* **verbis** | [19] **ingeminare** - *verdoppeln* |
| [10] **verba novissima** *n. Pl.* - *die letzten Worte* | [20] **vox, vocis** *f.* - *(hier:) Laut* |

## Check 10:

1 Übersetze zunächst schrittweise.

**1**

*Es gab da einst eine Nymphe,*
quae loqui non didicit[4],
Echo.
Corpus[6] Echo erat;
et usum non alium oris habebat[8].
Fecerat hoc Iuno[11],
quia illa deam sermone tenebat,
dum fugerent nymphae.
Postquam hoc Saturnia[15] sensit,
„linguae," ait, „potestas parva tibi dabitur."
Reque minas[17] firmat[18]:
tamen haec ingeminat[19] voces[20]
auditaque verba reportat.

**2**

*Es gab da einst eine*
vocalis[1] nymphe,
quae nec reticere loquenti[2]
nec prior[3] ipsa loqui didicit[4],
resonabilis[5] Echo.
Corpus[6] adhuc Echo,
non vox erat;
et tamen usum non alium oris habebat[8],
ut de multis[9] verba novissima[10] reddere posset.
Fecerat hoc Iuno[11],
quia,
cum nymphas deprendere[12] posset
saepe sub Iove[13] suo [et] in monte iacentes,
illa prudens[14] deam longo sermone tenebat,
dum fugerent nymphae.
Postquam hoc Saturnia[15] sensit,
„potestas," ait, „huius linguae,
qua sum delusa[16],
parva tibi dabitur
vocisque brevissimus usus."
Reque minas[17] firmat[18]:
tamen haec in fine loquendi
ingeminat[19] voces[20]
auditaque verba reportat.

2 Übersetze nun den gesamten Text.

# Sallust: Übungstext 1

## Caesar und Cato

*Sallust nimmt das Rededuell der beiden Politiker Caesar und Cato zum Anlass, die beiden Persönlichkeiten näher zu charakterisieren:*

Sed memoria mea[1] ingenti virtute, divorsis[2] moribus fuere viri duo, M. Cato et C. Caesar. Quos silentio praeterire[3] non fuit consilium, quin[4] utriusque naturam[5] et mores, quantum ingenio[6] possum, aperirem[7]. Igitur iis genus[8], aetas, eloquentia prope aequalia[9] fuere, magnitudo animi par, item gloria, sed alia alii[10]. Caesar beneficiis ac munificentia[11] magnus habebatur, integritate[12] vitae Cato. Ille mansuetudine[13] et misericordia clarus factus, huic severitas[14] dignitatem addiderat. Postremo Caesar sibi magnum imperium, exercitum, bellum novum exoptabat, ubi virtus enitescere[15] posset. At Catoni studium modestiae, decoris[16], sed maxume[17] severitatis[14] erat; non divitiis cum divite, sed cum strenuo[18] virtute certabat; esse quam videri bonus malebat: ita[19], quo minus petebat gloriam, eo magis illum sequebatur.

(110 Wörter)

| Hilfen zum Text | |
|---|---|
| [1] **memoria mea = meo tempore** | [10] **alia alii** – *jeder in anderer Weise* |
| [2] **divorsus = diversus** – *völlig unterschiedlich* | [11] **munificentia, -ae** *f.* – *Freigebigkeit* |
| [3] **silentio praeterire** – *stillschweigend übergehen* | [12] **integritas vitae** – *unbescholtener Lebenswandel* |
| [4] **quin** – *ohne dass* | [13] **mansuetudo, -inis** *f.* – *Milde* |
| [5] **natura , -ae** *f.* – *(hier:) Wesen, Wesensart* | [14] **severitas, -atis** *f.* – *Sittenstrenge* |
| [6] **ingenio** *(Abl.)* – *von meiner Begabung her, mit meiner Begabung* | [15] **enitescere** – *erstrahlen, glänzen* |
| [7] **aperire** – *eröffnen, darlegen* | [16] **decor, -oris** *m.* – *(hier:) Anstand, Anständigkeit* |
| [8] **genus, -eris** *n.* – *soziale Herkunft* | [17] **maxume = maxime** |
| [9] **aequalis, -e** – *ebenbürtig* | [18] **strenuus** – *(hier substantivisch:) der Gute, Tüchtige* |
| | [19] **ita = itaque** |

## Check 1:

1 Sallust charakterisiert in diesem Text zwei bedeutende Persönlichkeiten: Caesar und Cato. Liste auf lateinisch die **Charaktereigenschaften** auf, in denen sich beide voneinander unterscheiden und die ihnen beiden gemeinsam sind.

| Caesar | beiden gemeinsam | Cato |
|---|---|---|
| 1. | 1. | 1. |
| 2. | 2. | 2. |
| 3. | 3. | 3. |
| | | 4. |

2 Entwirf nun – in Stichworten auf deutsch – ein **Charakterbild** beider Männer.

| Caesar | Cato |
|---|---|
| 1. | 1. |
| 2. | 2. |
| 3. | 3. |

3 Übersetze jetzt den Text.

# Sallust: Übungstext 2

## Der überragende Wert des menschlichen Geistes

*Sallust preist im folgenden Text den Wert des Geistes gegenüber körperlichen Gütern: Alles Körperliche ist vergänglich, nur der Geist bzw. die Seele* ***(anima)*** *des Menschen ist für die Ewigkeit geschaffen.*

Uti[1] genus hominum compositum ex corpore et anima est, ita[1] res cunctae studiaque omnia nostra corporis[2] alia, alia[3] animi naturam secuntur[4]. Igitur praeclara facies, magnae divitiae, ad hoc[5] vis corporis et alia omnia huius modi brevi dilabuntur[6]; at ingenii egregia facinora sicut anima immortalia sunt. Postremo corporis et fortunae bonorum[7] ut[8] initium sic[8] finis est, omniaque orta[9] occidunt et aucta[10] senescunt. Animus incorruptus, aeternus rector humani generis[11] agit atque habet cuncta neque ipse habetur. Quo magis[12] pravitas[13] eorum admiranda est, qui per luxum et ignaviam aetatem agunt[14], ingenium incultu[15] atque socordia[16] torpescere[17] sinunt.

(93 Wörter)

**Hilfen zum Text**

| | |
|---|---|
| [1] **uti ... ita** - *weil ... deshalb* | [10] **aucta** *n. Pl. des PPP von* **augere** - *wachsen* |
| [2] **corporis** - *ergänze:* **naturam** | [11] **rector humani generis** - *übersetze als Prädikativum: (handelt) als Lenker ...* |
| [3] **alia ... alia** - *teils ... teils* | [12] **quo magis** - *umso mehr* |
| [4] **secuntur = sequuntur** | [13] **pravitas, -atis** *f.* - *Schlechtigkeit, Verdorbenheit* |
| [5] **ad hoc** - *weiterhin* | [14] **aetatem agere** - *sein Leben verbringen* |
| [6] **dilabi** - *vergehen, zerfallen* | [15] **incultus, -us** *m.* - *Unbildung* |
| [7] **bona, -orum** *n. Pl.* - *Güter, Vorzüge (Wortstellung:* **ut initium bonorum corporis et fortunae, sic ...***)* | [16] **socordia, -ae** *f.* - *Unbekümmertheit, Nachlässigkeit* |
| [8] **ut ... sic** - *wie ... so* | [17] **torpescere** - *träge werden, erschlaffen* |
| [9] **orta** *n. Pl. des PPP von* **oriri** - *aufstehen, entstehen* | |

## Check 2:

1 Gliedere den ersten Satz nach dem Modell eines Mobiles und trage die fehlenden Satzteile ein.

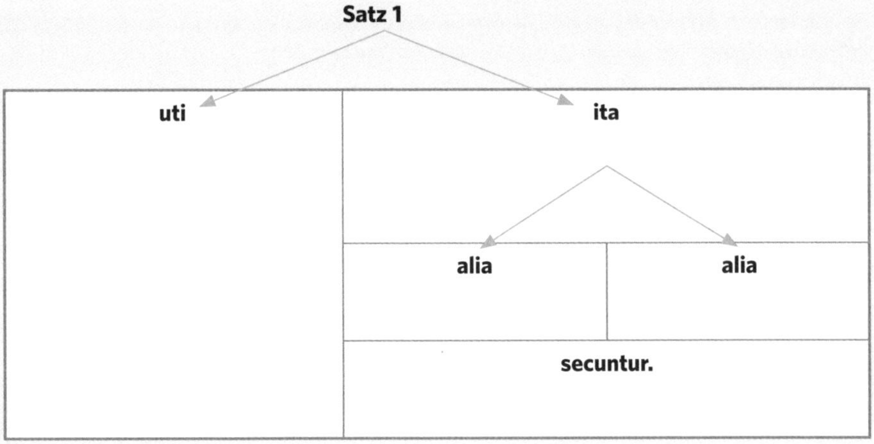


2 Ordne nach folgendem Schema den Satz:
Postremo corporis et fortunae bonorum ut initium sic finis est.

| | **ut** | **sic** |
|---|---|---|
| **Subjekt** | | |
| **Attribut 1** | | (          ) |
| **Attribut(e) 2** | | (          ) |
| | **est** | |

3 Sallust liebt altlateinsche (archaische) Formen. Schreibe in der Tabelle die entsprechenden Formen des klassischen Lateins daneben.

| altlateinische Form | klassisches Latein |
|---|---|
| **quoiquam** | |
| **quoius** | |
| **adpetens** | |
| **pessuma** | |
| **divorsa** | |

4 Übersetze nun den Gesamttext.

# Sallust: Übungstext 3

## Ursachen der Größe Roms

*Sallust ist ein Anhänger der alten Tugenden und Werte der Vorfahren, die er im Rom seiner Zeit nicht mehr vorzufinden glaubt.*

Sed mihi multa legenti, multa audienti, quae populus Romanus domi militiaeque[1], mari atque terra praeclara facinora fecit, forte[2] lubuit[3] attendere[4], quae res[5] maxume tanta negotia sustinuisset. Sciebam saepe parva manu[6] cum magnis legionibus hostium contendisse[7]; cognoveram parvis copiis[8] bella gesta[9] cum opulentis[10] regibus, ad hoc saepe fortunae violentiam[11] toleravisse[7], facundia[12] Graecos, gloria belli Gallos ante Romanos fuisse.
Ac mihi multa agitanti[13] constabat paucorum civium egregiam virtutem cuncta patravisse[14] eoque[15] factum[16], ut divitias paupertas, multitudinem paucitas[17] superaret. Sed postquam luxu[18] atque desidia[19] civitas corrupta est, rursus res publica magnitudine sua imperatorum atque magistratuum vitia sustentabat[20] ac multis tempestatibus[21] haud sane quisquam[22] Romae virtute magnus fuit.

(104 Wörter)

**Hilfen zum Text**

[1] **domi militiaeque** – *in Krieg und Frieden*
[2] **forte** *(Adv.)* – *irgendwann, zufällig*
[3] **mihi ... lubuit** – *ich bekam Lust, es interessierte mich*
[4] **attendere** – *(hier:) nachforschen, herausfinden*
[5] **res, rei** *f.* – *(hier:) Eigenschaft, Grund*
[6] **manus, -us** *f.* – *(hier:) die Schar, Truppe*
[7] **contendisse/toleravisse** – *ergänze als Subjekt des AcI:* **populum Romanum**
[8] **copiae, -arum** *f. Pl.* – *(hier:) Mittel, Ausstattung*
[9] **bella gesta** – *Objekt zu* **toleravisse**
[10] **opulentus, -a, -um** – *mächtig, reich*
[11] **violentia, -ae** *f.* – *Gewalt*
[12] **facundia , -ae** *f.* – *Beredsamkeit, Redekunst*
[13] **agitare** – *(hier:) nachdenken*
[14] **patrare** – *erreichen*
[15] **eo** – *dadurch*
[16] **factum** – *ergänze:* **esse**
[17] **paucitas, -atis** *f.* – *geringe Anzahl, kleine Menge*
[18] **luxus, -us** *m.* – *Verschwendung, Luxus*
[19] **desidia, -ae** *f.* – *Trägheit, Schlaffheit*
[20] **sustentare** – *aushalten, ausgleichen*
[21] **tempestas, -atis** *f.* – *(hier:) Zeit*
[22] **haud sane quisquam** – *überhaupt niemand*

## Check 3:

1 Bestimme folgende im Text auftretende Formen:
legenti - facinora - hostium - contendisse - cognoveram - gesta - gloria - cuncta - magistratuum - Romae

2 Übersetze den Text zunächst in der gegliederten und etwas erleichterten Version (die AcI sind kursiv gesetzt).

| **HS** | **GS** |
|---|---|
| Sed mihi legenti, | |
| | quae populus Romanus fecit, |
| lubuit[3] attendere[4], | |
| | quae res[5] tanta negotia sustinuisset. |
| Sciebam<br>*(populum Romanum) saepe parva manu[6] cum magnis legionibus contendisse[7];*<br>cognoveram<br>*bella gesta[9] cum opulentis[10] regibus*<br>*(et) fortunae violentiam[11] toleravisse[7],*<br>*facundia[12] Graecos,*<br>*gloria belli Gallos ante Romanos fuisse.*<br>Ac mihi constabat<br>*egregiam virtutem cuncta patravisse[14]*<br>*eoque factum (esse),* | |
| | ut paupertas divitias superaret. |
| | Sed postquam civitas corrupta est, |
| rursus res publica magistratuum vitia sustentabat[20] | |
| ac multis tempestatibus[21] nemo Romae virtute magnus fuit. | |

3 Übersetze nun den Gesamttext.

# Sallust: Übungstext 4

## Cato beklagt die milde Haltung des Senats.

*Der römische Senat berät über die Bestrafung der Verschwörer. Cäsar plädiert dafür, von der Todesstrafe abzusehen und eine lange Gefängnisstrafe zu verhängen. Dann ergreift Cato das Wort:*

„Coniuravere nobilissumi cives[1] patriam incendere, sed vos[2] cunctamini etiam nunc et dubitatis, quid intra moenia deprehensis hostibus faciatis?
Misereamini censeo[3] - deliquere[4] homines adulescentuli[5] per ambitionem[6] - atque etiam armatos dimittatis[7]! Ne ista vobis mansuetudo[8] et misericordia, si illi arma ceperint, in miseriam convortat[9]!
Scilicet[10] res ipsa aspera est. Sed vos non timetis eam. Immo vero[11] maxume. Sed inertia et mollitia animi - alius alium exspectantes - cunctamini[12] dis inmortalibus confisi[13], qui hanc rem publicam saepe in maxumis periculis servavere.
Non votis neque suppliciis[14] muliebribus[15] auxilia deorum parantur, (sed) vigilando[16], agundo, bene consulendo prospere omnia cedunt[17].
Ubi socordiae[18] te atque ignaviae[19] tradideris[20], nequiquam[21] deos inplores: irati infestique[22] sunt."

(93 Wörter)

**Hilfen zum Text**

[1] **nobilissumi cives** - *Erklärung: die Verschwörer kamen aus den obersten Gesellschaftsschichten Roms*
[2] **vos** - *die Senatoren werden von Cato angesprochen*
[3] **censeo (ut)...** - *ich plädiere dafür, dass (Cato wird hier sehr ironisch)*
[4] **delinquere, delinquo, deliqui, delictum** - *sich eine Verfehlung leisten, (hier etwa:) ein Kavaliersdelikt begehen*
[5] **homines adulescentuli** - *heranwachsende Jüngelchen (ironisch)*
[6] **ambitio, -onis** *f.* - *Ehrgeiz*
[7] **dimittatis** - *ergänze wieder wie zuvor:* **censeo (ut)**
[8] **mansuetudo, -onis** *f.* - *Milde, Nachsicht*
[9] **convortere = convertere** - *umschlagen, sich verwandeln*
[10] **scilicet** - *natürlich, klar*
[11] **immo vero** - *ganz im Gegenteil*
[12] **cunctari** - *zögern, unschlüssig sein*
[13] **confisus, -a, -um** - *im Vertrauen auf...*
[14] **vota (et) supplicia** - *inständiges Flehen*
[15] **muliebris, -e** - *nach Art von Weibern (verächtlich)*
[16] **vigilare** - *wachen, wachsam sein*
[17] **prospere cedere** - *einen glücklichen Ausgang nehmen*
[18] **socordia, -ae** *f.* - *Nachlässigkeit, Sorglosigkeit*
[19] **ignavia , -ae** *f.* - *Untätigkeit*
[20] **tradideris, inplores** - *übersetze die 2. Pers. Sg. mit „man"*
[21] **nequiquam** - *umsonst, vergeblich*
[22] **infestus, -a, -um** - *feindlich, feindselig*

## Check 4:

1 Übersetze zunächst folgende im Text auftretende Formulierungen:
   a Dubitatis, quid faciatis.
   b intra moenia deprehensis hostibus
   c Censeo (ut) misereamini et armatos dimittatis.
   d Ne mansuetudo in miseriam convortat!
   e Alius alium exspectat.
   f Bene consulendo omnia prospere cedunt.

2 Gib die Normalform folgender von Sallust verwendeter Wörter an und bestimme die Formen.

| | |
|---|---|
| **coniuravere** | |
| **nobilissumi** | |
| **deliquere** | |
| **convortat** | |
| **maxume** | |
| **dis** | |
| **agundo** | |

3 Begründe den Konjunktiv folgender im Text vorkommender Verbformen:

| | |
|---|---|
| **faciatis** | |
| **dimittatis** | |
| **convortat** | |
| **tradideris/inplores** | |

4 Bei welchen dieser Formen benutzt man auch im Deutschen den Konjunktiv?

5 Übersetze den gesamten Text.

# Cicero: Übungstext 1

## Cicero – Anwalt der Sizilier

*Cicero begründet, warum er im Prozess gegen Verres die Anwaltschaft für die Sizilier übernommen hat.*

Cum quaestor[1] in Sicilia fuissem, iudices, ita ex ea provincia decessi, ut Siculis omnibus iucundam diuturnamque memoriam quaesturae[2] nominisque mei relinquerem. Factum est[3], ut in me praesidium suis fortunis[4] constitutum esse arbitrarentur. Quare nunc – populati[5] atque vexati – cuncti ad me venerunt, ut suarum fortunarum[6] omnium causam[7] defensionemque susciperem. Me saepe esse pollicitum dicebant, si quod[8] tempus accidisset, quo[9] aliquid a me requirerent[10], commodis[11] eorum me non defuturum[12]. Venisse tempus aiebant, non iam ut commoda sua, sed ut vitam salutemque totius provinciae defenderem; sese iam ne deos quidem in suis urbibus, ad quos confugerent, habere, quod eorum simulacra sanctissima C. Verres ex delubris[13] religiosissimis sustulisset; rogare et orare[14], ne illos supplices aspernarer[15].

(112 Wörter)

| Hilfen zum Text | |
|---|---|
| [1] **quaestor** – *Cicero hatte in Sizilien das Amt eines Quästors (Aufsicht über das Steuer- und Finanzwesen) ausgeübt* | [8] **quod = aliquod** |
| [2] **quaestura, -ae** *f. – Quästur, Amt des Quästors* | [9] **quo** – *Relativpronomen, bezieht sich auf* **quod tempus** |
| [3] **factum est** – *es geschah* | [10] **requirere** – *benötigen* |
| [4] **fortunis suis** – *Dat. commodi: für ihr Hab und Gut* | [11] **commodum, -i** *n. – Vorteil, (hier:) das Recht* |
| [5] **populatus, -a, -um** – *(hier:) völlig ausgeplündert* | [12] **defuturum** – *von* **deesse** *(mit Dativ),* **non deesse** – *eintreten für etw.* |
| [6] **fortunae** – *vgl. Anmerkung 4* | [13] **delubrum = templum** |
| [7] **causa , -ae** *f. – Prozess* | [14] **rogare et orare** – *Hendiadyoin, ergänze als Subjekt:* **se** |
| | [15] **aspernari** – *verschmähen, zurückweisen* |

## Check 1:

1 Gliedere den ersten Satz des Textes nach der **Einrückmethode** (▶ S. 216 ff.) und übersetze ihn.

| HS | GS 1 | GS 2 |
|---|---|---|
| | | |
| | | |
| | | |

2 Der zweite Satz enthält einen **AcI.** Wie lauten sein Subjekt und sein Prädikat? Übersetze den AcI als Aussagesatz und berücksichtige dabei auch die übrigen Satzglieder. Übersetze anschließend den ganzen Satz.

3 Übersetze jetzt den gesamten Text. Bei zwei längeren Sätzen ist folgende Gliederung nach der **Einrückmethode** hilfreich:

| HS | GS 1 | GS 2 |
|---|---|---|
| Me saepe esse pollicitum dicebant | | |
| | si quod[8] tempus accidisset, | |
| | | quo[9] aliquid a me requirerent[10], |
| commodis[11] eorum me non defuturum[12]. | | |
| sese iam ne deos quidem in suis urbibus, | | |
| | ad quos confugerent, | |
| habere, | | |
| | quod eorum simulacra sanctissima C. Verres ex delubris[13] religiosissimis sustulisset; | |

# Cicero: Übungstext 2

## Siziliens Bedeutung für Rom

*Bevor Cicero auf die einzelnen Anklagepunkte zu sprechen kommt, stellt er vor dem Richterkollegium kurz die Tragweite des Prozesses dar und hebt die Bedeutung der Provinz Sizilien für Rom hervor.*

Sed antequam de incommodis[1] Siciliae dico, pauca[2] mihi de provinciae dignitate, vetustate[3], utilitate dicenda esse videntur. Nam cum[4] omnium sociorum provinciarumque rationem diligenter habere[5] debetis, tum[4] praecipue[6] Siciliae, iudices, plurimis iustissimisque de causis: primum, quod omnium nationum exterarum[7] princeps[8] Sicilia se ad amicitiam fidemque populi Romani adplicavit[9]. Nam prima omnium - id, quod ornamentum[10] imperii est - provincia est appellata; prima docuit maiores nostros, quam[11] praeclarum esset exteris[7] gentibus imperare; sola fuit ea fide benevolentiaque[12] erga[13] populum Romanum, ut civitates[14] eius insulae, quae in amicitiam nostram venissent, numquam postea deficerent[15].

(88 Wörter)

| Hilfen zum Text | |
|---|---|
| [1] **incommodum, -i** *n. - Schaden*<br>[2] **pauca** - *wenige Worte*<br>[3] **vetustas, -atis** *f. - Alter*<br>[4] **cum ... tum** - *sowohl ... als auch (besonders)*<br>[5] **rationem habere** *(m. Gen.) - Rücksicht nehmen (auf etw.)*<br>[6] **praecipue** *(Adv.) - in besonderem Maße*<br>[7] **exterus, -a, -um** - *ausländisch*<br>[8] **princeps** - *(prädikativ) als erste* **(= prima)** | [9] **se adplicare ad** *(m. Akk.) - sich entscheiden für, sich anschließen an*<br>[10] **ornamentum, -i** *n. - (hier:) besondere Auszeichnung*<br>[11] **quam** *(bei Adjektiven) - wie*<br>[12] **benevolentia, -ae** *f. - Wohlwollen, Zuneigung*<br>[13] **erga** *(m. Akk.) - gegenüber*<br>[14] **civitas, -atis** *f. - (hier:) Stadt*<br>[15] **deficere** - *abfallen, im Stich lassen* |

## Check 2:

1 Übersetze **stufenweise:**

| |
|---:|
| Pauca[2] dico. |
| Pauca (a me) dicuntur. |
| Pauca mihi dicenda sunt. |
| Pauca mihi dicenda esse videntur. |
| Pauca mihi de provinciae dignitate, vetustate[3], utilitate dicenda esse videntur. |

2 Cicero begründet im zweiten Teil des Textes, warum es sich bei Sizilien um eine besondere Provinz handelt. Umschreibe die Gründe auf Deutsch.

a princeps ______________________________

b prima omnium ______________________________

c prima ______________________________

d sola ______________________________

3 Erinnerst du dich an den **Ablativus qualitatis?**
Socrates fuit **magna sapientia.** – *Sokrates besaß/zeigte große Weisheit.*
L. Catilina fuit **magna vi** et animi et corporis. – *L. Catilina besaß große Körper- und Geisteskraft.*
Was bedeutet also: Sicilia sola fuit **ea fide benevolentiaque** erga populum Romanum?

4 Übersetze nun den Gesamttext.

# Cicero: Übungstext 3

## Catilinas Charakter

*In einer Rede vor dem Volk zeichnet Cicero ein detailliertes Bild des verbrecherischen Charakters von Catilina.*

O fortunatam[1] rem publicam, siquidem[2] hanc sentinam[3] urbis eiecerit! Catilina exhausto[4] levata[5] mihi et recreata[6] res publica videtur. Quid enim mali aut sceleris fingi aut cogitari potest, quod non ille conceperit[7]? Quis tota Italia veneficus[8], quis sicarius[9], quis parricida[10], quis corruptus, quis perditus inveniri potest, qui se cum Catilina non familiarissime[11] vixisse fateatur? Quae caedes per hos annos sine illo facta est, quod nefarium stuprum[12] non per illum?
Nunc vero non solum ex urbe, verum etiam ex agris ingentem numerum perditorum hominum collegerat. Nemo non modo Romae, sed ullo in angulo[13] totius Italiae oppressus aere alieno[14] fuit, quem non ad hoc incredibile sceleris foedus asciverit[15].

(105 Wörter)

| Hilfen zum Text | |
|---|---|
| [1] **O fortunatam rem publicam!** - *Oh glücklicher Staat! (bei einem Ausruf oder einer Beschwörung steht der Akkusativ)* | [8] **veneficus, -i** *m. - Giftmischer* |
| [2] **siquidem** - *wenn nur endlich* | [9] **sicarius, -i** *m. - Meuchelmörder* |
| [3] **sentina, -ae** *f. - Jauche, Abschaum* | [10] **parricida, -ae** *m. - Vatermörder* |
| [4] **exhaurire, exhaurio, exhausi, exhaustum** - *hinausschaffen* | [11] **familiarissime** *(Adv.) - aufs engste verbunden, in enger Freundschaft* |
| [5] **levare** - *erleichtern, entlasten* | [12] **stuprum, -i** *n. - Ehebruch* |
| [6] **recreare** - *erholen* | [13] **angulus, -i** *m. - Winkel, Ecke* |
| [7] **concipere** - *begehen, in die Tat umsetzen* | [14] **aes alienum, aeris -i** *n. - Schulden(last)* |
| | [15] **ad foedus asciscere** - *als Verbündeten gewinnen* |

## Check 3:

1 Erinnerst du dich an den **Genitivus partitivus?**
Beispiel: **aliquid novi** - etwas Neues
oder: **quis civium?** - wer unter den Bürgern?
Übersetze entsprechend: Quid enim **mali aut sceleris** (fingi aut cogitari potest)?

2 Weißt du noch, wie der **Infinitiv Präsens Passiv** gebildet wird?
Wie lautet er bei folgenden Verben?
laudare - videre - invenire - agere - cogitare - fingere - facere
Übersetze die passiven Infinitive dann auch.

3 Was bedeutet:
Quis veneficus?
Quae caedes?
Quod scelus?

4 Übersetze **stufenweise:**

a

Quis veneficus[8] inveniri potest?

Quis veneficus inveniri potest, qui non fateatur?

Quis veneficus inveniri potest, qui se cum Catilina non vixisse fateatur?

Quis veneficus inveniri potest, qui se cum Catilina non familiarissime[11] vixisse fateatur?

b

Nemo fuit, quem non ad foedus asciverit[15].

Nemo oppressus aere alieno[14] fuit, quem non ad foedus asciverit.

Nemo oppressus aere alieno fuit, quem non ad hoc incredibile sceleris foedus asciverit.

Nemo non modo Romae, sed ullo in angulo[13] totius Italiae oppressus aere alieno fuit, quem non ad hoc incredibile sceleris foedus asciverit.

5 Übersetze nun den gesamten Text.

# Cicero: Übungstext 4

## Der Staat zuerst!

*In seiner Anklagerede gegen den Staatsfeind Catilina versichert Cicero den versammelten Senatoren, dass er sein eigenes Wohlergehen zugunsten dessen des Staates hintan stellt.*

Video, patres conscripti[1], in me omnium vestrum ora[2] atque oculos esse conversos[3], video vos non solum de vestro ac rei publicae, verum etiam, si id depulsum[4] sit, de meo periculo esse sollicitos. Est mihi iucunda in malis[5] et grata in dolore vestra erga[6] me voluntas[7], sed eam, per[8] deos inmortales, deponite atque obliti[9] salutis meae de vobis ac de vestris liberis cogitate! Mihi si haec condicio consulatus[10] data est, ut omnis[11] acerbitates[12], omnis[11] dolores cruciatusque[13] perferrem, feram non solum fortiter, verum etiam lubenter[14], dum modo[15] meis laboribus[16] vobis populoque Romano dignitas salusque pariatur[17].

(93 Wörter)

**Hilfen zum Text**

[1] **patres conscripti** - *Senatoren*
[2] **ora** *von* **os, oris** *n. - Gesicht*
[3] **convertere, converto, converti, conversum** - *wenden, zuwenden*
[4] **depellere, depello, depuli, depulsum** - *vertreiben, abwenden*
[5] **mala, -orum** *n. Pl. - Unglück, schlimme Lage*
[6] **erga** *(m. Akk.) - gegen(über)*
[7] **voluntas, -atits** *f. - Wohlwollen, Sympathie*
[8] **per** *(m. Akk.) - bei*
[9] **oblitus** - *PPP von* **oblivisci** - *vergessen*
[10] **consulatus, -us** *m. - das Konsulat, Amt eines Konsuls*
[11] **omnis = omnes** *(hier Akk. Pl.)*
[12] **acerbitas, -atis** *f. - Bitterkeit, bittere Erfahrung*
[13] **cruciatus, -us** *m. - Marter, Folter*
[14] **lubenter = libenter**
[15] **dum modo** - *solange nur*
[16] **labor, -oris** *m. - (hier:) das Leiden*
[17] **parere, pario, peperi, partum** - *erzeugen, hervorbringen*

## Check 4:

1 Trage die Subjekte und Prädikate der beiden von „Video“ abhängigen AcI ein.

| Video | Subjekt | Prädikat |
|---|---|---|
| AcI 1 | | |
| AcI 2 | | |

2 Untersuche den Satz: Est mihi iucunda ... et grata ...
   a Wie lautet das Bezugswort?
   b Welche weiteren Ergänzungen gehören zu diesem Bezugswort?

3 Gib die Ergänzungen (Objekte) an zu:

| **deponite** | |
|---|---|
| **obliti** | |
| **cogitate** | |

4 Lege für den letzten Satz eine Tabelle nach der **Einrückmethode** an.

| HS | GS 1 | GS 2 |
|---|---|---|
| | | |
| | | |
| | | |
| | | |

5 Übersetze den gesamten Text.

# Cicero: Übungstext 5

## Die Stimme des Vaterlands

*Cicero will sein strenges Vorgehen gegen die Verschwörer rechtfertigen. Zur Begründung führt er an, dass das Vaterland selbst, dessen Stimme er deutlich zu vernehmen glaubt, es so von ihm erwartet.*

Etenim, si mecum patria, quae mihi vita mea multo est carior[1], loquatur[2]: "M. Tulli[3], quid agis? Tune[4] eum, quem esse hostem comperisti[5], quem ducem belli futurum[6] vides, quem exspectari imperatorem[7] in castris hostium sentis, exire patiere[8], ut abs[9] te non emissus ex urbe, sed immissus in urbem esse videatur? Nonne hunc in vincla duci[10], non ad mortem rapi, non summo supplicio[11] mactari[12] imperabis? Quid tandem te impedit? An[13] invidiam[14] posteritatis[15] times? Praeclaram vero populo Romano refers[16] gratiam, qui te tam mature[17] ad summum imperium per omnis honorum gradus extulit[18], si propter invidiam aut alicuius periculi metum salutem civium tuorum neglegis. Sed, si quis est invidiae metus, non est vehementius severitatis[19] ac fortitudinis invidia quam inertiae[20] ac nequitiae[21] pertimescenda[22]!"

(117 Wörter)

| Hilfen zum Text | |
|---|---|
| [1] **carus, -a, -um** - *lieb, teuer* | [13] **an** - *oder etwa?* |
| [2] **loqui, loquor, locutus sum** - *sprechen, reden* | [14] **invidia, -ae** *f. - (hier:) die (barsche) Kritik* |
| [3] **M. Tulli** - *Vokativ zu* **Marcus Tullius** *(Cicero)* | [15] **posteritas, -atis** *f. - Nachwelt, zukünftige Generationen* |
| [4] **Tune? = Tu-ne?** | [16] **referre gratiam** - *danken, Dank abstatten* |
| [5] **comperire, comperio, comperi, compertum** - *in Erfahrung bringen* | [17] **mature** *(Adv.) - frühzeitig* |
| [6] **futurum** - *ergänze:* **esse** | [18] **per omnis honorum gradus efferre** - *durch alle Staatsämter hindurchführen/emporheben (Erklärung: Cicero hatte auf dem schnellstmöglichen Wege politische Karriere gemacht)* |
| [7] **imperatorem** - *prädikativ zu* **quem** | [19] **severitas, -atis** *f. - Strenge* |
| [8] **patiere = patieris** *von* **pati, patior, passus sum** - *leiden, zulassen* | [20] **inertia, -ae** *f. - Untätigkeit* |
| [9] **abs = a(b)** | [21] **nequitia, -ae** *f. - Unfähigkeit* |
| [10] **in vinc(u)la ducere** - *verhaften* | [22] **pertimescere = timere** |
| [11] **summum supplicium** - *Höchststrafe* | |
| [12] **mactare** - *hinrichten* | |

## Check 5:

1 Übersetze:
Germania maior est quam Italia.
Marcus celerior est Quinto.
Patria mihi carior est vita mea.

2 Übersetze **stufenweise:**

Eum exire patieris?

Eum, qui est hostis, exire patieris?

Eum esse hostem comperisti[5].

Eum, quem esse hostem comperisti, exire patieris?

Eum,
quem esse hostem comperisti,
quem ducem belli futurum[6] vides,
quem exspectari imperatorem[7] in castris hostium sentis,
exire patieris?

3 Bestimme folgende im Text auftretende Formen und nenne auch ihre Funktion im Text.
**Beispiel:** (Z. 6) **gratiam** – Form: Akk. Sg., Funktion: Objekt
Z. 1: vita mea
Z. 1: multo
Z. 5: rapi
Z. 8: quis
Z. 8: invidiae
Z. 9: vehementius
Z. 10: pertimescenda

4 An welcher Stelle des Textes finden sich folgende rhetorische Besonderheiten?

| | |
|---|---|
| **Anapher** | |
| **Personifikation** | |
| **Antithese** | |
| **Klimax** | |

5 Übersetze den gesamten Text.

# FÜR DAS ABITUR: INTERPRETATION, METRIK UND STILISTIK

Inhalt



▶ Hier findest du verschiedene Interpretationsmodelle, Hinweise zur Stilistik und sprachliche Besonderheiten sowie Metrik.

# 1 Interpretation

Neben der Übersetzungsaufgabe sind auch Interpretationsaufgaben häufig Bestandteil lateinischer Klassenarbeiten oder Klausuren. In den Grund- und Leistungskursklausuren sowie im Abitur sind sie sogar verpflichtend vorgeschrieben. Aus diesem Grund wollen wir uns hier etwas ausführlicher mit der **Interpretation** lateinischer Texte beschäftigen.
Im sogenannten Interpretationsteil einer Klausur können auch Aufgaben zur Grammatik und Wortlehre auftreten. Diese Aufgaben wurden zum Teil schon bei den Übungstexten mitberücksichtigt, sie werden daher hier nicht mehr behandelt. Vielmehr soll es hier um die Interpretation im engeren Sinn gehen.
Wenn man von einer Interpretation eines Textes spricht, muss man zunächst **zwei Bereiche** unterscheiden: die **textimmanente** und die **texttranszendente Interpretation:**

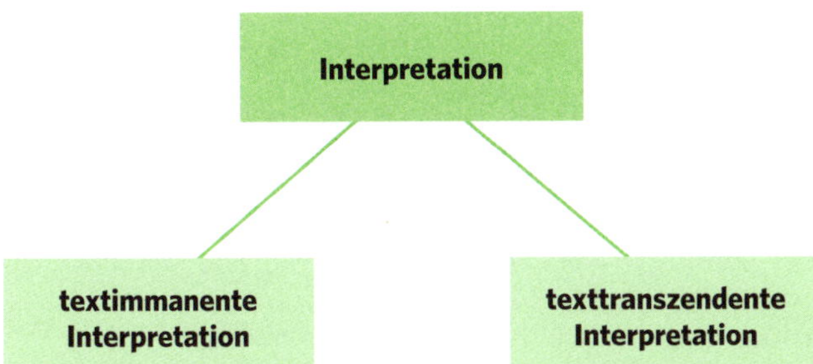


| Die textimmanente Interpretation | Die texttranszendente Interpretation |
|---|---|
| konzentriert sich nur und ausschließlich auf den vorliegenden Text und dabei z. B. auf folgende Aspekte:<br>• Um welche Literaturgattung oder literarische Form handelt es sich bei dem Text?<br>• Wie ist der Text sprachlich und stilistisch gestaltet?<br>• Worum geht es im Text?<br>• Welche Aussageabsicht oder These verfolgt der Autor? | untersucht das Umfeld, in dem der Text entstanden ist, sowie seine Überlieferungsgeschichte und Wirkung bis in die Gegenwart (Rezeption):<br>• Welche historischen Ereignisse werden angesprochen?<br>• In welchen Zusammenhang steht der Text zur Biographie des Autors?<br>• Wie wird dasselbe Thema bei einem anderen Autor behandelt?<br>• Welche Bedeutung hat der Text für den heutigen Leser? Nimm zur These des Autors kritisch Stellung. |

## Voraussetzungen der Interpretation

Um einen Text sachgerecht interpretieren zu können, brauchst du vor allem gründliches Hintergrundwissen:

- Du benötigst Kenntnisse der Semantik (Bedeutung) des verwendeten Wortmaterials und der vom Autor verwendeten Formen (z. B. kann ein bestimmtes Tempus, wie Imperfekt statt Perfekt, Informationen zur Aussageabsicht liefern). Hier können dir ein gutes Lexikon und eine ausführlichere Grammatik sehr nützlich sein.
- Du solltest dich gut in der Verwendung von Stilmitteln und rhetorischen Elementen auskennen. Dazu findest du eine knappe Übersicht am Ende dieses Teils.
- Wenn es um die Interpretation von Dichtung geht, musst du dich natürlich auch in der Metrik auskennen. Auch dazu findest du weiter unten eine kurze Einführung.
- Zur Vorbereitung einer Interpretation musst du über die Entstehungszeit des Textes, seine Adressaten sowie die Biografie des Autors genau Bescheid wissen.
- Weiterhin brauchst du Informationen über die literarischen Besonderheiten des Textes. Du musst z. B. wissen, in welcher literarischen Tradition ein Text steht, wie seine Rezeptionsgeschichte verlaufen ist, zu welcher Textsorte (Gattung) er gehört und welchen besonderen Formgesetzen er unterliegt.

## Fragen über Fragen …

Schließlich können bestimmte Texte ohne **Sachkenntnis** kaum verstanden werden, wie z. B. in der Dichtung bei mythologischen Anspielungen oder bei philosophischen Texten die hinter den Argumenten und Begriffen stehenden Positionen.

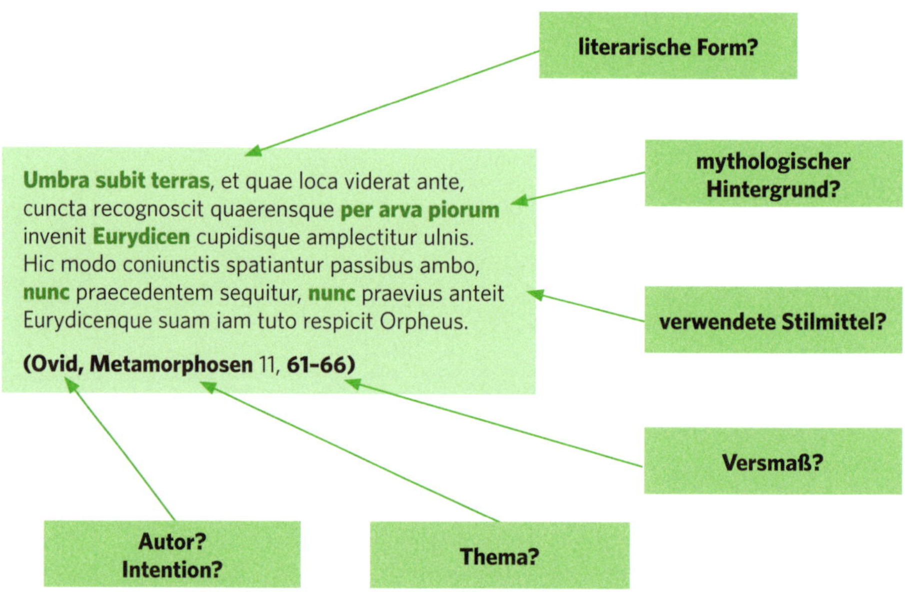

## Wie gehst du vor?

1 Grundlage für eine Interpretation ist die **Übersetzung** des Textes. Damit hast du im Grunde bereits interpretiert, denn jede Übersetzung verlangt die Wahl eines passenden Ausdrucks in der Muttersprache. Dies ist nicht immer einfach, vor allem bei Wörtern, die ganz verschiedene Bedeutungen haben können, wie z. B. **animus** - *Herz, Geist, Sinn, Mut.* Es kann auch vorkommen, dass du im weiteren Verlauf deiner Übersetzung oder bei der Interpretation merkst, dass die von dir gewählte Bedeutung eines Wortes doch nicht in den Sinnzusammenhang passt. Dann musst du nachbessern. Übersetzen und Interpretieren gehören also eng zusammen.

2 Die weitere Interpretationsarbeit hängt jetzt von der **Aufgabenstellung** ab. Sie kann sich auf die präzisierende Wiedergabe des Inhaltes, die Beschreibung der sprachlich-stilistischen Gestaltung, auf die Rahmenbedingungen (Entstehungszeit, Autor und seine Intention, literarische Tradition usw.) eines Textes beziehen oder von dir eine eigene Stellungnahme (die natürlich auch sachlich begründet sein muss) fordern.

a **Auf den Inhalt bezogen:** Hier wird in der Regel eine Wiedergabe mit eigenen Worten (Paraphrase) oder eine Zusammenfassung der Argumente bzw. Hauptgedanken eines Textes erwartet; auch ein Vergleich mit Paralleltexten ist denkbar. Weiterhin müssen hier Zusammenhänge geklärt werden, die - trotz Übersetzung - Verständnisschwierigkeiten bereiten.
Typische Aufgaben können lauten:
- Formuliere zu dem Text eine passende Überschrift.
- Kläre folgende im Text auftretende Begriffe ...
- Unterscheide die präzise Bedeutung folgender Synonyma: ...
- Fasse mit eigenen Worten die vom Autor formulierte These zusammen.

b **Zur sprachlich-stilistischen Gestaltung:** Typische Aufgaben beziehen sich auf die Textstruktur: z. B. auf den logischen Aufbau der Argumentation, die Gliederung, den Aufbau der Strophen, Wortwahl (vorherrschende Wortarten, Wortfelder, besondere Ausdrücke), Satzarten, verwendete Tempora und Modi, Stil. Häufig müssen auch metrische und stilistische Besonderheiten eines Textes herausgearbeitet werden.
Typische Aufgaben können lauten:
- Fertige eine Analyse der metrischen Struktur folgender Verse an ...
- Nenne drei unterschiedliche rhetorische Stilmittel des Textes.
- Analysiere die im Text auftretenden Verbformen und erstelle ein Tempusrelief.

c **Auf die Rahmenbedingungen bezogen:** Untersuchungen zum historischen, geistesgeschichtlichen, literarischen oder sozialen Hintergrund eines Textes, zur Intention des Autors, zu seinem ursprünglichen Adressatenkreis und seiner Wirkungsgeschichte bis in die Gegenwart. Zur erfolgreichen Bewältigung solcher Aufgaben musst du dich mit entsprechender **Sekundärliteratur,** die in der Regel im Unterricht besprochen oder von deiner Lehrerin bzw. deinem Lehrer angegeben wird, vorbereiten.
Typische Aufgaben können lauten:
- Erläutere, inwiefern Caesars Gedanken von römischem Sendungsbewusstsein geprägt sind.
- Stelle durch Auswertung folgender Aussagen ... Ciceros Verständnis von **religio** dar und vergleiche es mit der Definition bei Boethius.
- Welcher philosophischen Schule ordnest du die im Text geäußerte These zu? Begründe deine Zuordnung.

d **Die eigene Stellungnahme** ist die vielleicht schwierigste Aufgabenstellung. Während du dich bei den anderen Aufgaben noch auf konkrete Materialien und deren Auswertung stützen kannst, ist jetzt eine sogenannte Transfer-Leistung gefordert. Es wird erwartet, dass du in der Lage bist, zu einem bestimmten Problem eigene Gedanken sachlich begründet formulieren zu können. Hier kommt es weniger auf angelerntes Wissen als auf eine eigenständige Durchdringung und Verarbeitung bestimmter Zusammenhänge an. Dabei musst du nicht nur unter Beweis stellen, inwiefern du fachspezifisches Wissen und Fachmethoden anwenden kannst, sondern auch fächerübergreifend und subjektiv reflektiert bestimmte Problemstellungen erfassen und systematisch bearbeiten kannst.

Typische Aufgaben können lauten:

- Prüfe die vom Autor vertretene These: Kann sie - deiner Einschätzung nach - auch heute noch Gültigkeit beanspruchen?
- Stelle knapp die kontroverse Haltung beider Autoren dar und gib ein eigenes Urteil zu dem hier diskutierten Problem ab.
- Beurteile, inwiefern die vom Autor formulierten Gedanken zu einer kritischen Einstellung gegenüber einer Konsum-Mentalität führen können.

### Besonderheiten der Dichtung

Seid gegrüßt, ihr heilgen Trümmer,
Auch als Trümmer mir gegrüßt,
Obgleich nur noch Mondenschimmer
Einer Sonn, die nicht mehr ist.

So lautet der Beginn eines Gedichts von Franz Grillparzer (1791-1872), mit dem er den damaligen Zustand des Forum Romanum in Rom beschreibt. Er hätte dies auch anders formulieren können, z. B.: „Es handelt sich beim Forum Romanum um ein Ruinenfeld, das an einen Steinbruch erinnert und den einstigen Glanz nur noch mit viel Fantasie erahnen lässt."

Bei diesen beiden Beschreibungen desselben Sachverhaltes wird dir bestimmt deutlich, was Dichtung von Prosa unterscheidet:

- die besondere **Wortwahl,** die sich aus der Alltagssprache hervorhebt: „heilge Trümmer"
- die besondere **Satz- und Wortstellung:** „auch als Trümmer mir gegrüßt"
- die Wahl **bildhafter Ausdrücke:** „nur noch Mondenschimmer einer Sonn, die nicht mehr ist"
- die besondere **Form:** in unserem Fall der Endreim im Schema a-b-a-b
- die **persönliche Beziehung** des Autors zum Objekt seiner Darstellung: „Seid mir gegrüßt!" usw.

Was du hier an einem Gedicht aus dem deutschen Sprachraum erkennen kannst, gilt in ähnlicher Weise auch für die Lyrik der Antike. Daher findest du im Folgenden eine kleine Einführung in die wichtigsten Grundlagen der lateinischen **Metrik** und **Stilistik.**

## 2 Metrik

Wichtigstes Merkmal lateinischer Dichtung ist die Metrik. Während sich im Deutschen Gedichte oft schon daran erkennen lassen, dass sie aus Versen bestehen, die sich reimen, haben römische Dichter einen besonderen Wert auf den **Rhythmus** ihrer Verse gelegt. Ähnlich wie in der Musik musst du beim Lesen lateinischer Gedichte einen bestimmten Takt berücksichtigen, d. h. bestimmte Silben beim Lesen betonen.

Dabei waren die Verfasser solcher Verse - trotz sogenannter dichterischer Freiheit - an Vorschriften gebunden, die sie bei der Komposition ihrer Verse einhalten mussten. Sollte es in dem Gedicht um Götter- oder Heldensagen gehen (Epos), musste jeder Vers sechs betonte Silben vorweisen. Noch etwas komplizierter ist es bei Liebesgedichten. Hier folgen Verse aufeinander, die in verschiedenen Rhythmen abgefasst sind.

Da diese beiden genannten Formen die häufigsten sind, die in der Schule gelesen werden, wollen wir uns mit ihnen ein wenig näher beschäftigen.

**Hexameter**
Verse, wie sie in Gedichten mit Helden- oder Göttersagen (z. B. Ovids Metamorphosen) vorkommen, werden mit dem griechischen Begriff **Hexameter** (bitte bei der Aussprache das „a" betonen!) bezeichnet. Das Wort Hexameter bedeutet, dass sich ein Vers in sechs „Versfüße" zerlegen lässt. Ein Versfuß ähnelt einem Takt in der Musik:

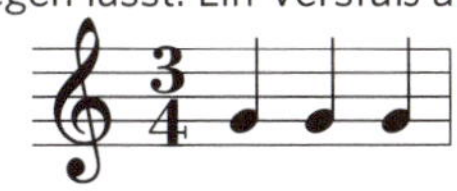
— ◡ ◡

Takt (3/4-Takt)

Wie bei einem Dreivierteltakt die erste Note betont wird (Walzertakt), wird auch bei einem Daktylus die erste Silbe betont. Einen solchen Rhythmus findest du z. B. bei dem Wort „Teekanne".

´
Tee - kan - ne
— ◡ ◡

Wenn man nun einen Vers komponiert, in dem die Wörter so gestellt sind, dass **sechs** solcher Versfüße (Daktyli) aufeinander folgen, hat man schon beinahe einen Hexameter. Aber nur beinahe, denn der sechste (letzte) Versfuß hat nur zwei Silben. Also:

**Tée-kan-ne - Tée-kan-ne - Tée-kan-ne - Tée-kan-ne - Tée-kan-ne - Tée-kann´**
— ◡ ◡ — ◡ ◡ — ◡ ◡ — ◡ ◡ — ◡ ◡ — ◡

**1 2 3 4 5 6**

Unser Vers entspricht jetzt seiner Form nach den Gesetzen eines Hexameters - ob man hier aber auch inhaltlich von Dichtung sprechen kann, bleibt fraglich.

Die Kunst eines Dichters liegt nun darin, beides zusammenzubringen: poetische Worte in einem festgelegten Rhythmus.

**Halten wir also zunächst fest:**

Bei einem Hexameter handelt es sich um einen Vers mit sechs Versfüßen. Die erste Silbe in jedem Versfuß (lange Silbe) wird betont gelesen.
Dabei treten in einem Vers folgende Versfüße auf:

1 Der **Daktylus:** –́ ◡ ◡. Er besteht aus **drei Silben:** einer langen – und zwei kurzen Silben ◡ ◡; die erste Silbe (Länge) wird betont.
2 Der letzte Versfuß hat nur **zwei Silben,** eine lange und eine kurze: –́ ◡. Auch hier wird die erste Silbe (Länge) betont gelesen. Man nennt diesen Versfuß **Trochäus.**
3 Dazu kommt noch ein dritter Versfuß, der einen Daktylus oder auch den Trochäus am Versende ersetzen kann. Dieser Vers hat auch nur zwei Silben, allerdings **zwei lange Silben:** –́ –, von denen nur die erste betont gelesen wird. Er heißt **Spondeus.**

Damit ergibt sich für einen Hexameter folgendes Schema:

´– ◡ ◡   – ◡ ◡   – ◡ ◡   – ◡ ◡   – ◡ ◡   – ◡
(´– –   ´– –   ´– –   ´– –   ´– ◡ ◡   ´– –)
1   2   3   4   5[1]   6

[1] An der fünften Position befindet sich fast immer ein Daktylus.

Soweit die Theorie, jetzt schreiten wir zur Praxis und nehmen uns einen Vers des Dichters Ovid vor (vgl. Übungstext 2, Vers 2, S. 254)

**Óm**nia **pón**tus e**ránt;** dee**ránt** quoque **lí**tora **pón**to
– ◡◡   – ◡   ◡ –   ◡◡ –   ◡ ◡   – ◡ ◡   – –
1   2   3   4   5   6

Du siehst, der Vers ist von Ovid so angelegt wurde, dass er aus fünf Daktyli und einem Spondeus am Versende besteht. Wie du an dem Vers auch erkennen kannst, muss das Ende eines Versfußes nicht mit einem Wortende übereinstimmen; Versfüße beziehen sich nur auf die Silben und sind daher wortübergreifend.
Wenn du also einen Vers metrisch analysierst, musst du in einem **ersten Schritt** seine Silben trennen:
Om-ni-a pon-tus e-rant; de-e-rant quo-que li-to-ra pon-to

In einem **zweiten Schritt** markierst du zunächst alle langen Silben. Da ist dann einfach, wenn ein Wort - wie unser Beispiel „**Tée**kanne" - auf dieser Silbe langen Silbe auch betont gesprochen wird. Man spricht in diesem Fall von einer **Naturlänge: lí-to-ra.** Es handelt sich dabei um Silben mit langen Vokal oder Doppelvokal.

Aber spätestens bei **e-ránt** merkt man, dass hier die Betonung nicht der gewohnten Aussprache entspricht. Denn da würde man das Wort eher umgekehrt betonen: **érant.** Es tritt also bei der Festlegung der langen Silben noch eine zweite Regel hinzu: Eine Silbe gilt auch dann als metrisch lang, wenn sie auf zwei oder mehr Konsonanten endet[2]. Dabei ist es unerheblich, ob die Endkonsonanten innerhalb eines Wortes stehen oder ein Wort mit einem Konsonanten endet und das nächste mit einem Konsonanten beginnt:
**pon-tus e-rant** oder z. B. **e-rat nox.**

Die Silbe **pon-** wird lang, weil sie auf **-n-t** trifft, ebenso die Silbe **-rant,** weil sie auf **-nt** endet; aber auch die Silbe **-rat** wird lang, weil das folgende Wort mit einem Konsonanten beginnt: **n-.** Übrigens ist bei dem Substantiv **nox** die Silbe lang, auch wenn der Vokal **o** hier kurz ist, da das **x** am Ende als Doppelkonsonant (gs) gilt. Man nennt solche Silben dann **Positionslänge,** und wie im Fall von **e-rant** betonen wir sie, wenn sie den Anfang eines Versfußes bilden.

[2] Ausnahme: Wenn der zweite Konsonant ein **l** oder **r** ist, kommt es meistens zu **keiner Positionslänge.**

Doch kehren wir nun zu unserem Vers zurück. Wir wollten ja alle Längen markieren:

Om-ni-a pon-tus e-rant; de-e-rant quo-que li-to-ra pon-to
–   –   –   –   –   –  –
P   P   P   P   N   P  N

Du siehst: Unser Vers hat fünf Positionslängen (P) und zwei Naturlängen (N).

Jetzt müssen wir in einem **dritten Schritt** diese Längen unseren Versfüßen (Daktylus, Spondeus, Trochäus) zuordnen:

Om-ni-a pon-tus e-rant; de-e-rant quo-que li-to-ra pon-to
– ⏑ ⏑ – ⏑ ⏑ – ⏑ ⏑ – ⏑ ⏑ – ⏑ ⏑ – –

*Daktylus Daktylus Daktylus Daktylus Daktylus Spondeus*

Im **vierten Schritt** legen wir nun die betonten Silben fest: Es wird immer die Silbe betont, mit der ein neuer Versfuß beginnt:

**Om**-ni-a **pon**-tus e-**rant;** de-e-**rant** quo-que **li**-to-ra **pon**-to
– ⏑ ⏑ – ⏑ ⏑ – ⏑ ⏑ – ⏑ ⏑ – ⏑ ⏑ – –

Und jetzt noch ein wenig Feinschliff: Zur Erhöhung der Spannung beim Zuhörer haben die Dichter Sprechpausen eingeplant. Solche Pausen müssen natürlich mit einem klar erkennbaren Sinneinschnitt in einem Vers (z. B. Satzende, vor oder hinter einem Abl. abs.) einhergehen.
In unserem Beispielvers wäre hinter **erant** eine kurze Pause einzulegen:

**Om**-ni-a **pon**-tus e-**rant;** | de-e-**rant** quo-que **li**-to-ra **pon**-to
– ⏑ ⏑ – ⏑ ⏑ – | ⏑ ⏑ – ⏑ ⏑ – ⏑ ⏑ – –
Pause

In der Metrik nennt man solche Pausen auch **Zäsuren;** sie können nach der zweiten (Trithemimeres), dritten (Penthemimeres) oder vierten (Hephthemimeres) betonten Silbe auftreten.
Zum Schluss aber noch ein paar wichtige Hinweise:

1 Wenn ein Wort in einem Vers mit einem Vokal endet und das folgende mit Vokal beginnt, werden beide miteinander zu einem Wort verbunden. Dabei gibt das vorausgehende Wort seinen Vokal auf: **crescentesque abstulit** wird zu: **crecentesqu-abstulit** (vgl. Übungstext 3, Vers 2, S. 256). Dasselbe gilt auch, wenn ein Wort auf ein **m** endet und das folgende mit Vokal beginnt oder ein Wort auf einen Vokal endet und das folgende mit einem **h** beginnt. Man nennt diese Verschmelzung **Elision.** Sie muss unbedingt beachtet werden, weil sich ja dadurch die Zahl der Silben im Vers verändert.
2 Wenn ein Wort auf einen Vokal oder auf **m** endet und das folgende Wort **est** lautet, entfällt in diesem Fall bei **est** das **e: tota est** wird zu **tota-st, numquam est** wird zu: **numquam-st.** Man nennt diese Erscheinung **Aphärese.**

Und hier kannst du das Gelernte auch gleich anwenden!

## Check:

Fertige eine metrische Analyse folgender Verse an:
Tum puer audaci coepit gaudere volatu
deseruitque ducem caelique cupidine tractus
altius egit iter. Rapidi vicinia solis
mollit odoratas, pennarum vincula, ceras

(Übungstext 9, Verse 1–4, S. 268)
Gib dabei auch die Zäsuren (Sprechpausen) an. Die Lösung findest du auf S. 425 f.

**Pentameter und Elegisches Distichon**
Handelt es sich um **Liebesdichtung,** dann tritt zum Hexameter noch ein weiteres, mit dem Hexameter verwandtes Versmaß hinzu:

Árma graví numeró violéntaque bélla parábam: – ◡ ◡ – ◡ ◡ – ◡ ◡ – ◡ ◡ – ◡ ◡ – –
  édere, máteriá cónveniénte modís: – ◡ ◡ – ◡ ◡ – | – ◡ ◡ – ◡ ◡ –
(Ovid, Amores 1,1)

Während es sich bei dem oberen Vers um einen reinen (daktylischen) Hexameter handelt, fehlt im unteren Vers an der dritten und sechsten Position jeweils ein halber Versfuß. Dieser Vers besteht also nicht - wie der Hexameter - aus sechs vollständigen Versfüßen, sondern aus zweimal zweieinhalb, also insgesamt fünf Versfüßen. Er heißt daher **Pentameter.** Er hat aber - wie der Hexameter auch - sechs betonte Silben, wobei in der Versmitte zwei Betonungen aufeinandertreffen. Zwischen den beiden betonten Silben pflegt man beim Lesen eine kleine Pause (Zäsur) einzulegen.
Ein Versmaß, bei dem sich Hexameter und Pentameter abwechseln, findet man in der elegischen Dichtung (z. B. Liebesdichtung). Es heißt **elegisches Distichon.** Hier ein weiteres Beispiel:

Sex mihi surgat opus numeris, in quinque residat:
  ferrea cum vestris bella valete modis!
Cingere litorea flaventia tempora myrto,
  Musa, per undenos emodulanda pedes!
(Ovid, Amores 1,1, 27-30)

## 3 Stilistik

Wir haben es bei der Lektüre im Lateinunterricht fast durchweg mit literarischen Texten zu tun, die sich neben ihren besonderen Inhalten auch durch Besonderheiten der Sprache auszeichnen. Dazu gehört die Verwendung besonderer Stilmittel, von denen hier die wichtigsten mit Beispielen dargestellt werden.

### 1. Stilmittel die sich auf die Wortstellung beziehen:

**Alliteration**
Zwei oder mehrere Wörter hintereinander beginnen mit demselben Buchstaben:
esse **v**etat, **v**otoque **t**uo **t**ua forma repugnat (Ovid, Übungstext 6)

**Anapher**
Zwei oder mehrere Sätze bzw. Teilsätze beginnen mit demselben Wort:
**saepe** pater dixit: „Generum mihi, filia, debes", **saepe** pater dixit (Ovid, Übungstext 6)

**Asyndeton**
Aufzählung mehrere Begriffe oder Aneinanderreihung von Teilsätzen ohne Konjunktion, klassisches Beispiel:
Veni, vidi, vici.

**Chiasmus**
Grammatisch oder inhaltlich miteinander korrespondierende Satzteile sind spiegelbildlich (nach dem Schema: a-b-b-a) einander gegenübergestellt (Gegensatz: Parallelismus):
**(a)** nocens **(b)** ferrum **(b)** ferroque **(a)** nocentius (Ovid, Übungstext 8)

**Hyperbaton**
Zueinander gehörende Wörter sind durch zwei oder mehr Wörter voneinander getrennt:
**pulchra verecundo** suffuderat **ora rubore** (Ovid, Übungstext 6)

## 2. Stilmittel die sich auf inhaltliche Besonderheiten beziehen:

### Antithese
Kontrastierung durch gegensätzliche Begriffe oder Gedanken:
Id ago, ne **senex** eadem velim, quae **puer** volui. (Seneca, Übungstext 4)

**Enallage**
Ein Wort bezieht sich grammatisch auf ein Wort, zu dem es inhaltlich nicht gehört:
Tum puer audaci coepit gaudere volatu.

**audaci** gehört grammatisch zu **volatu,** aber inhaltlich zu **puer** (Ovid, Übungstext 8)

**Hendiadyoin**
Ein Begriff wird zur Verstärkung durch ein Wortpaar umschrieben:
Ariovistus: transisse Rhenum sese **rogatum et arcessitum** a Gallis - sehr herbeigesehnt von den Galliern (Caesar, Übungstext 8)

**Klimax**
Die Argumente werden inhaltlich gesteigert:
Nonne hunc **in vincla duci,** non **ad mortem rapi,** non **summo supplicio mactari** imperabis? (Cicero, Übungstext 4)

**Litotes**
Ein Ausdruck wird durch doppelte Verneinung verstärkt. Häufiges Beispiel:
non ignoro - ich weiß genau

**Metapher**
Neulich konnte man in der Zeitung folgende Überschrift lesen: „EU will Steueroasen austrocknen". Hier werden gleich zwei Metaphern (Bilder) verwendet: „Oase" für „sicheren Aufenthaltsort" und „austrocknen" für „einen Zustand beenden". Werden mehrere Bilder in einem Zusammenhang verwendet, spricht man auch von einer Allegorie. Metaphern und Allegorien sind in der lateinischen Literatur, insbesondere in der Dichtung, häufig anzutreffen:
sed itum est in **viscera terrae** - Man drang in die Eingeweide/das Innere der Erde vor. (Ovid, Übungstext 8)

**Metonymie**
Ein bestimmter Begriff wird durch einen inhaltlich verwandten Begriff ersetzt; häufig stehen die Namen von Göttern an Stelle des von ihnen repräsentierten Bereiches, z. B. Amor oder Venus für die Liebe, Mars für den Krieg usw. Aber auch der folgende Vers enthält eine Metonymie:
quasque recondiderat **Stygiisque** admoverat **umbris** - das stygische Schattenreich bezeichnet hier das Erdinnere (Ovid, Übungstext 8)

### Pars pro toto

Ein Einzelteil repräsentiert eine Gesamtheit, wenn man z. B. mit schäumendem Bug die Wogen durchquert, so steht Bug für ein Schiff. Bitte schön:
Per me concordant carmina **nervis** - **nervi**, die Saiten, repräsentieren das gesamte Instrument. (Ovid, Übungstext 4)

### Personifikation

Eine Sache oder ein abstrakter Begriff handelt wie eine Person; im folgenden Beispiel ist es der Krieg, der hervortritt und kämpft:
prodit bellum, quod pugnat utroque (Ovid, Übungstext 8)

### Pleonasmus

Ein Begriff wird mit einem (meist adjektivischen) Attribut versehen, das inhaltlich etwas ausdrückt, was der Begriff ohnehin enthält:
der berühmte „weiße Schimmel" oder: **dis inmortalibus** confisi (Sallust, Übungstext 4)

# FÜR DAS ABITUR: ÜBERSETZUNG FÜR FORTGESCHRITTENE

## Inhalt

### Cicero



### Seneca



- Die folgenden Übungstexte sind für das fortgeschrittene Training gedacht; deshalb wurde auf spezielle Aufgaben zur Texterschließung verzichtet. Die Texte stammen – bis auf den ersten Cicero-Text– aus philosophischen Schriften von Cicero und Seneca.
- Die **Lösungen** beginnen auf S. 436.

# Cicero: Übungstext 1

## Totschlag oder Selbstverteidigung?

*Im Jahre 52 v. Chr. verteidigt Cicero den T. Annius Milo, der wegen Mordes an P. Clodius angeklagt war. Cicero wendet seine Verteidigungsrede zu einer Anklagerede gegen Clodius, der seinerseits geplant habe, Milo zu ermorden, und verweist auf das vom römischen Gesetz garantierte Recht auf Selbstverteidigung. Der Übersichtlichkeit halber ist der Text kolometrisch gegliedert.*

Est igitur haec, iudices, non scripta, sed nata[1] lex.
Quam[2] non didicimus, accepimus, legimus,
verum ex natura ipsa arripuimus[3], hausimus[4], expressimus.
Ad quam non docti, sed facti[5], non instituti, sed imbuti[6] sumus,
    ut,
        si vita nostra in aliquas insidias,
        si in vim et in tela aut latronum[7] aut inimicorum incidisset[8],
    omnis honesta[9] ratio[10] esset expediendae[11] salutis.
Silent[12] enim leges inter arma.
Etsi persapienter[13] et quodam modo tacite[14] dat ipsa lex potestatem defendendi,
    quae non hominem occidi,
    sed esse cum telo hominis occidendi causa vetat,
        ut,
            qui sui defendendi causa telo esset usus,
        non occidendi causa habuisse telum iudicaretur.
Quapropter[15] hoc maneat[16] in causa[17], iudices,
    si id memineritis,
        quod oblivisci[18] non potestis,
    insidiatorem[19] iure interfici posse.
(115 Wörter)

| Hilfen zum Text | |
|---|---|
| [1] **natus, -a, -um** – *angeboren* | [11] **expedire** – *herbeiführen, erreichen* |
| [2] **Quam** – *relativ. Satzanschluss:* **quam legem** | [12] **silere** – *schweigen* |
| [3] **arripere** – *an sich reißen* | [13] **persapienter** *(Adv.)* – *sehr weise* |
| [4] **haurire, haurio, hausi, haustum** – *aufsaugen* | [14] **tacitus, -a, -um** – *stillschweigend* |
| [5] **facti** – *ergänze:* **sumus** | [15] **quapropter** – *deshalb* |
| [6] **imbuere, imbuo, imbui, imbutum** – *eintauchen* | [16] **manere** – *(hier:) gelten* |
| [7] **latro, -onis** *m.* – *Räuber* | [17] **causa, -ae** *f.* – *(hier:) Prozess, Fall* |
| [8] **incidere, incido, incidi, incisum** – *hineingeraten* | [18] **oblivisci** – *vergessen* |
| [9] **honestus, -a, -um** – *(hier:) gerechtfertigt* | [19] **insidiator, -oris** *m.* – *Bandit* |
| [10] **ratio, -onis** *f.* – *(hier:) Mittel* | |

## Check 1:

Übersetze den Text.

# Cicero: Übungstext 2

## Schutz des Privateigentums

*Ein Gemeinwesen muss auf sicheren Eigentumsverhältnissen gründen. In seinem Werk* **De officiis** *stellt Cicero die These auf, dass ein Staat nur dann Stabilität haben kann, wenn keiner seiner Bürger um sein Hab und Gut fürchten muss.*

Nullum igitur vitium[1] taetrius[2] est quam avaritia, praesertim in principibus et rem publicam gubernantibus[3]. Habere enim quaestui[4] rem publicam non modo turpe est, sed sceleratum etiam et nefarium[5]. Nulla autem re conciliare facilius benevolentiam multitudinis possunt ii, qui rei publicae praesunt, quam abstinentia[6] et continentia[7]. Qui vero se populares[8] volunt ob eamque causam aut agrariam rem[9] temptant, ut possessores[10] pellantur suis sedibus, aut pecunias creditas[11] debitoribus[12] condonandas[13] putant, labefactant[14] fundamenta rei publicae, concordiam primum, quae esse non potest, cum aliis adimuntur[15], aliis condonantur[13] pecuniae, deinde aequitatem[16], quae tollitur omnis, si habere suum[17] cuique non licet. Id enim est proprium[18] civitatis atque urbis, ut sit libera et non sollicita[19] suae rei cuiusque[20] custodia[21].
(112 Wörter)

| Hilfen zum Text | |
|---|---|
| [1] **vitium** - *Laster, Fehler, Charakterschwäche* | [11] **res creditae** *f. Pl. - geliehene Gelder, „Kredite"* |
| [2] **taeter, taetra, taetrum** - *hässlich, abscheulich* | [12] **debitor, -oris** *m. - Schuldner* |
| [3] **gubernare** - *steuern, lenken, leiten* | [13] **condonare** - *(eine Schuld) erlassen, schenken* |
| [4] **quaestui** *(Dat. finalis) - zum eigenen Gewinn* | [14] **labefactare** - *ins Wanken bringen, erschüttern* |
| [5] **sceleratus et nefarius** - *(Hendiadyoin) besonders schweres Verbrechen* | [15] **adimere** - *wegnehmen* |
| [6] **abstinentia** - *Zurückhaltung, Enthaltsamkeit* | [16] **aequitas, -atis** *f. - Gerechtigkeit, Gleichheit* |
| [7] **continentia** - *(Selbst-)Beherrschung* | [17] **suum** - *Privateigentum* |
| [8] **popularis, -e** - *(ergänze:* **esse***) beim Volk beliebt sein* | [18] **proprium** - *Besonderheit, Kennzeichen* |
| [9] **agraria res** - *Landreform, Ackerreform* | [19] **sollicitus, -a, -um** - *gefährdet, unsicher* |
| [10] **possessor, -oris** *m. - Besitzer* | [20] **cuiusque** - *eines jeden = für jeden* |
| | [21] **custodia** - *Schutz, Bewahrung* |

## Check 2:

Übersetze den Text.

# Cicero: Übungstext 3

## Die Entwicklung der Redekunst in Griechenland

*Cicero gibt im folgenden Text einen knappen Überblick über die Entstehung der Rhetorik (Redekunst) im antiken Griechenland des 5. Jahrhunderts v. Chr.*

Testis[1] est Graecia, quae, cum[2] eloquentiae[3] studio sit incensa iamdiuque excellat[4] in ea praestetque ceteris, tamen omnes artes vetustiores[5] habet et multo ante non inventas solum, sed etiam perfectas, quam[6] haec est a Graecis elaborata[7] dicendi vis atque copia. In quam[8] cum intueor[9], maxime mihi occurrunt et quasi lucent[10] Athenae, qua in urbe primum se orator extulit[11] primumque etiam monumentis et litteris oratio est coepta mandari. Tamen ante Periclem[12], cuius scripta quaedam feruntur[13], et Thucydidem[14], qui non nascentibus[15] Athenis sed iam adultis[16] fuerunt, littera nulla est, quae quidem ornatum aliquem habeat et oratoris esse videatur. Sed ut[17] intellectum est, quantam vim haberet accurata[18] et facta quodam modo oratio, tum etiam magistri dicendi multi subito exstiterunt.
(115 Wörter)

| Hilfen zum Text | |
|---|---|
| [1] **testis, -is** *m./f. - Zeuge/Zeugin* | [12] **Pericles, -is** *m. - Perikles, athenischer Staatsmann (um 490–429 v. Chr.)* |
| [2] **cum** - *beachte das folgende* **tamen** | [13] **ferre** - *(hier:) überliefern* |
| [3] **eloquentia** - *Beredsamkeit, Redekunst* | [14] **Thucydides , -is** *m. - Thukydides, griechischer Geschichtsschreiber (um 460–396 v. Chr.)* |
| [4] **excellere** - *glänzen, sich auszeichnen* | [15] **nasci, nasco, natus sum** - *entstehen, geboren werden* |
| [5] **vetustior, -oris** - *Komparativ von* **vetus, -eris** | [16] **adultus, -a, -um** - *erwachsen, in der Blüte stehen (ergänze:* **Athenis***)* |
| [6] **ante ... quam** - *früher ... als, bevor* | [17] **ut** - *sobald* |
| [7] **elaborare** - *ausarbeiten, erarbeiten* | [18] **accuratus, -a, -um** - *sorgfältig ausgearbeitet* |
| [8] **in quam** - *gemeint ist:* **in Graeciam** | |
| [9] **intueri (in)** - *(auf etw.) blicken, vor Augen führen* | |
| [10] **lucere** - *aufleuchten, erstrahlen* | |
| [11] **se efferre** - *sich erheben, auftreten* | |

## Check 3:

Übersetze den Text.

# Cicero: Übungstext 4

## Können Freundschaften veralten?

*Wenn Menschen bestimmte Dinge eine Zeitlang besitzen, werden sie oft zu irgendeinem Zeitpunkt ihrer überdrüssig und suchen nach etwas Neuem. Cicero geht im folgenden Text der Frage nach, ob dieses Verhalten auch für Freundschaften gelten darf.*

Exsistit autem hoc loco[1] quaedam quaestio subdifficilis[2], num quando[3] amici novi, digni amicitia, veteribus sint anteponendi,[4] ut equis vetulis[5] teneros[6] anteponere solemus. Indigna homine dubitatio[7]! Non enim debent esse amicitiarum sicut aliarum rerum satietates[8]; veterrima quaeque[9], ut ea vina, quae vetustatem[10] ferunt, esse debet suavissima[11]. Novitates[12] autem si spem adferunt, ut tamquam in herbis non fallacibus[13] fructus appareat, non sunt illae quidem repudiandae[14], vetustas[10] tamen suo loco conservanda; maxima est enim vis vetustatis[10] et consuetudinis. Quin[15] in ipso equo, cuius modo feci mentionem[16], si nulla res impediat, nemo est, quin[17] eo[18], quo consuevit, libentius[19] utatur quam intractato[20] et novo. Nec vero[21] in hoc, quod est animal, sed in iis etiam, quae sunt inanima[22], consuetudo valet, cum locis ipsis delectemur, montuosis[23] etiam et silvestribus[24], in quibus diutius commorati sumus[25].
(128 Wörter)

**Hilfen zum Text**

| | |
|---|---|
| 1 **hoc loco** - *an dieser Stelle unserer Überlegungen* | 13 **non fallax, -acis** - *(hier:) nicht um den Ertrag bringend* |
| 2 **subdifficilis, -e** - *ziemlich schwierig, delikat* | 14 **repudiare** - *zurückweisen, verschmähen* |
| 3 **quando = aliquando** - *zu irgendeinem Zeitpunkt* | 15 **quin** - *sogar* |
| 4 **anteponere** - *(jmdn.) bevorzugen* | 16 **mentionem facere alicuius** - *etw. erwähnen* |
| 5 **vetulus = vetus, -eris** | 17 **quin** *(hier)* = **qui non** *(konsekutiv)* |
| 6 **tener, -a, -um** - *jung, zart* | 18 **eo** - *hier Objekt zu* **utatur (uti)** |
| 7 **dubitatio, -onis** *f.* - *Überlegung, Frage* | 19 **libentius** *(Adv.)* - *lieber* |
| 8 **satietas, -atis** *f.* - *Sättigung, Überdruss* | 20 **intractus, -a, -um** - *(hier:) ungezähmt* |
| 9 **veterrima quaeque** - *gerade die älteste (Freundschaft)* | 21 **nec vero** - *nicht nur* |
| 10 **vetustas, -atis** *f.* - *(hohes) Alter* | 22 **inanimus, -a, -um** - *ohne Seele* |
| 11 **suavis, -e** - *süß, (hier auch:) gehaltvoll* | 23 **montuosus, -a, -um** - *gebirgig* |
| 12 **novitas, -atis** *f.* - *neue Dinge, (hier gemeint:) neue Freundschaft* | 24 **silvestris, -e** - *waldig* |
| | 25 **commorari** - *sich aufhalten* |

## Check 4:

Übersetze den Text.

# Cicero: Übungstext 5

## Freundschaft bringt Genuss.

*Den Epikureern wurde oft vorgehalten, sie seien reine Genussmenschen und lebten nur für ihr Vergnügen. Im folgenden Text lässt Cicero einen epikureischen Philosophen am Beispiel der Freundschaft darstellen, was man tatsächlich unter Genuss versteht.*

Ut enim virtutes, sic amicitiam negant[1] posse a voluptate discedere. Nam cum solitudo[2] et vita sine amicis insidiarum et metus plena sit, ratio ipsa monet amicitias comparare. Quibus partis[3] confirmatur animus et a spe pariendarum[3] voluptatum seiungi[4] non potest. Atque ut odia, invidiae, despicationes[5] adversantur[6] voluptatibus, sic amicitiae non modo fautrices[7] fidelissimae, sed etiam effectrices[8] sunt voluptatum tam amicis quam sibi. Quibus non solum praesentibus[9] fruuntur[10], sed etiam spe eriguntur[11] consequentis ac posteri temporis. Quod quia[12] nullo modo sine amicitia firmam et perpetuam[13] iucunditatem[14] vitae tenere possumus neque vero ipsam amicitiam tueri[15], nisi aeque[16] amicos et nosmet[17] ipsos diligamus, idcirco[18] et hoc ipsum efficitur in amicitia, et amicitia cum voluptate conectitur[19]. Nam et laetamur[20] amicorum laetitia aeque atque[21] nostra et pariter[22] dolemus angoribus[23].
(123 Wörter)

| Hilfen zum Text | |
|---|---|
| [1] **negare** *(m. AcI) - behaupten, dass nicht (ergänze als Subjekt: die Epikureer)* | [11] **erigere** - *aufrichten* |
| [2] **soliutitudo, -inis** *f. - Einsamkeit* | [12] **quod quia** - *weil also* |
| [3] **parere, pario, peperi, partum** - *gewinnen, erzeugen, hervorbringen* | [13] **perpetuus, -a, -um** - *beständig* |
| [4] **seiungere** - *trennen* | [14] **iucunditas, -atis** *f. - Genuss, Annehmlichkeit* |
| [5] **despicatio, -onis** *f. - Verachtung* | [15] **tueri** - *schützen* |
| [6] **adversari** - *sich widersetzen, zuwider laufen* | [16] **aeque** *(Adv.) - gleichermaßen* |
| [7] **fautrix, -icis** *f. - Gönnerin* | [17] **nosmet = nos** |
| [8] **effectrix, -icis** *f. - Schöpferin, Erzeugerin* | [18] **idcirco** *(Adv.) - deshalb* |
| [9] **praesens, -entis** - *gegenwärtig, in der Gegenwart* | [19] **conectere** - *verknüpfen, verbinden* |
| [10] **frui** *(m. Abl.) - genießen* | [20] **laetari** *(m. Abl.) - sich freuen an* |
| | [21] **aeque atque** - *gleichermaßen wie* |
| | [22] **pariter** *(Adv.) - ebenso, in gleicher Weise* |
| | [23] **angor, -oris** *m. - Angst* |

## Check 5:

Übersetze den Text.

# Seneca: Übungstext 1

## Wahrer Reichtum

*Für Seneca liegt wahrer Reichtum in der Beschränkung auf Dinge, die wirklich lebensnotwendig sind.*

Docebo, quomodo fieri dives[1] celerrime possis. Quam valde cupis audire! Nec immerito[2]! Ad maximas te divitias compendiaria[3] ducam. Nihil enim, mi Lucili, interest[4], utrum[5] non desideres an habeas. Summa rei[6] in utroque eadem est: non torqueberis[7]. Nec illud praecipio, ut aliquid naturae neges - contumax[8] est, non potest vinci, suum poscit - sed ut, quidquid naturam excedit, scias precarium[9] esse, non necessarium.
Esurio[10]: edendum[11] est. Utrum[5] hic panis[12] sit plebeius an siligineus[13], ad naturam nihil pertinet[14]: illa ventrem[15] non delectari vult, sed impleri. Sitio[16]: utrum[5] haec aqua sit, quam ex lacu proximo excepero, an ea, quam multa nive[17] clusero[18], ut rigore[19] refrigeretur[20] alieno, ad naturam nihil pertinet[14]. Illa hoc unum iubet, sitim[21] extingui. Utrum[5] sit aureum poculum[22] an crystallinum[23] an manus concava[24], nihil refert[25]. Finem omnium rerum specta, et supervacua[26] dimittes.
(129 Wörter)

| Hilfen zum Text | |
|---|---|
| [1] **dives, -itis** - *reich* | [14] **nihil pertinere ad** *(m. Akk.) - gleichgültig sein* |
| [2] **immerito** *(Adv.) - unverdientermaßen, zu Unrecht* | [15] **venter, -tris** *m. - Bauch* |
| [3] **compendiaria**, *ergänze:* **via** - *auf direktem Wege* | [16] **sitire** - *dürsten, Durst empfinden* |
| [4] **nihil interest** - *es macht (überhaupt) keinen Unterschied* | [17] **nix, nivis** *f. - Schnee* |
| [5] **utrum ... an** - *ob ... oder* | [18] **clusero** - *von:* **cludere = claudere** |
| [6] **summa rei** - *das Endergebnis* | [19] **rigor, -oris** *m. - Starre, Kälte* |
| [7] **torqueri** - *Qualen erleiden* | [20] **refrigerare** - *frisch halten, kühl halten* |
| [8] **contumax, -acis** - *hartnäckig* | [21] **sitis, -is** *f. - Durst* |
| [9] **precarius, -a, -um** - *erbettelt, unbeständig* | [22] **poculum** - *Becher* |
| [10] **esurire** - *hungern, Hunger empfinden* | [23] **crystallinus, -a, -um** - *aus Kristall* |
| [11] **edere** - *essen* | [24] **concavus, -a, -um** - *hohl* |
| [12] **panis, -is** *m. - Brot* | [25] **nihil refert** - *es macht keinen Unterschied, ist ohne Belang* |
| [13] **siligineus, -a, -um** - *aus Weizen* | [26] **supervacuus, -a, -um** - *überflüssig, unnötig* |

## Check 1:

Übersetze den Text.

# Seneca: Übungstext 2

## Das Schicksal kann den Guten nichts anhaben.

*Seneca vertritt in diesem Brief die These, dass jemand, der sich mit Philosophie beschäftigt hat* ***(bonus vir),*** *im Leben unter keinem Unglück zu leiden hat.*

Quare multa bonis viris adversa[1] eveniunt? Nihil accidere bono viro mali[2] potest: non miscentur contraria[3]. Quemadmodum tot amnes[4], tantum imbrium, tanta vis[5] fontium non mutant saporem[6] maris, ne remittunt[7] quidem, ita adversarum impetus rerum[8] viri fortis non vertit animum: manet in statu[9] et, quidquid evenit, in suum colorem trahit[10]; est enim omnibus externis[11] potentior.
Non hoc dico: „Non sentit illa." Sed vincit et, alioquin[12] quietus placidusque[13], contra incurrentia[14] attollitur[15]. Omnia adversa[1] exercitationes putat.
Non quid, sed quemadmodum feras, interest[16]. Patres excitari iubent liberos ad studia obeunda[17] mature, feriatis[18] quoque diebus non patiuntur esse otiosos[19]. Patrium[20] deus habet adversus bonos viros animum et illos fortiter amat et „Operibus," inquit, „doloribus, damnis exagitentur[21], ut verum colligant robur".
(116 Wörter)

| Hilfen zum Text | |
|---|---|
| [1] **adversa, -orum** *n. Pl. - Unglücksfälle, Schicksalsschläge* | [11] **externis;** *Abl. comparationis von* **externa** *- äußere Einflüsse* |
| [2] **mali** *- zu beziehen auf:* **nihil** | [12] **alioquin** *(Adv.) - ansonsten, im Übrigen* |
| [3] **contraria, -orum** *n. Pl. - Gegensätze* | [13] **placidus, -a, -um** *- (hier:) gelassen* |
| [4] **amnis, -is** *m. - Fluss, Strom* | [14] **incurrentia** *n. Pl. - Dinge, die plötzlich hereinbrechen* |
| [5] ***vis*** *- (hier:) Fülle, Menge* | [15] **attolli** *- sich erheben, sich aufrichten* |
| [6] **sapor, -oris** *m. - (salziger) Geschmack* | [16] **interest** *- es ist von Bedeutung* |
| [7] **remittere** *- (hier:) abschwächen, vermindern* | [17] **studia obire** *- sich dem Lernen widmen* |
| [8] **res adversae** *f. Pl. - Unglücksfälle* | [18] **dies feriati** *- Ferientage* |
| [9] **status, -us** *m. - Gleichgewicht, fester Stand* | [19] **otiosus, -a, -um** *- untätig* |
| [10] **in suum colorem trahere** *- seinem persönlichen Wesen anpassen* | [29] **patrium animum habere** *- die Einstellung eines Vaters haben* |
| | [21] **exagitare** *- aufrütteln, aufwecken* |

## Check 2:

Übersetze den Text.

# Seneca: Übungstext 3

## Erkenne die eigenen Fehler!

*Häufig täuschen sich die Menschen über ihre Fehler hinweg und geben äußeren Umständen die Schuld. Solange sie die Ursachen nicht bei sich selbst suchen, ist nach Senecas Meinung auch keine Besserung möglich.*

Nemo se avarum[1] esse intellegit, nemo cupidum. Caeci[2] tamen ducem quaerunt, nos sine duce erramus et dicimus: „Non ego ambitiosus[3] sum, sed nemo aliter Romae potest vivere. Non ego sumptuosus[4] sum, sed urbs ipsa magnas impensas[5] exigit[6]. Non est meum vitium, quod iracundus[7] sum, quod nondum constitui certum genus vitae: adulescentia haec facit." Quid nos decipimus[8]? Non est extrinsecus[9] malum nostrum: intra nos est, in visceribus[10] ipsis sedet, et ideo[11] difficulter[12] ad sanitatem[13] pervenimus, quia nos aegrotare[14] nescimus; ne medicum quidem[15] quaerimus. Erubescimus[16] discere bonam mentem. At – mehercules[17] –, si turpe est magistrum huius rei quaerere, illud desperandum[18] est tantum bonum casu[19] nobis influere[20] posse.
Laborandum est et ne labor quidem[15] magnus est, si modo animum nostrum formare incipimus et recorrigere[21], antequam indurescat[22] pravitas[23] eius.
(126 Wörter)

| **Hilfen zum Text** | |
|---|---|
| [1] **avarus, -a, -um** – *geldgierig, geizig* | [13] **sanitas, -atis** *f. – Gesundheit (des Körpers und Geistes)* |
| [2] **caecus, -a, -um** – *blind* | [14] **aegrotare** – *krank sein* |
| [3] **ambitiosus, -a, -um** – *ehrgeizig* | [15] **ne ... quidem** – *nicht einmal* |
| [4] **sumptuosus, -a, -um** – *verschwenderisch* | [16] **erubescere** – *erröten, sich schämen* |
| [5] **impensa, -ae** *f. – Aufwand, Kosten* | [17] **mehercules** – *entspricht dem Ausruf: „Mein Gott!"* |
| [6] **exigere** – *fordern* | [18] **desperare** – *die Hoffnung aufgeben* |
| [7] **iracundus, -a, -um** – *zornig, unbeherrscht* | [19] **casu** *(Adv.) – zufällig* |
| [8] **decipere** – *täuschen* | [20] **influere** – *hineinströmen* |
| [9] **extrinsecus** *(Adv.) – außerhalb* | [21] **recorrigere** – *auf die rechte Bahn lenken* |
| [10] **viscera, -um** *n. Pl. – (hier:) Innerstes, Mark* | [22] **indurescere** – *sich verhärten* |
| [11] **ideo = itaque** | [23] **pravitas, -atis** *f. – Schlechtigkeit, Verdorbenheit* |
| [12] **difficulter** *(Adv.) – unter Schwierigkeiten* | |

## Check 3:

Übersetze den Text.

# Seneca: Übungstext 4

## Der Weise folgt seinem Schicksal.

*Im folgenden Text wird ein wichtiger Grundgedanke der stoischen Philosophie entwickelt: Der Weise nimmt das ihm gegebene Schicksal bereitwillig an.*

Desinamus[1], quod voluimus, velle. Ego certe id ago, ne senex[2] eadem velim, quae puer[3] volui. Id ago, ut mihi instar[4] totius vitae dies sit; sic illum[5] aspicio, tamquam esse vel[6] ultimus[7] possit. Hoc animo tibi hanc epistulam scribo, tamquam me cum maxime scribentem[8] mors evocatura[9] sit; paratus exire sum, et ideo fruar[10] vita, quia, quam diu futurum hoc sit, non nimis[11] pendeo[12]. Ante senectutem[13] curavi, ut bene viverem, in senectute[13], ut bene moriar; bene autem mori est libenter mori.
Da operam[14], ne quid[15] umquam invitus[16] facias: non, qui iussus[17] aliquid facit, miser est, sed, qui invitus[16] facit. Itaque sic animum componamus[18], ut, quidquid res[19] exiget[20], id velimus, et in primis[21], ut finem nostri sine tristitia cogitemus. Vale.
(117 Wörter)

| Hilfen zum Text | |
|---|---|
| [1] **desinere** – *aufhören, ablassen* | [12] **pendere** – *nachgrübeln, einem Gedanken nachhängen* |
| [2] **senex** – *(hier prädikativ) als alter Mann* | [13] **senectus, -utis** *f.* – *Alter* |
| [3] **puer** – *(hier prädikativ) als Kind* | [14] **operam dare** – *sich Mühe geben* |
| [4] **instar** *(m. Gen.)* – *wie, gleich bedeutend* | [15] **quid = aliquid** |
| [5] **illum** – *ergänze:* **diem** | [16] **invitus, -a, -um** – *ohne es zu wollen, widerstrebend* |
| [6] **vel** – *sogar* | [17] **iussus, -a, -um** – *auf Befehl* |
| [7] **ultimus, -a, -um** – *letzter, letzte(s)* | [18] **animum componere** – *seine innere Haltung formen* |
| [8] **cum maxime scribens** – *gerade jetzt beim Schreiben* | [19] **res** – *(hier:) die (Lebens-)Lage* |
| [9] **evocare** – *abrufen, (aus dem Leben) rufen* | [20] **exigere** – *fordern* |
| [10] **fui, fruor** *(m. Abl.)* – *genießen* | [21] **in primis = imprimis** – *besonders* |
| [11] **nimis** *(Adv.)* – *allzu sehr* | |

## Check 4:

Übersetze den Text.

# Seneca: Übungstext 5

## Die richtige Einstellung gegenüber dem Schicksal

*Für die Stoiker, deren philosophische Auffassung Seneca vertritt, ist für jeden Menschen sein Schicksal unabwendbar. Daher kommt es ihm auch nicht darauf an, seinem Schicksal aus dem Wege zu gehen, sondern es tapfer zu ertragen.*

Quaeris[1], an omne bonum optabile[2] sit. „Si bonum est", inquis[1], „fortiter torqueri[3] et magno animo uri[4] et patienter[5] aegrotare[6], sequitur, ut ista optabilia[2] sint. Nihil autem video ex istis voto dignum[7]."
Distingue[8], mi Lucili[2], ista, et intelleges esse in iis aliquid optandum. Tormenta[9] abesse a me velim; sed si sustinenda[10] fuerint, ut me fortiter geram[11], optabo. Quidni[12] ego malim non incidere[13] bellum? Sed si inciderit[13], ut vulnera, ut famem et omnia, quae bellorum necessitas affert, generose[14] feram, optabo. Non sum tam demens[15], ut aegrotare[6] cupiam; sed si aegrotandum[6] fuerit, ut nihil intemperanter[16], nihil effeminate[17] faciam, optabo. Ita non incommoda[18] optabilia[2] sunt, sed virtus, qua perferuntur incommoda[18]. Non enim pati tormenta[9] optabile[2] est, sed pati fortiter: illud „fortiter" opto, quod est virtus.
(121 Wörter)

| Hilfen zum Text | |
|---|---|
| [1] **quaeris/inquis** - *Seneca spricht hier seinen Briefpartner Lucilius an.*<br>[2] **optabilis, -e** - *wünschenswert*<br>[3] **torqueri** *(Pass.)* - *gefoltert werden*<br>[4] **uri** *(Pass.)* - *verbrannt werden*<br>[5] **patienter** *(Adv.)* - *geduldig*<br>[6] **aegrotare** - *krank sein*<br>[7] **voto dignum** - *wünschenswert*<br>[8] **distinguere** - *unterscheiden*<br>[9] **tormentum** - *Folter* | [10] **sustinere** - *aushalten, ertragen*<br>[11] **gerere** - *sich verhalten*<br>[12] **quidni?** - *warum nicht?*<br>[13] **incidere** - *ausbrechen*<br>[14] **generose** *(Adv.)* - *(hier:) tapfer*<br>[15] **demens, -entis** - *verrückt, von Sinnen*<br>[16] **intemperanter** *(Adv.)* - *unbeherrscht*<br>[17] **effeminate** *(Adv.)* - *verweichlicht*<br>[18] **incommodum** - *Nachteil, Unglücksfall* |

## Check 5:

Übersetze den Text.

## Inhalt

### ÜBUNGSKLAUSUREN



- Hier findest du erprobte Klausuren für deine Vorbereitung aufs Latinum.
- Die **Lösungen** findest du auf S. 440 ff.

# Zur Bearbeitung der Übungsklausuren

In der schriftlichen Latinumprüfung hat man durchschnittlich 180 Minuten (variiert je nach Vorgaben des zuständigen Prüfungsamtes) Zeit für die Bearbeitung des Textes. Ein Wörterbuch steht einem zur Verfügung.

Bei der Übersetzung der folgenden Klausuren (es sind allesamt Originalprüfungstexte) sollte man sich auch wirklich diese Zeit nehmen und die Prüfungssituation simulieren: Nur das Wörterbuch ist als Hilfsmittel zugelassen, die Stoppuhr steht daneben!

Fragen werden nicht in der schriftlichen, aber evtl. in der mündlichen Prüfung gestellt. Zu jedem Text sind ein paar mögliche Aufgaben zusammengestellt. Grundsätzlich sind die Texte der mündlichen Prüfung kürzer und etwas einfacher – wenn man also mit diesen Texten gut klarkommt, ist die mündliche Prüfung kein Problem!

# ÜBUNGSKLAUSUREN FÜRS LATINUM

# Übungsklausur 1

*Vercingetorix, um den sich der gallische Widerstand gegen die Römer schart, belagert gerade die Stadt Gorgobina, als Caesar in das Land der Biturigen kommt.*

Vercingetorix, ubi de Caesaris adventu cognovit, oppugnatione destitit atque obviam Caesari proficiscitur. Ille oppidum Biturigum[1] positum in via Noviodunum[2] oppugnare instituerat. Quo ex oppido cum legati ad eum venissent oratum, ut sibi ignosceret suaeque vitae consuleret, ut celeritate reliquas res conficeret, qua pleraque erat consecutus, arma conferri, equos produci, obsides dari iubet. Parte iam obsidum tradita, cum reliqua administrarentur, centurionibus et paucis militibus intromissis, qui arma iumentaque conquirerent, equitatus hostium procul visus est, qui agmen Vercingetorigis antecesserat. Quem simulatque oppidani conspexerunt atque in spem auxilii venerunt, clamore sublato arma capere, portas claudere, murum complere coeperunt. Centuriones in oppido, cum ex significatione Gallorum novi aliquid ab eis iniri consilii intellexissent, gladiis destrictis portas occupaverunt suosque omnes incolumes receperunt.
Caesar ex castris equitatum educi iubet, proelium equestre committit: Laborantibus iam suis Germanos equites circiter CCCC summittit, quos ab initio habere secum instituerat. Eorum impetum Galli sustinere non potuerunt atque in fugam coniecti multis amissis se ad agmen receperunt. Quibus profligatis rursus oppidani perterriti comprehensos eos, quorum opera plebem concitatam existimabant, ad Caesarem perduxerunt seseque ei dediderunt.

1 **Bituriges, -um** *m* – *Biturigen* (keltisches Volk südlich der Loire)
2 **Noviodunum, -i** *n* – *Noviodunum* (Stadt der Biturigen südöstlich von Orleans, heute: Nouan)

## Mögliche Fragen

a) Bestimmen Sie die Form von „proficiscitur" und erklären Sie sie.
b) Worum handelt es sich bei „oratum"? Was hängt davon ab?
c) Bestimmen Sie die Kasusfunktion von „novi aliquid ... consilii".
d) Nennen Sie alle Partizipialkonstruktionen und bestimmen Sie die Form sowie das zeitliche und logische Verhältnis.
e) Übersetzen Sie.

## Kommentar

| | |
|---|---|
| ubi de ... cognovit | Temporalsatz, VZ |
| proficiscitur | historisches Präsens |
| oppidum ... positum | attributives Partizip |
| Quo ex oppido | relativer Satzanschluss |
| oratum | Supin I: *um zu bitten* |
| ut ... consuleret | Final-/Begehrsatz abhängig von oratum |
| ut celeritate ... conficeret | Finalsatz abhängig von iubet |
| iubet | historisches Präsens |
| Parte ... tradita | Abl. abs., VZ, temporal |
| cum reliqua administrarentur | Temporalsatz, GZ |
| centurionibus ... intromissis | Abl. abs., VZ, temporal |
| qui arma iumentaque conquirerent | Relativsatz mit finalem Nebensinn |
| Quem simulatque ... venerunt | relativer Satzanschluss, Temporalsatz, VZ |
| clamore sublato | Abl. abs., VZ, temporal |
| novi aliquid ... consilii | Gen. partitivus |
| gladiis destrictis | Abl. abs., VZ, temporal |
| iubet/committit | historisches Präsens |
| laborantibus iam suis | Abl. abs., GZ, temporal/kausal |
| quos ab initio habere secum instituerat | verschränkter Relativsatz |
| in fugam coniecti | PC, VZ, temporal, Bezugswort: Galli |
| multis amissis | Abl. abs., VZ, temporal |
| Quibus profligatis | relativer Satzanschluss im Abl. abs., VZ, temporal |
| comprehensos | PC, VZ, temporal, Bezugswort: eos |
| quorum opera plebem concitatam (esse) existimabant | AcI im verschränkten Relativsatz |

# Übungsklausur 2

*Ein römischer Statthalter hat die Provinz Sizilien gnadenlos ausgebeutet. Als Gegenbeispiel wird P. Scipio aufgeführt, der sich den Siziliern gegenüber ganz anders verhalten hatte.*

Segesta[1] est oppidum pervetus in Sicilia, iudices, quod ab Aenea fugiente a Troia atque in haec loca veniente conditum esse demonstrant. Itaque Segestani[2] non solum perpetua societate atque amicitia, verum etiam cognatione se cum populo Romano coniunctos esse arbitrantur. Hoc quondam oppidum, cum illa civitas cum Poenis suo nomine ac sua sponte bellaret, a Carthaginiensibus vi captum atque deletum est, omniaque, quae ornamento urbi esse possent, Carthaginem sunt ex illo loco deportata. Fuit apud Segestanos ex aere Dianae simulacrum, cum summa atque antiquissima praeditum religione, tum singulari opere artificioque perfectum. Hoc translatum Carthaginem locum tantum hominesque mutarat, religionem quidem pristinam conservabat; nam propter eximiam pulchritudinem etiam hostibus digna, quam sanctissime colerent, videbatur. Aliquot saeculis post P. Scipio bello Punico tertio Carthaginem cepit; qua in victoria[3], - videte hominis virtutem et diligentiam, ut et domesticis praeclarissimae virtutis exemplis gaudeatis et eo maiore odio dignam[4] istius incredibilem audaciam iudicetis, - convocatis Siculis omnibus, quod diutissime saepissimeque Siciliam vexatam a Carthaginiensibus esse cognorat, iubet omnia conquiri[5]; pollicetur sibi magnae curae fore, ut omnia civitatibus, quae cuiusque fuissent[6], restituerentur.

1 **Segesta, -ae** *f* - *Segesta* (Stadt auf Sizilien, südwestlich von Palermo)
2 **Segestani, -orum** *m* - *Einwohner von Segesta*
3 **qua in victoria** - *nach seinem Sieg*
4 **odio dignus** - *verabscheuungswürdig, hassenswert*
5 **omnia conquirere** - *allem Verlorenen nachspüren*
6 **quae cuiusque fuissent** - *ihr Eigentum*

## Mögliche Fragen

a) Nennen Sie Autor und Werk, aus dem dieser Text entnommen ist.
b) Was wissen Sie über den im Text genannten Statthalter?
c) Erklären Sie das grammatikalische Phänomen in „quod ab Aenea ... conditum esse demonstrant".
d) Worum handelt es sich bei „fugiente" und „veniente"? Bestimmen Sie die Form.
e) Bestimmen Sie die Verbform in „quae ornamento urbi esse possent" und erklären Sie deren Verwendung.
f) Welche Kasusfunktionen liegen in „sibi magnae curae fore" vor?
g) Nennen Sie rhetorische Stilmittel anhand von Beispielen im Text.
h) Übersetzen Sie.

## Kommentar

| | |
|---|---|
| quod ... conditum esse demonstrant | verschränkter Relativsatz |
| fugiente/veniente | PC, GZ, temporal, Bezugswort: ab Aenea |
| cum illa civitas ... bellaret | Temporalsatz, GZ |
| quae ornamento urbi esse possent | Relativsatz mit konsekutivem Nebensinn |
| cum ... tum | sowohl ... als auch |
| mutarat | = mutaverat |
| digna | bezogen auf Diana |
| quam sanctissime colerent | Relativsatz mit konsekutivem Nebensinn |
| ut et ... gaudeatis et ... iudicetis | Finalsatz |
| convocatis Siculis omnibus | Abl. abs., VZ, temporal |
| quod ... cognorat | Kausalsatz |
| cognorat | = cognoverat |
| iubet/pollicetur | historisches Präsens |
| sibi ... restituerentur | indirekte Rede |

# Übungsklausur 3

*Die Gier eines römischen Statthalters nach Kunstgegenständen kennt keine Grenzen.*

Venio nunc ad istius, quem ad modum ipse appellat, studium, ut amici eius, morbum et insaniam, ut Siculi, latrocinium; ego, quo nomine appellem, nescio; rem vobis proponam, vos eam suo non nominis pondere penditote. Genus ipsum prius cognoscite, iudices; deinde fortasse non magno opere quaeretis, quo id nomine appellandum putetis.
Nego in Sicilia tota, tam locupleti, tam vetere provincia, tot oppidis, tot familiis tam copiosis, ullum argenteum vas, ullam gemmam aut margaritam, quicquam ex auro aut ebore factum, signum ullum aeneum, marmoreum, eburneum, nego ullam picturam neque in tabula neque in textili, quin conquisierit, inspexerit, quod placitum sit, abstulerit.
Magnum videor dicere: Attendite etiam, quem ad modum dicam. Non enim verbi neque criminis augendi causa complector omnia: Cum dico nihil istum eius modi rerum in tota provincia reliquisse, Latine me scitote, non accusatorie loqui. Etiam planius: Nihil in aedibus cuiusquam, ne in hospitis quidem, nihil in locis communibus, ne in fanis quidem, nihil apud Siculum, nihil apud civem Romanum, denique nihil istum, quod ad oculos animumque acciderit, neque privati neque publici neque profani neque sacri tota in Sicilia reliquisse.

## Mögliche Fragen

a) Woraus stammt dieser Textausschnitt?
b) Um welche Gliedsatzart handelt es sich bei „quo nomine appellem"?
c) Bestimmen Sie die Formen von „penditote" und „scitote".
d) Wie erklären Sie den Modus in „quin conquisierit, inspexerit, ... abstulerit"?
e) Suchen Sie die nd-Formen heraus und bestimmen Sie sie.
f) Welche rhetorischen Stilmittel werden im Text verwendet?
g) Welche Kasusfunktion liegt bei „privati/publici/profani/sacri" vor?
h) Übersetzen Sie.

## Kommentar

| | |
|---|---|
| quem ad modum/ut/ut | Vergleichssätze |
| quo nomine appellem | indirekter Fragesatz |
| penditote | Imperativ II |
| suo (pondere) non nominis pondere | |
| quo id nomine appellandum (esse) putetis | mit indirekter Frage verschränkter AcI |
| ullum argenteum vas ... in textili (esse) | AcI |
| quin conquisierit, inspexerit, ... abstulerit | Relativsatz (quod non) mit konsekutivem Nebensinn |
| quod placitum sit | Modusangleichung an quin-Satz |
| verbi neque criminis augendi causa | Gerundivkonstruktion von causa - wegen abhängig |
| Cum dico ... | Temporalsatz, GZ |
| scitote | Imperativ II |
| Nihil in aedibus cuiusquam ... tota in Sicilia reliquisse | AcI, abhängig von dico |
| nihil istum neque privati neque publici neque profani neque sacri | Gen. partitivi |

# Übungsklausur 4

*Nach Ciceros erster Rede gegen Catilina verlässt dieser Rom. Cicero hält diese Rede vor der Volksversammlung.*

Tandem aliquando, Quirites, L. Catilinam furentem audacia, scelus anhelantem, pestem patriae nefarie molientem, vobis atque huic urbi ferro flammaque minitantem ex urbe vel eiecimus vel emisimus vel ipsum[1] egredientem verbis prosecuti sumus[2]. Abiit, excessit, evasit, erupit.

Nulla iam pernicies a monstro illo atque prodigio moenibus ipsis intra moenia comparabitur. Atque hunc quidem unum huius belli domestici ducem sine controversia vicimus. Non enim iam inter latera nostra[3] sica illa versabitur, non in campo[4], non in foro, non in curia, non denique intra domesticos parietes pertimescemus. Loco ille motus est, cum est ex urbe depulsus. Palam iam cum hoste nullo impediente bellum iustum geremus. Sine dubio perdidimus hominem magnificeque vicimus, cum illum ex occultis insidiis in apertum latrocinium coniecimus.

Quod vero non cruentum mucronem, ut voluit, extulit, quod vivis nobis egressus est, quod ei ferrum e manibus extorsimus, quod incolumes cives, quod stantem urbem reliquit, quanto tandem illum maerore esse afflictum et profligatum putatis? Iacet ille nunc prostratus, Quirites, et se perculsum atque abiectum esse sentit et retorquet oculos profecto saepe ad hanc urbem, quam e suis faucibus ereptam esse luget; quae quidem mihi laetari videtur, quod tantam pestem evomuerit forasque proiecerit.

1 **ipsum** = **sua sponte**
2 **verbis prosequi** – *mit guten Wünschen geleiten*
3 **inter latera nostra** – *zwischen unseren Rippen*
4 **in campo** (erg. Martio)

## Mögliche Fragen

a) Wer war L. Catilina?

b) Suchen Sie alle Ablativi absoluti und bestimmen Sie das zeitliche und gedankliche Verhältnis.

c) Erklären Sie den Modus in „quod tantam pestem evomuerit forasque proiecerit".

d) Welche rhetorischen Stilmittel können Sie entdecken?

e) Übersetzen Sie.

## Kommentar

| | |
|---|---|
| furentem, anhelantem, molientem, minitantem | attributive Partizipien, Bezugswort: Catilinam |
| cum est ex urbe depulsus | Modalsatz |
| nullo impediente | Abl. abs., GZ, temporal |
| cum illum ... coniecimus | Modalsatz |
| vivis nobis | nominaler Abl. abs. (ohne Partizip), GZ |
| quanto illum maerore esse ... profligatum putatis | mit Fragesatz verschränkter AcI |
| quam e suis faucibus ereptam esse luget | relative Verschränkung |
| quae quidem ... | relativer Satzanschluss |
| quod ... evomuerit forasque proiecerit | Coni. obliquus |

# Übungsklausur 5

*Antonius bedroht die römische Republik und der Senat will Gesandte zu ihm schicken. Gegen dieses Vorhaben spricht Cicero vor dem Senat.*

Hic enim dies vobis, patres conscripti, inluxit, haec potestas data est, ut, quantum virtutis, quantum constantiae, quantum gravitatis in huius ordinis consilio esset, populo Romano declarare possetis.

Recordamini, qui dies nudius tertius decimus[1] fuerit, quantus consensus vestrum, quanta virtus, quanta constantia; quantam sitis a populo Romano laudem, quantam gloriam, quantam gratiam consecuti. Atque illo die, patres conscripti, ea constituistis, ut vobis iam nihil sit integrum nisi aut honesta pax aut bellum necessarium.

Pacem vult M. Antonius? Arma deponat, roget, deprecetur. Neminem aequiorem reperiet quam me, cui, dum se civibus impiis commendat, inimicus quam amicus esse maluit. Nihil est profecto, quod possit dari bellum gerenti; erit fortasse aliquid, quod concedi possit roganti; legatos vero ad eum mittere, de quo gravissimum et severissimum iudicium nudius tertius decimus[1] feceritis, non iam levitatis est, sed, ut, quod sentio, dicam, dementiae. Primum duces eos laudavistis, qui contra illum bellum privato consilio suscepissent, deinde milites veteranos, qui, cum ab Antonio in colonias essent deducti, illius beneficio libertatem populi Romani anteposuerunt. Quid? Legio Martia[2]: Quid? Quarta, cur laudantur? Si enim consulem suum reliquerunt, vituperandae sunt, si inimicum rei publicae, iure laudantur.

1 **nudius tertius decimus** - *(heute) vor zwölf Tagen*
2 **legio Martia/legio quarta** - *Legio Martia/4. Legion* (beide Legionen hatten Antonius verlassen)

## Mögliche Fragen

a) Wer war M. Antonius?
b) Um welche Gliedsatzart handelt es sich in „qui dies nudius tertius decimus fuerit, quantus consensus vestrum, quanta virtus, quanta constantia“?
c) Bestimmen Sie den Modus und seine Verwendung in „deponat, roget, deprecetur“.
d) Welche Kasusfunktion liegt in „non levitatis est, sed dementiae“?
e) Suchen Sie nd-Formen und bestimmen Sie sie.
f) Benennen Sie die im Text verwendeten rhetorischen Stilmittel.
g) Übersetzen Sie.

## Kommentar

| | |
|---|---|
| quantum virtutis, quantum constantiae, quantum gravitatis | Gen. partitivi |
| qui dies nudius tertius decimus fuerit, quantus consensus vestrum (*erg.* fuerit), quanta virtus, quanta constantia quod possit dari bellum gerenti | indirekte Fragesätze |
| gerenti | PC, GZ, kausal |
| quantam | Bezugswort: laudem |
| ... sitis ... consecuti | Prädikat |
| nihil ... nisi | nichts außer, nur |
| deponat, roget, deprecetur | Iussiv |
| quod possit | Relativsatz mit konsekutivem Nebensinn |
| gerenti | PC, GZ, kausal |
| roganti | PC, GZ, temporal |
| de quo ... feceritis | Relativsatz mit kausalem Nebensinn |
| levitatis est, sed ... dementiae | Gen. possessivi |
| ut ... dicam | Finalsatz |
| qui ... suscepissent | Relativsatz mit kausalem Nebensinn |
| cum ... essent deducti | cum concessivum |
| vituperandae | Gerundiv, Bezugswort zu erg.: legiones |

# ANHANG

1

# Deklinationen auf einen Blick

DEKLINATIONEN AUF EINEN BLICK

## Substantive

| a-Deklination | | |
|---|---|---|
| | | f. |
| Singular | Nom. | *anima* |
| | Gen. | *animae* |
| | Dat. | *animae* |
| | Akk. | *animam* |
| | Abl. | *animā* |
| Plural | Nom. | *animae* |
| | Gen. | *animārum* |
| | Dat. | *animīs* |
| | Akk. | *animās* |
| | Abl. | *animīs* |

| o-Deklination | | | | |
|---|---|---|---|---|
| Substantive auf ***-us*** | | | auf ***-er*** | auf ***-um*** |
| | | m. | m. | n. |
| Singular | Nom. | *amīcus* | *puer* | *templum* |
| | Gen. | *amīcī* | *puerī* | *templī* |
| | Dat. | *amīcō* | *puerō* | *templō* |
| | Akk. | *amīcum* | *puerum* | *templum* |
| | Abl. | *amīcō* | *puerō* | *templō* |
| | Vok. | *amīce!* | | |
| Plural | Nom. | *amīcī* | *puerī* | *templa* |
| | Gen. | *amīcōrum* | *puerōrum* | *templōrum* |
| | Dat. | *amīcīs* | *puerīs* | *templīs* |
| | Akk. | *amīcōs* | *puerōs* | *templa* |
| | Abl. | *amīcīs* | *puerīs* | *templīs* |

| 3. Deklination | | **konsonantische Stämme** | | **i-Stämme** | | **Mischklasse** |
|---|---|---|---|---|---|---|
| | | f. | n. | f. | n. | m. |
| Singular | Nom. | *lēx* | *opus* | *turris* | *animal* | *hostis* |
| | Gen. | *lēgis* | *operis* | *turris* | *animālis* | *hostis* |
| | Dat. | *lēgī* | *operī* | *turrī* | *animālī* | *hostī* |
| | Akk. | *lēgem* | *opus* | *turrim* | *animal* | *hostem* |
| | Abl. | *lēge* | *opere* | *turrī* | *animālī* | *hoste* |
| Plural | Nom. | *lēgēs* | *opera* | *turrēs* | *animālia* | *hostēs* |
| | Gen. | *lēgum* | *operum* | *turrium* | *animālium* | *hostium* |
| | Dat. | *lēgibus* | *operibus* | *turribus* | *animālibus* | *hostibus* |
| | Akk. | *lēgēs* | *opera* | *turrēs (īs)* | *animālia* | *hostēs* |
| | Abl. | *lēgibus* | *operibus* | *turribus* | *animālibus* | *hostibus* |

| u-Deklination | | | |
|---|---|---|---|
| | | m. | n. |
| Singular | Nom. | passus | cornū |
| | Gen. | passūs | cornūs |
| | Dat. | passuī | cornū |
| | Akk. | passum | cornū |
| | Abl. | passū | cornū |
| Plural | Nom. | passūs | cornua |
| | Gen. | passuum | cornuum |
| | Dat. | passibus | cornibus |
| | Akk. | passūs | cornua |
| | Abl. | passibus | cornibus |

| e-Deklination | | |
|---|---|---|
| | | f. |
| Singular | Nom. | rēs |
| | Gen. | reī |
| | Dat. | reī |
| | Akk. | rem |
| | Abl. | rē |
| Plural | Nom. | rēs |
| | Gen. | rērum |
| | Dat. | rēbus |
| | Akk. | rēs |
| | Abl. | rēbus |

## Adjektive

| Adjektive der a-/o-Deklination | | | | | | | |
|---|---|---|---|---|---|---|---|
| | | Adjektive auf *-us, -a, -um* | | | Adjektive auf *-er, -(e)ra, -(e)rum* | | |
| | | m. | f. | n. | m. | f. | n. |
| Singular | Nom. | māgnus | māgna | māgnum | līber | lībera | līberum |
| | Gen. | māgnī | māgnae | māgnī | līberī | līberae | līberī |
| | Dat. | māgnō | māgnae | māgnō | līberō | līberae | līberō |
| | Akk. | māgnum | māgnam | māgnum | līlberum | līlberam | līlberum |
| | Abl. | māgnō | māgnā | māgnō | līberō | līberā | līberō |
| Plural | Nom. | māgnī | māgnae | māgna | līberī | līberae | lībera |
| | Gen. | māgnōrum | māgnārum | māgnōrum | līberōrum | līberārum | līberōrum |
| | Dat. | māgnīs | māgnīs | māgnīs | līberīs | līberīs | līberīs |
| | Akk. | māgnōs | māgnās | māgna | līberōs | līberās | lībera |
| | Abl. | māgnīs | māgnīs | māgnīs | līberīs | līberīs | līberīs |

| Adjektive der 3. Deklination | | | | | | | |
|---|---|---|---|---|---|---|---|
| | | **konsonantische Stämme** | | | **i-Stämme** | | |
| | | m. | f. | n. | m. | f. | n. |
| Singular | Nom. | pauper | pauper | pauper | celer | celeris | celere |
| | Gen. | pauperis | pauperis | pauperis | celeris | celeris | celeris |
| | Dat. | pauperī | pauperī | pauperī | celerī | celerī | celerī |
| | Akk. | pauperem | pauperem | pauper | celerem | celerem | celere |
| | Abl. | paupere | paupere | paupere | celerī | celerī | celerī |
| Plural | Nom. | pauperēs | pauperēs | paupera | celerēs | celerēs | celeria |
| | Gen. | pauperum | pauperum | pauperum | celerium | celerium | celerium |
| | Dat. | pauperibus | pauperibus | pauperibus | celeribus | celeribus | celeribus |
| | Akk. | pauperēs | pauperēs | paupera | celerēs | celerēs | celeria |
| | Abl. | pauperibus | pauperibus | pauperibus | celeribus | celeribus | celeribus |

## Pronomina

| Personalpronomina | | | | | | | |
|---|---|---|---|---|---|---|---|
| | | 1. Person | 2. Person | 3. Person (reflexiv) | 3. Person (nicht-reflexiv) | | |
| | | | | | m. | f. | n. |
| Singular | Nom. | *egō* | *tū* | – | – | – | – |
| | Gen. | *meī* | *tuī* | *suī* | *eius* | *eius* | *eius* |
| | Dat. | *mihī* | *tibī* | *sibī* | *eī* | *eī* | *eī* |
| | Akk. | *mē* | *tē* | *sē* | *eum* | *eam* | *id* |
| | Abl. | *ā mē (mēcum)* | *ā tē (tēcum)* | *ā sē (sēcum)* | *eō* | *eā* | *eō* |
| Plural | Nom. | *nōs* | *vōs* | – | – | – | – |
| | Gen. | *nostrī/-trum* | *vestrī/-trum* | *suī* | *eōrum* | *eārum* | *eōrum* |
| | Dat. | *nōbīs* | *vōbīs* | *sibī* | *eīs/iīs* | *eīs/iīs* | *eīs/iīs* |
| | Akk. | *nōs* | *vōs* | *sē* | *eōs* | *eās* | *ea* |
| | Abl. | *ā nōbīs (nōbīscum)* | *ā vōbīs (vōbīscum)* | *ā sē (sēcum)* | *eīs/iīs* | *eīs/iīs* | *eīs/iīs* |

| Demonstrativpronomina | | | | | | | |
|---|---|---|---|---|---|---|---|
| | | ***ille, illa, illud*** | | | ***hic, haec hoc*** | | |
| | | m. | f. | n. | m. | f. | n. |
| Singular | Nom. | *ille* | *illa* | *illud* | *hic* | *haec* | *hoc* |
| | Gen. | *illīus* | *illīus* | *illīus* | *huius* | *huius* | *huius* |
| | Dat. | *illī* | *illī* | *illī* | *huic* | *huic* | *huic* |
| | Akk. | *illum* | *illam* | *illud* | *hunc* | *hanc* | *hoc* |
| | Abl. | *illō* | *illā* | *illō* | *hōc* | *hāc* | *hōc* |
| Plural | Nom. | *illī* | *illae* | *illa* | *hī* | *hae* | *haec* |
| | Gen. | *illōrum* | *illārum* | *illōrum* | *hōrum* | *hārum* | *hōrum* |
| | Dat. | *illīs* | *illīs* | *illīs* | *hīs* | *hīs* | *hīs* |
| | Akk. | *illōs* | *illās* | *illa* | *hōs* | *hās* | *haec* |
| | Abl. | *illīs* | *illīs* | *illīs* | *hīs* | *hīs* | *hīs* |

| | | *iste, ista, istud* | | | *ipse, ipsa, ipsum* | | |
|---|---|---|---|---|---|---|---|
| | | m. | f. | n. | m. | f. | n. |
| Singular | Nom. | *iste* | *ista* | *istud* | *ipse* | *ipsa* | *ipsum* |
| | Gen. | *istīus* | *istīus* | *istīus* | *ipsīus* | *ipsīus* | *ipsīus* |
| | Dat. | *istī* | *istī* | *istī* | *ipsī* | *ipsī* | *ipsī* |
| | Akk. | *istum* | *istam* | *istud* | *ipsum* | *ipsam* | *ipsum* |
| | Abl. | *istō* | *istā* | *istō* | *ipsō* | *ipsā* | *ipsō* |
| Plural | Nom. | *istī* | *istae* | *ista* | *ipsī* | *ipsae* | *ipsa* |
| | Gen. | *istōrum* | *istārum* | *istōrum* | *ipsōrum* | *ipsārum* | *ipsōrum* |
| | Dat. | *istīs* | *istīs* | *istīs* | *ipsīs* | *ipsīs* | *ipsīs* |
| | Akk. | *istōs* | *istās* | *ista* | *ipsōs* | *ipsās* | *ipsa* |
| | Abl. | *istīs* | *istīs* | *istīs* | *ipsīs* | *ipsīs* | *ipsīs* |

| Relativ-/Interrogativpronomina | | | | | | |
|---|---|---|---|---|---|---|
| | | *quī, quae, quod* | | | *quis, quid* | |
| | | m. | f. | n. | m./f. | n. |
| Singular | Nom. | *quī* | *quae* | *quod* | *quis* | *quid* |
| | Gen. | *cuius* | *cuius* | *cuius* | *cuius* | *cuius* |
| | Dat. | *cui* | *cui* | *cui* | *cui* | *cui* |
| | Akk. | *quem* | *quam* | *quod* | *quem* | *quid* |
| | Abl. | *quō* | *quā* | *quō* | *quō* | *quō* |
| Plural | Nom. | *quī* | *quae* | *quae* | | |
| | Gen. | *quōrum* | *quārum* | *quōrum* | | |
| | Dat. | *quibus* | *quibus* | *quibus* | | |
| | Akk. | *quōs* | *quās* | *quae* | | |
| | Abl. | *quibus* | *quibus* | *quibus* | | |

| Indefinitpronomina | | | | | | |
|---|---|---|---|---|---|---|
| | | m. | f. | n. | m./f. | n. |
| Singular | Nom. | *aliquī* | *aliquae* | *aliquod* | *nēmō* | *nihil* |
| | Gen. | *alicuius* | *alicuius* | *alicuius* | *nūllīus* | *nūllīus reī* |
| | Dat. | *alicui* | *alicui* | *alicui* | *nēminī* | *nūllī reī* |
| | Akk. | *aliquem* | *aliquam* | *aliquod* | *nēminem* | *nihil (nil)* |
| | Abl. | *aliquō* | *aliquā* | *aliquō* | *ā nūllō* | *nūllā rē* |
| Plural | Nom. | *aliquī* | *aliquae* | *aliquae* | – | – |
| | Gen. | *aliquōrum* | *aliquārum* | *aliquōrum* | | |
| | Dat. | *aliquibus* | *aliquibus* | *aliquibus* | | |
| | Akk. | *aliquōs* | *aliquās* | *aliquae* | | |
| | Abl. | *aliquibus* | *aliquibus* | *aliquibus* | | |

| Pronominaladjektive | | | | |
|---|---|---|---|---|
| | | m. | f. | n. |
| Singular | Nom. | *nūllus* | *nūlla* | *nūllum* |
| | Gen. | *nūllīus* | *nūllīus* | *nūllīus* |
| | Dat. | *nūllī* | *nūllī* | *nūllī* |
| | Akk. | *nūllum* | *nūllam* | *nūllum* |
| | Abl. | *nūllō* | *nūllā* | *nūllō* |
| Plural | Nom. | *nūllī* | *nūllae* | *nūlla* |
| | Gen. | *nūllōrum* | *nūllārum* | *nūllōrum* |
| | Dat. | *nūllīs* | *nūllīs* | *nūllīs* |
| | Akk. | *nūllōs* | *nūllās* | *nūlla* |
| | Abl. | *nūllīs* | *nūllīs* | *nūllīs* |

## Numeralia

| | m. | f. | n. | m. | f. | n. | m./f. | n. |
|---|---|---|---|---|---|---|---|---|
| Nom. | *ūnus* | *ūna* | *ūnum* | *duo* | *duae* | *duo* | *trēs* | *tria* |
| Gen. | *ūnīus* | *ūnīus* | *ūnīus* | *duōrum* | *duārum* | *duōrum* | *trium* | *trium* |
| Dat. | *ūnī* | *ūnī* | *ūnī* | *duōbus* | *duōbus* | *duōbus* | *tribus* | *tribus* |
| Akk. | *ūnum* | *ūnam* | *ūnum* | *duōs* | *duās* | *duo* | *trēs* | *tria* |
| Abl. | *ūnō* | *ūnā* | *ūnō* | *duōbus* | *duōbus* | *duōbus* | *tribus* | *tribus* |

# ANHANG

1
Deklinationen auf einen Blick

2
Glossar

3
Lösungen

**Ablativ**
Der Ablativ ist im Lateinischen der so genannte 6. Fall und findet im Deutschen keine Entsprechung. Er kann in verschiedenen Funktionen vorkommen und muss dann unterschiedlich übersetzt werden. Der Ablativ der Trennung **(Ablativus separativus)** ist der eigentliche Ablativ. Er bezeichnet den Ausgangspunkt einer Bewegung, steht bei Verben des Wegnehmens und Entbehrens. Auch der Ablativ des Vergleichs **(Ablativus comparationis)** ist eine Unterart des **Separativs.**
Als Bezeichnung des Ausgangspunktes einer Bewegung steht er bei den Eigennamen von Städten, Dörfern und kleineren Inseln. Er beantwortet die Frage *Woher?*. Der Ablativ beantwortet als Instrumentalis auch die Fragen *Womit? Wodurch?*.

**Ablativus absolutus/Abl. abs.**
Typische lateinische **Partizipialkonstruktion**, bei der das Bezugswort und (zumeist) ein Partizip im Ablativ stehen.

**AcI/Accusativus cum Infinitivo**
(Akkusativ mit Infinitiv)
Der AcI antwortet auf die Frage *Wen oder was?* Der AcI hängt im Satz von einem übergeordneten Verb („Kopfverb"; z. B. ein Verb des Sprechens, des Fühlens, der Meinungsäußerung etc.) ab und wird in der Regel mit einem dass-Satz übersetzt.

**Adjektiv**
Adjektive sind Eigenschaftswörter, die die Beschaffenheit einer Sache, einer Person oder eines Zustandes beschreiben. Sie können als nähere Bestimmung zu einem Substantiv hinzutreten.

**Adverb**
Adverbien ergänzen die Bedeutung eines Verbs (*ad verbum* beim Verb). Seltener dient ein Adverb auch zur genaueren Bestimmung eines Adjektivs, eines **Partizips** oder eines anderen Adverbs. Adverbien zählen zu den **Partikeln** und sind weder deklinierbar noch konjugierbar.

**Adverbiale, Adverbiale Bestimmung**
(Umstandsbestimmung)
Eine grammatisch nicht notwendige Möglichkeit der **Satzergänzung**, die erweiternde Fragen *(Wie? Wo? Wann? Warum? Womit? Zu welchem Ziel?)* beantwortet.

**Akkusativ**
Der Akkusativ kann eine Person oder Sache, auf die eine Tätigkeit gerichtet ist *(Wen? Was?)*, eine Ausdehnung in Raum und Zeit (auf die Frage *Wie breit? Wie weit? Wie lang? Wie alt? Wie hoch? Wie tief?*) oder das Ziel einer Bewegung *(Wohin?)* bezeichnen. Es gibt Verben, die aufgrund ihrer Bedeutung nach einem Akkusativobjekt verlangen. Der Akkusativ erfüllt im Satz die syntaktische Funktion eines Objekts, kann aber auch als Prädikatsnomen oder adverbiale Bestimmung in Erscheinung treten.

**Apposition**
(*apponere* hinzufügen)
Es handelt sich um eine nicht obligatorische Ergänzung, meist zu einem Substantiv. Eine Apposition steht zwischen Kommata.

**Asyndeton**
Stilmittel der unverbundenen Reihung

**Attribut**
(*attribuere* zuteilen)
Satzglied, das nicht vom **Prädikat** abhängt, sondern vom Nomen und dieses näher bestimmt. **Adjektive**, **Pronomen**, **Zahlwörter** und **Nominalformen des Verbums** können als Attribute erscheinen. Sie antworten auf die Frage *Was für einer? Welcher?* und stehen mit ihrem Bezugswort in KNG-Kongruenz.

**Dativ**
Der Dativ bezeichnet eine Person oder Sache, der eine Handlung gilt *(Wem?)*, oder die Person, zu deren Gunsten eine Handlung geschieht *(Für wen? Wofür?)* oder den Zweck einer Handlung *(Wozu?)*.
Er erfüllt im Satz die Funktion eines **Objekts**, kann aber wie der Akkusativ auch Adverbiale oder Prädikatsnomen sein.

**Deklination**
(*declinare* beugen)
Alle Nomen, Adjektive und Partizipien können dekliniert werden, die Deklinationsendung spiegelt **Kasus** und **Numerus** (oft auch **Genus**) wider. Bei **Adjektiven** und **Partizipien** wird auch das **Genus** berücksichtigt.

**Demonstrativpronomen**
hinweisende Fürwörter

**Deponentien**
(*deponere* ablegen)
sind Verben, die nur passive Formen bilden und trotzdem im Deutschen immer aktive Bedeutung haben. Sie kommen in allen Konjugationen vor und werden wie das Passiv anderer Verben ihrer Gruppe konjugiert. Im Wörterbuch erkennt man sie daran, dass sie immer in der 1. Pers. Sg. Ind. Präs. Pass. genannt werden.

**Flexion**
(*flectere* beugen)
Die grammatische Funktion eines Wortes innerhalb des Satzgefüges wird unter anderem durch seine Beugung, die sogenannte Flexion deutlich gemacht.

**Genitiv**
Dieser **Kasus** bezeichnet die Zugehörigkeit einer Person oder Sache zu einer anderen *(Wessen?)*; als Genitivus qualitatis beschreibt er ein Nomen näher *(Was für ein? Was für eine?)*. Er erfüllt meistens die syntaktische Funktion eines **Attributs** zu einem Nomen, manchmal die eines **Prädikatsnomens**.
Er kann auch die Bedeutung von Verben eingrenzen und übernimmt dann die Funktion eines **Objekts** oder **Adverbiales**.

**Genus verbi**
Gibt an, ob sich eine Handlung im Aktiv vollzieht oder im Passiv vollzogen wird.

**Genus**
grammatisches Geschlecht: Maskulin (m.), Femininum (f.) , Neutrum (n.).

**Gerundium**
substantivierter Infinitiv (z. B. loben, das Loben; handeln, das Handeln); als solcher kann es im Singular dekliniert werden.

**Gerundivum**
Im Deutschen gibt es keine vergleichbare Verbform. Man definiert es als **Verbaladjektiv.** Im Deutschen wird es oft mit einem **Adjektiv** übersetzt: Ein zu liebendes Kaninchen = ein liebenswertes Kaninchen.

**Hortativ**
(*hortari* auffordern)
Mit dem Hortativ werden Aufforderungen an die 1. Person Plural im Konjunktiv Präsens formuliert. (Lasst uns nach Hause gehen!)

**Hyperbaton**
Stilmittel der Sperrung/Gesperrtstellung bei dem zusammengehörige Wörter bewusst voneinander getrennt werden, um einzelne Aspekte besonders hervorzuheben.

**Imperativ (I, II)**
(*imperare* befehlen)
Man unterscheidet zwei Arten des Imperativs. Der häufiger gebrauchte **Imperativ I** wird für Aufforderungen und Befehle oder Ratschläge benutzt. Er spricht die 2. Person Singular oder Plural direkt an (*Veni!* Komm (mit)! oder *Venite!* Kommt (mit)!)
Ein Wunsch oder Befehl, der in der nahen oder fernen Zukunft verwirklicht werden soll, wird durch den **Imperativ II** ausgedrückt. Er kommt seltener vor als der Imperativ I und wird meistens eingesetzt, wenn es um allgemeine Vorschriften, Gesetze oder Lebensregeln geht. Er richtet sich an die 2. oder 3. Person Singular oder Plural.

**Indefinitpronomen**
unbestimmte Fürwörter

**Indikativ**
(Wirklichkeitsform)
Der Indikativ ist einer der drei **Modi** des Verbs (neben **Konjunktiv** und **Imperativ**) Fasst ein Sprecher das, was er sagt, als wirklich auf, steht die Verbform im Indikativ.

**Instrumentalis**
Kasus der indogermanischen Grundsprache, der zum Ablativ verschmolz. Er antwortet auf die Frage *Womit? Wodurch?*.

**Interjektion**
Ausruf

**Interrogativpronomen**
fragende Fürwörter

**intransitive Verben**
Diese Verben können im Gegensatz zu den transitiven kein Akkusativobjekt zu sich nehmen und bilden ein unpersönliches Passiv.

**Irrealis der Gegenwart**
formuliert eine Angabe, die sehr wahrscheinlich nicht in Wirklichkeit eintreten wird.

**Irrealis der Vergangenheit**
beschreibt eine nicht wirkliche Handlung in der Vergangenheit.

**Iussiv**
(*iubere* befehlen, beauftragen)
Mit dem Iussiv werden Aufforderungen an die 2. und 3. Person Singular und Plural im Konjunktiv Präsens ausgedrückt. (*Er soll den Vater rufen!*)

**Kasus**
(Fall)
Der Kasus gibt an, welche Rolle ein Wort innerhalb eines Satzes hat. Er bestimmt seine **syntaktische Funktion**.

**Komparation**
Steigerung von Adjektiven und Adverbien, um Vergleiche zwischen zwei oder mehreren Lebewesen oder Gegenständen herzustellen

**Komparativ**
Höherstufe oder erste Stufe der Steigerung eines Adjektivs oder Adverbs

**Komparativsatz**
Solche Sätze enthalten einen Vergleich.

**Kongruenz**
Übereinstimmung in **Kasus**, **Numerus** und **Genus**. Vereinfacht wird häufig von „KNG- Kongruenz", „KN- Kongruenz" oder „NG-Kongruenz" gesprochen.

**Konjugation**
Jedes Verb kann entsprechend dem Ausgang des Präsensstammes einer von fünf **Konjugationsklassen** zugeordnet werden. Den Präsensstamm erhält man durch das Wegstreichen der Infinitivendung *-(e)re*.

**Konjugationsklassen**
a-Konjugation (1. Konjugation) - *lauda-re*
e-Konjugation (2. Konjugation) - *mone-re*
i-Konjugation (4. Konjugation) - *audi-re*
Konsonantische Konjugation (3. Konjugation) - *ag-ere*
Gemischte Konjugation (auch: kons. Konj. mit i-Erweiterung) *cap-ere*

**Konjunktion**
Bindewort

**Konjunktiv**
(Möglichkeitsform)
Der Konjunktiv ist einer der drei **Modi** des Verbs (neben **Indikativ** und **Imperativ**) Hält ein Sprecher seine Aussage für möglich, nicht wirklich oder formuliert er einen Wunsch, steht die Verbform im Konjunktiv.

**Korrelativpronomen**
Fürwörter der Wechselbeziehung, z. B. *talis* - *qualis* u. a.

**Lokativ**
Kasus der indogermanischen Sprache, der teilweise mit dem Ablativ verschmolz. Er antwortet auf die Frage *Wo?*.

**Modus**
(*modus, -i* m. Art und Weise)
Beschreibt das Verhältnis der Aussage zur Wirklichkeit:
**Indikativ** (Modus der Wirklichkeit),
**Konjunktiv** (Modus der Vorstellung)
**Imperativ** (Befehlsform).

**NcI/Nominativus cum Infinitivo**
(Nominativ mit Infinitiv)
Bei manchen **transitiven Verben** tritt bei der Umformung ins Passiv an die Stelle des **AcI** eine Infinitivkonstruktion mit einem **Nominativ.** Der Nominativ ist dabei zugleich Subjekt des übergeordneten Satzes. Wie der AcI kann der NcI am besten mit einem dass-Satz übersetzt werden.

**Nomina**
(*nomen, -inis* n. Namen, Benennung)
Zu den Nomina, die alle dekliniert werden gehören: Hauptwörter (**Substantive**), Eigenschaftswörter (**Adjektive**), Fürwörter (**Pronomina**) und Zahlwörter (**Numeralia**).

**Nominalform des Verbums**
Durch Substantivierung von Verben entstehen die sogenannten Nominalformen der Verben. Dazu gehören **Verbalsubstantive** und **Verbaladjektive,** die Eigenschaften eines Nomens und eines Verbs haben. Sie werden aus Verben gebildet, wie Nomen dekliniert und als nominale Satzglieder behandelt.

**Nominativ**
**Kasus**, beantwortet die Frage *Wer oder was?*; im Nominativ steht das **Subjekt** des Satzes und andere Nomina, die sich auf dieses beziehen.

**Numeralia**
(Zahlwörter)
Grund- oder Kardinalzahlen (cardinalia) *eins, zwei, drei, ...*
Ordnungs- oder Ordinalzahlen (ordinalia) *der erste, zweite, dritte, ...*
Distributivzahlen (Distributiva) *je einer, je zwei, je drei, ...*
Zahladverbien (Multiplicativa) *einmal, zweimal, dreimal, ...*

**Numerus**
(*numerus, -i* m. Zahl)
Man unterscheidet zwei Numeri **Singular** (Einzahl) und **Plural** (Mehrzahl). Manche Substantive kommen ihrer Bedeutung wegen nur im Singular (**singularia tantum**) andere nur im Plural (**pluralia tantum**) vor.

**Objekt**
(Satzergänzung)
eine Ergänzung im Satz, die sich auf das Prädikat bezieht

**Optativ**
(*optare* wünschen)
ein **Modus** des **Verbs**, der Wünsche oder Möglichkeiten bezeichnet

**Participium coniunctum/PC**
(*coniunctum* verbunden)
Alle **Partizipien** können als Participium coniunctum verwendet werden.
Die Besonderheit des PC ist, dass das Bezugswort allein (ohne das Partizip) eine **syntaktische Funktion** im Satz erfüllt, d. h. es kann **Subjekt**, **Objekt** etc. sein. Wenn man das Partizip streichen würde, wäre der Satz trotzdem grammatisch vollständig. Das Partizip erklärt als **Attribut** das integrierte Nomen näher, ist also unmittelbar mit dem Satz verbunden (*coniunctum*).

**Partikel**
(*particula, -ae* f. Teilchen)
unflektierbare Wörter: Umstandswörter (**Adverbien**), Verhältniswörter (**Präpositionen**), Bindewörter (**Konjunktionen** und **Subjunktionen**), Ausrufe (**Interjektionen**), Modalpartikel (Füllwörter wie „doch" oder „freilich")
und Negationspartikel (wie „nicht(s)")

**Partizip**
Bei den Partizipien handelt es sich (wie bei **Gerundium** und **Gerundivum**) um **Nominalformen des Verbs**. Sie werden dekliniert, bilden Formen in allen **Genera** und stehen als **Verbaladjektive** in **KNG-Kongruenz** zu ihrem Bezugswort.

**Partizipialstamm/Supinstamm**
3. Stammform, mit ihr werden Perfekt, Plusquamperfekt und Futur II im Passiv gebildet, sowie das Partizip Perfekt Passiv (PPP), Partizip Futur Aktiv (PFA), Infinitiv Perfekt Passiv und Infinitiv Futur Aktiv und Passiv-Supinum I und II (davon der Name Supinstamm)

**Perfektstamm**
2. Stammform mit ihr werden alle Formen des Perfekt, incl. Infinitiv Perfekt Aktiv, alle Formen des Plusquamperfekt und alle Formen des Futur II im Aktiv gebildet.

**Personalpronomen**
persönliche Fürwörter

**Positiv**
Grundstufe eines Adjektivs oder Adverbs (ohne Steigerung)

**Possessivpronomen**
besitzanzeigende Fürwörter

**Potentialis der Gegenwart**
(*potestas* Möglichkeit):
drückt eine Annahme/Vermutung aus

**Potentialis der Vergangenheit**
drückt eine Möglichkeit in der Vergangenheit aus

**Prädikat**
(Satzaussage)
Das Prädikat ist die zentrale Einheit eines Satzes. Es besteht aus mindestens einer finiten Verbform. Es gibt an, welche Handlung in einer bestimmten Zeit vollzogen wird.

**Prädikativsatz**
Solche Sätze enthalten eine nähere Bestimmung zum Prädikatsvorgang.

**Prädikativum**
Das Prädikativum vereinigt die syntaktische Funktion von Adverb und Attribut. Substantive, Adjektive und Partizipien können als Prädikativum in Erscheinung treten. Mit einem Prädikativum beschreibt man die Verbalhandlung näher und gleichzeitig auch das Beziehungswort, zu dem es in KNG-Kongruenz steht.
*Cuniculus salvus viam transiit.*
Das Kaninchen überquerte unversehrt die Straße. Hier geht es nur um den Moment, in dem das Kaninchen die Straße überquert. Wie es ihm vorher oder nachher geht, bleibt außer Acht.

**Prädikatsnomen**
Das Prädikatsnomen ist Teil des Prädikats, es kann ein **Substantiv** im **Nominativ**, ein **Pronomen,** ein **Adjektiv** ein **Adverb** oder ein **Infinitiv** sein. Dabei tritt es mit einer Form von *esse* oder einer Wendung wie den folgenden auf:
*zu etwas machen/ernennen/wählen*
*zum Nutzen/Nachteil sein,*
*zu Ehre gereichen*
*am Herzen liegen* etc.

**Präfix**
Vorsilbe

**Präposition**
(*praepositus* vorangestellt)
Die Verhältniswörter gehören zu den **Partikeln** und sind nicht flektierbar.

**Präsensstamm**
1. Stammform, mit ihr werden alle Formen des Präsens incl. Infinitiv, alle Formen des Imperfekt und alle Formen des Futur I im Aktiv und Passiv gebildet, sowie Partizip Präsens Aktiv (PPA), nd-Formen (Gerundium und Gerundivum) und der Imperativ.

**Pronomen**
Fürwort

**Pronominaladjektive**
Bestimmte Adjektive werden Pronominaladjektive genannt, weil sie durch ihre Kasusendungen im Genitiv Singular *(-ius)* und Dativ Singular *(-i)* und durch ihre Bedeutung zeigen, dass sie den Pronomen nahestehen.
z. B. *unus, -a, -um, solus, -a, -um, totus, -a, -um* etc.

**Reflexivpronomen**
rückbezügliche Fürwörter

**Relativpronomen**
bezügliche Fürwörter

**Relativsatz**
Solche Sätze enthalten eine nähere Bestimmung zu einem Nomen, einer Sache oder einem Sachverhalt.

**Satzaussage**
(Prädikat)
Das Prädikat ist die zentrale Einheit eines Satz. Es besteht aus mindestens einem finiten Verbform. Es gibt an, welche Handlung in einer bestimmten Zeit vollzogen wird.

**satzwertige Konstruktionen**
Wenn zusätzlich zur **Nominalform** des Verbs eine handelnde Person oder Sache genannt wird, auf die sich die Verbalinformation bezieht, spricht man von „satzwertigen Konstruktionen". Diese Konstruktionen können die Funktion von Gliedsätzen übernehmen und werden häufig als solche übersetzt. Ihre Besonderheit ist, dass sie im Lateinischen nur aus wenigen Worten bestehen und der lateinische Sprecher durch sie mit wenigen Worten viel sagen kann.

**Semideponentien**
**Verben**, die nur einen Teil der Formen (entweder im Präsens- oder Perfektstamm) wie Deponentien bilden.

**Separativ**
(*separare* trennen)
Der Ablativ der Trennung, der wegen seines lateinischen Namens oft als Separativ bezeichnet wird, ist der eigentliche Ablativ.

**Stammform**
Verbformen zur Zeitenbildung. Sie nennen die aktive Präsens- und Perfektform jeweils in der 1. Pers. Sg. Ind. und - falls vorhanden - das Partizip Perfekt Passiv eines Verbs.
(z. B. facere, facio, feci, factum)

**Subjekt**
Grundbestandteil eines jeden Satzes, es liegt der Satzaussage (Prädikat) zugrunde. Es steht in der Regel im Nominativ. Im Lateinischen ist es manchmal nur in der Personalendung des Prädikats enthalten.

**Suffix**
Nachsilbe

**Superlativ**
Höchststufe der Steigerung eines Adjektivs oder Adverbs

**syntaktische Funktion**
gibt an, welche grammatische Funktion (Subjekt, Objekt, Prädikat ...) das jeweilige Wort innerhalb des Satzes einnimmt

**Syntax**
Satzlehre

**Temporalsatz**
(*tempus* Zeit)
Temporalsätze enthalten eine Zeitangabe

**Tempus**
(*tempus, -oris* n. Zeit)
Beschreibt, wann eine Handlung vollzogen wird. Das Lateinische kennt sechs Tempora: Präsens, Imperfekt, Futur I und II, Perfekt und Plusquamperfekt.

**transitive Verben**
Verben, die ein Akkusativobjekt verlangen, nennt man transitive Verben. Sie bilden ein persönliches Passiv.

**Verb**
(Tätigkeitswort/Zeitwort)
Verben stellen neben den Nomen die zweite große Gruppe der flektierbaren Wortarten dar. Sie werden konjugiert (*coniugare* verbinden). Es gibt auch bei der Konjugation verschiedene Klassen.

**Verba defectiva**
(„defektive" Verben)
Diese Verben werden als „defektiv" (*deficere* fehlen) bezeichnet, weil sie nicht alle Formen bilden können.

**Vokativ**
Anredeform (*vocare* rufen, nennen)
Dieser Kasus wird in den Deklinationstabellen nicht aufgeführt, da er seine grammatischen Formen gleich dem Nominativ bildet. Nur bei den Wörtern der o-Deklination auf *-us* und *-ius* bildet er eigene Formen.

# ANHANG

# Lösungen
## Deklinationen

## 2 Substantive

### 2.1 a-Deklination (1. Deklination)

**1.** ***formae*** der Gestalt - ***formās*** die Gestalten - ***formā*** mit der Gestalt - ***formae*** der Gestalt
***amīcīs*** den Freundinnen - ***amīcae*** die Freundinnen - ***amīcam*** die Freundin - ***amīcīs*** mit den Freundinnen

**2.** ***familiīs:*** Dat./Abl. Pl. f. - ***dominae:*** Gen./Dat. Sg. und Nom. Pl. f. - ***nautam:*** Akk. Sg. m. - ***litterārum:*** Gen. Pl. f. - ***cōpiās:*** Akk. Pl. f.

**3.** ***amīcārum:*** Gen. Pl. - ***vīllam:*** Akk. Sg. - ***īnsulā:*** Abl. Sg. - ***fīliīs:*** Dat./Abl. Pl. - ***hōra:*** Nom. Sg.

**4.** ***Poētae***: Die Dichter schreiben Verse. - ***cōpiās:*** Caesar besiegt die Truppen der Gallier. - ***Aviam:*** Wir besuchen die Großmutter. - ***deīs:*** Die Römer opfern den Göttinnen. - ***Cornēliae:*** Marcus ermahnt Cornelias Kinder.

3

### 2.2 o-Deklination (2. Deklination)

**1.** ***fīlius/fīlī*** (Vok. Sg.) **-** ***fīliīs*** **-** ***fīlium*** **-** ***fīliōrum*** **-** ***fīliōs*** **-** ***fīliō*** **-** ***fīliī*** (Gen. Sg./Nom. Pl.)/***fīliō*** (Dat. Sg.)

**2.** ***tribūnī:*** Gen. Sg./Nom. Pl. → ***tribūnus*** - ***dominō:*** Dat./Abl. Sg. → ***dominus*** - ***librīs:*** Dat./Abl. Pl. → ***liber*** - ***agrōs:*** Akk. Pl. → ***ager*** - ***fora:*** Nom./Akk. Pl. → ***forum***

LÖSUNGEN

**3.** ***puer:*** Mädchen und Junge - ***dominōrum:*** der Herrinnen und Herren - ***deōs:*** die Göttinnen und Götter - ***discipulum:*** die Schülerin und den Schüler - ***amīcī*** (Nom. Pl.): die Freundinnen und Freunde; ***amīcī*** (Gen. Sg.): der Freundin und des Freundes; ***amīcō*** (Dat. Sg.): der Freundin und dem Freund

### 2.3 Gemischte Deklination (3. Deklination)

**1.** ***patrēs*** die Väter - ***patre*** mit dem Vater - ***patribus*** den Vätern
***regiōnibus*** den Gegenden - ***regiōnem*** die Gegend - ***regiōnis*** der Gegend
***marium*** der Meere - ***maribus*** mit den Meeren - ***maria*** die Meere

**2.** ***nāvium*** Gen. Pl. - ***nāvī*** Dat. Sg. - ***āerem*** Akk. Sg. - ***nāvis*** Nom. Sg. - ***āere*** Abl. Sg. - ***nāvēs*** Akk. Pl.

**3.**

| kons. Stämme | i-Stämme | Mischklasse |
|---|---|---|
| ***itinera:*** Nom./Akk. Pl.<br>***prīncipibus:*** Dat./Abl. Pl.<br>***orātōrum:*** Gen. Pl.<br>***senem:*** Akk. Sg. | ***animālia:*** Nom./Akk. Pl.<br>***turrim:*** Akk. Sg.<br>***maribus:*** Dat./Abl. Pl.<br>***vīrēs:*** Nom./Akk. Pl. | ***gentis:*** Gen. Sg.<br>***aedium:*** Gen. Pl.<br>***fīnī:*** Dat. Sg.<br>***parte:*** Abl. Sg. |

**4. 1.** ***Sacerdōtēs***: Die Priester opferten den Göttern. - **2.** ***canem:*** Gib acht vor dem Hund! - **3.** ***vī:*** Mit Eifer und Gewalt besiegen wir den Feind. - **4.** ***vīrēs, legiōnēs:*** Die Streitkräfte der Römer sind groß, weil sie viele Legionen besitzen. - **5.** ***hominum, urbis, orātōrem:*** Eine Menschenmenge (Menge von Menschen) ist auf dem Marktplatz der Stadt und hört einen Redner an (hört einem Redner zu).

## 2.4 u-Deklination (4. Deklination)

**1.** ***arcūs - arcū - arcubus***

**2.** ***exercitūs:*** Gen. Sg., des Heeres, Nom. Pl., die Heere, Akk. Pl., die Heere - ***reditui:*** Dat. Sg., der Rückkehr - ***exercitū:*** Abl. Sg., mit dem Heer - ***reditum:*** Akk. Sg., die Rückkehr - ***genua:*** Nom./Akk. Pl., die Knie - ***exercitibus:*** Dat./Abl. Pl., mit den Heeren - ***genū:*** Nom. Sg., das Knie, Dat. Sg., dem Knie, Akk. Sg., das Knie, Abl. Sg., mit dem Knie

**3.** o-Deklination: ***theātrum, fīlius, socium, frūmentum, philosophus***
u-Deklination: ***cāsūs, usuī, lacuum, impetū, senātum***

**4. 1.** ***cornūs***: Der Klang des Horns wird gehört (Man hört ...). - **2.** ***arcūs:*** Ich habe viele (Triumph-)Bögen in Rom besichtigt. - **3.** ***Exercitus:*** Das römische Heer hat die Gallier besiegt. - **4.** ***domum:*** Der Vater hat ein geräumiges Haus gekauft.

## 2.5 e-Deklination (5. Deklination)

**1.** ***rērum - reī - rēs - rēbus - rem - reī***

**2.** ***aciēī:*** Gen./Dat. Sg., der Schlacht - ***fidēs:*** Nom. Sg., Vertrauen, Treue (Nom./Akk. Pl. - das Wort wird aber nur im Sg. verwendet) - ***diērum:*** Gen. Pl., der Tage - ***aciem:*** Akk. Sg., die Schlacht - ***fidē:*** Abl. Sg., mit Treue/Vertrauen

**3. 1.** ***spem:*** Warum gebt ihr die Hoffnung auf? - **2.** ***diem:*** Nutze den Tag! - **3.** ***reī:*** Die Konsuln waren Beamte des Staates. - **4.** ***aciēbus:*** Die Soldaten kämpften tapfer in Schlachtreihen, dann kehrten sie ins Lager zurück.

## 2.6 Check-up Substantive

**1.** ***patrum - patre - patrēs - meridiem - meridiēī - meridiēbus - dea - deās - deae - equīs - equō - equī - versūs - versuī - versum***

**2.** ***glōriae*** des Ruhmes - ***templa*** die Tempel - ***diēī*** dem Tag - ***mare*** das Meer - ***arcūs*** die Bögen - ***artibus*** mit den Künsten - ***perniciem*** den Untergang - ***fugam*** die Flucht - ***cibī*** die Speisen

**3. 1.** Es war Aufgabe eines/des Beamten, den Staat zu verwalten. (***magistrātūs***: Gen. Sg. m. → ***magistrātus, -ūs***; ***rem:*** Akk. Sg. f. → ***rēs, -eī***) - **2.** Die Römer bemühten sich, dem Staat sowohl im Glück als auch im Unglück nützlich zu sein. (***Rōmānī:*** Nom. Pl. m. → ***Rōmānus, -ī***; ***rēbus:*** Abl. Pl. f. → ***rēs, -eī***; ***reī***: Dat. Sg. f. → ***rēs, -eī***) - **3.** Die Piraten überfielen Schiffe und Inseln mit Kühnheit und Wildheit. (***pirātae:*** Nom. Pl. m. → ***pirāta, -ae***; ***audāciā:*** Abl. Sg. f. → ***audācia, -ae***; ***ferōciā:*** Abl. Sg. f. → ***ferōcia, -ae; nāvēs:*** Akk. Pl. f. → ***nāvis, -is***; ***īnsulās:*** Akk. Pl. f. → ***īnsula, -ae***)

**4. 1.** ***MULTITUDINES*** **- 2.** ***AMOR*** **- 3.** ***EXITU*** **- 4.** ***LUNIS*** **- 5.** ***CAMPUS*** **- 6.** ***MOTUUM*** **- 7.** ***BONUM*** **- 8.** ***UXORE*** **- 9.** ***SPEI***
Das gesuchte Wort ist: ***SCIENTIA*** (Wissen).

**5.**

| Endung | Deklination | Form | Beispiel |
|---|---|---|---|
| ***-us*** | o-Deklination | Nom. Sg. | ***dominus*** Herr |
| | u-Deklination | Nom. Sg. | ***domus*** Haus |
| ***-ūs*** | u-Deklination | Gen. Sg. | ***domūs*** des Hauses |
| | | Nom./Akk. Pl. | ***arcūs*** die Bögen |
| ***-ī*** | o-Deklination | Gen. Sg. | ***servī*** des Sklaven |
| | | Nom. Pl. | ***dominī*** die Herren |
| | 3. Deklination: | | |
| | - kons. Stämme | Dat. Sg. | ***senātorī*** dem Senator |
| | - i-Stämme | Dat./Abl. Sg. | ***turrī*** dem Turm/mit dem Turm |
| | - Mischklasse | Dat. Sg. | ***urbī*** der Stadt |

3

LÖSUNGEN

| Endung | Deklination | Form | Beispiel |
|---|---|---|---|
| ***-ēs*** | e-Deklination<br><br>3. Deklination:<br>- kons. Stämme<br>- i-Stämme<br>- Mischklasse | Nom. Sg.<br>Nom./Akk. Pl.<br><br>Nom./Akk. Pl.<br>Nom. Pl.<br>Nom. Sg.<br>Nom./Akk. Pl. | ***rēs*** die Sache<br>***rēs*** die Sachen<br><br>***senātōrēs*** die Senatoren<br>***turrēs*** die Türme<br>***clādēs*** die Niederlage<br>***cīvēs*** die Bürger |
| ***-a*** | a-Deklination<br><br>Alle Neutra der<br>- o-Deklination<br>- kons. Stämme (3. Dekl.)<br>- u-Deklination | Nom. Sg.<br>(Abl. Sg. ***-ā***!)<br><br>Nom./Akk. Pl. n. | ***serva*** die Sklavin<br><br><br>***fora*** die Marktplätze<br>***corda*** die Herzen<br>***cornua*** die Hörner |
| ***-is***<br><br><br><br>***-īs*** | 3. Deklination<br><br>gleichsilbige Substantive<br>der Mischklasse (3. Dekl.)<br>a-Deklination<br>o-Deklination<br>i-Stämme (3. Deklination) | Gen. Sg.<br><br>Nom./Gen. Sg.<br><br>Dat./Abl. Pl.<br>Dat./Abl. Pl.<br>Akk. Pl. | ***labōris*** der Arbeit<br>***sitis*** des Durstes<br>***cīvis*** der Bürger/des Bürgers<br><br>***puellīs*** (mit) den Mädchen<br>***puerīs*** (mit) den Jungen<br>***turrīs*** die Türme |
| ***-um*** | o-Deklination<br><br>kons. Stämme (3. Dekl.) | Akk. Sg. m.<br>Nom./Akk. Sg. n.<br>Gen. Pl. | ***dominum*** den Herrn<br>***templum*** den Tempel<br>***senātōrum*** der Senatoren |

# 3 Adjektive

## 3.1 Adjektive der a-/o-Deklination

**1. *iūstārum* - *iūstō* - *iūstae* - *iūstōs* - *dīvīnum* - *dīvīna* - *dīvīnī* - *dīvīnīs***

**2. *fīda:*** Nom. Sg. f.; Nom./Akk. Pl. n. - ***iūstum:*** Nom./Akk. Sg. n./Akk. Sg. m. - ***lōngī:*** Gen. Sg.m./n./ Nom. Pl. m. - ***dīvīnae:*** Gen./Dat. Sg./Nom. Pl. f. - ***pulchrā:*** Abl. Sg. f. - ***asperārum:*** Gen. Pl. f. - ***līberōrum:*** Gen. Pl. m./n. - ***parvō:*** Dat./Abl. Sg. m./n. - ***miserīs:*** Dat./Abl. Pl. f./m./n. - ***bonās:*** Akk. Pl. f.

**3. *amīcae malae:*** Gen./Dat. Sg. f. → der schlechten Freundin; Nom. Pl. f. → die schlechten Freundinnen - ***imperātōrum malōrum:*** Gen. Pl. m. → der schlechten Feldherren - ***dominīs malīs:*** Dat. Pl. m. → den schlechten Herren; Abl. Pl. m. → mit den schlechten Herren - ***rēs mala:*** Nom. Sg. f. → die schlechte Sache/***rēs malae:*** Nom. Pl. f. → die schlechten Sachen/***rēs malās:*** Akk. Pl. f. → die schlechten Sachen

## 3.2 Adjektive der 3. Deklination

**1. *prīncipum* - *prīncipa* - *prīncipī* - *prīncipēs* - *prīncibus***

**2. *senātōrī veterī:*** Dat. Sg. m. - ***aedificia vetera:*** Nom./Akk. Pl. n. - ***templōrum veterum:*** Gen. Pl. n. - ***urbem veterem:*** Akk. Sg. f. - ***mōrēs veterēs:*** Nom./Akk. Pl. m.

**3. 1. *fortēs:*** Die römischen Soldaten waren tapfer. - **2. *sapientī:*** Die Kinder gehorchen dem weisen Lehrer. - **3. *immānibus:*** Die Gladiatoren kämpften mit schrecklichen/wilden Tieren. - **4. *difficilem:*** Der Lehrer erklärt den Schülern ein(e) schwierige(s) Thema/Sache. - **5. *dīvitum, facilis:*** Das Leben der reichen Bürger war einfach.

## 3.3 Komparation des Adjektivs

**1.** ***avem celeriōrem*** den schnelleren Vogel - ***mīlitēs fortiōrēs*** die tapfereren Soldaten - ***nātiōnis līberiōris*** des freieren Volkes - ***domus altior*** das höhere Haus - ***magistrīs sevēriōribus*** (mit) den strengeren Lehrern (Dat./Abl. Pl.)

**2.** ***avibus celerrimīs*** (mit) den schnellsten/sehr schnellen Vögeln - ***mīlitem fortissimum*** den tapfersten/sehr tapferen Soldaten - ***nātiōne līberrimā*** mit dem freiesten/sehr freien Volk - ***domuī altissimae*** dem höchsten/sehr hohen Haus - ***magistrī sevērissimī*** des strengsten/sehr strengen Lehrers (Gen. Sg.)/die strengsten/sehr strengen Lehrer (Nom. Pl.)

**3.** ***amīcum meliōrem, amīcum optimum - templa minōra, templa minima - hominum plūrium, hominum plūrimōrum***

## 3.4 Adverbien

**1.** ***similiter - bene - miserē - fēlīciter - sapienter***

**2.** ***iūstē → iūstius → iūstissimē - fortiter → fortius → fortissimē - pulchrē → pulchrius → pulcherrimē - ācriter → ācrius → ācerrimē***

## 3.5 Check-up Adjektive

**1.** ***lōngōrum - lōngā - grave - gravibus - asperās - asperī - pauperibus - pauperum - fēlīcēs - fēlīcī***

**2.**

| Positiv | Komparativ | Superlativ |
|---|---|---|
| ***brevis*** | ***brevior*** | ***brevissimus*** |
| ***māgna*** | ***māior*** | ***māxima*** |
| ***dissimilēs*** | ***dissimiliorēs*** | ***dissimillimae*** |
| ***novum*** | ***noviōrem*** | ***novissimum*** |
| ***parcōrum*** | ***parciōrum*** | ***parcissimōrum*** |

**3.** Adverbien: ***turpissimē, hūmānē, īgnārē, humillimē, antiquissimē***
Adjektive: ***simile, vetere, patientiōre, familiāre***

**4.** ***lēgātī potentēs*** mächtige Gesandten/***lēgātī potentis*** des mächtigen Gesandten - ***iuvenem pulchrum*** den schönen (jungen) Mann - ***dōna pulchra/parva*** schöne/kleine Geschenke - ***rēbus pulchrīs/parvīs*** (mit) den schönen/kleinen Dingen - ***imperātōrēs potentēs*** mächtige Feldherren - ***pars parva*** der kleine Teil - ***magistrātuī potentī*** dem mächtigen Beamten - ***fābulārum pulchrārum*** der schönen Erzählungen - ***rēge potentī*** mit dem mächtigen König

**5. 1. *INCERTAE* - 2. *INIMICOS* - 3. *FORTE* - 4. *MILITARI* - 5. *FALSIORI* - 6. *LEVIUM* - 7. *UTILIS***
Das Lösungswort ist ***FORTUNA*** (Schicksal, Glück).

**6. 1.** Caesar war berühmter als Crassus. - **2.** Eine römische Legion hat mehr Soldaten als eine Kohorte. - **3.** Das Landhaus des Großvaters ist älter und schöner als das des Nachbars. - **4.** Die Bauern waren freier und glücklicher als die Sklaven, die sehr hart arbeiteten. - **5.** Bald werden überaus große Gebäude schnell gebaut werden.

# 4 Pronomina

## 4.1 Personal- und Possessivpronomina

**1. 1.** ***tibī:*** Ich gebe dir das/ein Geschenk. - **2.** ***mēcum:*** Die Kinder spielen mit mir. - **3.** ***vōs:*** Gaius erwartet euch. - **4.** ***nōs:*** Bald werdet ihr uns helfen. - 5. ***Nōbīs:*** Es ist uns erlaubt, untätig zu sein.

3

LÖSUNGEN

**2. 1.** ***nostrīs agrīs:*** (mit) unseren Feldern (Dat./Abl. Pl.) - **2.** ***meae domūs:*** meines Hauses (Gen. Sg.)/meine Häuser (Nom. Pl.); ***meās domūs:*** meine Häuser (Akk. Pl.) - **3.** ***suae epistulae:*** seines/ihres Briefes (Gen. Sg.)/seinem/ihrem Brief (Dat. Sg.)/seine/ihre Briefe (Nom. Pl.) - **4.** ***vestrum canem:*** euren Hund - **5.** ***tuae speī:*** deiner Hoffnung (Gen./Dat. Sg.)

## 4.2 Demonstrativpronomina

**1.** ***istīus - ista - istō - istī - eaedem - idem - eīsdem/iīsdem - eōrundem - hīs - hoc - huius - hāc***

**2.** ***ipsīus:*** Gen. Sg. m./f./n. → ***ipsōrum, ipsārum, ipsōrum*** - ***ipsōs:*** Akk. Pl. m. → ***ipsum*** - ***ipsa:*** Nom. Sg. f. → ***ipsae***; Nom./Akk. Pl. n. → ***ipsum*** - ***ipsam:*** Akk. Sg. f. → ***ipsās*** - ***ipsīs:*** Dat. Pl. m./f./n. → ***ipsī***; Abl. Pl. m./f./n. → ***ipsō, ipsā, ipsō***

**3.** ***iīsdem servīs*** (mit) denselben Sklaven (Dat./Abl. Pl.) - ***eōdem ōrātōre*** mit demselben Redner - ***eārundem rērum*** derselben Dinge - ***eadem templa*** dieselben Tempel (Nom./Akk. Pl.) - ***eiusdem amīcae*** derselben Freundin

**4. 1.** Caesar schrieb jenes Buch. (***illum:*** Akk. Sg. m.) Er war aber kein Dichter. (***is:*** Nom. Sg. m.) - **2.** In früheren Zeiten fürchteten die Menschen die Götter, in heutiger Zeit verehren sie (nur) wenige. (***illīs*** Abl. Pl. n.; ***hōc:*** Abl. Sg. n.; ***eōs:*** Akk. Pl. m. - **3.** Die Römer erwarteten dieses Heer (dort) der Gallier. Dasselbe hatte sie in jener Provinz besiegt. (***istum:*** Akk. Sg. m.; ***idem:*** Nom. Sg. m.; ***eōs:*** Akk. Pl. m.; ***illā:*** Abl. Sg. f.)

## 4.3 Relativ- und Interrogativpronomina

**1. 1.** ***quae:*** Die Sklavin, die gut arbeitet, wird vom Herrn gelobt. - **2.** ***quī:*** Der Lehrer ermahnt die Schüler, die sich nicht gut (richtig) bemühen. - **3.** ***quem:*** Der Gladiator, den wir sehr bewundern, hat tapfer gekämpft. - **4.** ***quae:*** Caesar liebte Cleopatra, die die Königin Ägyptens war. - **5.** ***cuius:*** Die Freundin, deren Name Cornelia ist, erwartet mich bereits.

**2. 1.** ***Quis:*** Wer ist an den Toren? - **2.** ***Quī:*** Welcher Schüler weiß das? - **3.** ***Quid:*** Was hast du gesagt? - **4.** ***Cui:*** Welcher Göttin opferten sie?

**3.** ***quōrum:*** Gen. Pl. m./n. (adjekt.) - ***cuius:*** Gen. Sg. m./f./n. - ***quō:*** Abl. Sg. m./n. - ***quis:*** Nom. Sg. m./f. (subst.) - ***quod:*** Nom./Akk. Sg. n. (adjekt.) - ***quae:*** Nom. Sg./Pl. f./Nom./Akk. Pl. n. (adjekt.) - ***quid:*** Nom./Akk. Sg. n. (subst.) - ***quibus:*** Dat./Abl. Pl. m./f./n. (adjekt.) - ***quem:*** Akk. Sg. m.

## 4.4 Indefinitpronomina und Pronominaladjektive

**1. 1.a) - 2.b) - 3.b) - 4.c) - 5.b)**

**2.** ***cuiusvis - quaevis - quāvis - quibusdam - quiddam - quārundam - ā nūllō - nūllīus - nēminem***

**3. 1.** ***Ūnus:*** Einer der Gallier kam zu Caesar. - **2.** ***Aliquis:*** Irgendeiner von uns wird das Essen vorbereiten. - **3.** ***aliīs ... aliīs:*** Wir gaben den einen Speisen, den anderen Wasser.

## 4.5 Korrelativpronomina

**1.** ***quālibus → tālibus - quāle → tāle - quantōs → tantōs - quālia → tālia - quālī → tālī - quantī → tantī - quantam → tantam - quālēs → tālēs***

**2. 1.** Wie viele Menschen wohnen in dieser Stadt? Wie groß ist die Stadt? (***quot:*** indekl.; ***quantum:*** Nom. Sg. n.) - **2.** Gaius ist so, wie er zu sein scheint. (***tālis/quālis:*** Nom. Sg. m.)

## 4.6 Check-up Pronomina

**1.** ***illīus:*** Gen. Sg. m./f./n., Demonstrativpr. - ***quibus:*** Dat./Abl. Pl. m./f./n., Relativ- oder adjekt. Interrogativpr. - ***mihī:*** Dat., Personalpr. der 1. Pers. Sg. - ***eadem:*** Nom. Sg. f./Nom./Akk. Pl. n., Demonstrativpr. - ***huic:*** Dat. Sg. m./f./n., Demonstrativpr. - ***iī:*** Nom. Pl. m., Demonstrativpr. - ***quaelibet:*** Nom. Sg./Pl. f./Nom./Akk. Pl. n., Indefinitpr. - ***tē:*** Akk., Personalpr. der 2. Pers. Sg. - ***aliquōrum:*** Gen. Pl. m./n., Indefinitpr.

| **2.** Akk. Sg. | Gen. Pl. |
|---|---|
| ***eundem, eandem, idem*** | ***eōrundem, eārundem, eōrundem*** |
| ***illum, illam, illud*** | ***illōrum, illārum, illōrum*** |
| ***quem, quam, quod*** | ***quōrum, quārum, quōrum*** |
| ***hunc, hanc, hoc*** | ***hōrum, hārum, hōrum*** |
| ***eum, eam, id*** | ***eōrum, eārum, eōrum*** |

**3.** ***ipsō*** selbst (Abl. Sg. m./n.) - ***vōs*** ihr, euch - ***cuius*** dessen, deren - ***sībi*** sich - ***istud*** dieses/das dort

**4.** ***is - eōrum - eārum - eam - eae - ea***
***sōla - sōlī - sōlī - sōlīs - sōlus - sōlum***
***hoc - haec - hās - hīs - huius - huius***
***tuus - tuō - tuō - tua - tuum - tuam***
***quae*** (Nom. Sg./Pl. f. oder Nom./Akk. Pl. n.!) ***- quārum (quōrum) - quōrum - cui - quibus - quibus***

**5. 1.** Die Menschenmenge bewundert einen Gladiator, der vom Kaiser gegrüßt wird. (***aliquem:*** Akk. Sg. m.; ***quī:*** Nom. Sg. m.) - **2.** Marcus kommt aus irgendeinem dieser Gebäude heraus. (***aliquō:*** Abl. Sg. n.; ***hōrum:*** Gen. Pl. n.) - **3.** Wer von euch hat diese Verse (da) geschrieben? (***quis:*** Nom. Sg. m./f.; ***vestrum:*** Gen., 2. Pers. Pl.; ***istōs:*** Akk. Pl. m.)

**6. 1. *QUORUMLIBET* - 2. *ALIQUOD* - 3. *NOSTER* - 4. *QUOD* - 5. *EISDEM* - 6. *EAM* - 7. *QUA* - 8. *IPSIS***
Das gesuchte Wort ist: ***NEUTRUM*** (sächliches Geschlecht).

# 5 Numeralia

## 5.3 Check-up Numeralia

**1.** ***duo mīlia passuum*** 2000 Schritte - ***quīngentī/quīngentōs mīlitēs*** 500 Soldaten (Nom./Akk. Pl.) - ***octingentīs hominibus*** (mit) 800 Menschen (Dat./Abl. Pl.) - ***tria templa*** drei Tempel (Nom./Akk. Pl.) - ***quīnque līberōrum*** der fünf Kinder - ***duo/duōs diēs*** zwei Tage (Nom./Akk. Pl.) - ***quīnquāgintā senātōrēs*** 50 Senatoren (Nom./Akk. Pl.) - ***sex domūs*** sechs Häuser (Nom./Akk. Pl.) - ***mīlle rēgīnae*** 1000 Königinnen

**2.** Agrippina Septima/die siebte - Marcus Fabius Quintilianus/der fünfte (= röm. Rhetoriker, dessen Beiname Quintilianus war) - Diana Decima/die zehnte - Plinius Quintus/der fünfte - Gaius Iulius Caesar Augustus Octavianus/der achte (= Titel von Kaiser Augustus, der aus der ***gens Octāviāna*** - der oktavianischen Familie - stammte)

**3.** Grundzahlen: ***nōngentae:*** Nom. Pl. f. - ***tribus:*** Dat./Abl. Pl. f./m./n. - ***mīlia:*** Nom./Akk. Pl. n. Ordnungszahlen: ***sextī:*** Gen. Sg. m./n./Nom. Pl. m. - ***tertiō:*** Dat./Abl. Sg. m./n. - ***nōnam:*** Akk. Sg. f. Distributivzahlen: ***singulōrum:*** Gen. Pl. m./n. - ***octōnīs:*** Dat./Abl. Pl. m./f./n. - ***bīnōs:*** Akk. Pl. m. Zahladverbien: ***deciēs - ter - octiēs***

## 7 Check-up Deklinationen

**1.** ***montēs altōs* - *artis līberālis* - *flammārum rūbrārum*** (Gen.)/***flammīs rūbrīs*** (Dat.)/***flamma rūbra*** (Nom.) **-** ***diēī paucō/-ae*** (Dat.)/***diē paucō/-ā*** (Abl., Genus je nach Bedeutung!) **-** ***amīcitiae veteris* - *fundāmentum ingēns* - *summō generī*** (Dat.)/***summō genere*** (Abl.)

**2.** Die Soldaten gelangten an den Fluss. Sie errichteten drei sehr große Brücken über diesen. (***mīlitēs:*** Nom. Pl. m.; ***flūmen:*** Akk. Sg. n.; ***iī:*** Nom. Pl. m.; ***trēs:*** Akk. Pl. m.; ***māximōs:*** Akk. Pl. m.; ***pontēs:*** Akk. Pl. m.; ***eō:*** Abl. Sg. m. Viele Städte, die wir heute kennen, sind von den alten Römern gegründet worden. (***multae:*** Nom. Pl. f.; ***urbēs:*** Nom. Pl. f.; ***quās:*** Akk. Pl. f.; ***Rōmānīs:*** Abl. Pl. m.; ***antīquīs:*** Abl. Pl. m.)

**3.** ***parere: parentēs, -um*** *m.* Eltern - ***fīdere: fīdus, -a, -um*** treu, ***fidēlis, -e*** treu, ***fidēs, -eī*** *f.* Treue - ***dominārī: dominus, -ī*** *m.* Herr, ***domina, -ae*** *f.* Herrin - ***aedificāre: aedificium, -ī*** *n.* Haus, Gebäude - ***captāre: captīvus, -a, -um*** (kriegs)gefangen, ***captīvus, -ī*** *m.* (Kriegs-)Gefangener - ***dīligere: dīligēns, -ntis*** sorgfältig, genau, ***dīligentia, -ae*** *f.* Sorgfalt - ***errāre: errātum, -ī*** *n./* ***error, -ōris*** *m.* Irrtum, Fehler

**4.** ***CUNCTI - IPSA - SORS - DUCENTAS - CASUI - HAEC - IRA - LUDIS - CUIUS - ILLIUS - RES - SPATIA - UXORIBUS - EAS - MORIS - EUNDEM - SOL - OMNE - DUCE - BOUM - ME - ROMA - AMORIS - EI - TUTO - SE - II***

**5. 1.** u-Deklination: ***adventus, -ūs*** *m.* Ankunft - **2.** i-Stämme der 3. Deklination: ***turris, -is*** *f.* Turm - **3.** kons. Stämme der 3. Deklination: ***senātor, -ōris*** *m.* Senator - **4.** e-Deklination: ***perniciēs, -ēī*** *f.* Verderben - **5.** a-Deklination: ***aqua, -ae*** *f.* Wasser - **6.** Mischklasse der 3. Deklination: ***urbs, urbis*** *f.* Stadt - **7.** o-Deklination: ***animus, -ī*** *m.* Geist, Mut

**6.** Numeralia: ***duo, -ae, -o → duōrum, duārum, duōrum; singulī, -ae, -a → singulōrum, -ārum, -ōrum; vīcēsimus, -a, -um → vīcēsimī, -ae, -ī; ūnus, -a, -um → ūnīus***
Adjektive: ***facilis, -e → facilis; malus, -a, -um → malī, -ae, -ī; dexter, -tra, -trum → dextrī, -trae, -trī; sapiēns, -ntis → sapientis***
Pronomina: ***aliquī, -quae, -quod → alicuius; nēmō → nūllīus; iste, -a, -ud → istīus; nihil → nūllīus reī; ūnus, -a, -um → ūnīus***

**7. 1.** ***prōvinciās/brevī/oppida:*** Die Gallier drangen in die römischen Provinzen ein und eroberten in kurzer Zeit viele Städte. - **2.** ***exercitum/cui/duo:*** Deshalb befahl der Senat, ein gewaltiges Heer aufzustellen (zu sammeln), das zwei Konsuln führten (an dessen Spitze zwei Konsuln standen). - **3.** ***lātum/inimīcōs/illōs:*** An einem breiten Fluss kämpfte das Heer der Römer tapfer gegen die feindlichen Gallier und besiegte jene.

**8.** ***annōrum - noctis - istīus - tōtīus - factī - mōtūs - flammae/-ārum - opīniōnis - variae/-ōrum - rērum***

**9.** ***animum firmissimum*** den äußerst starken Geist/Mut - ***animālibus saeviōribus*** (mit) den schrecklichen Tieren - ***reī pūblicae*** des Staates/dem Staat - ***dōna pulchra*** die schönen Geschenke - ***collibus altissimīs*** (mit) den überaus hohen Hügeln - ***partium trium*** der drei Teile - ***campī ampliōrēs*** die weiteren/sehr weiten Felder - ***viās sacrās (ampliōrēs)*** die heiligen (breiteren) Straßen **-** ***senī sapientī*** dem weisen, alten Mann

**10.** ***patris:*** Gen. Sg. m. - ***minus:*** Nom./Akk. Sg. n. - ***fluctuī:*** Dat. Sg. m. - ***lūcēs:*** Nom./Akk. Pl. f. - ***montēs:*** Nom./Akk. Pl. m. - ***duās:*** Akk. Pl. f. - ***nōmina:*** Nom./Akk. Pl. n. - ***pontis:*** Gen. Sg. m. - ***dūrās:*** Akk. Pl. f. - ***fugam:*** Akk. Sg. f.

**11. 1.** Wildes Tier, das oft in Wäldern lebt: ***lupus*** *m.* Wolf → ***lupō*** **- 2.** Sie wohnen in Städten und Dörfern: ***incolae*** *m.* Einwohner → ***incolae*** **- 3.** die ersten, zweiten, ...: ***tertiī*** die dritten → ***tertiō*** **- 4.** nicht fröhlich: ***trīstis, -e*** traurig → ***trīstium*** **- 5.** Hunde sind ...: ***animālia*** Tiere → ***animālibus*** **- 6.** Land im Meer: ***īnsula, -ae*** *f.* Insel → ***īnsulās*** **- 7.** Viele reiche Menschen sind ...: ***avārī*** geizig → ***avārum***; Lösungswort: **LATINUM**

# Verben

## 1 Das Verb und seine Formen

### Check 1

| a-Konj. | e-Konj. | i-Konj. |
|---|---|---|
| aedificāre | ārdēre | audīre |
| agitāre | augēre | aperīre |

| kons. Konj. | gem. Konj. |
|---|---|
| arcessere | afficere |
| agere | rapere |

### Check 2

audit: i-Konjugation, er/sie/es hört;
labōrat: a-Konjugation, er/sie/es arbeitet;
gaudet: e-Konjugation, er/sie/es freut sich;
currit: konsonantische Konjugation, er/sie/es läuft

### Check 3

a) e-Konj. → dēlē-, b) a-Konj. → dēlectā-, c) i-Konj. → vincī-, d) kons. Konj. → pet-, e) kons. Konj. → reg-, f) a-Konj. → clāmā-, g) i-Konj. → aperī-, h) gem. Konj. → cap(i)-, i) e-Konj. → manē-, j) gem. Konj. → cup(i)-

## 2 Das Verb im Aktiv

### Check 1

timent: 3. Pers. Pl. - lūdimus: 1. Pers. Pl. - curris: 2. Pers. Sg. - intrātis: 2. Pers. Pl. - doleō: 1. Pers. Sg. - dēcipit: 3. Pers. Sg.

### Check 2

cantāre: ***cantātis***; rapere: ***rapiō***; fugere: ***fugis***; dolēre: ***dolent***; venīre: ***venit***

### Check 3

| a-Konjugation | Singular | Plural |
|---|---|---|
| **1. Person** | amō | amā***mus*** |
| **2. Person** | amā**s** | amā***tis*** |
| **3. Person** | ama***t*** | amant |

| e-Konjugation | Singular | Plural |
|---|---|---|
| **1. Person** | gaude***ō*** | gaudēmus |
| **2. Person** | gaudēs | gaudē***tis*** |
| **3. Person** | gaude***t*** | gaude***nt*** |

3

LÖSUNGEN

| i-Konjugation | Singular | Plural |
|---|---|---|
| **1. Person** | veni***ō*** | venī***mus*** |
| **2. Person** | venī***s*** | venītis |
| **3. Person** | venit | veni***unt*** |

(3. Pers. Pl.: Bindevokal -u-)

| kons. Konjugation | Singular | Plural |
|---|---|---|
| **1. Person** | legō | leg***imus*** |
| **2. Person** | leg***is*** | leg***itis*** |
| **3. Person** | leg***it*** | legunt |

(Bindevokal -i-, außer 3. Pers. Pl.: -u-)

| gem. Konjugation | Singular | Plural |
|---|---|---|
| **1. Person** | rapi***ō*** | rapimus |
| **2. Person** | rapis | rapi***tis*** |
| **3. Person** | rapi***t*** | rapi***unt*** |

(3. Pers. Pl.: Bindevokal -u-)



## Check 4

1. servāre → servō → servāmus → servant → servātis → servās → servat
2. tacēre → taceō → tacēmus → tacent → tacētis → tacēs → tacet
   audīre → audiō → audīmus → audiunt → audītis → audīs → audit
   capere → capiō → capimus → capiunt → capitis → capis → capit

## Check 5

dēcēdis: 2. Pers. Sg., kons. Konj.
dolet: 3. Pers. Sg., e-Konj.
dēsīderātis: 2. Pers. Pl., a-Konj.
clāmant: 3. Pers. Pl., a-Konj.
dēpōnunt: 3. Pers. Pl., kons. Konj.
dēlectō: 1. Pers. Sg., a-Konj.
capimus: 1. Pers. Pl., gem. Konj.
timēmus: 1. Pers. Pl., e-Konj.

## Check 6

Dominus monet. - Der Herr ermahnt.
Nōs currimus. - Wir rennen.
Agricola arat. - Der Bauer pflügt.
Nautae nāvigant. - Die Seeleute segeln.
Deae gaudent. - Die Göttinnen freuen sich.
Magister docet. - Der Lehrer unterrichtet.
Discipulī student. - Die Schüler lernen/bemühen sich.
Vōs clāmātis. - Ihr ruft laut.

## Check 7

a) ***ambulant/spectant:*** Die Freunde gehen auf dem Forum spazieren und erblicken Kaufleute.
b) ***lūdere:*** Einer von den Kaufleuten ruft: „Kinder, hier dürft ihr nicht spielen!"
c) ***intrat:*** Der Senator betritt die Kurie.
d) ***appāret:*** Plözlich erscheint ein Dieb.

## Check 8

relinquēbant: 3. Pers. Pl., sie verließen; veniēbās: 2. Pers. Sg., du kamst; capiēbam: 1. Pers. Sg., ich fasste; dabātis: 2. Pers. Pl., ihr gabt

## Check 9

1. currēbātis: ihr lieft; aperiēbāmus: wir öffneten; monēbat: sie ermahnte; temptābās: du versuchtest; respiciēbant: sie blickten zurück; monēbam: ich ermahnte; respiciēbat: er blickte zurück; temptābāmus: wir versuchten; currēbam: ich lief; aperiēbant: sie öffneten

2.

| a-Konj. | e-Konj. | i-Konj. |
|---|---|---|
| temptābās | monēbat | aperiēbāmus |
| temptābāmus | monēbam | aperiēbant |

| gem. Konj. | kons. Konj. |
|---|---|
| respiciēbant | currēbātis |
| respiciēbat | currēbam |

## Check 10

vident: vidēbant, sie sahen; audīs: audiēbās, du hörtest; perditis: perdēbātis, ihr verschwendetet; errō: errābam, ich irrte (mich); dīcō: dīcēbam, ich sagte; cēdimus: cēdēbāmus, wir wichen (zurück)/gaben nach; cadit: cadēbat, er/sie/es fiel; capiunt: capiēbant, sie fingen/fassten

## Check 11

1. a) Oft haben wir dich besucht. b) Ich schlief lange. c) Immer tatet ihr dasselbe.
d) Täglich arbeiteten sie.
2. Das Imperfekt bezeichnet: andauernde Vorgänge, versuchte Handlungen und wiederholte Vorgänge.

## Check 12

appāruit: u-Perfekt; trādidī: Reduplikationsperfekt; respēximus: s-Perfekt; adiūvistī: Dehnungsperfekt; dēfendērunt: Stammperfekt; temptāvistis: v-Perfekt

## Check 13

adiūv- → adiuv- → Dehnungsperfekt; iactāv- → iactā- → v-Perfekt; fēc- → fac- → Dehnungsperfekt (mit Ablaut); scrīps- → scrīb- → s-Perfekt; dēbu- → dēbē- → u-Perfekt; ascend- → ascend- → Stammperfekt; dīx- → dīc-→ s-Perfekt

3 LÖSUNGEN

### Check 14

a) contemnimus: 1. Pers. Pl. Ind. Präs. Akt.
b) movent: 3. Pers. Pl. Ind. Präs. Akt.
c) dēbēbās: 2. Pers. Sg. Ind. Imperf. Akt.
d) ascenditis: 2. Pers. Pl. Ind. Präs. Akt.

### Check 15

adiuvāre → adiūvī, ich habe geholfen, Dehnungsperfekt
cēdere → cessī, ich bin (weg-)gegangen/gewichen, s-Perfekt
habēre → habuī, ich habe gehabt, u-Perfekt
trādere → trādidī, ich habe übergeben/anvertraut, Reduplikationsperfekt
contendere → contendī, ich habe behauptet, Stammperfekt

### Check 16

audīv***imus*** - wir haben gehört, debu***it*** - er/sie/es hat gemusst, ēg***ī*** - ich habe gehandelt, petīv***istis*** - ihr habt verlangt, fēc***ērunt*** - sie haben getan, cucurr***istī*** - du bist gelaufen



### Check 17

a) Es war Nacht.
Begründung: Hier steht Imperfekt, weil es (im Zusammenhang mit dem folgenden Geschehen) eine Hintergrundhandlung bzw. einen Zustand in der Vergangenheit bezeichnet.
b) Plötzlich meldete ein Sklave dem Herrn und der Herrin: „Hört die traurige Nachricht! Der schreckliche (Berg) Vesuv hat bereits viele Städte vernichtet.
Begründung: Perfekt steht hier, weil eine Haupthandlung wiedergegeben wird.
c) Die Menschen schliefen. Da schreckte (plötzlich) Getöse alle aus dem Schlaf auf.
Begründung: Hier wird das Perfekt verwendet, weil es sich um ein vordergründiges Geschehen handelt. Das Imperfekt bezeichnet die Hintergrundhandlung.
d) Sogar das benachbarte Dorf/Nachbardorf brannte einige Stunden lang."
Begründung: Imperfekt wird hier gebraucht, weil es um eine in der Vergangenheit andauernde Handlung geht.

### Check 18

| Präsens | Imperfekt | Perfekt | Plusquamperfekt |
|---|---|---|---|
| tangit | tangēbat | tetigit | ***tetigerat*** |
| dīcitis | dīcēbātis | dīxistis | ***dīxerātis*** |
| fūgiunt | fugiēbant | fūgērunt | ***fūgerant*** |
| stāmus | stābāmus | stetimus | ***steterāmus*** |
| nōminō | nōminābam | nōmināvī | ***nōmināveram*** |
| monēs | monēbās | monuistī | ***monuerās*** |

## Check 19

dēligō, ich wähle aus → dēlēgeram; respondet, er/sie/es antwortet → responderat; cēdent, sie werden weichen/weggehen → cesserant; īnstituēbās, du veranstaltetest → īnstitueràs; trādimus, wir übergeben/vertrauen an → trādiderāmus; currētis, ihr werdet laufen → cucurrerātis

## Check 20

| audīverās | du hattest gehört |
|---|---|
| cupīverāmus | wir hatten begehrt |
| laudāverātis | ihr hattet gelobt |
| cucurrerat | er/sie/es war gelaufen |

| dī***xēras*** | du hattest gesagt |
|---|---|
| dēsīderā***verāmus*** | wir hatten ersehnt |
| reprehend***erātis*** | ihr hattet getadelt |
| st***eterat*** | er/sie/es war gestanden |

## Check 21

a) Paris, der Helena geraubt hatte, kehrte in die/ seine Heimat zurück.
Zeitverhältnis: Der Raub der Helena ereignete sich vor Paris' Rückkehr in die Heimat. (vorzeitig)

b) Menelaos eilte mit einem großen Heer nach Troja, weil Paris seine Ehefrau entführt hatte.
Zeitverhältnis: Die Entführung der Helena geschah vor Menelaos' Feldzug gegen die Trojaner. (vorzeitig)

c) Die Griechen hatten zehn Jahre lang die Stadt belagert; endlich eroberten sie diese durch die List des Odysseus.
Zeitverhältnis: Der Eroberung Trojas ging die zehnjährige Belagerung der Stadt voraus. (vorzeitig)

d) Dann/ Hierauf verließen die Griechen Troja, das sie zerstört hatten, und kehrten nach Hause zurück.
Zeitverhältnis: Nach der Zerstörung der Stadt machten sich die Griechen auf den Heimweg. (vorzeitig)

## Check 22

respondētis → respondēbitis, ihr werdet antworten; habitās → habitābis, du wirst wohnen; prōvident → prōvidēbunt, sie werden voraussehen/vorhersehen;
temptō → temptābō, ich werde versuchen; appāret → appārēbit, er/sie/es wird erscheinen; timēs → timēbis, du wirst dich fürchten/Angst haben; dēsperāmus → dēsperābimus, wir werden verzweifeln

### Check 23

| a-Konjugation | Singular | Plural |
|---|---|---|
| 1. Pers. | cantābō | ***cantābimus*** |
| 2. Pers. | ***cantābis*** | cantābitis |
| 3. Pers. | ***cantābit*** | ***cantābunt*** |

| e-Konjugation | Singular | Plural |
|---|---|---|
| 1. Pers. | ***habēbō*** | ***habēbimus*** |
| 2. Pers. | habēbis | ***habēbitis*** |
| 3. Pers. | ***habēbit*** | habēbunt |

### Check 24

| i-Konjugation | Singular | Plural |
|---|---|---|
| 1. Pers. | ***mūniam*** | mūniēmus |
| 2. Pers. | ***mūniēs*** | ***mūniētis*** |
| 3. Pers. | mūniet | ***mūnient*** |

| kons. Konjugation | Singular | Plural |
|---|---|---|
| 1. Pers. | mittam | ***mittēmus*** |
| 2. Pers. | ***mittēs*** | ***mittētis*** |
| 3. Pers. | mittet | ***mittent*** |

| gem. Konjugation | Singular | Plural |
|---|---|---|
| 1. Pers. | ***rapiam*** | ***rapiēmus*** |
| 2. Pers. | ***rapiēs*** | rapiētis |
| 3. Pers. | ***rapiet*** | rapient |

### Check 25

a) respondēbō: Futur I, b) curris: Präsens, c) gessimus: Perfekt, d) trādiderant: Plusquamperfekt

### Check 26

| | Singular | Plural |
|---|---|---|
| 1. Pers. | narrāv***erō*** | fefell***erimus*** |
| 2. Pers. | ēripu***eris*** | lēg***eritis*** |
| 3. Pers. | sēns***erit*** | volv***erint*** |

## Check 27

Das in der Zukunft abgeschlossene Geschehen steht *kursiv*, das noch nicht abgeschlossene Geschehen ist unterstrichen gedruckt.

a) *Cum Delphōs advēnerō,* aedem quaeram. – *Wenn ich in Delphi ankomme (wörtl. angekommen sein werde),* werde ich den Tempel suchen.
b) *Simulac aedem intrāverō,* sacerdōs mihī sortem dabit. – *Wenn ich den Tempel betreten habe (wörtl. haben werde),* wird mir die Priesterin einen Orakelspruch geben.
c) *Cum ōrāculum accēperō,* in patriam redībō. – *Wenn ich den Orakelspruch angenommen habe (wörtl. haben werde),* werde ich in die Heimat zurückkehren.
d) *Sī sors mihī placuerit,* sacerdōtī mūnus dabō. – *Wenn der Orakelspruch mir gefällt (wörtl. gefallen haben wird),* werde ich der Priesterin ein Geschenk geben.
e) *Cum mūnus eī placuerit,* gaudēbō. – *Wenn ihr das Geschenk gefällt (wörtl. gefallen haben wird),* werde ich mich freuen.

## Check 28

Ubi domum Nerōnis intrāveris, statuam auream vidēbis. – *Sobald du Neros Haus betrittst, wirst du eine goldene Statue sehen.*
Sī senātōrēs in cūriam convēnerint, cōnsilia capient. – *Wenn die Senatoren in der Kurie versammelt sind, werden sie Beschlüsse fassen.*
Cum pater domum vēnerit, clientēs accipiet. – *Wenn der Vater nach Hause kommt, wird er seine Klienten empfangen.*
Ubi gladiātor bestiam vīcerit, turba plaudet. – *Sobald der Gladiator das wilde Tier besiegt hat, wird die Menschenmenge applaudieren.*

## Check 29

a) 2. Pers. Sg. Präs., du bist, b) 1. Pers. Pl. Präs., wir sind, c) 3. Pers. Pl. Imperf., sie waren, d) 1. Pers. Pl. Fut. I, wir werden sein, e) 3. Pers. Pl. Präs., sie sind, f) 2. Pers. Pl. Präs., ihr seid, g) 3. Pers. Sg. Perf., er/sie/es ist gewesen, h) 1. Pers. Sg. Plusqu., ich war gewesen

## Check 30

a) potes – du kannst, b) possumus – wir können, c) poterant – sie konnten, d) poterimus – wir werden können, e) possunt – sie können, f) potestis – ihr könnt, g) potuit – er/sie/es hat gekonnt, h) potueram – ich hatte gekonnt

## Check 31

1. potestis – vultis; potest – vult; possum – volō; possunt – volunt; potes – vīs; possumus – volumus
2. Sg.: volō – volam; vīs – volēs; vult – volet
   Pl.: volumus – volēmus; vultis – volētis; volunt – volent

## Check 32

a) volō: 1. Pers. Sg. Ind. Präs., ich will, b) vult: 3. Pers. Sg. Ind. Präs., er/sie/es will,
c) volēbāmus: 1. Pers. Pl. Ind. Imperf., wir wollten,
d) volet: 3. Pers. Sg. Fut. I, er/sie/es wird wollen, e) vīs: 2. Pers. Sg. Ind. Präs., du willst,
f) volēbant: 3. Pers. Pl. Ind. Imperf., sie wollten,
g) vultis: 2. Pers. Pl. Ind. Präs., ihr wollt, h) volent: 3. Pers. Pl. Fut. I, sie werden wollen,
i) volam: 1. Pers. Sg. Fut. I, ich werde wollen, j) volēbam: 1. Pers. Sg. Ind. Imperf., ich wollte

### Check 33

Präsens: eō, īs, īmus, eunt; Imperfekt: ībās, ībat, ībāmus, ībātis; Futur I: ībis, ībimus, ībitis, ībunt; Perfekt: iī, iit, īstis, iērunt

### Check 34

īre: īs, eō, it, īmus, eunt; esse: erō, es, est, sunt, erunt

## 3 Das Verb im Passiv

### Check 1

rapiuntur: 3. Pers. Pl., sie werden geraubt - exspector: 1. Pers. Sg., ich werde erwartet - tangiminī: 2. Pers. Pl., ihr werdet berührt - scrībitur: 3. Pers. Sg., er/sie/es wird geschrieben - vincimur: 1. Pers. Pl., wir werden besiegt - reperiuntur: 3. Pers. Pl., sie werden gefunden - vidēris: 2. Pers. Sg., du wirst gesehen (oder: du scheinst)

### Check 2

| a-Konjugation | Singular | Plural |
|---|---|---|
| 1. Person | amor | amā***mur*** |
| 2. Person | amā***rīs*** | amā***minī*** |
| 3. Person | amā***tur*** | amantur |

| e-Konjugation | Singular | Plural |
|---|---|---|
| 1. Person | tene***or*** | tenēmur |
| 2. Person | tenēris | tenē***minī*** |
| 3. Person | tenē***tur*** | tene***ntur*** |

| i-Konjugation | Singular | Plural |
|---|---|---|
| 1. Person | reperi***or*** | reperī***mur*** |
| 2. Person | reperī***ris*** | reperīminī |
| 3. Person | reperītur | reperi***untur*** |

| kons. Konjugation | Singular | Plural |
|---|---|---|
| 1. Person | dūcor | dūcimur |
| 2. Person | dūc***eris*** | dūc***iminī*** |
| 3. Person | dūc***itur*** | dūc***untur*** |

| gem. Konjugation | Singular | Plural |
|---|---|---|
| 1. Person | rapi***or*** | rapi***mur*** |
| 2. Person | raperis | rapi***minī*** |
| 3. Person | rapi***tur*** | rapiuntur |

## Check 3

pellimur: wir werden vertrieben; opprimeris: du wirst unterdrückt; mittuntur: sie werden geschickt; dēfenditur: er/sie/es wird verteidigt; accipiminī: ihr werdet aufgenommen

## Check 4

a) rogor, ich werde gefragt, b) trāditur, er/sie/es wird übergeben/es wird überliefert, c) mittimur, wir werden geschickt, d) commovēminī, ihr werdet bewegt, e) andiuntus, sie werden gehört

## Check 5

a) iactātur, er/sie/es wird geschleudert, b) rīdēris, du wirst ausgelacht, c) monēminī, ihr werdet gewarnt, d) mūtantur, sie werden verändert, e) audiuntur, sie werden gehört, f) videor, ich werde gesehen, g) urgentur, sie werden bedrängt, h) pūnīris, du wirst bestraft, i) vocāmur, wir werden gerufen, j) invenior, ich werde gefunden

## Check 6

a) salūtābāmur, wir wurden begrüßt, b) vincēbātur, er/sie/es wurde besiegt, c) depōnēbāntur, sie wurden abgelegt, d) dēcipiēbāris, du wurdest getäuscht, e) neglegēbāminī, ihr wurdet vernachlässigt, f) implēbātur, er/sie/es wurde angefüllt

## Check 7

mittābar: ich wurde geschickt; aperiēbātur: er/sie/es wurde geöffnet; clāmāris: du wirst gerufen; obsidēbāris: du wurdest belagert; capiēbātur: er/sie/es wurde gefangen; exspectābāmur: wir wurden erwartet; dēfenduntur: sie werden verteidigt; quaerēbāminī: ihr wurdet gesucht; inveniēbāmur: wir wurden gefunden

## Check 8

a) accipiēminī, b) excitāberis, c) iaciētur, d) vincēmur

## Check 9

| Präsens | Imperfekt | Futur I |
|---|---|---|
| admittor<br>dūcuntur<br>dēlētur | vocābāmur<br>pōnēbātur<br>cōnspiciēbar | accipientur<br>violāberis<br>prohibēbiminī |

## Check 10

a) vocātī sunt, sie sind gerufen worden, b) irrīsae sumus, wir sind verspottet worden, c) damnātus es, du bist verurteilt worden, d) dēfēnsī estis, ihr seid verteidigt worden, e) dēlēta est, sie ist zerstört worden, f) salūtātus sum, ich bin gegrüßt worden

## Check 11

a) receptus est, er ist aufgenommen worden, b) facta sunt, sie sind gemacht worden, c) positī erant, sie waren gestellt worden, d) pulsus es, du bist vertrieben worden, e) oppressī erātis, ihr wart unterdrückt worden

### Check 12

Plusquamperfekt:
victus, -a, -um eram, ich war besiegt worden; vīsitātus, -a, -um ***erās***, du warst besucht worden; servātus, -a, -um ***erat***, er/sie/es war gerettet worden; expulsī, -ae, -a ***erāmus***, wir waren vertrieben worden; trāductī, -ae, -a ***erātis***, ihr wart hinübergeführt worden; sollicitātī, -ae, -a erant, sie waren beunruhigt worden
Futur II:
amātus, -a, -um ***erō***, ich werde geliebt worden sein; dēfectus, -a, -um eris, du wirst getäuscht worden sein; ēductus, -a, -um ***erit***, er/sie/es wird herausgeführt worden sein; convocātī -ae, -a ***erimus***, wir werden versammelt worden sein; circumdatī, -ae, -a eritis, ihr werdet umzingelt worden sein; inductī, -ae, -a ***erunt***, sie werden veranlasst worden sein

## 4 Der Konjunktiv in Aktiv und Passiv

### 4.1 Konjunktiv Präsens und Imperfekt



### Check 1

a) amātur: amētur, b) parat: paret, c) sunt: sint, d) vult: velit, e) terrēminī: terreāminī, f) raperis: rapiāris, g) dormiō: dormiam, h) faciuntur: faciantur, i) it: eat, j) es: sīs



### Check 2

essēs: 2. Pers. Sg. Konj. Imperf. Akt., esse - sein
eant: 3. Pers. Pl. Konj. Präs. Akt., īre - gehen
clāmēmus: 1. Pers. Pl. Konj. Präs. Akt., clāmāre - rufen
aperiant: 3. Pers. Pl. Konj. Präs. Akt., aperīre - öffnen
committerētis: 2. Pers. Pl. Konj. Imperf. Akt., committere - zusammenbringen
dīcerēs: 2. Pers. Sg. Konj. Imperf. Akt., dīcere - sprechen
velīs: 2. Pers. Sg. Konj. Präs. Akt., velle - wollen
pōnat: 3. Pers. Sg. Konj. Präs. Akt., pōnere - legen

### Check 3

| | |
|---|---|
| intellegeret: | 3. P. Sg. Akt., intellegere - bemerken, einsehen, verstehen |
| vincerēmur: | 1. P. Pl. Pass., vincere - siegen, besiegen |
| nōminārem: | 1. P. Sg. Akt., nōmināre - nennen |
| venīrēs: | 2. P. Sg. Akt., venīre - kommen |
| fugerētis: | 2. P. Pl. Akt., fugere - fliehen |
| respondērent: | 3. P. Pl. Akt., respondēre - antworten |
| mitterēminī: | 2. P. Pl. Pass., mittere - schicken |

## Check 4

| dōnem | ***dōnēmus*** |
|---|---|
| ***dōnēs*** | ***dōnētis*** |
| ***dōnet*** | ***dōnent*** |

Zeit: ***Präsens*** Genus verbi: ***Aktiv***

| audiar | ***audiāmur*** |
|---|---|
| ***audiāris*** | ***audiāminī*** |
| ***audiātur*** | ***audiantur*** |

Zeit: ***Präsens*** Genus verbi: ***Passiv***

| ***raperer*** | ***raperēmur*** |
|---|---|
| raperēris | ***raperēminī*** |
| ***raperētur*** | ***raperentur*** |

Zeit: ***Imperfekt*** Genus verbi: ***Passiv***

| ***vincerem*** | ***vincerēmus*** |
|---|---|
| ***vincerēs*** | ***vincerētis*** |
| ***vinceret*** | vincerent |

Zeit: ***Imperfekt*** Genus verbi: ***Aktiv***

## Check 5

a) dēlectāre: dēlectāvisset, b) dēlēre: dēlētī, -ae, -a essent, c) invenīre: invēneris, d) redīre: redierim, e) scrībere: scrīptus, -a, -um sit, f) esse: fueritis, g) velle: voluerit, h) legere: lēgissēs

## Check 6

accēpissent → acceptī, -ae, -a essent; captae essēmus → cēpissēmus; condidisset → conditus, -a, -um esset; amāta esset → amāvisset

## Check 7

| Konj. Präsens | Konj. Imperfekt | Konj. Perfekt | Konj. Plusquamperfekt |
|---|---|---|---|
| velīs<br>sīmus<br>eant<br>putem | possem<br>īret<br>vellētis<br>iubērent | putāverim<br>voluerit<br>datum sit<br>vīcerint | potuissētis<br>sustulissent<br>mōtus esset<br>īssētis |

## Check 8

animadvertō → animadvertam → animadverterem → animadverterim → animadvertissem
appellātur → appellētur → appellārētur → appellātus, -a, -um sit → appellātus, -a, -um esset

habēmus → habēamus → habērēmus → habuerimus → habuissēmus

3

LÖSUNGEN

## 5 Der Infinitiv

### Check 1

superāre: a-Konj. - placēre: e-Konj. - pūnīre: i-Konj. - dīcere: kons. Konj. - agere: kons. Konj. - dare: a-Konj.

### Check 2

cadimus - wir fallen → cadere; pūgnant - sie kämpfen → pūgnāre; vīvō - ich lebe → vīvere; iactātis - ihr schleudert → iactāre; dēfendit - er/sie/es verteidigt → dēfendere, explēs → du füllst aus → explēre; ērudit → er/sie erzieht → ērudīre

### Check 3

a) docērī - belehrt werden, vincī - besiegt werden, legī - gelesen werden, dulcī - süß (Dat. Sg. m./f./n. von dulcis, -e)
b) dīcī - gesagt werden, dīligī - geliebt werden, ipsī - selbst (Dat. Sg. m./f./n. von ipse, -a, -um), fallī - getäuscht werden
c) scrībī - geschrieben werden, dūcī - geführt werden, mōnēri - ermahnt werden, mundī - der Welt (Gen. Sg. m. von mundus, -ī)

### Check 4

| | **Infinitiv Präsens Aktiv** | **Infinitiv Präsens Passiv** |
|---|---|---|
| **a-Konjugation** | probāre - billigen | mōnstrārī - gezeigt werden |
| **e-Konjugation** | flēre - weinen | dēlērī - zerstört werden |
| **i-Konjugation** | dormīre - schlafen | audīrī - gehört werden |
| **kons. Konjugation** | āmittere - verlieren | agī - getan werden |
| **gem. Konjugation** | accipere - annehmen | recipī - aufgenommen werden |

### Check 5

mittere: mīsisse - movēre: mōvisse - nāvigāre: nāvigāvisse - dolēre: doluisse - esse: fuisse - posse: potuisse - velle: voluisse - īre: īsse

### Check 6

| **Infinitiv Präsens Aktiv** | **Infinitiv Präsens Passiv** | **Infinitiv Perfekt Passiv** |
|---|---|---|
| amāre | ***amārī*** | amātum, -am, -um esse |
| vidēre | ***vidērī*** | ***vīsum, -am, -um esse*** |
| ***ērudīre*** | ērudīrī | ***ērudītum, -am, -um esse*** |
| fingere | ***fingī*** | ***fictum, -am, -um esse*** |
| ***facere*** | ***facī*** | factum, -am, -um esse |

## 6 Das Partizip

### Check 1

amāre: amāns, amantis, liebend - capere: capiēns, capientis, fassend - invenīre: inveniēns, invenientis, findend - mittere: mittēns, mittentis, schickend - cēnsēre: cēnsēns, cēnsentis, meinend - cōnspicere: cōnspiciēns, cōnspicientis, erblickend - spērāre: spērāns, spērantis, hoffend - habēre: habēns, habentis, habend - pellere: pellēns, pellentis, schlagend - pūnīre: pūniēns, pūniēntis, bestrafend

### Check 2

videntī: Dat. Sg. m./f./n., vidēre - sehen, superantium: Gen. Pl. m./f./n., superāre - besiegen, übertreffen, moventēs: Nom./Akk. Pl. m./f., movēre - bewegen, scrībentibus: Dat./Abl. Pl. m./f./n., scrībere - schreiben, euntem: Akk. Sg. m./f., īre - gehen, recipientia: Nom./Akk. Pl. n., recipere - zurücknehmen, timēns: Nom. Sg. m./f./n., timēre - fürchten, facientis: Gen. Sg. m./f./n., facere - machen, tun

### Check 3

magister monēns → magistrī monentis → magistrō monentī → magistrō monente → magistrīs monentibus → magistrōs monentēs → magistrōrum monentium

amīca rīdēns → amīcae rīdentis → amīcae rīdentī → amīca rīdente → amīcīs rīdentibus → amīcās rīdentēs → amīcārum rīdentium

perīculum imminēns → perīculī imminentis → perīculō imminentī → perīculō imminente → perīculīs imminentibus → perīcula imminentia → perīculōrum imminentium

### Check 4

versum: vertere, drehen - lēctum: legere, sammeln - caesum: caedere, fällen - impulsum: impellere, antreiben - doctum: docēre, lehren - iussum: iubēre, befehlen - sūmptum: sūmere, nehmen - prōmissum: prōmittere, versprechen - datum: dare, geben - factum: facere, tun - āctum: agere, tun, handeln

### Check 5

oppidō expūgnātō - hostēs victōs - operis perfectī - verbīs dictīs - litterās scrīptās

### Check 6

habitā: PPP, Abl. Sg. f., habēre - habitante: PPA, Abl. Sg. m./f./n., habitāre - vincentis: PPA, Gen. Sg. m./f./n., vincere - vīnctīs: PPP, Dat./Abl. Pl. m./f./n., vīncīre - subitum: PPP, Akk. Sg. m./Nom./Akk. Sg. n., subīre - subicientium: PPA, Gen. Pl. m./f./n., subicere

### Check 7

templa aedificāta: die erbauten Tempel - magistrum vituperantem: den tadelnden Lehrer - librōrum lēctōrum: der gelesenen Bücher - dominae laudantī: der lobenden Herrin - līberōs territōs: die erschreckten Kinder

## 7 Check-up Verben

### Check 1

| Präsens | Imperfekt | Perfekt | Plusquamperfekt |
|---|---|---|---|
| adhibeō | ***adhibēbam*** | ***adhibuī*** | ***adhibueram*** |
| ***explēmus*** | ***explēbāmus*** | explēvimus | ***explēverāmus*** |
| ***moveō*** | movēbam | ***mōvī*** | ***mōveram*** |
| ***dūcitis*** | ***dūcēbātis*** | ***dūxistis*** | dūxerātis |
| ***accipiunt*** | accipiēbant | ***accēpērunt*** | ***accēperant*** |
| parat | ***parābat*** | ***parāvit*** | ***parāverat*** |

### Check 2

occupāverās: du hattest eingenommen/ergriffen; coeperāmus: wir hatten begonnen; parāveram: ich hatte vor-/zubereitet; invēnerant: sie hatten gefunden; appellāverātis: ihr hattet angesprochen/(jmd. etwas) genannt; appāruerat: er/sie/es war erschienen

### Check 3

cōgnōscō → cōgnōscam → cōgnōscēs → cōgnōscētis → cōgnōscitis → cōgnōscēbātis → cōgnōscēbant → cōgnōscent → cōgnōscet → cōgnōscit

servāmus → servābimus → servābāmus → servābātis → servābitis → servābis → servābō → servō → servat → servābat

### Check 4

eō → īs → ītis → ibātis → ībant → ībunt → ībimus → ībō → iī → īstī → īstis → ierātis → ieritis → ieris → ierō → eō

possum → potes → potestis → poterātis → poterant → poterunt → poterimus → poterō → potuī → potuistī → potuistis → potuerātis → potueritis → potueris → potuerō → possum

volō → vīs → vultis → volēbātis → volēbant → volent → volēmus → volam → voluī → voluistī → voluistis → voluerātis → volueritis → volueris → voluerō → volō

### Check 5

| | Aktiv | Passiv |
|---|---|---|
| **Präsens** | audēmus, wir wagen → audēre | dēlectāris, du wirst erfreut → dēlectāre |
| **Futur I** | appellābō, ich werde nennen/ ansprechen → appellāre | terrēbuntur, sie werden erschreckt werden → terrēre |
| **Imperfekt** | putābās, du glaubtest → putāre | relinquēbāminī, ihr wurdet zurückgelassen → relinquere |
| **Perfekt** | rūpērunt, sie haben zerbrochen → rumpere | factī sunt, sie sind gemacht worden → facere |
| **Plusquamperfekt** | oppresserātis, ihr hattet unterdrückt → opprimere | dīvīsī erāmus, wir waren geteilt worden → dīvīdere |

## Check 6

vincis → vinceris; vidētur → videt; trādēris → trādēs; rīsus est → rīsit; servābāmus → servābāmur; fallēminī → fallētis; monitī erant → monuerant; vocābunt → vocābuntur; excitāvistī → excitātus, -a, -um es; mīserāmus → missī, -ae, -a erāmus; inveniēbam → inveniēbar; audīmur → audīmus; redduntur → reddunt; pulsa sum → pepulī

## Check 7

1. Porta ā servō aperta erat. Tum hospitēs ab illō salūtātī sunt. - Die Tür war von einem Sklaven geöffnet worden. Dann wurden die Gäste von jenem begrüßt.
2. Remus ā Rōmulō interfectus erat. Tum Rōma urbs ab eō condita est. - Remus war von Romulus getötet worden. Dann wurde die Stadt Rom von ihm gegründet.

## Check 8

Patrōnus ā clientibus salūtātus est. - Der Patron wurde von seinen Klienten begrüßt.
Lēgēs ā cōnsulibus violātae sunt. - Die Gesetze sind von den Konsuln verletzt worden.
Gāius ab amīcīs stultus appellātus erat. - Gaius war von seinen Freunden dumm genannt worden.
Reus ā iūdice damnātus erit. - Der Angeklagte wird vom Richter verurteilt worden sein.

## Check 9

| Verb | Person und Numerus | Modus | Tempus | Genus verbi |
|---|---|---|---|---|
| maneat | 3. Pers. Sg. | Konjunktiv | Präsens | Aktiv |
| essent | 3. Pers. Pl. | Konjunktiv | Imperfekt | Aktiv |
| tacuissēs | 2. Pers. Sg. | Konjunktiv | Plusquamperfekt | Aktiv |
| relīqueritis | 2. Pers. Pl. | Konjunktiv | Perfekt | Aktiv |
| taceantur | 3. Pers. Pl. | Konjunktiv | Präsens | Passiv |
| putet | 3. Pers. Sg. | Konjunktiv | Präsens | Aktiv |
| habitārētur | 3. Pers. Sg. | Konjunktiv | Imperfekt | Passiv |
| dēfenderit | 3. Pers. Sg. | Konjunktiv | Perfekt | Aktiv |
| fingam | 1. Pers. Sg. | Konjunktiv | Präsens | Aktiv |
| adiūngerēminī | 2. Pers. Pl. | Konjunktiv | Imperfekt | Passiv |
| amētur | 3. Pers. Sg. | Konjunktiv | Präsens | Passiv |
| missī essent | 3. Pers. Pl. | Konjunktiv | Plusquamperfekt | Passiv |
| cesserimus | 1. Pers. Pl. | Konjunktiv | Perfekt | Aktiv |

## Check 10

esse: ***fuisse*** - gewesen sein
dēcessisse: ***dēcēdere*** - weggehen, sterben
rapere: ***rapuisse*** - geraubt haben
mānsisse: ***manēre*** - bleiben, warten
lūsisse: ***lūdere*** - spielen, scherzen
relinquere: ***relīquisse*** - verlassen haben, zurückgelassen haben
trāxisse: ***trāhere*** - ziehen, schleppen

3

LÖSUNGEN

### Check 11

| Infinitiv Präsens Passiv | Infinitiv Perfekt Aktiv |
|---|---|
| amārī | amāvisse |
| ***vidērī*** | ***vīdisse*** |
| ***ērudīrī*** | ***ērudīvisse*** |
| ***aspicī*** | ***aspēxisse*** |
| ***pōnī*** | ***posuisse*** |

### Check 12

capī, monērī, datum, -am, -um esse, dictum, -am, -um esse, scrīptum, -am, -um esse, petī, captum, -am, -um esse, gerī, mittī

### Check 13

respōnsum: respondēre - antworten, Akk. Sg. m./Nom./Akk. Sg. n.
tracta: trahere - ziehen, schleppen, Nom. Sg. f./Nom./Akk. Pl. n.
acceptīs: accipere - annehmen, Dat./Abl. Pl. m./f./n.
illūsō: illūdere - verspotten, Dat./Abl. Sg. m./n.
āctās: agere - tun, handeln, Akk. Pl. f.
conditam: condere - gründen, Akk. Sg. f.
scrīptae: scrībere - schreiben, Gen./Dat. Sg. f./Nom. Pl. f.
cōnstitūtī: cōnstituere - beschließen, Gen. Sg. m./n./Nom. Pl. m.



### Check 14

servī labōrant***is/-ēs***: des arbeitenden Sklaven/die arbeitenden Sklaven - discipulōrum dīscent***ium***: der lernenden Schüler - litterās miss***ās***: die geschickten Briefe - gladiātōris pūgnant***is***: des kämpfenden Gladiators - domum aedificāt***am***: das errichtete Haus - statuae collocāt***ae***: der aufgestellten Statue/die aufgestellten Statuen

### Check 15

oppidum ***moenibus*** circumdātum: die Stadt, die von Stadtmauern umgeben (worden) ist; Cornēlia ***domum amīcī*** appropinquāns: Cornelia, die sich dem Haus ihres Freundes nähert; senātōrēs ***cōnsilia*** capientēs: die Senatoren, die Beschlüsse fassen; opera ***ā poetā*** scrīpta: die Werke, die von jenem Dichter geschrieben worden sind; Mārcus ***cum amīcīs*** lūdēns: Marcus, der mit seinen Freunden spielt

## Grammatik und Übersetzungstraining ab dem 2./3. Lernjahr

### 1 Subjekt, Prädikat und Objekt

#### Check 1

**Übersetzung**

1. Viele Jungen und Mädchen fürchten sich vor der lateinischen Sprache.
2. Denn sie sagen: „Der Lehrer will uns Böses.
3. Es gefällt den Lehrern, die Kinder zu quälen."
4. Im Gegenteil, die Lehrer wollen das Beste für alle.
5. Aber sie erklären den Stoff nicht immer gut.

***Analyse***

(Attribute und Adverbialien sind nicht berücksichtigt.)

| **Multi pueri puellaeque** | **linguam Latinam** | **timent.** |
|---|---|---|
| Subjekt | Objekt | Prädikat |
| 2. Wer fürchtet sich?<br>*viele Jungen und Mädchen* | 3. Wovor oder vor wem oder was fürchten sie sich? Achtung, im Lateinischen gehört zu **timere** ein Objekt im Akkusativ: Wen oder was?<br>*vor der lateinischen Sprache* | 1. Was passiert?<br>*sie fürchten sich (vor jemandem)* |

| **ø** | **ø** | **dicunt** |
|---|---|---|
| Subjekt | Objekt | Prädikat |
| 2. Wer sagt?<br>*sie*<br>Die Person ist im Prädikat versteckt. Es gibt kein weiteres Substantiv im Nominativ, das die Funktion des Subjekts annehmen könnte. | 3. Das Objekt steht nicht in diesem Satz. | 1. Was passiert?<br>*sie sagen* |

| **Magister** | **nobis** | **malum** | **vult.** |
|---|---|---|---|
| Subjekt | Dativ-Objekt | Akkusativ-Objekt | Prädikat |
| 2. Wer will?<br>*der Lehrer* | 4. Für wen/Wem will er Böses?<br>*(für) uns*<br>Achtung: Die Frage *Für wen?* wird im Lateinischen mit Dativ beantwortet. | 3. Was will er?<br>*Böses* | 1. Was passiert?<br>*er/sie/es will* |

| **Liberos vexare** | **magistris** | **placet.** |
|---|---|---|
| Subjekt | Dativ-Objekt | Prädikat |
| 2. Was gefällt?<br>*Kinder zu quälen*<br>Der Infinitiv kann in beiden Sprachen Subjekt sein, das Personalpronomen ist im Lateinischen unnötig.<br>**Liberos** hängt von **vexare** ab und ist hier kein Objekt im Hauptsatz. | 3. Wem gefällt das?<br>*den Lehrern* | 1. Was passiert?<br>*es gefällt* |

| **(Immo) magistri** | **omnibus** | **optimum** | **volunt.** |
|---|---|---|---|
| Subjekt | Dativ-Objekt | Akkusativ-Objekt | Prädikat |
| 2. Wer will?<br>*die Lehrer* | 4. Für wen wollen sie es?<br>*für alle*<br>**Achtung:** Die Frage *Für wen?* wird im Lateinischen mit Dativ beantwortet. | 3. Was wollen sie?<br>*das Beste* | 1. Was passiert?<br>*sie wollen* |

| **Ø** | **materiam** | **explicant.** |
|---|---|---|
| Subjekt | Akkusativ-Objekt | Prädikat |
| 2. Wer erklärt?<br>*sie*<br>Das Subjekt ist im Prädikat enthalten. Personalpronomina werden im Lateinischen nur gesetzt, wenn nötig. | 3. Was erklären sie?<br>*den Stoff* | 1. Was passiert?<br>*sie erklären* |



### Merkzettel 1: Satzteil-Steckbriefe

| **Subjekt** | **Prädikat** |
|---|---|
| • Es ist der Haupttäter.<br>• Es muss immer zum Prädikat passen.<br>• Es steht immer im Nominativ. | • Es steht nie im Infinitiv.<br>• Es weiß immer, dass etwas passiert, passiert ist oder passieren wird.<br>• Es kennt immer den Täter.<br>• Es passt immer zum Subjekt , das nicht immer ausdrücklich (in Form von Nomina oder Pronomina) angegeben sein muss. |
| **Objekt** | |
| • Sie können einzeln auftreten oder zu mehreren.<br>• Sie stehen meist im Dativ oder Akkusativ.<br>• Manchmal sind es auch Infinitive.<br>• Das Prädikat bestimmt, welche oder wie viele Objekte nötig sind. | |

### Beispiele für die Objekte

| | **Frage/n** | **latein. Antwort** | **vollst. Satz** |
|---|---|---|---|
| 1. Marcus venire cupit. | Was wünscht sich Marcus? | venire | ja |
| 2. Pater Marco dat. | Wem gibt der Vater (etwas)? | Marco | nein |

| | | | |
|---|---|---|---|
| 3. Gaius optat, ut amici veniant. | Was wünscht sich Gaius? | ut ... veniant | ja |
| 4. Legatus militi imperat, ut nuntium ferret. | 1) Wem befiehlt der Gesandte?<br>2) Was befiehlt er?<br>3) Was überbringt er? | 1) militi<br>2) ut ... ferret<br>3) nuntium | ja |
| 5. Roma periculis non caret. | Wovon ist Rom nicht frei? | periculis | ja |
| 6. Marcus mihi debet. | Wem schuldet Marcus (etwas)? | mihi | nein |

### Check 2: Markus bettelt

1. Marcus bittet um ein Geschenk.
2. Er sagt zu seinem Vater: „Ich habe dir immer geholfen.
3. Nie hast du mich tadeln müssen.
4. Warum gibst du mir nicht mehr Geld?"
5. Der Vater sagt: „Du hattest immer genug Geld (wörtl.: hattest nie Mangel an Geld).
6. Du musst dein Geld sparen!
7. Wenn ich mich an meine Kindheit erinnere, beneide ich dich."
8. Marcus *(für sich)*: „Ich verabscheue es, wenn mein Vater über seine Kindheit spricht!"

### Check 3: Objektsalat

| Dativ-Objekt | Akkusativ-Objekt | Genitiv-Objekt | Ablativ-Objekt |
|---|---|---|---|
| hosti victo parcere<br>huic viro credere<br>Caesari placere | leonem timere<br>epistulam scribere<br>Gallos superare<br>discipulum bonum laudare<br>consilium capere<br>hanc vocem audire | Ciceronis meminisse | curis vacare<br>divitiis privare |
| **Dativ- und Akkusativ-Objekt** | **Akkusativ- und Ablativ-Objekt** | **Infinitiv als Objekt** | **Nebensatz als Objekt** |
| pauperibus pecuniam tribuere | homines periculis liberare | natare posse<br>nuntium venire iubere | optare, ut salvus redeat<br>permittere, ut intret |

### Merkzettel 2: Was alles ein Objekt sein kann

Objekt kann ein Nomen im Dativ oder Akkusativ, gelegentlich auch im Ablativ (bei Verben der Trennung), selten im Genitiv (bei Verben, die mit Erinnerung zu tun haben) sein. Statt eines Substantivs kann auch ein Infinitiv (bei Hilfsverben wie *können* oder *müssen*) oder ein ganzer Nebensatz Objekt sein.

### Check 4: Was für Geister? Wie erschrecken sie uns?

1. Markus und seine Freunde sind in einer Jugendherberge. (**adulescentium:** Attribut)
2. Markus schlägt Titus, seinem Freund, vor: (**amico suo:** Attribut)
3. „Gefällt es dir, die Mädchen sehr zu erschrecken? (**valde:** Adverbiale)
4. Wir werden die Kleider von Ungeheuern anziehen und mit diesen Kleidern und einer sonderbaren Stimme durch die Mädchenzimmer gehen. (**monstrorum:** Attribut; **his vestibus:** Adverbiale; **voce mira:** Adverbiale; **puellarum:** Attribut)
5. Denn die Mädchen fürchten immer sonderbare Dinge und schreien mit lauter Stimme. (**semper:** Adverbiale; **miras:** Attribut; **magna voce:** Adverbiale)
6. Aber wir müssen aufpassen. Wenn uns der Lehrer sieht, wird er uns bestrafen." (**Si ... viderit:** Adverbiale)
7. Titus, dem dies gefällt, nimmt ein Betttuch und zieht es an. (**cui hoc placet:** Attribut)

### Check 5: Ergänze sinnvoll!

1. Marcus amicus Titi est. Markus ist Titus' Freund. 2. Marcus Titusque magistrum, qui severus est, timent. Markus und Titus fürchten sich vor dem Lehrer, der streng ist.
3. Pueri velis suis sibi figuram monstrorum dant. Die Jungen verkleiden sich mit ihren Betttüchern zu Ungeheuern. 4. Puellas, quae cum eis sunt, terrere parant. Sie haben vor, die Mädchen, die bei ihnen sind, zu erschrecken.

### Merkzettel 3: Attribut oder Adverbiale?

**Attribut:** Es beschreibt eine Person oder Sache. Es steht entweder im Genitiv (Satz 1, 4) oder im selben Kasus wie die Sache selbst. Auch Adjektive (Satz 5) sind Attribute. Auch ein ganzer Relativsatz (Satz 7) kann ein Attribut sein.

**Adverbiale:** Es erklärt, wie etwas geschieht. Wie der Name schon sagt, verwendet man hier Adverbien (Satz 3, 5), aber auch Substantive im Ablativ (Satz 4, 5). Auch Nebensätze (Satz 6) werden als Adverbialien verwendet.

## 2 Der Wort-Detektiv



### Check 6: Zusätzlicher Schreckmoment

1. Titus und Markus sind aus dem Schlafzimmer hinausgegangen und (nun) auf dem Gang.
   **Herleitung:** Vom Zimmer kommt man in der Regel auf den Gang.
2. Titus sieht, als er aus dem Gebäude schaut, Steine aus der Mauer vorspringen.
   **Herleitung: pro** *vor* + **salire** *springen* ▶ **prosilire:** *vorspringen*
3. Er schlägt Markus vor: „Diese Steine sind so stark, dass sie das Gewicht eines Menschen tragen können.
   **Herleitung:** Von **pondus** kommt das dt. Wort *Pfund* und das engl. *pound.*
4. Wenn wir auf ihnen stehen, werden die Mädchen glauben, dass wir in der Luft schweben. Denn sie werden unsere Füße nicht sehen."
   **Herleitung:** Von **pendere** kommt das deutsche Wort *Pendel.*
5. Markus sagt: „Ich fürchte, dass wir von den Steinen stürzen. Nachts sehen wir wenig."
   **Herleitung:** Wovor kann Markus Angst haben? Am realistischsten vor einem Sturz.
6. Titus sagt: „Du bist feige, wenn du dich das nicht traust. Keine Gefahr droht uns."
   **Herleitung: in** *auf, an* + **stare** *stehen* ▶ *im Weg stehen, drohen*
7. Und wirklich gingen die Jungen auf den Steinen beinahe um das Gebäude.
   **Herleitung: circum** *um ... herum* + **ire** *gehen* ▶ *herumgehen*

### Check 7: Alles im Kontext

1.) **B**ären, 2.) **R**eben, 3.) **a**bergläubisch, 4.) **V**erwandte, 5.) **O**bst ▶ BRAVO

### Check 8: Scrabble

| | | | | | | | |
|---|---|---|---|---|---|---|---|
| **1** | f | **i** | n | i | s | | |
| **2** | d | **u** | x | | | | |
| **3** | o | **p** | u | s | | | |
| **4** | **p** | u | g | n | a | r | e |
| **5** | h | **i** | c | | | | |
| **6** | v | i | c | **t** | o | r | |
| **7** | p | a | r | **e** | r | e | |
| **8** | l | e | g | e | **r** | e | |

| | | | | | | | |
|---|---|---|---|---|---|---|---|
| **7** | p | a | r | a | r | **e** | |
| **2** | d | u | c | e | **r** | e | |
| **3** | o | p | e | **r** | a | | |
| **4** | p | u | g | n | **a** | | |
| **6** | **v** | i | n | c | e | r | e |
| **1** | f | **i** | n | i | r | e | |
| **8** | l | e | x | | | | |

| 1 | 2 | 3 | 4 | 5 | 6 | 7 | 8 |
|---|---|---|---|---|---|---|---|
| **I** | **u** | **p** | **p** | **i** | **t** | **e** | **r** |

| 7 | 2 | 3 | 4 | 5 | 1 |
|---|---|---|---|---|---|
| **e** | **r** | **r** | **a** | **v** | **i** |

### Merkzettel 4: Was ist wohl gemeint?

Oft kann man Wörter aus dem Kontext erschließen. Dies ist nötig, wenn Wörter verschiedene Bedeutungen haben (**cum, quod** etc.).
Das Erschließen funktioniert entweder, weil man bestimmte Dinge über die anderen Wörter im Satz weiß (z. B. welche Raubtiere es in Germanien gab) oder weil sich aus dem Kontext etwas ergibt (z. B.: Jemand scheint zu schweben, weil man seine Füße nicht sieht.).

### Check 9: Wie schützt man sich gegen Geister?

1. Claudia sieht ein Ungeheuer, das in der Luft hängt.
   **Herleitung:** Von **pendere** kommt das deutsche Wort Pendel ▶ **pendens** = PPA ▶ hängend, schwebend
2. Sehr erschrocken ruft sie die Freundinnen herbei.
   **Herleitung: ad-** zu, herbei + **vocare** rufen ▶ herbeirufen
3. „Ein fliegendes Ungeheuer ist außen vor unserem Zimmer (wörtl.: außerhalb unseres Zimmers). Bald wird es das Fenster zerbrechen!"
   **Herleitung:** Von **fenestra** kommt das deutsche Wort Fenster; **per-** durch + **frangere** brechen ▶ durchbrechen, zerberechen
4. Julia sagt: „Ist das Ungeheuer deine Erfindung, um mich zu erschrecken?"
   **Herleitung:** Von **fictio** ist das Wort Fiktion abgeleitet ▶ Erfindung
5. Als Julia durch das Fenster hinausschaut, erschrickt sie. Dann aber hört sie die Stimme des Ungeheuers.
   **Herleitung:** Durch ein Fenster wird man wohl hinausschauen.
6. Durch das Hören erkennt sie die Stimme des Markus.
   **Herleitung:** Verwandt mit **audire** hören, das Suffix **-itio** weist auf eine Tätigkeit hin ▶ das Hören
7. Dann sagt Julia: „Spannen wir eine Schnur unter dem Fenster, damit Markus, wenn er eintritt, darüber fällt!"
   **Herleitung:** Von **linea** kommt das Wort Linie ▶ in diesem Kontext muss es Schnur bedeuten.

3

LÖSUNGEN

### Check 10: Was bedeutet das?

**1. Verben**

| | | | |
|---|---|---|---|
| **abscindere** | *abschneiden* | **inficere** | *befallen (auch von dt. „Infekt")* |
| **compellere** | *zusammentreiben* | **interdicere** | *untersagen* |
| **demittere** | *ablassen* | **perrumpere** | *durchbrechen* |
| **discurrere** | *auseinanderlaufen* | **provenire** | *hervorkommen* |
| **excludere** | *ausschließen* | **proludere** | *vorspielen* |
| **sublevare** | *aufheben (von unten heben)* | **reicere** | *zurückwerfen* |

**2. Substantive**

| | | | |
|---|---|---|---|
| **admissio** | *Zulassung* | **humilitas** | *Niedrigkeit* |
| **admiratio** | *Bewunderung* | **difficultas** | *Schwierigkeit* |
| **spectator** | *Zuschauer* | **latitudo** | *Breite* |
| **scriptor** | *Schriftsteller* | **periculosus** | *gefährlich* |
| **amplitudo** | *Größe, Weite* | **otiosus** | *ruhig, müßig* |

**3. Deutsche Wörter**

| | | | |
|---|---|---|---|
| *Projektor* | jemand, der hinwirft (▶ **proicere**) | *progressiv* | fortschrittlich (▶ **progredi**) |
| *Traktor* | jemand, der zieht (▶ **trahere**) | *intensiv* | gespannt, heftig (▶ **intensus**) |
| *Präsident* | Vorsitzender (▶ **praesidere**) | | |

### Merkzettel 5: Bedeutungsrad Präfixe und Suffixe

**Präfixe:**
**ad-/aff-/ass-** = *zu, hin* **a-/ab-** = *Trennung, von ... weg* **de** = *von ... herab*
**re** = *zurück* **prae** = *vor(an)* **pro** = 1) *für* 2) *vor* **per** = 1) *durch ... hindurch* 2) *Verstärkung*
**in-/im-** = *hinein* **dis-** = 1) *auseinander* 2) *Gegenteil* **co-/con-/com-** = 1) *zusammen* 2) *Verstärkung*

**Suffixe:**
**-tio** = *Tätigkeit* (deutsch: -ung) **-tudo/-tas** = *Eigenschaft* **-tor** = *Täter* (weibl. Form -trix) **-osus, -a, -um** = *Person oder Sache mit dieser Eigenschaft*

## 3 Fall nicht über den Fall!

### Check 11: Wagenrennen

1. Viele Leute kamen nach Rom, um die Wagenrennen anzuschauen.
2. Die Wagen fuhren siebenmal durch den Zirkus, das bedeutet fünf Meilen.
3. Die Wagenlenker mussten sich darum bemühen, die Trennmauer möglichst schnell zu umfahren.
4. Aber sie mussten auch auf die Trennmauer achten, weil sie sich vor einem Sturz fürchten mussten.
5. Wenn jemand vom Wagen fiel, konnte der, der ihm folgte, einen Zusammenstoß kaum vermeiden.
6. Deshalb konnte jemand, wenn er einen Sturz erlitten hatte, kaum dem Tod entkommen.
7. Obwohl die Wagenlenker zu einem großen Teil Sklaven waren, waren sie in großen Ehren.
8. Viele verehrten diese tapferen Männer als den Göttern ähnlich.

### Merkzettel 6: Akkusativ

**Wie im Deutschen!**
***Wen?*** *Was?*
*Wie* ***lange?*** und *Wie* ***weit?***
steht nichts als der Akkusativ weit und breit.

**Anders als im Deutschen!**
Bei der Frage *Wohin?* ist das Ziel entscheidend!
Der Akkusativ steht bei Namen von Städten und kleineren Inseln (z. B. **Rhodum navigo.** Aber: **In Siciliam navigo.**).

### Check 12: Zirkusspiele sind nicht jedermanns Geschmack

1. Claudia, Markus und Publius beschlossen, die Spiele zu besuchen.
2. Zuerst machten ihnen die Spiele Freude.
3. Aber Claudia gefielen die Spiele bald nicht mehr.
4. Deshalb beschloss sie, die Arena zu verlassen.
5. Denn für die besiegten Gladiatoren gab es keine Hoffnung auf Rettung.
6. Claudia sagte: „Für mich sind Menschen, denen diese Spiele gefallen, Barbaren."

### Check 13: Von wegen „Ich werde geholfen"!

1. Milites a Caesare abire iussi sunt.
2. Bruto a Caesare temperatum est.
3. Nobis a Marco servitium bonum praestatur.
4. Mihi ab amico persuasum est in Graeciam ire.
5. Multis a Cicerone eloquentia praestabatur.

**Übersetzung**

1. Den Soldaten wurde von Cäsar befohlen wegzugehen.
2. Brutus wurde von Cäsar verschont.
3. Uns wird von Markus ein guter Dienst geleistet.
4. Ich wurde von einem Freund überzeugt, nach Griechenland zu gehen.
5. Viele wurden von Cicero an Redegewandtheit übertroffen.

### Merkzettel 7: Den Dativ besser übersetzen!

***Wem? Für wen?***

**Hoc mihi est.** *Das ist mir.*
Besser: *Das gehört mir.*
▶ Im **Dativus possessivus** steht der Besitzer im Dativ.

**Liberis meis laboro.**
*Ich arbeite für meine Kinder.*
▶ Diesen Dativ nennt man **Dativus commodi**.

**Wofür? Wozu?**

**Hoc mihi gaudio est.** *Das ist mir zur Freude.*
Besser: *Das macht mir Freude.*
▶ Der **Dativus finalis** nennt den Zweck (v. a. bei doppeltem Dativ).

**Mihi ludi crudeles sunt.**
*Mir sind die Spiele grausam.*
Besser: *Meiner Meinung nach sind die Spiele grausam.*
▶ Diesen Dativ nennt man **Dativus iudicantis**.

### Check 14: Wörtlich oder nicht?

| Nr. | Lat. | Bedeutung | wörtl. | frei |
|---|---|---|---|---|
| 1 | **Caesaris** | Besitzer | ja/nein | (gehören + Dativ) |
| 2 | **huius viri** | Täter/Subjekt der Handlung | ja | - |
| 3 | **abusus**<br>**pecuniae** | Grund der Anklage<br>Attribut zu **abusus** | nein<br>nein | *wegen*<br>*von* |
| 4 | **periculi**<br>**imperii** | Objekt zu **oblivisci**<br>Attribut zu **periculum** | nein<br>nein | Akk.<br>*für* |
| 5 | **imperatoris** | Verantwortlicher | ja | *(Es ist Pflicht) von* |
| 6 | **civium** | Objekt zu **interesse** | ja | (als Rohübersetzung) |
| 7 | **imperatoris** | nähere Beschreibung zu **nomen** | nein | Apposition (gleicher Kasus) |
| 8 | **rerum gestarum** | Objekt zu **meminisse** | nein | *an* |
| 9 | **eius**<br>**verborum** | Attribut zu **adversarii**<br>Objekt zu **pudet** | ja<br>nein | *dessen (seine)*<br>*für/wegen* |
| 10 | **Caesaris** | Attribut zu **timore** | nein | *vor* |
| 11 | **potestatis** | Objekt zu **cupidus** | nein | *nach* |
| 12 | **pluris** | Wert | nein | *mehr wert* |

**Übersetzung**

1. Dieses Haus ist Cäsars Haus./Dieses Haus gehört *Cäsar*.
2. Ich glaube, dass ihr schon von den Taten dieses Mannes gehört habt, den viele unterstützten.
3. Dann aber wurde Cäsar wegen Missbrauchs (des Missbrauchs) von Geld angeklagt.
4. Aber er sagte: „Habt ihr *die* Gefahr *für* das Reich schon vergessen?
5. Es ist *Pflicht* eines guten Feldherrn, das Reich zu verteidigen.
6. Es ist *für* alle Bürger wichtig (im Interesse aller Bürger), dass die Grenzen sicher sind.
7. Wenn ich zugelassen hätte, dass die Gallier uns angreifen, hätte ich die Bezeichnung *‚Feldherr'* nicht verdient.
8. Aber weil ich gekämpft habe, werden sich auch unsere Enkel *an* meine Taten erinnern."
9. Aber seine Gegner sagten: „Schämst du dich nicht *für* deine (*wegen* deiner) falschen Behauptungen?"
10. Aus Furcht *vor* Cäsar kämpften die Senatoren gegen ihn.
11. Denn er war sehr *macht*gierig (gierig *nach* Macht).
12. Aber vielen war ein sicheres Leben *mehr wert* als die Freiheit.

## Merkzettel 8: Genitiv – wörtlich oder nicht?

| **Genitive, die man wörtlich übersetzen kann:** |
|---|
| Dieser Genitiv gibt den Besitzer an: **Genitivus possessivus**<br>Dieser Genitiv gibt den Täter an: **Genitivus subiectivus**<br>Dieser Genitiv bezeichnet das Ganze, von dem ein Teil angegeben ist: **Genitivus partitivus** |
| **Bei manchen Genitiven braucht man Alternativen und Fantasie!** |
| In einem Satz ohne Subjekt (Satz 5) kann man den Genitiv übersetzen mit:<br>*Es ist die Pflicht oder Eigenschaft von …* |
| Wenn der Genitiv für nähere Bestimmungen gebraucht wird (Satz 7, **Genitivus explicativus**), kann man ihn zwar wörtlich übersetzen, besser jedoch mit einer Apposition, d. h. im selben Kasus. Ähnlich ist es bei **interest** + Genitiv (Satz 6). Hier sollte man eine Wendung mit *für* wählen. |
| Bei Verben der Gerichtssprache (Satz 3 , **Genitivus criminis**) und einigen unpersönlichen Verben (z. B. **pudet** und **paenitet**) übersetzt man den Genitiv mit *wegen*. |
| Wenn der **Genitiv als Objekt** bei Verben der Erinnerung (Satz 4, 6, 8) steht oder bei einigen Adjektiven (Satz 11), muss man ihn ebenfalls freier übersetzen. |
| Den **Genitivus obiectivus** (Satz 10) kannst du nur dem Sinn nach erkennen. Übersetze mit *zu* oder *nach*. |
| Im **Genitivus pretii** stehen allgemeine Wertangaben, man übersetzt ihn mit *wert*. |

3

## Check 15: Was will der Ablativ wirklich sagen?

**Beispielsatz:** 1. Die Römer erschraken über/wurden durch die Tapferkeit der Karthager erschreckt.
**Frage:** Wodurch/Warum wurden sie erschreckt?

2. Die punischen Schiffe waren (um) viel(es) schneller als die römischen.
   **Frage:** Um wie viel waren sie schneller?
3. Die Punier kauften Waren für viel Geld.
   **Frage:** Für wie viel Geld kauften sie Waren?
4. Die römischen Soldaten kämpften mit Schwertern und Schilden.
   Frage: Womit kämpften sie?
5. Rom war größer als Karthago.
   **Frage:** Im Vergleich zu welcher Stadt war Rom größer?
6. Hannibal war sehr kühn (von großer Kühnheit).
   **Frage:** Welche Eigenschaft hatte Hannibal?
7. Hannibal kämpfte mit großem Eifer gegen die Römer.
   **Frage:** Auf welche Art kämpfte er gegen die Römer?
8. Die Germanen übertrafen die Römer an Körpergröße.
   **Frage:** In welcher Beziehung übertrafen sie die Römer?
9. Die Vorfahren der Punier kamen aus Tyros.
   **Frage:** Woher kamen sie?
10. Scipio befreite Rom von Gefahren.
    **Frage:** Wovon befreite er sie?
11. Im Jahr 146 v. Chr. wurde Karthago zerstört.
    **Frage:** Wann wurde es zerstört?
12. Danach lebte niemand in Karthago.
    **Frage:** Wo lebte niemand mehr?

## Merkzettel 9: Ablativ-Fragen

| **Abl. comparationis** (Vergleichsgegenstand; 5) | **Abl. mensurae** oder **discriminis** (Unterschied; 2) | **(Ablativus pretii)** (Wert; 3) |
|---|---|---|
| ***Im Vergleich wozu?*** | ***Um wie viel?*** | ***Für wie viel?*** |
| **Abl. causae** (Grund; 1) | **Abl. instrumentalis** (im engeren Sinn) (Mittel; 4) | **Abl. qualitatis** (Eigenschaft; 6) |
| ***Warum? Wodurch?*** | ***Womit? Wodurch?*** | ***Wie beschaffen?*** |
| **Abl. separativus** (im engeren Sinn) (Trennung; 10) | **Ablativus temporis** (Zeit; 11) | **Abl. limitationis** (Beziehung; 8) |
| ***Wovon?*** | ***Wann?*** | ***In welcher Beziehung?*** |
| **Abl. separativus** (Ausgangspunkt; 9) | **Ablativus loci** (Ortsangaben; 12) | **Ablativus modi** (gelegentlich mit **cum**) (Art und Weise; 7) |
| ***Woher?*** | ***Wo?*** | ***Auf welche Art?*** |

## Check 16: Die starken Männer der Arena

1. Gladiatoren waren Menschen von großer Kühnheit und Stärke (sehr kühne und starke Menschen).
   Frage: Welche Eigenschaft hatten Gladiatoren?
   Ablativfunktion: Ablativus qualitatis
2. Sie kamen in die Arena, weil sie im Krieg gefangen oder durch Not gezwungen waren.
   Frage: Wodurch wurden sie gezwungen?
   Ablativfunktion: Ablativus causae
3. Sie unterschieden sich durch (in) Kleidung und Waffen.
   Frage: Worin unterschieden sie sich?
   Ablativfunktion: Ablativus mensurae oder discriminis
4. Oft war einer der Kämpfer besser bewaffnet als sein Gegner.
   Frage: Im Vergleich wozu war einer besser bewaffnet?
   Ablativfunktion: Ablativus comparationis
5. Einige erwarben durch viele Siege großen Reichtum.
   Frage: Wodurch erwarben sie Reichtum?
   Ablativfunktion: Ablativus instrumentalis
6. Denn wenn sie besiegt waren, wurden sie oft hingerichtet.
   Frage: Womit wurden sie versehen?
   Ablativfunktion: Ablativus instrumentalis
7. Vor allem die Menschen, die Gladiatoren kauften, wurden durch sie reich.
   Frage: Wodurch wurden sie reich?
   Ablativfunktion: Ablativus instrumentalis
8. Heute erschrecken wir über die (wegen der) Grausamkeit dieser Kämpfe.
   Frage: Worüber (warum) erschrecken wir?
   Ablativfunktion: Ablativus causae
9. Aber viele sind bis heute nicht frei von Freude über Grausamkeit.
   Frage: Wovon sind viele nicht frei?
   Ablativfunktion: Ablativus separativus

## Merkzettel 10: Der Ablativ-Baum

**Ablativus comparationis**
(Vergleichsgegenstand; 5)
**Abl. mensurae** oder **discriminis**
(Unterschied, 2)
**Abl. pretii**
(Wert; 3)
**Ablativus instrumentalis**
(Mittel; 4)
**Abl. qualitatis**
(Eigenschaft; 6)
**Ablativus causae**
(Grund; 1)
**Abl. limitationis**
(Beziehung; 8)
**Ablativus loci**
(Ortsangaben)
**Abl. temporis**
(Zeit; 11)
**Ablativus modi**
(Art und Weise, 7; gelegentlich mit **cum**; 12)
**Ablativus separativus**
(Trennung; 10)
**Ablativus separativus**
(Ausgangspunkt; 9)



## 4 Der Konjunktiv

### Check 17: Claudia und Aulus

1. Claudia: „Hoffentlich sehe ich Aulus! Um die dritte Stunde dürfte/könnte er hierher kommen, wenn sein Lehrer ihm dies erlaubt."
2. Aulus: „Ich weiß nicht, ob Claudia mich wirklich liebt. Könnte sie mich täuschen oder mit mir spielen?
3. Keineswegs! Mag meine Mutter das sagen, ich weiß, dass Claudia mich liebt.
4. Wäre sie doch mit mir in der Schule, damit ich sie öfter sähe!"
5. Der Lehrer: „Jetzt sollt ihr gehen! Aber niemand soll etwas Schlimmes tun!
6. Trinkt keinen Wein oder verführt Mädchen! Nach einer Stunde sollt ihr erholt zurückkehren!"
7. Aulus: „Wenn Claudias Vater es erlauben würde, wäre ich Tag und Nacht mit ihr zusammen. Aber sieh da, dort ist Claudia! Sei gegrüßt, Claudia! Gehen wir hinter die Bäume, meine Venus, damit uns niemand sieht!"
8. Claudia: „Wohin du auch gehst, werde ich mit dir gehen!"
9. Aulus: „Hoffentlich erlaubt dein Vater mir, dich zu heiraten!"
10. Quintus: „Wenn ich den Mädchen doch ebenso gefallen würde wie Aulus!"
11. Der Lehrer: „Hoffentlich tun meine Jungen nichts Schlimmes! Soll ich durch die Straßen gehen, um zu sehen, was sie tun?"
12. Hätte ich doch den Jungen nicht erlaubt, einzeln wegzugehen!"

### Check 18: Da fällt die Wahl schwer!

1. **essem** (Der Wunsch nach Unsterblichkeit ist nicht realistisch.)
   **Ü:** Wäre ich doch unsterblich!
2. **accidisset** (Der Bürgerkrieg ist ein historisches Ereignis und hat stattgefunden.)
   **Ü:** Hätte der Bürgerkrieg doch nie stattgefunden!
3. **ne** (Die Verneinung zu **utinam** lautet **ne**.)
   **Ü:** Hoffentlich sieht der Vater uns nicht!
4. **non** (Potentialis wird mit **non** verneint)
   **Ü:** Du glaubst es vielleicht nicht, aber ich habe es mit meinen eigenen Augen gesehen.
5. **eamus** (Eine Selbstaufforderung gibt nur im Konjunktiv Präsens Sinn.)
   **Ü:** Gehen wir heim! Es ist schon Nacht.
6. **intraveris** (Es handelt sich um ein Verbot, wie aus dem Zusatz ersichtlich wird. Daher Konjunktiv Perfekt.)
   **Ü:** Betritt den Tempel nicht! Nur den Priestern ist erlaubt, ihn zu betreten.

7. **redeat** (Durch das Wort **nescio** wird deutlich, dass der Sprecher noch nicht sicher weiß, ob Marcus zurückkehrt.)
   **Ü:** Markus könnte schon heute heimkehren, aber ich weiß es nicht.

## Merkzettel 11: Konjunktiv im Hauptsatz

a) **Potentialis** Konjunktiv Präsens oder Perfekt
Übersetzung: *könnte, dürfte, vielleicht*
b) **Irrealis** Konjunktiv Imperfekt oder Plusquamperfekt

### Wunsch (Optativ)

a) erfüllbar: Konjunktiv Präsens
**utinam** heißt *hoffentlich*
b) unerfüllbar: Konjunktiv Imperfekt oder Plusquamperfekt
**utinam** heißt *(wenn) doch*

### Aufforderung

a) an andere: 2. oder 3. Pers. Konjunktiv Präsens **(Jussiv)**
Übersetzung: *sollst/soll/sollt/sollen*
b) an sich und andere: 1. Pers. Plural Konjunktiv Präsens **(Hortativ)**
Übersetzung: *Lasst uns!*

### Verbot

**ne** + 2. Pers. Sg. od. Pl. Konjunktiv Perfekt **(Prohibitiv)**

## Check 19: Muttersorgen und der Wunsch nach Unabhängigkeit

1. Die Mutter ermahnte Markus oft, aufzupassen, was er tat.
2. Sie wollte immer wissen, wohin ihr Sohn ging und mit wem er sich traf.
3. Die Mutter: „Pass auf, dass du nicht in unbekannte Gefahren gerätst!
4. Du weißt, wie viele böse Menschen es in der Stadt gibt. Ich fürchte, dass dich jemand angreift.
5. Du musst zusehen, dass du nachts nicht alleine bist!
6. Weißt du nicht, wie sie Titus gequält haben?"
7. Markus: „Ich würde mir wünschen, dass du mir das nicht immer erzählst!
8. Ich frage mich, wann du sehen wirst, dass ich kein Kleinkind mehr bin.
9. Es ist nicht nötig, dass du mir immer sagst, was ich tun soll.
10. Du musstest dich nie fürchten, dass ich Dummheiten begehen würde!"

## Check 20: Pech eines Touristen

1. Nescio, cui deo hoc templum sacrum sit.
2. Nescio, an hic cibos emere possis.
3. Nescio, quomodo M. Aemilium Celerem invenias.
4. Nescio, quis te melius adiuvare possit.

## Check 21: *Videre* ist nicht gleich *videre*

1. Der Wächter sah, dass sich die Feinde näherten und ermahnte die Seinen: „Seht zu, dass ihr die Feinde abwehrt!"
2. Marcus sagte, dass der Lehrer ihn prüfen wollte. Die Mutter sagte, dass er anfangen solle zu lernen.
3. Lucius hat mich überredet, mit ihm die Spiele zu besuchen. Aber niemand wird mich je überzeugen, dass ich die grausamen Spiele gerne anschaue.

### Merkzettel 12: Konjunktiv im Nebensatz

1. Zwei Konjunktionen, die im Lateinischen den Konjunktiv verlangen, sind ut und cum. Auch indirekte Fragen stehen im Lateinischen im Konjunktiv. Im Deutschen übersetzt man diesen Konjunktiv nicht!
2. Für die Zeitenfolge in konjunktivischen Nebensätzen gilt die Consecutio temporum.
3. Manche Wörter bedeuten mit **ut-**Satz etwas anderes als mit **AcI**.

| Lateinisches Wort | Bedeutung mit AcI | Bedeutung mit ut |
|---|---|---|
| **dicere** | *sagen, dass* | *auffordern, dass* |
| **persuadere** | *überreden* | *überzeugen* |
| **videre** | *sehen* | *zusehen, dass* |

## 5 Nebensätze

### Check 22: Ausreden eines Schreibers

1. Weil Markus ein Buch, das er schreiben musste, noch nicht beendet hatte, ermahnte ihn der Chef.
2. Markus sagte: „Wenn du nicht so schnell sprechen würdest, würde ich alles verstehen."
3. Der Chef sagte zornig: „Während die anderen meine Worte gut verstehen, beklagst du dich als einziger."
4. Darauf sagte Markus: „Weil mir die Dinge, die zum Schreiben nötig sind, fehlen, kann ich nicht schreiben."
5. Der Chef: „Hier ist genug Tinte, dass niemand Mangel daran hat.
6. Markus: „Aber immer wenn ich Tinte herbringe, fehlt mir Zeit, um zu schreiben."
7. Der Chef: „Es ist nun genug. Du erzählst mir diese Geschichte, obwohl ich immer, wenn es nötig ist, aufhöre zu sprechen.
8. Damit du so viel Zeit hast, wie du willst, sollst du nie wieder kommen!"

### Check 23: Zusammenhänge

1b (Frage: Warum?), 2c (Frage: Was spricht dagegen?), 3a (Frage: Warum?), 4h (Frage: Wann?), 5f (Frage: Wie?), 6e (Frage: Warum?), 7g (Frage: Warum?), 8d (Frage: Was taten andere?)

### Merkzettel 13: Nebensätze

**Temporalsatz** Frage: *Wann?*
**Konjunktionen: cum, postquam, ut, ubi, dum**

**Modalsatz** Frage: *Wie?*
**Konjunktion:** cum Modus: Indikativ

**Kausalsatz** Frage: *Warum?*
**Konjunktionen: quia, quod, quoniam** Modus: Indikativ
***oder* Konjunktion: cum** Modus: Konjunktiv

**Konzessivsatz** Frage: *Was spricht dagegen?*
**Konjunktion: quamquam** Modus: Indikativ
***oder* Konjunktion: cum** Modus: Konjunktiv

**Konditionalsatz** Frage: *Unter welcher Bedingung?*
**Konjunktion: si** Modi: Indikativ und Konjunktiv Verneinung: **nisi**

**Finalsatz** Frage: *Wozu?*

**Konjunktion: ut** Modus: Konjunktiv Verneinung: **ne**

**Adversativsatz** Frage: *Was tun andere?*
**Konjunktion: cum** Modus: Konjunktiv

**Konsekutivsatz** Frage: *Was folgt?*
**Konjunktion: ut** Modus: Konjunktiv Verneinung: **ut non**

### Check 24: Erholungsurlaub

1. Nachdem der Vater die letzten Geschäfte beendet hatte, verließ die Familie die Stadt.
2. Solange sie in Rom bleiben mussten, litten Claudia und Markus unter der Hitze.
3. Sobald sie zur Villa kamen, rief der Vater den Hausverwalter zu sich.
4. Bevor er die Ruhe genoss, wollte er wissen, wie die Dinge standen.
5. Während der Vater mit dem Hausverwalter sprach, schwamm Markus schon im See.
6. Die Mutter hatte Markus ermahnt: „Warte ein wenig, bevor/ehe du im See schwimmst!" Doch Markus hatte sie schon nicht mehr gehört.
7. Während Markus sich am Schwimmen und Spielen erfreute, war Claudia traurig, weil sie Aulus vermisste.
8. Sie schwamm weder, noch spielte sie, noch lachte sie, bis sie seinen Brief bekam.
9. Sobald sie den Brief gelesen hatte, war sie froh.

### Check 25: Feine Unterschiede

1a Solange die Römer keine Flotte hatten, gab es keine Kriege mit den Puniern. **(= während der ganzen Zeit)**

1b Die Menschen glaubten, dass die Sonne sich um die Erde dreht, bis Nikolaus Kopernikus herausfand, dass dies falsch war. **(= Sie glaubten es, bis es sich als falsch herausstellte.)**

1c Während die Germanen das Römische Reich unter sich aufteilten, eroberten die Araber den Ostteil des Mittelmeers. **(= gleichzeitig, aber nicht während der ganzen Zeit)**

2a Wir müssen ankommen, bevor uns die Feinde sehen. **(= auch möglich: damit die Feinde uns nicht sehen)**

2b Bevor sie eine Reise unternahmen, opferten die Römer den Göttern. **(= in der Vergangenheit)**

2c Bevor wir anfangen zu arbeiten, will ich euch kennen lernen. **(= noch in der Zukunft)**

### Merkzettel 14: Temporalsätze

Wir unterscheiden im Lateinischen wie im Deutschen zwischen Konjunktionen für die Vorzeitigkeit, Gleichzeitigkeit und Nachzeitigkeit. Es stehen allerdings oft andere Tempora als im Deutschen. Die Konjunktion **dum** kann, je nach Tempus, verschiedene Bedeutungen haben.

| Vorzeitigkeit | Gleichzeitigkeit | Nachzeitigkeit |
|---|---|---|
| längere Vorzeitigkeit<br>**Konjunktion: postquam** (nachdem)<br>unmittelbare Vorzeitigkeit<br>**Konjunktion: ubi** (sobald)<br>**Tempus:** Perfekt<br>Im Deutschen: Plusquamperfekt, wenn Hauptsatz im Präteritum. | **Konjunktion: dum** (während)<br>**Tempus** Präsens (ganze Zeit) oder Imperfekt (nicht ganze Zeit)<br>Im Deutschen Präsens bei Hauptsatz im Präsens, Imperfekt bei Hauptsatz im Präteritum. | **Konjunktionen: antequam, priusquam** (bevor, ehe)<br>Konjunktiv bei Nebensinn<br>**dum** (bis) mit Indikativ Perfekt:<br>Situation verändert sich. |

3

LÖSUNGEN

### Check 26: Wenn und aber

1. Der Vater ermahnt den Verwalter: „Wenn die Sklaven gut gearbeitet hätten, hätten wir mehr Getreide."
2. Der Verwalter sagt: Wenn nicht so viele von ihnen krank gewesen wären, hätten sie besser gearbeitet.
3. Wer/Wenn jemand nicht arbeiten wollte, wurde (er) von mir bestraft.
4. Aber wir werden nicht mehr Getreide haben, wenn der Regen nicht rechtzeitig kommt."
5. Der Vater: „Das Getreide ist schon reif/gut. Wenn ihr nur wolltet, könnt(et) ihr ernten.
6. Wenn schon nicht die beste Ernte, werden wir dennoch genug Getreide haben.
7. Wenn ihr gut arbeitetet, werde ich euch eine Belohnung geben.
8. Aber wenn es möglich sein sollte, will ich, dass ihr schon morgen anfangt."
9. Der Verwalter sagt: „Wir werden versuchen, ob es möglich ist/ob wir dies tun können."

### Check 27: Tatsache, Wunsch oder nichts von beidem

1b, 2c, 3d, 4a

### Merkzettel 15: Konditionalsätze

**unerfüllbar:** Konjunktiv Imperfekt oder Plusquamperfekt
**möglicherweise erfüllbar:** Konjunktiv Präsens oder Perfekt
**erfüllbar:** Indikativ

**verneint: nisi**
**schränkt ein: si non**

3

### Check 28: Ein Kriminalfall - oder auch nicht?

1. Als Markus am Morgen aus dem Fenster schaute, sah er einen Unbekannten durch den Garten eilen.
2. Weil der Mann eine schwere Last trug, verdächtigte Markus ihn, ein Dieb zu sein.
3. Nachdem er sich angezogen hatte, lief er sofort in den Garten.
4. Obwohl Markus gute Augen hatte, sah er nicht, was der Mann mit sich führte.
5. Indem er möglichst leise näher kam, wollte Markus diesen Mann beobachten.
6. Markus erschrak, als der Verwalter plötzlich den Garten betrat.
7. Jener sprach mit dem fremden Mann, wobei er Markus nicht sah.
8. Während Markus diesen Mann für einen Verbrecher hielt, schien der Verwalter ihn zu kennen.
9. Markus hörte ihn sagen: „Sei gegrüßt, Verwalter! Hier sind die Sicheln, die du von meinem Meister gefordert hast."
10. Da lachte Markus, weil er so schnell ein Verbrechen vermutet hatte.

### Check 29: Immer wieder *cum*

1a Die Punier erschraken, als die Kelten sie von den Bergen herunter kommend angriffen.
1b Nachdem die Kelten angegriffen hatten, befahl Hannibal seinen Soldaten, sich kampfbereit zu machen.
1a ist ein plötzliches Ereignis, 1b dagegen vorher schon abgeschlossen.
2a Immer wenn ich nach Rom komme, gehe ich auf das Kapitol.
2b Als ich nach Rom kam, ging ich auf das Kapitol.
2a ist eine Gewohnheit bzw. wiederholte Handlung, 2b dagegen eine einmalige Handlung.
3a Hannibal besiegte die Römer, weil er einen besseren Kampfplan hatte.
3b Hannibal besiegte die Römer dadurch, dass ein Teil seiner Reiter hinter die römische Schlachtreihe gelangte.
3a ist der Grund für den Sieg, 3b dagegen die Methode.

## Merkzettel 16: Die Konjunktion *cum*

**cum** mit Indikativ: *dadurch, dass; indem* **(cum modale/identicum)**
*immer wenn* **(cum iterativum) Tempus:** Präsens **oder** Imperfekt
*als plötzlich* **(cum inversum) Tempus:** Perfekt

**cum** mit Konjunktiv: *als, nachdem* **(cum narrativum)**
*da, weil* **(cum causale)**
*obwohl* **(cum concessivum)**
*während* **(cum adversativum)**

## Check 30: Claudias Geheimnis (I)

1. Wenn Claudia durch das Marsfeld geht, kommt sie oft zu einem kleinen Hain.
2. Als ihr Bruder Titus sie fragte, was sie dort suchte, antwortete sie nichts.
3. Darauf beschloss Titus herauszufinden, was seine Schwester dort tat.
4. Obwohl er dort aber alles untersuchte, fand er nichts.
5. Er sagte zu sich: „Ich werde mich im Busch verstecken, um, wenn Claudia kommt, alles zu sehen."
6. Weil aber Claudia an diesem Tag nicht auf das Marsfeld kam, tat er dies vergeblich.
7. Er sah nichts außer einem Tier, das dort lebte.
8. Weil er den ganzen Tag dort gewesen war und nichts gesehen hatte, war er zornig.
9. Er sagte zu sich: „Irgendetwas muss hier sein, wie ein verborgener Platz, wo sie ihre Sachen aufbewahrt.
10. Ich glaube nicht, dass sie sich hier mit einem Freund trifft, weil ich nie einen Jungen gesehen habe."

## Check 31: Was passt hier?

1. **nemo antea fuerat:** Alexander ging in Länder, wo niemand vorher gewesen war.
2. **amicus mihi pecuniam dedit:** Es trifft sich gut, dass ein Freund mir Geld gegeben hat.
3. **lacrimas vix teneat:** Claudia ist so traurig, dass sie die Tränen kaum halten kann.
4. **istum hominem caveas:** Dies sage ich dir, dass du dich vor diesem Menschen hüten sollst.
5. **Claudia afuit:** Aulus war traurig, weil Claudia nicht da war.
6. **centurionem venire audiverunt:** Die Soldaten legten die Würfel weg, sobald sie den Zenturio kommen hörten.
7. **reditum inveniret:** Theseus zog einen Faden hinter sich, um den Rückweg zu finden.
8. **Homerus scripsit:** Odysseus irrte lange durch die Meere, wie Homer schrieb.

## Merkzettel 17: ut, quod, ubi

Einige Konjunktionen und Subjunktionen haben mit Konjunktiv eine andere Bedeutung als mit Indikativ. So heißt **ut** mit Konjunktiv *so dass* **(ut consecutivum)** oder *dass, damit* **(ut finale)**, mit Indikativ dagegen *wie* **(ut adversativum)** oder *sobald* **(ut temporale)**.

Die verschiedenen Bedeutungen von **cum** mit Konjunktiv oder auch die von **quod**, das zum einen *weil* (kausales **quod**), zum anderen *das* (Neutrum des Relativpronomens), aber auch *dass* (faktisches **quod**) heißen kann, kann man dagegen nur aus dem Kontext erschließen. Deshalb sollte man **ut, cum** und **quod** immer zuletzt übersetzen.

## Check 32: Der arme Publius

1. Publius kam nach Rom, weil sein Vater seine Felder hatte verkaufen müssen.
2. Weil der Junge nicht schreiben konnte, war es schwierig für ihn, eine Arbeit zu finden.
3. Der Vater hatte sich nicht darum gekümmert, dass Publius schreiben lernte, was seiner Meinung nach zum Ackerbau nicht nötig war.
4. Alle Arbeiten wurden von Sklaven getan, weil diese viel weniger kosteten.
5. Weil Publius in der Stadt keine Arbeit gefunden hatte, ging er zum Hafen.
6. Er wollte Seemann werden, obwohl er wusste, dass dies sehr gefährlich war.
7. Aber viele Seeleute wiesen den Jungen zurück, weil er in der Seefahrt unerfahren war.

8. Endlich fand er einen Besitzer eines Schiffes, der ihm Arbeit geben wollte.
9. Ein Seemann, der, wie es schien, in vielen Dingen erfahren war, zeigte Publius einiges.

### Check 33: Die Germanen

1. **erat**: Die Germanen lebten in einem Land, das kälter war als Italien. - Grund: Der Relativsatz beschreibt Germanien nur.
2. **dicerentur**: Die römischen Soldaten fürchteten sich vor den Germanen, weil sie angeblich sehr stark waren. - Grund: Der Relativsatz gibt den Grund der Furcht an.
3. **vivebant**: Die Germanen, die nahe am Rhein lebten, trieben mit den Römern Handel. - Grund: Der Relativsatz schränkt einen bestimmten Teil der Germanen ein.
4. **essent**: Sie beneideten die Römer, die/da sie reicher waren. - Grund: Der Relativsatz gibt den Grund für den Neid an.
5. **cognoscerent**: Einige überschritten die Grenze, um die Lebensweise der Römer kennen zu lernen. - Grund: Der Relativsatz gibt den Zweck an, warum die Germanen ins römische Reich gingen.
6. **essent**: Tacitus erzählte über die Germanen, die seiner Meinung nach Barbaren, aber ehrlich waren. - Grund: Hier ist eine subjektive Meinung des Tacitus wiedergegeben.
7. **dicerent**: Es gab Leute, die sagten, dass die Germanen die tapfersten Menschen der Welt gewesen seien. - Grund: Der Relativsatz hängt von **erant, qui** ab (konsekutiver Nebensinn).

3

### Merkzettel 18: Relativsätze

Relativsätze stehen normalerweise im Indikativ und haben die Funktion eines Attributs. Relativsätze im Konjunktiv haben entweder einen kausalen, finalen, konsekutiven oder konzessiven Nebensinn. Dann übersetzen wir in der Regel mit Adverbialsatz. Oder sie drücken eine subjektive Überzeugung aus. Dann fügen wir *seiner/ihrer Meinung nach* ein. Auch nach allgemeinen Bestimmungen wie **sunt, qui** stehen Relativsätze im Konjunktiv.

LÖSUNGEN

## 6 AcI und NcI

### Check 34: Claudias Geheimnis (II)

1. Titus sah, dass sich Claudia den Bäumen näherte.
2. Er hoffte nun zu sehen, was seine Schwester tat.
3. Er sah Claudia nach rechts und links schauen.
4. Titus sagte für sich: „Offensichtlich hofft sie, dass jemand kommen wird."
5. Aber er sah Claudia nur ein wenig bleiben, sich setzen und Worte auf einen Stein schreiben.
6. Claudia hörte, dass ihr Bruder näher kam, obwohl er aufpasste, nicht bemerkt zu werden.
7. Sie schrie: „Geh weg! Ich verbiete dir, mich zu beobachten."
8. Titus, der seiner Schwester nicht gehorchte, sah den Stein an und sah, dass Claudia viele Worte darauf geschrieben hatte.
9. Dort hatte Claudia geschrieben, sie fürchte sich vor der Mathematikarbeit, sie hasse ihren Bruder, sie danke dem Geist, der hier lebte, weil er ihr geholfen hatte.
10. Claudia sagte zornig: „Ich weiß, dass hier ein Geist lebt. Aber es steht fest, dass du ihn vertrieben hast."
11. Titus sagte lachend: „Ich hätte nicht geglaubt, dass du so dumm bist. Weißt du nicht, dass es keine Geister gibt?"

### Merkzettel 19: Der AcI

Der AcI steht im Lateinischen bei Wörtern aus dem Wortfeld sagen oder meinen und bei sinnlichen Wahrnehmungen (*sehen, hören* etc.). Nur im letzten Fall kann man wörtlich übersetzen, ansonsten übersetzt man mit *dass* oder - vor allem bei längeren indirekten Reden - mit Konjunktiv.

Die Zeitstufen des Infinitivs drücken ein Zeitverhältnis zum Hauptsatz aus und müssen entsprechend übersetzt werden (s. Tabelle).
Pronomina, die sich auf das Subjekt des Hauptsatzes beziehen, stehen in der reflexiven Form **(se, sibi).**

### Check 35: Das Orakel von Delphi

1. Man glaubte, dass der Gott Apollo die Zukunft voraussagen könne.
2. Er sprach angeblich (wie man sagte) in Delphi durch den Mund der Pythia.
3. Es wird heute von vielen vermutet, dass diese Pythia ein Mädchen war, das berauscht gemacht worden war.
4. Es wird erzählt, dass die Priester ihre Worte erklärten.
5. In vielen Büchern wird überliefert, dass viele Könige Delphi aufsuchten.
6. Aber es ist bekannt, dass die Worte der Priester in Delphi fast immer zweideutig waren.
7. Wir kennen das Beispiel des Krösus, der angeblich vom Orakel von Delphi veranlasst einen Krieg begonnen hat, gut.
8. Heute versteht man nicht, dass so viele Menschen den Worten der Priester glaubten.
9. Aber vielleicht verbot es die Sitte der Griechen, an den Worten eines Gottes zu zweifeln.

### Check 36: NcI oder AcI?

1. **multos discipulos** – Wir wissen, dass viele Schüler die lateinische Sprache nicht mögen.
2. **lingua Latina** – Denn man sagt, die lateinische Sprache sei schwer.
3. **discipulos** – Einige sagen: „Wenn doch jemand verbieten würde, Schüler mit dieser Sprache zu quälen!"
4. **te** – **quae** – Aber ich sehe schon, dass du viele Dinge verstanden hast, die dir (vorher) schwierig (zu sein) schienen.
5. **hunc librum** – Wir hoffen, dass dieses Buch dir eine Hilfe ist.
6. **Lingua Latina atrox** – Die lateinische Sprache scheint nicht schrecklich zu sein.

### Merkzettel 20: Der NcI

Der NcI ist quasi das Passiv des AcI. Er tritt bei Verben aus dem Wortfeld sagen oder meinen im Passiv auf.
Den NcI kann man nur selten wörtlich übersetzen. Je nach Wortfeld wird er entweder mit dem unpersönlichen *man sagt/glaubt* oder mit einem Adverb (*angeblich/vermutlich/scheinbar*) übersetzt.

## 7 Partizipien

### Check 37: Markus bekommt Ärger

1. Markus ist vom Lehrer ermahnt worden.
2. Der Lehrer, der Markus ermahnte, sagte: „Deine Aufgaben sind nicht gut gemacht worden."
3. Stephan und Peter, die Markus auslachen, sagen:
4. „Wir sind nie ermahnt worden, denn wir sind Leute, die gut arbeiten."
5. Markus sagt wütend: „Ich will euch verprügeln, wenn ihr mich auslacht!"
6. Stephan, der Markus fürchtet, sagt: „Du bist kein Junge, der uns erschrecken kann.
7. Denn wir sind Männer, die nichts fürchten."

### Check 38: Loben in allen Formen

**laudatura** – *eine, die loben wird* (Partizip Futur/Nachzeitigkeit, Nominativ oder Vokativ Singular, Femininum) bzw. durch eine, die loben wird (Partizip Futur/Nachzeitigkeit, Ablativ Singular) bzw. *Dinge, die loben werden* (Nominativ, Akkusativ oder Vokativ Plural, Neutrum)

3

LÖSUNGEN

**laudantes** - *Lobende* (Partizip Präsens/Gleichzeitigkeit, Nominativ, Akkusativ oder Vokativ Plural Maskulinum oder Femininum)
**laudatos** - *Gelobte* (Partizip Perfekt/Vorzeitigkeit, Akkusativ Plural Maskulinum)
**laudanti** - *dem/der Lobenden* (Partizip Präsens/Gleichzeitigkeit, Dativ Singular, alle Genera)
**laudatum** - *den Gelobten/das Gelobte* (Partizip Perfekt/Vorzeitigkeit, Akkusativ Singular Maskulinum bzw. Nominativ, Akkusativ oder Vokativ Singular, Neutrum)
**laudantem** - *den Lobenden/die Lobende* (Partizip Präsens/Gleichzeitigkeit, Akkusativ Singular, Maskulinum oder Femininum)
**laudaturam** - *eine, die loben wird* (Partizip Futur/Nachzeitigkeit, Akkusativ Singular, Femininum)

### Merkzettel 21: Partizipien

Das Partizip ist eine Verb-form, die wie ein Adjektiv dekliniert wird und sich nach einem Bezugswort richtet.
Es gibt drei Partizipien, nämlich das Partizip Präsens (bzw. Partizip der Gleichzeitigkeit) und das Partizip Futur (bzw. Partizip der Nachzeitigkeit) im Aktiv und das Partizip Perfekt (bzw. Partizip der Vorzeitigkeit) im Passiv.
Das Partizip Perfekt und das Partizip Futur werden analog gebildet (d. h. wenn das eine unregelmäßig ist, zeigt das andere dieselbe Unregelmäßigkeit). Das Partizip Präsens wird immer regelmäßig gebildet und nach der Misch-Deklination dekliniert.
Da die Endungen des Partizips sonst selten vorkommen, können wir davon ausgehen:
Eine Verb-form, die auf **-ns, -ntis** usw. oder **-tus/-ta/-tum** endet, ist ein Partizip.



### Check 39: Schon immer war die Jugend schlimm, oder?

1. Schon in alten Zeiten gab es viele Menschen, die die Sitten der Jugendlichen tadelten.
2. Tacitus klagte (wörtl. weinte) so, da er die Sitten seiner Zeit nicht liebte.
3. „Weil die Jugendlichen die Götter vernachlässigen, verlieren sie alle guten Sitten.
4. Wer kann diese Jungen, die von ihren Vätern nie getadelt wurden, aushalten?
5. Weil/Indem sie sich Religionen, die aus dem Osten kommen, zuwenden, sind sie eine Gefahr für das Reich."
6. Viele Menschen, die selbst, als sie Jugendliche waren, von den alten Leuten getadelt wurden, tadeln selbst, sobald sie alt sind, die Jugendlichen.
7. Vielleicht wirst auch du einmal sagen: „Als ich die Schule besuchte, hatte ich einen besseren Charakter."

### Check 40: Wie sagt man es am besten

| | | |
|---|---|---|
| 1. | Obwohl die Gallier tapfer kämpften,<br>Trotz tapferen Kampfes<br>Die Gallier kämpften tapfer. Trotzdem | wurden sie (die Gallier) besiegt. |
| 2. | Als Cicero in Griechenland lebte,<br>Während seines Aufenthalts in Griechenland<br>Cicero lebte in Griechenland. Währenddessen | schaute er viele Städte an. |
| 3. | Weil er die höchste Macht eines einzigen, Mannes fürchtete,<br>Aus Angst vor der höchsten Macht eines einzigen Mannes<br>Er (Brutus) fürchtete die höchste Macht eines einzigen Mannes. Daher | tötete Brutus Cäsar. |

4. Um nach Asien zu reisen,
   Für eine Reise nach Asien
   Er (der Händler) wollte nach Asien reisen.
   Dazu
   } kaufte der Händler Schiffe.

5. Indem er Pompeius besiegte,
   Durch seinen Sieg über Pompeius
   Er (Caesar) besiegte Pompeius. Dadurch
   } wurde Cäsar der mächtigste Mann in Rom.

### Merkzettel 22: Übersetzungsmöglichkeiten

Wir übersetzen das lateinische Partizip mit einem Relativsatz, wenn wir fragen können: Was für ein? und mit einem Adverbialsatz, wenn wir fragen: Unter welchen Umständen?. Dabei kommen bei Partizip **Präsens und Perfekt** am häufigsten kausaler (Warum?), temporaler (Wann?) oder konzessiver (Was spricht dagegen?), gelegentlich auch modaler Sinn (Wie?) vor. **Partizip Futur** übersetzen wir in der Regel mit Finalsatz *(damit, um ... zu)*.

### Check 41: Der arme Titus

1. Während die Freunde eine Reise nach Griechenland planen, war Titus abwesend.
2. Aulus sagt: „Da Titus Griechenland sehr liebt, ist es sonderbar, dass er nicht da ist."
3. Claudia sagt: „Mir hat er erzählt, dass er, nachdem sein Vater seine Mutter verlassen hatte, kein Geld hat."
4. Gaius sagt: „Warum trinkt dann Titus, wenn wir in eine Kneipe gehen, immer so viel?
5. Er zahlt auch den Mädchen, die neben ihm sitzen, immer alles.
6. Vielleicht hat er auch, als er sich neulich neue Kleidung gekauft hatte, sein Geld ausgegeben."
7. Cornelia: „Nachdem er sich in Julia verliebt hatte, hat Titus angefangen, sein Geld zu verschwenden.
8. Da ihr Vater sehr reich ist, muss Julia in keiner Weise Geld sparen.
9. Titus tut, obwohl ihm das Geld fehlt, so, als ob er reich wäre, damit Julia ihn beachtet (wörtl. nicht vernachlässigt).
10. Aulus: „Lassen wir uns nicht dadurch stören, dass Titus verrückt ist.
11. Soll er glauben, auch wenn es dafür keinen Grund gibt (wörtl.: kein Grund gegeben war), dass er Julia zu seiner Freundin machen kann!"

### Check 42: War er es selbst – oder nicht?

1. **Arminio duce:** Unter der Führung von Arminius besiegten die Germanen die Römer.
2. **Augusto mortuo:** Nach dem Tod des Augustus/Nachdem Augustus gestorben war, hoffte Ovid, dass ihm Tiberius die Rückkehr gestatten würde.
3. **Germanis saepe oppugnantibus:** Da die Germanen häufig angriffen, ließ Domitian einen Grenzwall bauen.
4. **Hercules multa monstra necans:** Indem/Dadurch dass Herkules viele Ungeheuer tötete, befreite er die Menschen von ihren Sorgen.
5. **Piratis victis:** Da/Indem er die Piraten besiegte hatte, erwarb sich Pomeius Ruhm.
6. **Neronem inter incendium cantantem:** Viele glaubten, dass Nero Rom angezündet hatte, da er während des Brandes sang.

**Merkzettel 23: Der Ablativus absolutus**

Der Ablativus absolutus ist, wie der Ablativ generell, ein Adverbiale.
Im Gegensatz zum Participium coniunctum bezieht er sich weder auf das Subjekt noch auf ein anderes Satzglied des Hauptsatzes. Wie das PC kann er mit Nebensatz, Beiordnung oder Präpositionalausdruck übersetzt werden.
Bilden zwei Substantive oder ein Substantiv und ein Adjektiv im Ablativ einen Ablativus absolutus, so übersetzen wir, als ob eine Form von **esse** dabeistünde.

**Check 43: Schulprobleme**

1. Titus hasst die griechischen Schriftsteller wegen ihrer schwierigen Sätze.
2. Denn die griechische Sprache ist wegen der vielen in der lateinischen Sprache nicht vorhandenen Wortarten schwer!
3. Er beneidet Markus, der/da er leicht lernt.
4. Er sagt: „Wenn mir doch die griechische Sprache leichter fallen würde, damit ich nicht von schwerer Angst vor dem Lehrer gequält würde!"
5. Denn der Lehrer hat Titus schon wegen schlecht gemachter Hausaufgaben geschlagen.
6. Da geht Titus zu Markus und fragte ihn: „Was verlangst du von mir, wenn du mir deine Übersetzung gibst (wörtl.: gegeben hast)?"
7. Markus: „Wenn ich einen Denar dafür bekomme, werde ich dir meine Übersetzung geben."
8. Titus: „Ich erschrecke über den hohen Preis, den du gefordert hast."
9. Markus: „Gute Arbeit verkaufe ich nur für guten Preis."

**Check 44: Abl. abs. oder nicht?**

| | **Abl. abs.** | **Funktion** |
|---|---|---|
| 1. Gallis victis Caesar rediit. | ja | |
| 2. Marcus dono accepto gavisus est. | nein | Ablativ-Objekt zu **gavisus est**; attributives Partizip |
| 3. Multi Crasso magnas divitias possidenti invidebant. | nein | Dativ-Objekt zu **invident**; PC - kausaler Sinn |
| 4. Diu multi scientia a Graecis tradita utebantur. | nein | Ablativ-Objekt zu **utebantur**; attributives Partizip |
| 5. Cicerone aspicente Caesar necatus est. | ja | |
| 6. Iosephus Christo necato sepulcrum dedit. | nein | Dativ-Objekt zu **dedit**; attributives Partizip |
| 7. Leonidas Persis aggredientibus insidias fecit. | nein | Dativ-Objekt zu **insidias fecit**; attributives Partizip oder PC - temporaler Sinn |
| 8. Ab Augusto imperatore facto senatores potestatem perdebant. | nein | gehört zur Konstruktion mit **ab**; PC - temporaler Sinn |

**Übersetzung**
1. Nach dem Sieg über die Gallier kehrte Cäsar zurück.
2. Markus freute sich über das Geschenk, das er bekommen hatte.
3. Viele beneideten Crassus, weil er großen Reichtum besaß.
4. Lange benutzten viele nur das Wissen, das von den Griechen überliefert worden war.
5. Während Cicero zuschaute, wurde Cäsar getötet.
6. Joseph gab dem getöteten Christus ein Grab.
7. Leonidas legte den angreifenden Persern einen Hinterhalt/den Persern einen Hinterhalt, als diese angriffen.
8. Seit der Ernennung des Augustus zum Kaiser verloren die Senatoren ihre Macht.

### Merkzettel 24: Wichtiges zum Abl. abs.
Der Ablativus absolutus kann oft mit dem Ablativ als Objekt oder auch dem Dativ verwechselt werden. Wie generell beim Ablativ sollte man ihn daher zuletzt übersetzen.
In der Regel finden wir den Ablativus absolutus am Satzanfang oder nach dem Subjekt.

## 8 Gerundium & Gerundivum

### Check 45: Vorbildlich
1. Markus verdiente/erwarb sich Lob, indem er anderen Schülern half.
2. Weil er im Schwimmen sehr erfahren war, passte er oft auf, dass keiner im Wasser versank.
3. Er half auch oft mit, Verletzte zu versorgen.
4. Dadurch, dass er Markus sehr lobte, erregte der Lehrer den Neid der anderen Jungen.
5. Aber er wollte auch andere begierig danach machen, Lob zu erwerben.
6. Aber die anderen erregten, indem sie Markus verspotten, dessen Zorn.
7. Sie sagten, dass er alles tue, um die Gunst des Lehrers zu erwerben.
8. Markus sagte: „Alles, was ich tue, tue ich, weil ich Vergnügen haben will, nicht, weil ich Lob erwerben will/um Vergnügen zu haben, nicht um Lob zu erwerben."

### Check 46: Anders ausgedrückt
1. **ad navem quaerendum** - Markus ging nach Ostia, um ein Schiff zu suchen.
2. **Roscium defendendo** - Cicero war dadurch bekannt, dass er Roscius verteidigte.
3. **summum imperium capiendi** - Catilina war gierig danach, die oberste Herrschaft an sich zu reißen.
4. **Romam non expugnando** - Dadurch, dass er Rom nicht eroberte, nutzte Hannibal den Sieg nicht.
5. **ad insulam expugnandum** - Caesar fuhr nach Britannien, um die Insel zu erobern.
6. **dicendi** - Cicero war sehr erfahren darin, wie man reden musste/in der Redekunst.

### Merkzettel 25: Das Gerundium
Das Gerundium ist der deklinierte Infinitiv. Es kommt nur im Singular vor. Im Akkusativ steht es meist mit der Präposition **ad.**
In der Regel wird es folgendermaßen übersetzt:
Genitiv: Infinitiv mit zu
Akkusativ: Infinitiv mit *um ... zu*
Ablativ: Nebensatz mit *indem/dadurch dass*

### Check 47: Der kleine Unterschied - mit oder ohne *-iv-*?

1. Keine Umwandlung möglich; Häuser und Gärten müssen gut gepflegt werden.
2. **Piratas vincendo** - Indem er die Piraten besiegte, erwarb sich Pompeius Ruhm.
3. Keine Umwandlung möglich. Cicero glaubte, dass alle die Bücher Platons lesen sollten.
4. **ad naturam eruptionis inquirendam** - Plinius segelte, um das Wesen eines Vulkanausbruchs zu erforschen, selbst nach Pompeji.
5. **Galliam possidendi** - Cäsar war gierig danach, Gallien zu besitzen.
6. **Libris Platonis convertendis** Indem er die Bücher Platons übersetzte, führte Cicero die/dessen Philosophie in Rom ein.
7. **ad cupiditates coercendum** - Seneca ermahnte Nero, seine Leidenschaften zu zügeln.

### Merkzettel 26: Das Gerundivum

**attributiv**

- passt sich in Kasus, Genus und Numerus dem Bezugswort an
- wird wie das Gerundium im entsprechenden Kasus übersetzt

**prädikativ**

- wird meist mit **esse** oder bei Verben mit doppeltem Akkusativ gebraucht
- wird übersetzt mit *müssen* oder *sollen*

3

## 9 Satzanalyse

### Check 48: Ein Prozess mit „wenn und aber"

1. **Hauptsatz: Milo damnatus erat.**
   **Übersetzung:** Milo, der des Mordes an Clodius, seinem Gegner, angeklagt worden war, wurde, obwohl er von Cicero verteidigt worden war, verurteilt.
2. **Hauptsatz: Cicero Miloni favit.**
   **Übersetzung:** Weil Milo seine Rückkehr durchgesetzt hatte, während Clodius bewirkt hatte, dass er, weil er Catilina getötet hatte, in die Verbannung geschickt worden war, unterstützte Cicero Milo.
3. **Hauptsatz: Milo et Clodius sibi invicem in Via Appia occurrerunt.**
   **Übersetzung:** Milo und Clodius, von denen jeder bewaffnete Männer bei sich hatte, begegneten sich auf der Via Appia.
4. **Hauptsatz: Testes dixerunt**
   **Übersetzung:** Zeugen sagten, dass Milo befohlen hatte, Clodius, nachdem jener verletzt in eine Schenke gebracht worden war, zu töten.
5. **Hauptsatz: Cicero dixit**
   **Übersetzung:** Cicero sagte, dass Sklaven des Milo Clodius, nachdem sie von Clodius angegriffen worden waren, weder auf Befehl noch in Anwesenheit ihres Herrn Clodius getötet hätten.
6. **Hauptsatz: Itaque dixit**
   **Übersetzung:** Deshalb sagte er, dass Milo, der nur deshalb, um einen Angriff abzuwehren, das Schwert gezogen hatte, freigesprochen werden müsse.

### Check 49: Fallen

1. **... quis dicere potest?**
   Problem: Beide Teilsätze beginnen mit einem Interrogativpronomen. Grund für die Entscheidung: Im ersten Teilsatz steht der Konjunktiv, was ein Kennzeichen für eine indirekte Frage ist.
   **Übersetzung:** *Wer kann sagen, was morgen sein wird?*

2. **... mihi hoc statim dicas!**
   Problem: Das **si** im Nebensatz ist nicht auf Anhieb sichtbar.
   Grund für die Entscheidung: **si** ist eindeutig eine Subjunktion.
   **Übersetzung:** *Du sollst es mir sofort sagen, wenn du diesen Mann siehst!*
3. **... ille damnatus est.**
   Problem: Es ist nicht erkennbar, ob **cum** hier eine Präposition oder eine Subjunktion ist.
   Grund für die Entscheidung: Im Hauptsatz ist eindeutig keine Subjunktion.
   **Übersetzung:** *Obwohl Cicero Milo mit großartigen Worten verteidigte, wurde jener verurteilt.*
4. **Quorum clamor ... vos admonere debet ...**
   Problem: Der Hauptsatz ist zerteilt und beginnt mit einem Relativpronomen.
   Grund für die Entscheidung: Beide Nebensätze beginnen eindeutig mit einer Subjunktion.
   **Übersetzung:** *Deren Geschrei, wenn es zufällig aufkommen sollte, muss euch ermahnen, gegen die Schreier zu urteilen.*
5. **Ne mihi id ... neglexeritis!**
   Problem: Der Hauptsatz beginnt mit **ne**.
   Grund für die Entscheidung: Durch das Ausrufezeichen und den Konjunktiv ist klar, dass **ne** auch den Hauptsatz einleiten kann. **Quod** ist Subjunktion.
   **Übersetzung:** *Vernachlässigt mir nicht, was ich euch über Homer erzählt habe.*

3

## Merkzettel 27: Satzanalyse

Wenn wir eine längere Satzkonstruktion übersetzen sollen, suchen wir zuerst nach dem Hauptsatz. Diesen erkennt man daran, dass er nicht mit einer Subjunktion beginnt. Relativpronomina können gelegentlich den Hauptsatz einleiten, stehen aber meist am Anfang des Nebensatzes. Wenn man den Hauptsatz isoliert hat, muss man satzwertige Konstruktionen wie AcI, PC, Abl. abs. u. a. im Hauptsatz erkennen und ebenfalls herauslösen.

LÖSUNGEN

## Check 50: Was soll's nun heißen?

Die übrige Menge, die gewiss aus (friedlichen) Bürgern besteht, ist wahrhaftig ganz auf unserer Seite, und jeder Einzelne (wörtl. nicht einer) von denen, die ihr von überallher, von wo aus ein Teil des Forums eingesehen werden kann, zuschauen und das Ende dieses Prozesses erwarten seht, ist dem tapferen Milo sowohl gewogen als er auch meint, dass am heutigen Tag über ihn, seine Kinder, seine Heimat und sein Vermögen gekämpft und entschieden wird.

## Check 51: Ganz schön verwickelt

**Unterstreichmethode:**

1. Cicero multis libris Graecis lectis, quamquam Graecos, qui veritatem parvi aestimarent, sibi odio esse dixit, philosophiam Graecorum Romam induxit.
2. In libris suis amicos suos vel homines claros, quasi si forte loquentes ad hoc agendum venissent, de philosophia aut de re publica disputare scripsit.
3. Ita argumenta variarum doctrinarum philosophorum, cum singuli viri pro quacumque doctrina loquebantur, in libris contulit et, quid de quaqua doctrina sentiret, scripsit.
4. Quamquam multi eum nihil novi invenisse, immo omnia, quae in libris suis legimus, a Graecis legisse dicunt, agnoscendum est, quantopere de philosophia meritus sit.
5. Sed non de philosophia scribere coepit, dum in re publica gubernanda aliquid valebat, id est antequam Caesar Pompeio victo, cum dictator perennis factus esset, summum imperii cepit.

**Einrückmethode:**

1. Cicero
      multis libris Graecis lectis
         quamquam

Graecos
qui veritatem parvi aestimarent
sibi odio esse
dixit
philosophiam Romam induxit.

2. In libris suis
amicos suos vel homines claros
quasi si
forte loquentes
ad hoc agendum
venissent
de philosophia aut de re publica disputare
scripsit.

3. Ita argumenta variarum doctrinarum philosophorum
cum singuli viri pro quacumque doctrina loquebantur,
in libris contulit
et
quid de quaqua doctrina sentiret
scripsit.

4. Quamquam multi
eum nihil novi invenisse
immo omnia
quae in libros suis legimus
a Graecis legisse
dicunt
agnoscendum est
quantopere de philosophia meritus sit.

5. Sed non de philosophia scribere coepit
dum in re publica gubernanda aliquid valebat
id est antequam Caesar
Pompeio victo
cum dictator perennis factus esset
summum imperium cepit.

**Kästchenmethode:**

1.

| Cicero | | | | | | | philosophiam ... induxit |
|---|---|---|---|---|---|---|---|
| | multis ... lectis | quamquam | | | | dixit | |
| | | | Graecos | | sibi ... esse | | |
| | | | | qui ... aestimarent | | | |

2.

| In ... suis | | | | | | scripsit |
|---|---|---|---|---|---|---|
| | amicos ... claros | | | | de ... disputare | |
| | | quasi si | | venissent | | |
| | | | forte ... agendum | | | |

3.

| Ita ... philosophorum | | in ... contulit | et | | scripsit |
|---|---|---|---|---|---|
| | cum ... loquebantur | | | quid ... sentiret | |

4.

| | | | | | | agnoscendum est | |
|---|---|---|---|---|---|---|---|
| Quamquam multi | | | | | dicunt | | quantopere ... meritus sit. |
| | eum ... invenisse | immo omnia | | a ... legisse | | | |
| | | | quae ... legimus | | | | |

5.

| Sed ... coepit | | | | | |
|---|---|---|---|---|---|
| | dum ... valebat | id ... Caesar | | | summum ... cepit |
| | | | Pompeio victo | dictator ... esset | |

**Übersetzung:**

1. Cicero führte, nachdem er viele griechische Bücher gelesen hatte, obwohl er sagte, dass er die Griechen, die seiner Meinung nach die Wahrheit gering schätzten, hasste, die Philosophie der Griechen in Rom ein.
2. In seinen Büchern schrieb er, dass seine Freunde oder berühmte Menschen über die Philosophie oder das Staatswesen diskutierten, als ob sie zufällig beim Gespräch darauf gekommen wären.
3. So verglich er die Argumente verschiedener philosophischer Lehren, indem einzelne Männer für jede Philosophie sprachen, in seinen Büchern und schrieb, was er von jeder Lehre hielt.
4. Obwohl viele sagen, dass er nichts Neues erfunden habe, vielmehr alles, was wir in seinen Büchern lesen, von Griechen gelesen habe, muss man anerkennen, wie sehr er sich um die Philosophie verdient gemacht hat.
5. Aber er begann nicht über Philosophie zu schreiben, solange er irgendeinen Einfluss in der Staatsverwaltung hatte, das heißt, bevor Cäsar, nachdem er nach seinem Sieg über Pompeius Diktator auf Lebenszeit geworden war, die Oberherrschaft an sich genommen hat.

## Merkzettel 28: So werd' ich es machen!

Satzanalyse dient dazu, lange Sätze in kurze Abschnitte zu gliedern. Es gibt mehrere Methoden. Die wichtigsten sind:

1. Unterstreichmethode: Zusammengehörige Satzteile werden jeweils mit derselben Farbe unterstrichen.
   Vorteil: kann auf dem Blatt gemacht werden
   Nachteil: wird leicht unübersichtlich
2. Einrückmethode: Die Nebensätze werden untereinander nach dem Grad ihrer Abhängigkeit eingerückt.
   Vorteil: übersichtlicher als die Unterstreichmethode
   Nachteil: setzt Verstehen der Satzstruktur vor Beginn der Analyse voraus.
3. Kästchenmethode: Die Nebensätze werden nach dem Grad ihrer Abhängigkeit untereinander in Kästchen geschrieben.
   Vorteil: sehr übersichtlich
   Nachteil: sehr zeit- und platzaufwendig

# Übersetzungstraining für die Lektürephase

## 1 Grundlagen der Texterschließung

### Check 1

**abscidit** - 3. Pers. Sg. Perfekt Indikativ Aktiv von abscindere (trennen)
**spisso** - Abl. Sg. m./n. von spissus, -a, -um (dicht, dick)
**aere** - Abl. Sg. von aer, aeris (Luft, Nebel)

**Übersetzung:**
Diesen Streit schlichteten ein Gott und die bessere Natur.
Denn er trennte vom Himmel Erde und Wellen
und teilte den klaren Himmel vom dichten Nebel.

### Check 2

**sentis** - 2. Pers. Sg. Präsens Ind. Aktiv von sentire (fühlen, wahrnehmen, meinen)
**ingentis** - Gen. Sg. m./f./n. von ingens (riesig)
**navis (2)** - Nom. und Gen. Sg. von navis (Schiff)
**viris (2)** - Dat. und Abl. Pl. von vir (Mann)
**ducis (2)** - Gen. Sg. von dux (Anführer); 2. Pers. Sg. Präsens Ind. Akt. von ducere (führen, glauben)
**duces (3)** - Nom. und Akk. Pl. von dux (Anführer); 2. Pers. Sg. Futur Akt. von ducere (führen, glauben)
**facinus (2)** - Nom. und Akk. Sg. von facinus (Untat, Verbrechen)
**manus (4)** - Nom. und Gen. Sg. und Nom. und Akk. Pl. von manus (Hand, Schar)
**missus** - Nom. Sg. m. des PPP von mittere (schicken)
**facultas** - Nom. Sg. von facultas (Möglichkeit, Fähigkeit)
**tradas** - 2. Pers. Sg. Präsens Konj. Akt. von tradere (übergeben, überliefern)
**servas (2)** - Akk. Pl. von serva (Sklavin); 2. Pers. Sg. Präsens Ind. Akt.von servare (retten, bewahren)
**servias** - 2. Pers. Sg. Präsens Konj. Akt. von servire (dienen)
**negotia (2)** - Nom. und Akk. Pl. von negotium (Tätigkeit, Geschäft)
**materia (2)** - Nom. und Abl. Sg. von materia (Stoff, Material)
**vide** - Imp. Sg. von videre (sehen)
**clare** - Adv. von clarus, -a, -um (hell, berühmt)
**rege (2)** - Abl. Sg. von rex (König); Imp. Sg. von regere (lenken, beherrschen)
**audi** - Imp. Sg. von audire (hören)
**audiri** - Inf. Präsens Pass. von audire (hören)
**duci (2)** - Dat. Sg. von dux (Anführer); Inf. Präsens Pass. von ducere (führen, glauben)
**iussi (3)** - Gen. Sg. m./n. und Nom. Pl. m. des PPP von iubere (befehlen); 1. Sg. Perfekt Ind. Akt. von iubere (befehlen)
**vi** - Abl. Sg. von vis (Kraft, Gewalt)

## Check 3

1 Cum dies hibernorum complures transissent **frumentum**que eo **comportari** iussisset, subito per exploratores certior factus est **omnes** noctu **discessisse** **montes**que, qui impenderent, a maxima multitudine Sedunorum et Veragrorum **teneri**.
2 Naves in Venetiam, ubi **Caesarem** primum bellum **gesturum esse** constabat, quam plurimas possunt, cogunt.
3 Multa Caesarem ad id bellum incitabant: imprimis, ne hac parte neglecta reliquae nationes sibi **idem licere** arbitrarentur.
4 Itaque cum intellegeret **omnes fere Gallos** novis rebus **studere** et ad bellum mobiliter celeriterque **excitari**, **omnes** autem **homines** natura libertati **studere** et condicionem servitutis **odisse**, priusquam plures civitates conspirarent, **partiendum** sibi ac latius **distribuendum esse exercitum** putavit.
5 Compluribus expugnatis oppidis Caesar, ubi intellexit frustra **tantum laborem** **sumi** neque hostium **fugam** captis oppidis **reprimi** neque iis **noceri posse**, statuit **exspectandam esse classem**.

## Check 4

1 Alteram partem eius vici Gallis concessit, **alteram** vacuam **ab his relictam** cohortibus attribuit.
Einen Teil dieses Dorfes überließ er den Galliern, den anderen teilte er leer und von diesen verlassen seinen Kohorten zu.
2 Itaque celeriter milites certiores facit, ut paulisper intermitterent proelium ac tantummodo **tela missa** exciperent.
Daher benachrichtigte er schnell seine Soldaten, dass sie für kurze Zeit den Kampf unterbrechen sollten und nur die abgeschossenen Wurfgeschosse auffangen sollten.
3 **Sabinus** suos **hortatus cupientibus** signum dat.
Sabinus ermahnte seine (Soldaten) und gab den (auf einen Kampf) Drängenden das Zeichen (zum Losschlagen).
4 **Hi nostros disiectos adorti** proelium renovaverunt.
Nachdem diese unsere Leute, die sich verstreut hatten, angegriffen hatten, nahmen sie den Kampf wieder auf.

## Check 5

His nuntiis acceptis (nachdem diese Nachrichten empfangen worden waren)
deditione facta (nach der Übergabe / nachdem man sich ergeben hatte)
obsidibusque acceptis (nachdem Geiseln entgegengenommen worden waren)
consilio celeriter convocato (als schnell eine Versammlung einberufen worden war)
1 convocatis centurionibus (nachdem die Zenturionen zusammengerufen worden waren)
dato signo (nachdem das Zeichen gegeben war)
2 Ita commutata fortuna (nachdem sich das Kriegsglück so gewendet hatte)
ex hominum milibus amplius XXX plus tertia parte interfecta (als von mehr als 30 000 Menschen mehr als ein Drittel getötet worden war)
3 datis obsidibus (nach Stellung von Geiseln)
hac parte neglecta (weil diese Seite vernachlässigt worden war)

## 2 Übersetzungstexte zum Üben

### Caesar

#### Check 1

Quelle: De bello Gallico VI 17

**Aufgabe 1:**

| Gottheit | Bedeutung |
|---|---|
| Mercurius | deorum maxime colunt |
| Apollo | morbos depellere |
| Mars | bella regere |
| Iuppiter | imperium caelestium tenere |
| Minerva | operum atque artificiorum initia tradere |

**Aufgabe 2:**

Merkur ihn verehren sie am meisten unter allen Göttern
Apoll vertreibt Krankheiten
Mars lenkt die Kriege
Jupiter: hat die Herrschaft über die Götter inne
Minerva überliefert die Grundlagen für das Handwerk und die Künste



**Aufgabe 3:**

**huic = Marti deo** - dem Gott Mars

**Aufgabe 4:**

(die) Kriegsbeute

**Aufgabe 5:**

gemeint sind alle erbeuteten Gegenstände außer den Tieren (die geopfert werden)

**Aufgabe 6:**

| eindeutig Akkusativ | auch Akkusativ | kein Akkusativ |
|---|---|---|
| hunc | quam | deorum |
| Iovem | gentes | operum |
| eandem | initia | caelestium |
| opinionem | res | harum |
| | se | |

**Aufgabe 7:**

Huic, cum ... dimicare constituerunt, ea, quae ... ceperint, ... devovent,
cum superaverunt, animalia ... immolant reliquasque res ... conferunt.
... cumulos ... conspicari licet;
neque ... accidit, ut ... aut capta ... occultare aut posita tollere auderet, gravissimumque ... supplicium ... constitutum est.
Wenn sie sich entschieden haben, eine Schlacht zu schlagen, weihen sie diesem die Kriegsbeute; wenn sie gesiegt haben, opfern sie Tiere und tragen die restlichen Dinge zusammen; man kann Haufen sehen; und es kommt nicht vor, dass es einer wagt, Erbeutetes zu verstecken oder Abgelegtes wegzunehmen, und es ist die schwerste Strafe festgesetzt.

**Aufgabe 8:**
Unter den Göttern verehren sie besonders den Merkur, nach diesem den Apollo, Mars, Jupiter und die Minerva. Von diesen haben sie fast dieselbe Auffassung wie andere Völker: Apollo vertreibe Krankheiten, Minerva vermittle die Grundlagen für das Handwerk und die Kunst, Jupiter habe die Herrschaft unter den Göttern inne und Mars lenke die Kriege.

Wenn sie entschieden haben, eine Schlacht zu schlagen, weihen sie diesem meistens die Kriegsbeute. Wenn sie gesiegt haben, opfern sie die erbeuteten Tiere und tragen die übrige Beute an einem Ort zusammen. Bei vielen Stämmen kann man an geweihten Plätzen Haufen sehen, die mit diesen Dingen aufgeschichtet wurden. Und es passiert nicht oft, dass es jemand wagt, unter Verletzung religiöser Gebote Erbeutetes bei sich zu verstecken oder (auf dem Haufen) Abgelegtes wegzunehmen, und für einen solchen Vorgang *(ei rei)* ist die Todesstrafe unter Folter festgesetzt.

## Check 2
Quelle: De bello Gallico IV 1

**Aufgabe 1:**
die Art der Ernährung
eiskalte Plätze
ein Großteil des Körpers
*wörtlich:* etwas an Kleidung, *oder einfach:* Kleidung
wegen deren geringer Größe, *oder:* weil diese (die Felle) nicht groß genug sind

**Aufgabe 2:**
von Getreide, Milch und Fleisch (Vieh) leben
mit der (besonderen) Art der Ernährung und durch tägliches Üben nähren sie ihre Kräfte
es bringt Menschen von gewaltiger Körpergröße hervor

Zeit- und Ortsangaben:
ein Jahr später
an eiskalten Plätzen

**Aufgabe 3:**
Sueborum gens est longe maxima et bellicosissima Germanorum omnium.
*Das Volk der Sueben ist bei weitem das größte und kriegerischste aller Germanen.*
Hi centum pagos habere dicuntur, ex quibus quotannis singula milia
*Diese hundert Sippen zu haben werden gesagt, aus denen alljährlich je tausend*
armatorum bellandi causa ex finibus educunt. Reliqui,
*Bewaffneter des Krieges wegen aus dem Gebiet sie führen heraus. Die Übrigen*
qui domi manserunt, se atque illos alunt; hi rursus
*die zu Hause geblieben sind, sich und jene ernähren (sie); diese wiederum*
in vicem anno post in armis sunt, illi domi remanent.
*im Wechsel um ein Jahr danach in Waffen sind, jene zu Hause bleiben.*
Sic neque agri cultura nec ratio atque usus belli intermittitur.
*So weder der Ackerbau noch die Kriegsführung wird unterbrochen.*
Neque multum frumento, sed maximam partem lacte atque pecore vivunt
*Und nicht viel von Getreide, sondern größten Teils von Milch und Vieh sie leben*
multumque sunt in venationibus; quae res et cibi genere et
*und oft sie sind auf der Jagd; diese Sache mit der Art des Essens und*
cotidiana exercitatione et libertate vitae vires alit

*mit der täglichen Übung und der Freiheit des Lebens die Kräfte ernährt*
et immani corporum magnitudine homines efficit.
*und von gewaltiger der Körper Größe Menschen hervorbringt.*
Atque in eam se consuetudinem adduxerunt, ut locis frigidissimis
*Und sie haben sich daran gewöhnt, dass an sehr kalten Plätzen*
neque vestitus praeter pelles habeant quicquam,
*auch nicht der Kleidung außer Felle sie haben etwas*
quarum propter exiguitatem magna est corporis pars aperta,
*wegen deren geringer Größe ist ein großer Teil des Körpers offen,*
et laventur in fluminibus.
*und sie waschen sich in Flüssen.*

**Aufgabe 4:**
Das Volk der Sueben ist das bei weitem größte und kriegerischste von allen Germanen. Man sagt, diese bestünden aus hundert Sippen, von denen sie alljährlich je tausend bewaffnete Soldaten aus (ihrem) Gebiet herausführen, um Kriege zu führen. Die Übrigen, die zu Hause bleiben, kommen für ihre (eigene) und deren Ernährung auf; diese ihrerseits sind - im Wechsel - ein Jahr später im Kriegsdienst, und jene bleiben zu Hause. So werden weder Ackerbau noch Kriegsführung (in technischer und praktischer Hinsicht) unterbrochen.

Sie leben kaum von Getreide, sondern vor allem von Milch und Fleischkost und befinden sich häufig auf der Jagd; dieser Umstand, zusammen mit der Art der Ernährung, dem täglichen Körpertraining und der freien Lebensführung, fördert ihre Körperkräfte und bringt Menschen von gewaltiger Körpergröße hervor. Und sie haben sich daran gewöhnt, selbst an den kältesten Plätzen keine Kleidung außer Fellen zu tragen, die so klein sind, dass ein Großteil des Körpers unbedeckt bleibt, und (haben sich daran gewöhnt) in Flüssen zu baden.



**Check 3**
Quelle: De bello Gallico VI 12

**Aufgabe 1:**
Als Cäsar nach Gallien kam, waren die Häduer die Führer. Diese hatten sich die Germanen zu Verbündeten gemacht und zu sich herübergeführt. Nachdem sie Kämpfe ausgetragen hatten, hatten sie so weit die Vorherrschaft errungen, dass sie die führende Rolle in ganz Gallien innehatten. Durch die Ankunft Cäsars hatten die Sequaner ihre Vormachtstellung wieder eingebüßt.

**Aufgabe 2:**
Der Hauptsatz wird durch **alterius factionis - alterius (factionis)** gegliedert. Neben den Häduern treten die Sequaner als zweites Subjekt auf. Während die Häduer bei der einen Partei das Sagen haben, bestimmen die Sequaner über die andere Partei. Caesar hat auf die Aussage **factionis principes erant** im zweiten Teil des Hauptsatzes verzichtet.

**Aufgabe 3:**
Das Pronomen **hi** und damit der ganze Satz bezieht sich auf die Sequaner. Prinzipiell bezieht sich das Pronomen **hic, haec, hoc** immer auf eine zuletzt genannte Person oder Gruppe, während **ille, illa, illud** eine vorher genannte meint.

**Aufgabe 4:**

| HS | GS 1 | GS 2 |
|---|---|---|
| | Hi cum per se minus valerent | |
| | | quod summa auctoritas antiquitus erat in Haeduis magnaeque eorum erant clientelae |
| Germanos atque Ariovistum sibi adiunxerant<br>eosque ad se magnis iacturis pollicitationibusque perduxerant. | | |

a **Übersetzung des Hauptsatzes:** Sie hatten sich die Germanen und Ariovist zu Verbündeten gemacht und sie mit großem finanziellem Aufwand und Versprechungen zu sich herübergeführt.

b **Gesamtsatz:** Weil diese (die Sequaner) von sich aus weniger Macht hatten, da seit alter Zeit die Häduer das größte Ansehen besaßen und auch große Scharen von Gefolgsleuten hatten, hatten sie sich die Germanen und Ariovist zu Verbündeten gemacht und sie mit großem finanziellem Aufwand und Versprechungen zu sich herübergeführt.

**Aufgabe 5:**

a Proeliis vero compluribus factis secundis atque omni nobilitate Haeduorum interfecta tantum potentia antecesserant, ut magnam partem clientium ab Haeduis ad se traducerent obsidesque ab eis principum filios acciperent et partem finitimi agri per vim occupatam possiderent Galliaeque totius principatum obtinerent.

b

| lateinischer Text | | Übersetzung |
|---|---|---|
| factis | proeliis | Kämpfe wurden ausgetragen |
| interfecta | nobilitate Haeduorum | die Führungsschicht der Häduer wurde getötet |
| antecesserant | tantum potentia | sie hatten so weit die Vormachtstellung errungen |
| ut ... traducerent | magnam partem | dass sie einen großen Teil herüberführten |
| -que ... acciperent | obsides (filios) | und Geiseln (die Söhne) entgegennahmen |
| occupatam | partem ... agri | ein besetzter Teil des Gebietes |
| et ... possiderent | partem ... agri | sie besaßen einen besetzten Teil des Gebietes |
| -que ... obtinerent | Galliae principatum | und sie hatten die führende Rolle in Gallien (Galliens) |

c Nachdem (Abl. abs.!) sie aber mehrere Gefechte siegreich entschieden hatten und die gesamte führende Schicht der Häduer getötet worden war, hatten sie so weit die führende Rolle in Gallien übernommen, dass sie einen Großteil der Gefolgsleute von den Häduern zu sich herüberzogen, die Söhne der Stammesfürsten als Geiseln von ihnen nahmen, einen Teil des angrenzenden Gebietes, den sie mit Gewalt eingenommen hatten, in ihren Besitz nahmen und in ganz Gallien die führende Rolle spielten.

**Aufgabe 6:**
Adventu Caesaris facta commutatione rerum,
obsidibus Haeduis redditis,
veteribus clientelis restitutis,
novis per Caesarem comparatis ...
Als bei Cäsars Ankunft
eine Veränderung der Lage eingetreten war,
die Geiseln den Häduern zurückgegeben worden waren,
die alten Bündnisse wiederhergestellt worden waren,
dazu neue von Cäsar zustande gebracht worden waren ...

**Aufgabe 7:**
Als Caesar nach Gallien kam, waren die Führer der einen Partei die Häduer, die der anderen die Sequaner. Weil diese von sich aus weniger Macht besaßen, da der größte Einfluss seit langer Zeit bei den Häduern lag und deren Gefolgsleute zahlreich waren, hatten sie sich die Germanen und Ariovist zu Verbündeten gemacht und diese mit großem finanziellen Aufwand und Versprechungen zu sich herübergeführt. Nachdem sie aber mehrere siegreiche Kämpfe geführt hatten und den gesamten Adel der Häduer getötet hatten, hatten sie so weit die Vorherrschaft errungen, dass sie einen großen Teil der Gefolgsleute von den Häduern zu sich herüberführen konnten, die Söhne der Fürsten von diesen als Geiseln nahmen, den Teil von deren Gebiet, den sie mit Gewalt besetzt hatten, in ihren Besitz übernahmen und so die Vorherrschaft über ganz Gallien innehatten. Nachdem es durch Caesars Ankunft zu einer Änderung der Verhältnisse gekommen war, die Geiseln den Häduern wieder zurückgegeben, die alten Gefolgschaften wieder eingerichtet und neue durch Caesar eingerichtet worden waren, hatten die Sequaner ihre Vorherrschaft eingebüßt.



**Check 4**
Quelle: De bello Gallico IV 16–18

**Aufgabe 1:**

| Abl. abs. | Übersetzung |
|---|---|
| Germanico bello confecto | der Krieg gegen die Germanen war beendet worden |
| diebus X omni opere effecto | in zehn Tagen war das gesamte Werk fertiggestellt worden |
| firmo praesidio relicto | eine starke Schutztruppe war zurückgelassen worden |

**Aufgabe 2:**
a Ich muss den Rhein überqueren.
b Ich muss dies mit aller Anstrengung durchführen.
c Ich darf das Heer auf keine andere Weise hinüberführen.
d die Schwierigkeit beim Bau einer Brücke *(Das Gerundivum ist hier als Attribut verwendet.)*

**Aufgabe 3:**

| Aussage | Übersetzung |
|---|---|
| Germanico bello confecto | Nachdem der Krieg gegen die Germanen beendet war (Abl. abs.) ... |
| multis de causis Caesar statuit | Caesar fasste aus einer Vielzahl von Gründen den Beschluss ... |
| sibi Rhenum esse transeundum | er muss den Rhein überqueren (AcI, *also:* dass er ...) |

**Aufgabe 4:**

<table>
<tr><th>HS</th><th>GS 1</th><th>GS 2</th></tr>
<tr><td></td><td colspan="2">Cum videret<br>Germanos tam facile impelli,</td></tr>
<tr><td></td><td></td><td>ut in Galliam venirent,</td></tr>
<tr><td colspan="3">suis quoque rebus eos timere voluit,</td></tr>
<tr><td></td><td colspan="2">cum intellegerent<br>et posse et audere populi Romani exercitum Rhenum transire.</td></tr>
</table>

Hauptsatz: Er wollte, dass sie (die Germanen) um ihr eigenes Hab und Gut fürchteten.
Gliedsatz 1: Als er (Caesar) sah, dass (AcI) die Germanen sich so leicht dazu verleiten ließen ...
Gliedsatz 2: ..., dass sie in Gallien einfielen (nach Gallien kämen), ...
Gliedsatz 1: ..., wenn sie erkennen müssten, dass das Heer des römischen Volkes in der Lage sei (posse) und auch wage, den Rhein zu überqueren.

**Aufgabe 5:**
Eine Überquerung mit Schiffen erschien ihm zu unsicher (neque satis tutum)
und widersprach sowohl seiner Würde als auch der des römischen Volkes (neque suae neque populi Romani dignitatis esse).
Der Bau der Brücke wurde durch folgende Eigenschaftes des Rheins erschwert: seine Breite, reißende Strömung und Tiefe (propter latitudinem, rapiditatem altitudinemque fluminis).

**Aufgabe 6:**
Nachdem der Krieg gegen die Germanen beendet war, beschloss Caesar aus einer Vielzahl von Gründen, dass er den Rhein überqueren müsse. Weil er sah, dass sich die Germanen so leicht dazu verleiten ließen, in Gallien einzufallen, wollte er, dass auch sie einmal um ihr eigenes Hab und Gut fürchteten, wenn sie nämlich erkennen müssten, dass auch das Heer des römischen Volkes in der Lage sei und auch wage, den Rhein zu überqueren.
Aber ihn mit Schiffen zu überqueren, hielt er für nicht sicher genug, und er kam auch zu dem Schluss, dass dies weder seiner Würde noch der des römischen Volkes entspräche. Auch wenn er sich der äußerst großen Schwierigkeit beim Bau einer Brücke bewusst war, die wegen der Breite, reißenden Strömung und Tiefe des Flusses auftreten musste, war er dennoch der Auffassung, dieses Unternehmen mit aller Anstrengung durchführen zu müssen und das Heer auf keine andere Weise hinüberführen zu dürfen.

Nachdem der gesamte Bau nach zehn Tagen vollendet war, führte er sein Heer hinüber und eilte in das Gebiet der Sugambrer, nachdem er zuvor zu beiden Seiten der Brücke eine starke Schutztruppe zurückgelassen hatte. Die Sugambrer aber hatten schon seit dem Zeitpunkt, an dem man mit dem Bau der Brücke begann, ihr Gebiet verlassen und sich in der Einsamkeit der Wälder versteckt.

## Check 5

Quelle: De bello Gallico I 31

### Aufgabe 1:

| HS | GS 1 |
|---|---|
| ... factiones **esse** duas | |
| harum ... principatum **tenere** Haeduos | |
| | Hi cum ... **contenderent** |
| **factum esse** | |
| | ut ... Germani ... **arcesserentur** |
| ... Rhenum **transisse** | |
| | postquam agros ... homines feri ... **adamavissent** |
| **traductos esse** plures | |
| Cum[1] his Haeduos ... **contendisse**<br>magnam calamitatem ... **accepisse**,<br>omnem nobilitatem ...<br>**amisisse** | |
| **fractos** | |
| | qui ... **potuissent** |
| **coactos esse**<br>... obsides **dare** ...<br>et ... **obstringere** | |
| sese neque obsides **repetituros**<br>neque auxilium ... **imploraturos**. | |

[1] Bei **cum** kann man sich beim Übersetzen leicht vertun und es voreilig als Konjunktion interpretieren. Hier ist es Präposition (m. Ablativ) in der Bedeutung „mit". Beim Übersetzen also immer an beide Möglichkeiten denken!

### Aufgabe 2:

es gibt zwei Parteien
die Häduer besitzen die Vorherrschaft über diese
sie kämpften
es ist geschehen
Germanen wurden hergeholt
sie haben den Rhein überschritten
die unzivilisierten Menschen hatten das Gebiet zu schätzen gelernt
es wurden (noch) mehr herübergeführt

die Häduer haben mit diesen gekämpft, eine schwere Niederlage erlitten, ihren gesamten Adel verloren
die Zerbrochenen
hatten gekonnt
sie wurden gezwungen, Geiseln zu stellen und sich zu verpflichten
sie werden keine Geiseln zurückfordern noch um Hilfe flehen

**Aufgabe 3:**
Es gebe in Gallien zwei Parteien, bei der einen hätten die Häduer die Führungsrolle inne, bei der anderen die Averner. Als diese viele Jahre hindurch untereinander erbittert um die Vormacht (in Gallien) gekämpft hätten, sei es dazu gekommen, dass von den Avernern und Sequanern die Germanen mit Belohnungen herbeigeholt worden seien. Zunächst hätten etwa 15 000 von diesen den Rhein überquert, nachdem aber die unzivilisierten und rohen Menschen die Gebiete, Lebensweise und den Reichtum der Gallier zu schätzen gelernt hätten, seien noch mehr herübergeführt worden. Gegen diese hätten die Häduer und deren Verbündete einmal und nochmals gekämpft; sie seien geschlagen worden und hätten eine schwere Niederlage erlitten und hätten dabei ihren gesamten Adel, ihren Senat (ihre ganze Führungsschicht) und ihre gesamte Reiterei verloren.
An diesen Kämpfen und Niederlagen zerbrochen, seien sie, die zuvor die größte Macht in Gallien besessen hätten, gezwungen worden, den Sequanern die Vornehmsten ihres Stammes als Geiseln auszuliefern und sich durch einen Eid dazu zu verpflichten, sowohl die Geiseln nicht mehr zurückzufordern als auch das römische Volk nicht um Hilfe anzugehen.



## Check 6
Quelle: De bello Gallico I 10

**Aufgabe 1:**

| HS | GS 1 | GS 2 |
|---|---|---|
| a) Caesari renuntiatur<br>b) Helvetiis esse in animo<br>c) *(Was haben die Helvetier vor?)* per agrum Sequanorum et Haeduorum iter in Santonum fines facere, | | |
| | qui non longe a Tolosatium finibus absunt, | |
| | | quae civitas est in provincia. |
| | Id si fieret, | |
| intellegebat<br>magno cum periculo provinciae futurum, | | |
| | ut homines bellicosos,<br>populi Romani inimicos,<br>locis patentibus maximeque frumentariis finitimos haberet. | |

| HS | GS 1 | GS 2 |
| --- | --- | --- |
| Ob eas causas ei munitioni, | | |
| | quam fecerat, | |
| T. Labienum legatum praefecit. | | |
| Ipse in Italiam magnis itineribus contendit<br>duasque ibi legiones conscribit<br>et tres, | | |
| | quae circum Aquileiam hiemabant, | |
| ex hibernis educit et, | | |
| | qua proximum iter in ulteriorem Galliam per Alpes erat, | |
| cum his quinque legionibus ire contendit. | | |



**Aufgabe 2:**
Caesar wurde gemeldet, dass den Helvetiern im Sinn stehe, durch das Gebiet der Sequaner und Häduer in das Gebiet der Santonen zu marschieren.
Er erkannte, dass dies eine große Gefahr für die Provinz bedeuten würde.
Aus diesen Gründen übergab er dem Legaten T. Labienus die Leitung für die Befestigungsanlage.
Er selbst eilte in großen Etappen nach Italien, mobilisierte dort zwei Legionen und führte (weitere) drei aus dem Winterlager und beeilte sich, mit diesen fünf Legionen zu marschieren.

**Aufgabe 3:**
Caesar erhielt die Nachricht, dass den Helvetiern im Sinn stehe, durch das Gebiet der Sequaner und Häduer in das Gebiet der Santonen zu marschieren, die nicht weit entfernt vom Gebiet Tolosaten leben, einem Stamm, der bereits zur römischen Provinz gehört.
Er erkannte, dass dies, wenn es eintreten sollte, mit großer Gefahr für die Provinz verbunden sein würde, nämlich dass sie kriegsversessene Menschen, Feinde des römischen Volkes, in einer ungeschützten und zudem sehr fruchtbaren Landschaft zu Nachbarn hätte. Daher übergab er die Leitung für die Festung, die er hatte errichten lassen, an den Legaten Titus Labienus.
Er selbst reiste in langen Tagesetappen nach Italien, mobilisierte dort zwei Legionen und führte noch drei weitere, die in der Nähe von Aquileia überwinterten, aus dem Winterlager und machte sich daran, mit diesen fünf Legionen dort zu marschieren, wo der kürzeste Weg über die Alpen ins jenseitige Gallien war.

## Check 7
Quelle: De bello Gallico II 1f.

### Aufgabe 1:

| HS | GS 1 | GS 2 |
|---|---|---|
| | Cum **esset** Caesar in ... Gallia, | |
| ... **adferebantur**<br>... **certior factus est**<br>(omnes Belgas), | | |
| | quam tertiam **esse** Galliae partem **dixeramus,** | |
| **coniurare**<br>obsidesque ... **dare.** | | |
| ... **esse** causas: | | |
| | quod **vererentur,** | |
| | | ne<br>omni **pacata** Gallia<br>... exercitus noster **adduce-retur;** |
| | quod ... **sollicitarentur,** | |
| | | qui<br>et<br>Germanos ... **versari noluerant**<br>et<br>exercitum **hiemare** ...<br>moleste **ferebant.** |
| **commotus**<br>Caesar duas legiones ... **conscripsit**<br>et<br>**inita** aestate<br>... legatum **misit.** | | |
| Ipse, | | |
| | cum ...<br>copia **esse**<br>**inciperet,** | |
| ad exercitum **venit.** | | |

### Aufgabe 2:
**(Cum)** Cäsar hielt sich in Gallien auf ▶ **in citeriore Gallia** – im diesseitigen Gallien
etwas wurde herbeigebracht ▶ *was?:* **crebri ... rumores** – zahlreiche Gerüchte ▶ **ad eum** – zu ihm (Caesar)
und **(item)** er wurde benachrichtigt ▶ **litteris** ▶ *Kasus?* ▶ *Ablativ = wodurch?* ▶ durch einen Brief ▶ **Labieni** – von Labienus
alle Belger ... *(Akkusativ)* ▶ *gibt es dazu einen Infinitiv?* ▶ coniurare ▶ *AcI:* dass alle Belger ...

3 LÖSUNGEN

**(quam)** wie bereits gesagt, der dritte Teil Galliens
planten einen Aufstand ▶ **contra populum Romanum**
und tauschten Geiseln aus
es gibt Gründe > **coniurandi** *(Genitiv)* ▶ für einen Aufstand, *und zwar:* **has causas ...**
**(primum quod)** sie befürchteten
nach der Unterwerfung ganz Galliens wird unser Heer herangeführt ▶ **ad eos** - zu ihnen
**(deinde quod)** sie wurden aufgewiegelt ▶ **ab nonnullis Gallis**
**(qui)** sie hatten nicht gewollt, dass sich Germanen hier aufhalten ▶ **diutius in Gallia**
und sind darüber entrüstet, dass das Heer ▶ **populi Romani** ▶ den Winter über ▶ **in Gallia** ▶ bleibt
**His nuntiis** ▶ beunruhigt hat Cäsar zwei ▶ **novas** ▶ Legionen ▶ **in citeriore Gallia** ▶ mobilisiert und zu Beginn des Sommers einen Gesandten/General - **Q. Pedium** ▶ **in ulteriorem Galliam** ▶ losgeschickt
er selbst ...
**(cum primum)** es begann eine Menge ▶ **pabuli** ▶ vorhanden zu sein
kam zum Heer



### Aufgabe 3:
Frühjahr; die Zeit, in der es wieder Futter für die Pferde gab und die Kriegführung wieder möglich war.

### Aufgabe 4:
Als sich Caesar im diesseitigen Gallien aufhielt, wurden ihm zahlreiche Gerüchte zugetragen, und er wurde ebenso durch einen Brief des Labienus darüber in Kenntnis gesetzt, dass alle Belger, von denen wir bereits gesagt hatten, dass sie den dritten Teil Galliens ausmachen, einen Aufstand gegen das römische Volk planten und Geiseln untereinander austauschten.
Für eine Verschwörung gebe es folgende Gründe:
Erstens, weil sie fürchteten, dass unser Heer, wenn ganz Gallien erst einmal unterworfen sei, auch zu ihnen geführt werde; zum zweiten weil sie auch von einigen Galliern aufgewiegelt würden, die nicht wollten, dass die Germanen noch länger in Gallien verblieben, und sich auch darüber empörten, dass das Heer des römischen Volkes den Winter über in Gallien stationiert sei.
Durch diese Nachrichten und diesen Brief veranlasst, mobilisierte Caesar im diesseitigen Gallien zwei neue Legionen und schickte bei Anbruch des Sommers seinen Legaten Quintus Pedius nach Gallien. Er selbst kam zu seinem Heer, sobald genügend Grünfutter vorhanden zu sein begann.



## Check 8
Quelle: De bello Gallico I 43f.

### Aufgabe 1:

| Subjekt | Prädikat | Akk.-Objekt | Attribute |
|---|---|---|---|
| Caesar | commemoravit | beneficia | sua senatusque |

| HS-Prädikat | AcI | | | |
|---|---|---|---|---|
| | Subjekt | Prädikat | Dat.-Obj. | Präp.-Obj. |
| docebat | quam rem | contigisse | paucis | |
| | | consuesse tribui | | pro officiis |

**Aufgabe 2:**
rex - amicus - munera

**Aufgabe 3:**

| Pronomen | Ergänzung |
|---|---|
| sese | Rhenum transisse |
| sese | Gallis non bellum intulisse |
| sibi | Gallos bellum intulisse |
| ad se | oppugnandum omnes Galliae civitates venisse |
| contra se | castra habuisse |
| a se | eas omnes copias pulsas ac superatas esse |

**Aufgabe 4:**
er habe den Rhein überquert
er habe die Gallier nicht angegriffen
die Gallier hätten ihn angegriffen
alle Stämme Galliens seien gekommen, um ihn anzugreifen
sie befänden sich gegen ihn im Krieg
alle diese Truppen seien von ihm geschlagen und besiegt worden

**Aufgabe 5:**
Caesar erinnerte zu Beginn seiner Rede sowohl an seine eigenen Wohltaten als auch an die des Senates ihm (Ariovist) gegenüber: dass er vom Senat zum König ernannt worden sei, dass man ihn als Freund bezeichnet habe, dass man in reichlichem Maße Geschenke an ihn gesandt habe; diese Sache sei nur wenigen zuteilgeworden und gewöhnlich würden sie nur für große Verdienste von Menschen verliehen. Er forderte, weder die Häduer noch deren Verbündete anzugreifen, die Geiseln zurückzugeben und es nicht zuzulassen, dass noch mehr (Germanen) den Rhein überschritten.
Ariovist antwortete auf die Forderungen Caesars nur weniges: Er habe den Rhein nicht aus eigenem Entschluss überquert, sondern weil er von den Galliern darum gebeten und herbeigeholt worden sei; nicht er habe die Gallier, sondern die Gallier hätten ihn angegriffen; alle Stämme Galliens seien gekommen, um ihn anzugreifen, und befänden sich gegen ihn im Krieg; alle diese Truppen seien von ihm in einem einzigen Gefecht geschlagen und besiegt worden.

### Check 9
Quelle: De bello Gallico VI 13

**Aufgabe 1:**

| | hic, haec, hoc | is, ea, id | qui, quae, quod* | sonstige |
|---|---|---|---|---|
| **Nom.** | hic, **haec,** hoc | is, ae, id | **qui,** quae, **quod** | **ullus** |
| **Gen.** | huius | eius | cuius | |
| **Dat.** | huic | ei | cui | |
| **Akk.** | hunc, hanc, hoc | eum, eam, id | quem, quam, quod | **quid** |
| **Abl.** | hoc, hac, hoc | eo, ea, eo | quo, qua, quo | |
| **Nom.** | **hi,** hae, haec | ii (ei), eae, ea | qui, quae, quae | **eidem** |
| **Gen.** | horum, harum, horum | **eorum,** earum, eorum | quorum, quarum, quorum | |
| **Dat.** | **his** | iis (eis) | **quibus** | |
| **Akk.** | **hos,** has, haec | **eos,** eas, ea | quos, quas, quae | |
| **Abl.** | **his** | iis (eis) | quibus | |

* auch die Formen von **aliqui, aliqua, aliquod**

**Aufgabe 2:**
Die Druiden
sind zuständig für Kulthandlungen: **rebus divinis intersunt**
kümmern sich um die Opfer: **sacrificia publica procurant**
erklären religiöse Bräuche: **religiones interpretantur**
unterrichten (die Jugend): **disciplina**
dienen als Schiedsstelle: **de controversiis constituunt**
üben die Gerichtsbarkeit aus: **decernunt, praemia poenasque constituunt**
verhängen Sanktionen: **sacrificis interdicunt**

**Aufgabe 3:**
sie werden zu den Gottlosen und Verbrechern gerechnet
alle gehen ihnen aus dem Weg
(alle) vermeiden den Umgang und das Gespräch mit ihnen
selbst wenn sie darum bitten, wird ihnen ihr Recht nicht wieder zurückgegeben
ihnen wird keine Ehre(nstelle) zugeteilt

**Aufgabe 4:**
Die Druiden nehmen an den Kulthandlungen teil, kümmern sich um die öffentlichen Opfer und legen religiöse Bräuche aus. Eine große Anzahl junger Leute strömt um der Ausbildung willen zu diesen, und diese stehen bei ihnen in hoher Ehre. Sie entscheiden nämlich über fast alle privaten und öffentlichen Streitfälle, und wenn irgendein Verbrechen verübt, ein Mord begangen wurde, wenn es Streit um Erbschaft oder über Gebietsansprüche gibt, treffen dieselben eine Entscheidung und legen Belohnungen und Strafen fest.
Wenn ein Privatmann oder auch ein Volk ihrer Entscheidung nicht gehorcht, schließen sie diese von den Opfern aus. Diese Strafe gilt bei ihnen als die schwerste. Diejenigen, die auf diese Weise ausgeschlossen wurden, werden zu den Gottlosen und Verbrechern gerechnet,

diesen gehen alle aus dem Weg, meiden den Umgang und das Gespräch mit ihnen, um aus dem Kontakt keinen Nachteil zu erleiden, und ihnen wird ihr Recht nicht wieder zurückgegeben, selbst wenn sie darum bitten, noch wird ihnen irgendeine Ehre(nstelle) zugeteilt.

## Check 10

Quelle: De bello Gallico I 25

### Aufgabe 1:

equis (ex conspectu) remotis - die Pferde waren außer Sichtweite geschafft worden
aequato omnium periculo - die Gefährdung war für alle ausgeglichen worden
e loco superiore pilis missis - von höher gelegenen Plätzen waren Speere herabgeschleudert worden
ea (phalange) disiecta - diese Schlachtreihe war auseinandergesprengt worden
gladiis destrictis - die Schwerter waren gezückt worden
pluribus eorum scutis uno ictu transfixis et conligatis - eine Vielzahl ihrer Schilde war durch einen Treffer durchbohrt und aneinandergekettet worden
sinistra impedita - ihre Linke (ihr linker Arm) war gehindert (kampfunfähig)
diu iactato bracchio - der Arm war lange geschüttelt worden
capto monte - der Berg war eingenommen worden
succedentibus nostris - unsere Leute drängten heran

### Aufgabe 2:

Caesar lässt die Pferde außer Sichtweite schaffen,
ermuntert seine Soldaten,
beginnt den Kampf.

### Aufgabe 3:

| HS | GS 1 | GS 2 |
|---|---|---|
| Gallis magno ad pugnam erat impedimento, | | |
| | **quod**<br>pluribus eorum scutis uno ictu pilorum transfixis et conligatis, | |
| | | **cum** ferrum se inflexisset, |
| | neque evellere<br>neque<br>sinistra impedita<br>satis commode pugnare poterant, | |
| | | multi **ut**<br>diu iactato bracchio<br>praeoptarent scuta e manu emittere et nudo corpore pugnare. |

| HS | GS 1 | GS 2 |
|---|---|---|
| Capto monte<br>et succedentibus nostris<br>Boii et Tulingi<br>ex itinere nostros latere aperto adgressi<br>circumvenire<br>et id conspicati<br>Helvetii, | | |
| | **qui** in montem sese receperant, | |
| rursus instare<br>et proelium redintegrare coeperunt. | | |

**Aufgabe 4:**
Nachdem Caesar die Pferde zunächst aus seinem Blickfeld, dann aus dem Blickfeld aller hatte entfernen lassen, um so - indem die Gefahr für alle angeglichen worden war - die Hoffnung auf Flucht zunichte zu machen, munterte er seine Soldaten auf und nahm den Kampf auf. Nachdem die Soldaten von höher gelegenen Plätzen ihre Wurfspeere losgeschleudert hatten, durchbrachen sie mühelos die Schlachtordnung der Feinde. Als sie (die Schlachtordnung) auseinandergesprengt worden war, machten sie mit gezückten Schwertern einen Angriff auf diese. Für die Gallier erwies es sich beim Kampf als großer Nachteil, dass eine Vielzahl ihrer Schilde durch einen Treffer der Wurfspeere durchbohrt und aneinandergekettet worden war und, weil sich die Spitze (das Eisen) verbogen hatte, sie sich weder losreißen konnten noch dadurch, dass ihr linker Arm behindert war, ungehindert genug kämpfen konnten, so dass es viele vorzogen, nachdem sie lange ihren (linken) Arm geschüttelt hatten, ihre Schilde aus der Hand fallen zu lassen und mit ungeschütztem Körper zu kämpfen. Da ein Berg nur etwa eine Meile entfernt in der Nähe lag, begannen sie schließlich sich dorthin zurückzuziehen. Nachdem sie den Berg besetzt hatten und während die Unsrigen herandrängten, griffen die Boier und Tulinger unsere Leute während des Vorrückens von der ungeschützten Seite aus an und umzingelten sie; als die Helvetier, die sich auf den Berg zurückgezogen hatten, dies beobachteten, begannen sie wieder anzugreifen und den Kampf wiederaufzunehmen.

### Check 11
Quelle: De bello Gallico II 9

### Aufgabe 1:

| Ergänzung | Bedeutung |
|---|---|
| cum hostibus | kämpfen, streiten |
| magnis itineribus | eilen |
| ire | sich antrengen, eilen |
| ut-Satz | (behaupten,) dass … |
| gladiis strictis | kämpfen, streiten |
| in Galliam ulteriorem | eilen |
| inter se | wetteifern, kämpfen, streiten |
| pugnare | sich anstrengen |
| proelio equestri | kämpfen |
| ad flumen Axonam | eilen |

### Aufgabe 2:
a

<table>
<tr><th>HS</th><th>GS 1</th><th>GS 2</th></tr>
<tr><td></td><td colspan="2">Hanc si nostri transirent,</td></tr>
<tr><td colspan="3">hostes expectabant;<br>nostri autem,</td></tr>
<tr><td></td><td colspan="2">si ab illis initium transeundi fieret,</td></tr>
<tr><td></td><td></td><td>ut impeditos adgrederentur,</td></tr>
<tr><td colspan="3">parati in armis erant.</td></tr>
</table>

b

| HS | GS 1 | GS 2 |
|---|---|---|
| Ibi vadis repertis<br>partem suarum copiarum traducere conati sunt eo consilio, | | |
| | ut, | |
| | | si possent, |
| | castellum, | |
| | | cui praeerat Q. Titurius legatus, |
| | expugnarent pontemque interscinderent; | |
| | | si minus potuissent, |
| | agros Remorum popularentur, | |
| | | qui magno nobis usui ad bellum gerendum erant, |
| | commeatuque nostros prohiberent. | |

**Aufgabe 3:**
Ein Sumpf, der nicht groß war, lag zwischen unserem Heer und dem der Feinde. Die Feinde warteten darauf, dass unsere Leute versuchten, ihn zu überqueren. Unsere wiederum standen bewaffnet da, falls jene den Anfang einer Überquerung machen sollten, um sie dann, wenn sie nicht kampfbereit wären, anzugreifen. In der Zwischenzeit wurde zwischen den zwei Kampfreihen ein Reitergefecht ausgetragen. Als aber keiner damit begann, (den Sumpf zu überqueren), und die Unsrigen im Reitergefecht gesiegt hatten, führte Caesar seine Soldaten wieder in das Lager zurück. Sofort eilten die Feinde von dieser Stelle zu dem Fluss Axona, der - wie wir schon gesagt haben - hinter unserem Lager floss. Nachdem sie dort Stellen zum Überqueren entdeckt hatten, versuchten sie, einen Teil ihrer Truppen hinüberzuführen, in der Absicht, - falls möglich - das Schutzlager, das sich unter Leitung des Legaten Quintus Titurius befand, zu erobern und die Brücke zu zerstören; falls dies nicht gelänge, um dann die Äcker der Remer zu verwüsten, die uns für die Durchführung des Krieges von großem Nutzen waren, und um uns so vom Verpflegungsnachschub abzuschneiden.

### Check 12

Quelle: De bello Gallico IV 29

**Aufgabe 1:**

| nd-Form | Verwendung | Übersetzung |
|---|---|---|
| **Gerundium** | facultas auxiliandi<br>(inutilis) ad navigandum | die Gelegenheit, zu helfen<br>zur Seefahrt (untauglich) |
| **Gerundivum als Attribut** | ad reficiendas naves (usui esse) | (von Nutzen sein,) um die Schiffe zu reparieren |
| **Gerundivum mit esse** | Caesar statuit<br>Rhenum sibi transeundum esse,<br>non sibi exspectandum esse | Caesar beschloss,<br>den Rhein überqueren zu müssen,<br>nicht abwarten zu dürfen |
| **Gerundivum als Prädikativum** | exercitum transportandum curare | das Heer hinüberführen lassen,<br>sich um den Transport des Heeres kümmern |

**Aufgabe 2:**

a

| HS | GS 1 | GS 2 |
|---|---|---|
| Ita uno tempore et longas naves, | | |
| | quibus Caesar exercitum transportandum curaverat<br>quasque in aridum subduxerat, | |
| aestus complebat et<br>onerarias, | | |
| | quae ad ancoras erant deligatae, | |
| tempestas adflictabat,<br>neque ulla nostris facultas aut administrandi aut auxiliandi dabatur. | | |

b

| HS | GS 1 | GS 2 |
|---|---|---|
| Compluribus navibus fractis, | | |
| | reliquae cum essent<br>funibus, ancoris reliquisque armamentis amissis<br>ad navigandum inutiles, | |
| magna<br>– id, | | |
| | quod necesse erat accidere – *(Einschub)* | |
| totius exercitus perturbatio facta est. | | |

c

| HS | GS 1 | GS 2 |
|---|---|---|
| Neque enim naves erant aliae, | | |
| | quibus reportari possent, | |
| et omnia deerant, | | |
| | quae ad reficiendas naves erant usui, | |
| et, | | |
| | quod omnibus constabat hiemari in Gallia oportere, | |
| frumentum in his locis in hiemem provisum non erat. | | |

**Aufgabe 3:**
In derselben Nacht geschah es, dass Vollmond war, ein Zeitpunkt, der in aller Regel Springfluten im Ozean entstehen lässt, und unseren Leuten war dies (dieses Phänomen) unbekannt. So überfluteten die Wogen auf einen Schlag die Kriegsschiffe, mit denen Caesar das Heer hatte herüberbringen und welche er dann an Land hatte ziehen lassen, und das Unwetter beschädigte auch die Lastschiffe, die am Anker festgebunden waren, und unsere Leute hatten keine Möglichkeit einzugreifen oder zu helfen. Nachdem mehrere Schiffe zerstört und die übrigen, weil sie die Seile, Anker und übrige Takelage verloren hatten, zum Segeln unbrauchbar geworden waren, brach - was geschehen musste - im ganzen Heer Panik aus. Es gab nämlich keine anderen Schiffe, auf denen sie hätten zurückgebracht werden können, und es fehlte alles, was man für eine Reparatur der Schiffe gebraucht hätte, und, da für alle feststand, in Gallien den Winter verbringen zu müssen, war an dieser Stelle kein Getreide für eine Überwinterung beschafft worden.

**Check 13**
Quelle: De bello Gallico V 3

**Aufgabe 1:**

| Cingetorix | Indutiomarus |
|---|---|
| alter ... ad eum (Caesarem) venit | equitatum peditatumque cogere et bellum parare instituit. |
| se ... in officio futuros neque ab amicitia populi Romani defecturos confirmavit | veritus ... legatos ad Caesarem mittit. |
| | ad eum venire noluisse, quo facilius ... contineret |
| | seseque ... ad eum (Caesarem) in castra venturum |
| | suas ... fortunas eius fidei permissurum |

Indutiomarus bereitet zunächst alles für einen bewaffneten Widerstand gegen die Römer vor; erst als er Zweifel an der Treue seiner Stammesgenossen bekommt, nimmt er mit Caesar Kontakt auf und sichert ihm seine Loyalität zu. Auf diese Weise gelingt es Caesar, den gallischen Stammesführer als einen Mann zu charakterisieren, der aus opportunistischen Motiven nur dem Anschein nach den Römern Bündnistreue verspricht: In Wirklichkeit habe er zwei Gesichter, dies mache ihn unberechenbar und gefährlich.

**Aufgabe 2:**

a

| indirekte Rede | direkte Rede |
|---|---|
| Se suosque omnes in officio futuros neque ab amicitia populi Romani defecturos confirmavit. | Cingetorix confirmavit: „**Ego meique** omnes in officio **erimus** neque ab amicitia populi Romani **deficiemus**." |
| [Indutiomarus:] sese idcirco ad eum venire noluisse, quo facilius civitatem in officio contineret, ne omnis nobilitatis discessu plebs propter imprudentiam laberetur; seseque, si Caesar permitteret, ad eum in castra venturum, suas civitatisque fortunas eius fidei permissurum. | Indutiomarus: „Idcirco ad **te** venire **nolui**, quo facilius civitatem in officio **continerem,** ne ... laberetur; si **tu, Caesar, permittes** *(besser:* **permiseris**, *Fut. II),* ad **te** in castra **veniam, meas** civitatisque fortunas fidei **tuae permittam**." |

b

| indirekte Rede | direkte Rede |
|---|---|
| Reflexivpronomen der 3. Person (se, suos) | wird zur sprechenden, zur **ersten Person;** die Rolle des Pronomens übernimmt die Personalendung des Verbs |
| Personalpronomen der 3. Person (is, ea, id) | wird zur angesprochenen, zur **zweiten Person;** auch hier wird die Aufgabe des Pronomens von der Personalendung übernommen |
| Infinitiv Futur Aktiv (futuros, defecturos [esse]) | wird zum **Futur (I)** |
| Infinitiv Perfekt Aktiv (noluisse) | wird zu einer **Vergangenheitsform** |
| Verbformen in der dritten Person Konjunktiv Imperfekt (contineret, permitteret) | werden zur **ersten bzw. zweiten Person Indikativ;** das **Tempus** hängt von der Satzkonstruktion ab |

c

| indirekte Rede | direkte Rede |
|---|---|
| [Cingetorix versicherte,] er und alle seine Leute würden ihre Verpflichtungen einhalten und die Freundschaft zum römischen Volk nicht aufgeben. | Cingetorix bekräftigte: „Alle meine Leute und ich werden unsere Verpflichtungen einhalten und die Freundschaft zum römischen Volk nicht aufgeben." |
| [Indutiomarus ließ mitteilen,] er habe deswegen nicht zu ihm kommen wollen, um den Stamm leichter zur Erfüllung seiner Verpflichtungen zwingen zu können, damit das Volk nicht nach dem Abzug der gesamten Führungsschicht unbesonnen abfiele: Wenn Caesar dies erlaube, werde er zu ihm in sein Lager kommen, um ihm sein Schicksal und das des Stammes anzuvertrauen. | Indutiomarus [ließ Folgendes mitteilen]: „Ich habe deswegen nicht zu dir kommen wollen, um meinen Stamm leichter zur Erfüllung seiner Pflichten zwingen zu können, damit das Volk nicht nach dem Abzug der gesamten Führungsschicht abfällt. Wenn du es erlaubst, Caesar, werde ich zu dir in dein Lager kommen, um dir mein Schicksal und das meines Stammes anzuvertrauen." |

Wie du sicherlich gemerkt hast, benützt man im Deutschen zur Wiedergabe einer indirekten Rede den **Konjunktiv.**



**Aufgabe 3:**

Bei diesem Stamm stritten zwei untereinander um die Herrschaft: Indutiomarus und Cingetorix; der eine von ihnen kam, sobald er von der Ankunft Caesars und seines Heeres erfahren hatte, zu ihm und bekräftigte, dass er und seine Leute ihre Verpflichtungen einhalten und die Freundschaft zum römischen Volk nicht aufgeben würden. Indutiomarus dagegen beschloss, seine Reiterei und seine Fußtruppen zusammenzuziehen und einen Krieg vorzubereiten. Nachdem aber einige Fürsten aus diesem Stamm, erschrocken über die Ankunft unseres Heeres, zu Caesar gekommen waren, schickte (auch) Indutiomarus aus Angst, von allen verlassen zu werden, Gesandte zu Caesar (und ließ mitteilen): Er habe deswegen nicht zu ihm kommen wollen, um den Stamm leichter zur Erfüllung seiner Verpflichtungen zwingen zu können, damit das Volk nicht nach dem Abzug der gesamten Führungsschicht unbesonnen abfiele. Wenn Caesar dies erlaube, werde er zu ihm in sein Lager kommen, um ihm sein Schicksal und das des Stammes anzuvertrauen.

## Check 14

Quelle: De bello Gallico V 6

**Aufgabe 1:**

| Quod eum ... [esse] cognoverat: | |
|---|---|
| **1.** | cupidum rerum novarum |
| **2.** | cupidum imperii |
| **3.** | magni animi |
| **4.** | magnae inter Gallos auctoritatis |

**Aufgabe 2:**
Bei den Übrigen war auch der Häduer Dumnorix, über den vorher schon von uns gesprochen wurde. Er hatte beschlossen, insbesondere diesen bei sich zu haben, weil er wusste, dass dieser auf eine Veränderung der politischen Verhältnisse aus war, die Herrschaft übernehmen wollte sowie ein Mann von großem Mut und großem Ansehen unter den Galliern war.

**Aufgabe 3:**
Dumnorix berichtet in einer Versammlung der Häduer von seiner Herrschaft über den Stamm. Die anderen Häduer sind empört, wagen es aber nicht, sich zu wehren.

**Aufgabe 4:**

| **Ille omnibus primo precibus petere contendit, ut in Gallia relinqueretur:** | |
|---|---|
| **Ausrede 1:** | quod insuetus navigandi mare timeret |
| **Ausrede 2:** | quod religionibus impediri sese diceret |
| **weitere Maßnahmen:** | principes Galliae sollicitare,<br>sevocare singulos hortarique<br>coepit,<br>uti in continenti remanerent. |

**Aufgabe 5:**
Hinzu kam noch, dass Dumnorix in einer Versammlung der Häduer behauptet hatte, ihm werde von Caesar die Herrschaft über den Stamm übertragen. Über diese Aussage waren die Häduer empört, wagten es aber nicht, Gesandte zu Caesar zu entsenden, um dies abzulehnen oder ihn durch Bitten umzustimmen. Caesar hatte durch Gäste von diesem Vorfall erfahren.
Jener bemühte sich zunächst mit Bitten aller Art zu erreichen, dass er in Gallien zurückgelassen würde, teils weil er - unerfahren in der Schifffahrt - das Meer fürchte, teils dass er sagte, er werde durch religiöse Verpflichtungen abgehalten. Nachdem er gesehen hatte, dass ihm dies beharrlich verweigert wurde, begann er, da ihm alle Hoffnung, seinen Willen durchzusetzen, genommen worden war, die Fürsten Galliens aufzuwiegeln, einzelne heimlich zu sich zu rufen und aufzufordern, dass sie auf dem Festland bleiben sollten.

## Check 15

Quelle: De bello Gallico V 44

### Aufgabe 1:

| Partizip | PPP, PPA oder PFA? | Infinitiv |
|---|---|---|
| laboranti | PPA | laborare |
| occisum | PPP | occidere |
| interfecto | PPP | interficere |
| deiectus | PPP | deicere |
| circumvento | PPP | circumvenire |
| interfectis | PPP | interficere |

### Aufgabe 2:

| Partizip | Bezugswort | Funktion/Konstruktion |
|---|---|---|
| laboranti | kein Bezugswort, substantivisch verwendet | Dativ-Objekt zu subvenit |
| occisum | illum | Prädikat im AcI: occisum esse |
| interfecto | uno | Abl. abs. |
| deiectus | Subjekt (aus dem Satz zuvor zu ergänzen: Vorenus) | PC |
| circumvento | huic | PC |
| interfectis | compluribus | Abl. abs. |

### Aufgabe 3:

| Form | hic, haec, hoc | ille, illa, illud | alter, altera, alterum | uter, utra, utrum |
|---|---|---|---|---|
| **Nom. Sg.** | hic | ille | **alter** | uter |
| **Gen. Sg.** | huius | illius | alterius | utrius |
| **Dat. Sg.** | huic | illi | alteri | **utri** |
| **Akk. Sg.** | hunc | **illum** | alterum | utrum |
| **Nom. Pl.** | **hi** | illi | alteri | - |

### Aufgabe 4:

In dieser Legion gab es (zwei) sehr tapfere Männer, Zenturionen, die unmittelbar vor ihrer Beförderung in den ersten Rang standen, Titus Pullo und Lucius Vorenus. Diese führten einen ständigen Streit miteinander, wer der Bessere sei, und kämpften alljährlich mit größter Rivalität um diesen Rang.

*Doch eines Tages übertreibt es Pullo mit seinem Heldentum: Von den Feinden plötzlich bedrängt hat er schon den sicheren Tod vor Augen.*

Da eilte jenem sein Rivale Vorenus zu Hilfe und leistete dem Bedrängten Unterstützung. Auf der Stelle wendete sich die gesamte Menge (der Feinde) weg von Pullo dem Vorenus zu. Sie glaubten, jener sei durch den Speer getötet worden. Vorenus kämpfte mit seinem Schwert im Nahkampf und konnte, nachdem er einen Feind getötet hatte, die übrigen ein wenig zurückdrängen. Während er zu eifrig vordrängte, geriet er an einem Loch im Boden ins Straucheln und fiel hin. Diesem, ebenfalls in Bedrängnis gebracht, leistete nun Pullo Hilfe, und beide konnten sich unversehrt, nachdem sie noch mehrere Feinde getötet hatten, von allen Seiten hoch gelobt wieder in die Festungsanlagen zurückziehen. So trieb das Glück bei ihrem Wettstreit und Kampf mit beiden sein Spiel, indem beide Rivalen einander zu Hilfe kamen und Rettung brachten, und (am Ende) nicht entschieden werden konnte, wer von beiden hinsichtlich der Tapferkeit als der Bessere angesehen werden musste.

## Ovid

### Check 1

Quelle: Metamorphosen I 253ff.

#### Aufgabe 1:

Schon wollte Jupiter seine Blitze herabschleudern, aber er fürchtete, dass der Himmel Feuer fangen und die Himmelsachse in Brand geraten könnte.
(Ihm) gefiehl (Er beschloss) eine gegenteilige Strafe: das sterbliche Geschlecht unter Wellen zu vernichten und wolkenbruchartige Regenfälle herabzusenden, und er schickte den Regenwind (Notus) los. Der Regenwind flog davon, und als er die Wolken gedrückt hatte, kam es zu einem Wolkenbruch. Dichte Wassermassen ergossen sich vom Himmel.
Der Wolf schwamm zwischen den Schafen, die Woge trug die Löwen, Meer und Land hatten keinen Unterschied mehr, die Fluten umspülten Berggipfel. Der größte Teil wurde vom Wasser mitgerissen; wen das Wasser verschonte, den bezwang die lange Hungersnot.

#### Aufgabe 2:

Und schon wollte er seine Blitze alle Länder herabschleudern, aber er fürchtete, dass von so viel Feuer der heilige Himmel vielleicht Feuer fangen und die lange Himmelsachse in Brand geraten könnte.
(Ihm) gefiel (Er beschloss) eine gegenteilige Bestrafung: das sterbliche Geschlecht unter Wellen zu vernichten und aus dem ganzen Himmel Wassermassen herabzusenden, und er schickte den Regenwind los. Der Regenwind flog mit seinen nassen Flügeln davon, und als er mit seiner Hand weithin die tief herabhängenden Wolken drückte, kam es zu einem Wolkenbruch: Darauf stürzten dichte Wassermassen vom Himmel.
Der Wolf schwamm zwischen den Schafen, die Welle trug die gelblichbraunen Löwen, Meer und Land hatten schon keinen Unterschied mehr: Die neuen Fluten umspülten die Berggipfel. Der größte Teil wurde von der Flut mitgerissen, wen das Wasser verschonte, den raffte durch den Nahrungsmangel die lange Hungersnot dahin.

## Check 2
Quelle: Metamorphosen I 291ff.

### Aufgabe 1:
1a Und schon hatten Meer und Land keinerlei Trennung mehr:
Alles war Meer, es fehlten die Küsten.
1b Und schon hatten Meer und Land keinerlei Trennung mehr:
Alles war Meer, auch fehlten dem Meer die Küsten.

2a Der eine ließ sich auf einem Hügel nieder, der andere saß im Boot
und führte die Ruder.
2b Der eine ließ sich auf einem Hügel nieder, der andere saß im gekrümmten Boot
und führte dort die Ruder, wo er vor kurzem noch gepflügt hatte.

3a Jener segelte über dem Saatfeld,
dieser fing den Fisch.
3b Jener segelte über dem Saatfeld oder über die Giebel,
dieser fing den Fisch in einer Ulme.
3c Jener segelte über dem Saatfeld oder über die Giebel eines versunkenen Landhauses,
dieser fing den Fisch in der Spitze einer Ulme.

4a Der Anker wird auf der Wiese befestigt.
4b Der Anker wird auf der grünen Wiese befestigt.
4c Der Anker wird, wenn es der Zufall so wollte, auf der grünen Wiese befestigt.

5a Es schwimmt der Wolf, die Welle trägt die Löwen,
die Welle trägt die Tiger,
und die Beine nützen dem Hirsch nicht(s).
5b Es schwimmt der Wolf zwischen den Schafen, die Welle trägt die Löwen mit goldener Mähne,
die Welle trägt die Tiger, und die Kräfte (nützen) dem Eber (nichts),
noch nützen die flinken Beine dem Hirsch.
5c Es schwimmt der Wolf zwischen den Schafen, die Welle trägt die Löwen mit goldener Mähne,
die Welle trägt die Tiger, und die niederschmetternden Kräfte (nützen) dem Eber (nichts),
noch nützen die flinken Beine dem Hirsch, der davongespült worden ist.

## Check 3
Quelle: Metamporphosen X 23ff.

### Beispielsatz:
Amor (die Liebe) hat gesiegt; dieser Gott ist in der Oberwelt wohlbekannt. Ich zweifle, ob er es auch hier ist.

### Aufgabe 1:
a Sed et hic tamen esse auguror, si fama veteris rapinae non est mentita, amor vos quoque iunxit.
Doch vermute ich, dass er es dennoch auch hier ist, und wenn die Sage von dem lange zurückliegenden Raub nicht erfunden ist, hat auch euch die Liebe zusammengeführt.

b Ego per haec loca plena timoris, per hoc Chaos ingens silentiaque vasti regni, oro: properata fata Eurydices retexite!
Bei diesem Ort voll der Furcht, bei diesem gewaltigen Abgrund und dem Schweigen des wüsten Reiches beschwöre ich euch: Macht das übereilte Schicksal Eurydikes wieder rückgängig!

c Omnes huc tendimus, haec domus ultima est, vosque longissima regna humani generis tenetis.
Wir alle streben hierher, dies ist unser letzter Wohnort, und ihr habt die längste Herrschaft über das Menschengeschlecht inne.

**Aufgabe 2:**

| calcata (V. 1) | vipera (V. 2) |
|---|---|
| supera (V. 4) | in ora (V. 4) |
| veteris (V. 6) | rapinae (V. 6) |
| ingens (V. 8) | Chaos (V. 8) |
| morati (V. 8) | (wir) properamus (V. 9) |
| ad unam (V. 11) | sedem (V. 11) |

**Aufgabe 3:**

Caúsa viáe'st coniúnx, in quám calcáta venénum
– ⏑ ⏑ / – – / – – / – – / – ⏑ ⏑ / – ⏑
Pósse patí voluí nec mé temptásse negábo
– ⏑ ⏑ / – ⏑ ⏑ / – – / – – / – ⏑ ⏑ / – –
Vícit amór, superá deus híc bene nótus in óra'st
– ⏑ ⏑ / – ⏑ ⏑ / – ⏑ ⏑ / – ⏑ ⏑ / – ⏑ ⏑ / – –
Ómnia débentúr vobís paulúmque moráti
– ⏑ ⏑ / – – / – – / – – / – ⏑ ⏑ / – –

**Aufgabe 4:**

„Grund für meinen Weg ist meine Gattin, in welche eine getretene Schlange ihr Gift verströmen ließ und der sie so die weiteren Lebensjahre nahm. Ich wollte es aushalten können und werde zugeben, es versucht zu haben. Amor (die Liebe) hat gesiegt; dieser Gott ist im Reich der Lebenden wohl bekannt. Ich zweifle, ob er es auch hier ist. Doch vermute ich, dass er es dennoch auch hier ist, und wenn die Sage von dem lange zurückliegenden Raub nicht erfunden ist, hat auch euch die Liebe zusammengeführt. Bei diesem Ort voll der Furcht, bei diesem gewaltigen Abgrund und dem Schweigen des wüsten Reiches beschwöre ich euch: Macht das übereilte Schicksal Eurydikes wieder rückgängig! Alles wird euch geschuldet und nach einer kurzen Weile eilen wir früher oder später zu dem einen Wohnsitz. Wir alle streben hierher, dies ist unser letzter Wohnort, und ihr habt die längste Herrschaft über das Menschengeschlecht inne."

## Check 4

Quelle: Metamorphosen I 512ff.

### Aufgabe 1:

| Qualität | Vers | Stichwörter |
|---|---|---|
| göttliche Abstammung | V. 6 | Iuppiter est genitor |
| Leistungen in der Heilkunde | V. 10/11 | Inventum medicina meum est, opiferque per orbem ... dicor, et herbarum subiecta potentia nobis |
| kultivierte Lebensart | V. 1–3 | Non incola montis, non ego sum pastor, non hic armenta gregesque horridus observo. |
| sportlichen Leistungen beim Bogenschießen | V. 8 | Certa quidem nostra est. |
| Kultstätten | V. 4/5 | Mihi Delphica tellus et Claros et Tenedos Pataeaque regia servit. |
| musische Qualitäten | V. 7 | Per me concordant carmina nervis. |
| Fähigkeiten in der Weissagekunst | V. 6/7 | Per me, quod eritque fuitque estque, patet. |

### Aufgabe 2:

| Form | bestimmen: | bilden: |
|---|---|---|
| placeas | 2. Sg. Konj. Präsens Akt. | placebunt |
| inquire | Imperativ Sg. | inquirite |
| montis | Gen. Sg. | montium |
| fugis | 2. Sg. Ind. Präsens Akt. | fugiam |
| certior | Nom. Sg. m./f. Komparativ | certius |
| vulnera | Nom. oder Akk. Pl. | vulnus |
| pectore | Abl. Sg. | pectora |
| dicor | 1. Sg. Ind. Präsens Pass. | diceris |
| prosunt | 3. Pl. Ind. Präsens | profuistis |

### Aufgabe 3:

„Forsche dennoch nach, wem du gefällst! Ich bin kein Bergbewohner, kein Hirte, hüte hier nicht ungepflegt die Rinder und Schafherden. Du weißt es nicht, Verblendete, du weißt nicht, vor wem du fliehst, und deshalb fliehst du.

Mir dienen die Landschaft um Delphi, Klaros und Tenedos und die Königsstadt Patara; Jupiter ist mein Vater. Durch mich wird geweissagt, was sein wird, was war und ist; durch mich klingen die Lieder mit den Saiten zusammen.

Mein Pfeil ist zwar treffsicher, aber dennoch war ein Pfeil noch treffsicherer als der meine, welcher in meinem leeren Herz die Wunde schlug! Die Heilkunde ist meine Erfindung, Helfer werde ich überall auf der Welt genannt, und die Macht der Heilkräuter ist mir untertan. Oh ich Ärmster, weil (doch) Liebe durch keine Kräuter heilbar ist, und die Künste, die allen nützen, ihrem Herrn nicht nützen!"

### Check 5

Quelle: Amores 1,3,1ff.

#### Aufgabe 1:

| lateinische Form | Übersetzung |
|---|---|
| amet | sie soll/möge lieben |
| faciat | sie soll/möge dafür sorgen |
| patiatur | sie soll/möge zulassen |
| audierit | sie soll/möge erhören |
| accipe | erhöre |
| contingat | es soll/möge gelingen |
| praebe | zeige, gewähre |

#### Aufgabe 2:

| Subjekt (mit Attribut) | Akk.-Objekt (mit Attribut) | Dat.-Objekt (mit Attribut) | Adverb/Adverbiale Bestimmung (mit Attribut) | Prädikat |
|---|---|---|---|---|
| puella, quae | me | | nuper | praedata est |
| Cytherea | tot nostras preces | | | audierit! |
| Accipe, qui | | tibi | per longos annos | deserviat! |
| fila sororum | quos (annos) | mihi | | dederint |
| carmina digna | | | causa sua | provenient |
| Nos | | | per totum orbem pariter | cantabimur |
| nomina nostra | | (nominibus) tuis | semper | iuncta erunt |

#### Aufgabe 3:

a Das Mädchen, das mich neulich erobert hat.
b Cytherea (Venus) soll meine Bitten in solcher Vielzahl erhören!
c Erhöre denjenigen, der dir lange Jahre hindurch dient!
d (die Jahre,) die mir die Fäden der Schicksalsschwestern auch geben
e Es werden Gedichte entstehen, die ihrer Ursache würdig sind.
f Wir werden gemeinsam auf dem ganzen Erdkreis besungen werden.
g Mein Name wird immer mit deinem verbunden sein.

**Aufgabe 4:**
Ich bitte um Dinge, die berechtigt sind: Das Mädchen, das mich neulich erobert hat, soll mich entweder immer lieben oder dafür sorgen, dass ich sie immer liebe. Ah, ich wollte zu viel - sie soll es nur zulassen, geliebt zu werden; Cytherea (Venus) soll meine Bitten in solcher Vielzahl erhören! Erhöre denjenigen, der dir lange Jahre hindurch dient, erhöre den, der in reiner Treue zu lieben versteht.
Mir gefallen nicht tausend Mädchen, ich bin keiner, der mit der Liebe nur sein Spiel treibt. Wenn es überhaupt Treue gibt, dann wirst du meine ewige Liebe sein. Es möge (mir) gelingen, mit dir die Jahre zu leben, die mir die Fäden der Schicksalsschwestern geben, und zu sterben, während du um mich trauerst.
Schenke dich mir als reichen Stoff für meine Gedichte! Es werden Gedichte entstehen, die ihrer Ursache würdig sind.
Auch werden wir gemeinsam auf dem ganzen Erdkreis besungen werden, und mein Name wird immer mit deinem verbunden sein.

## Check 6

Quelle: Metamorphosen I 479ff.



**Aufgabe 1:**
Vers 1

| Mult' | il | lam | pe | ti | er' | il | l'a | ver | sa | ta | pe | ten | tes |
|---|---|---|---|---|---|---|---|---|---|---|---|---|---|
| – | – | – | ˘ | ˘ | – | – | – | – | – | ˘ | ˘ | – | – |

Vers 2

| in | pa | ti | ens | ex | pers | que | vi | ri | ne | mo | r'a | vi | a | lu | strat |
|---|---|---|---|---|---|---|---|---|---|---|---|---|---|---|---|
| – | ˘ | ˘ | – | – | – | ˘ | ˘ | – | ˘ | ˘ | – | ˘ | ˘ | – | ˘ |

- = Beginn eines neuen Versfußes (betonte Silbe)

**Aufgabe 2:**
Múlt' illám petiér' ill' áversáta peténtes
- - / - ˘ ˘ / - - / - - / - ˘ ˘ / - -
ínpatiéns expérsque virí nemor' ávia lústrat
- ˘ ˘ / - - / - ˘ ˘ / - ˘ ˘ / - ˘ ˘ / - ˘

**Aufgabe 3:**
Ille quidem obsequitur; sed te decor iste, quod optas
esse vetat, votoque tuo tua forma repugnat.

| íl | le | quid' | ób | se | qui | túr | sed | té | de | cor | ís | te | quod | óp | tas |
|---|---|---|---|---|---|---|---|---|---|---|---|---|---|---|---|
| – | ˘ | ˘ | – | ˘ | ˘ | – | – | – | ˘ | ˘ | – | ˘ | ˘ | – | – |

| és | se | ve | tát | vo | tó | que | tu | ó | tu | a | fór | ma | re | púg | nat |
|---|---|---|---|---|---|---|---|---|---|---|---|---|---|---|---|
| – | ˘ | ˘ | – | – | – | ˘ | ˘ | – | ˘ | ˘ | – | ˘ | ˘ | – | ˘ |

**Aufgabe 4:**

| Stilmittel | Beispiel | | | |
|---|---|---|---|---|
| **Anapher** | **quid** Hymen, **quid** Amor, **quid** sint conubia ...;<br>**saepe** pater ... **saepe** | | | |
| **Alliteration** | **c**onubia **c**urat;<br>**t**uo **t**ua | | | |
| **Metonymie** | Hymen für „Heirat";<br>taedas iugales für „Vermählung" | | | |
| **Chiasmus** | votoque<br>**(a)** | tuo<br>**(b)** | tua<br>**(b)** | forma<br>**(a)** |

**Aufgabe 5:**

Viele warben um jene, doch jene, abweisend gegenüber den Werbern, durchstreifte abgelegene Haine ohne Interesse an Männern und kümmerte sich nicht darum, was Heirat, was Liebe, was Ehe bedeuten.

Oft sprach der Vater: „Du schuldest mir einen Schwiegersohn, Tochter", oft sprach der Vater: „Tochter, du schuldest mir Enkelkinder."

Jene hasste eine Vermählung wie ein Verbrechen, hatte ihr schönes Gesicht mit schamvoller Röte überzogen und hing mit schmeichelnden Armen am Halse des Vaters:

„Lass mich, liebster Vater, ewige Jungfräulichkeit genießen", sprach sie, „dies gewährte früher auch der Vater (seiner Tochter) Diana."

Jener gab ihr zwar nach, doch diese deine Schönheit verbietet dir, das zu sein, was du dir wünschst, und deine schöne Gestalt widerspricht deinem Wunsch.

3

LÖSUNGEN

**Check 7**

Quelle: Metamorphosen XI 44ff.

**Aufgabe 1:**

| Subjekt (mit Attribut) | |
|---|---|
| maestae volucres | } **te fleverunt,** |
| turba ferarum | } **te fleverunt,** |
| rigidi silices | } **te fleverunt,** |
| secutae ... silvae | } **te fleverunt,** |
| arbor ... tonsa | **te luxit.** |

Traurig beweinten dich die Vögel, Orpheus, die Schar der Tiere,
die harten Steine, die Wälder, die oft deinen Liedern gefolgt waren,
der Baum legte seine Blätter ab und betrauerte dich
geschorenen Hauptes.

**Aufgabe 2:**

| dicunt | |
|---|---|
| AcI | |
| Subjekt | Prädikat |
| flumina | increvisse |

**Aufgabe 3:**

| | |
|---|---|
| **Anapher** | **Te** maestae volucres, Orpheu, **te** turba ferarum, **te** rigidi silices,<br>**te** carmina saepe secutae<br>**flebile** nescio quid queritur lyra, **flebile** lingua |
| **Hyperbaton** | z. B. carmina saepe **secutae** / fleverunt **silvae** |
| **Personifikation** | z. B. fleverunt silvae |

**Aufgabe 5:**

Traurig beweinten dich die Vögel, Orpheus, die Schar der Tiere, die harten Steine, die Wälder, die oft deinen Liedern gefolgt waren, der Baum legte seine Blätter ab und betrauerte dich mit kahl geschorenem Haupt. Man erzählt, auch die Flüsse seien durch ihre Tränen angeschwollen, und die Najaden und die Dryaden trugen Leinengewänder in dunkler Farbe und aufgelöste Haare. Dein Leichnam lag da, verteilt auf verschiedene Plätze:
Du, Hebre, nahmst sein Haupt und seine Leier auf, und - oh Wunder! - während sie mitten auf dem Fluss dahinglitt, spielte sie etwas Ähnliches wie ein Klagelied, murmelte die Zunge entseelt etwas Trauriges, erwiderten die Ufer etwas Jämmerliches.
Sein Schatten begab sich in das Totenreich, und die Plätze, die er schon früher gesehen hatte, erkannte er alle wieder, und als er das Reich der Seligen durchsuchte, fand er seine Eurydike, und umarmte sie mit sehnsüchtigen Armen.
Hier spazieren sie nun beide bald mit eng verbundenen Schritten, bald folgt er ihr, während sie vorangeht, bald wieder geht er voran und kann nun gefahrlos zu seiner Eurydike zurückblicken.

**Check 8**

Quelle: Metamorphosen I 128ff.

**Aufgabe 1:**

| fugere | subiere |
|---|---|
| pudor | fraus |
| verum | dolus |
| fides | insidiae |
| | vis |
| | amor sceleratus habendi |

Scham, Ehrklichkeit und Treue flohen,
an deren Stelle traten Betrug, List, Hinterhalt, Gewalt, niederträchtige Liebe nach Besitz.

**Aufgabe 2:**

| | Subjekt | Konjunktion | Ortsangaben | Prädikat |
|---|---|---|---|---|
| **Hauptsatz** | carinae | | (in) fluctibus ignotis | insultaverunt |
| **Relativsatz** | | quae | diu in montibus altis | steterant |

| | Subjekt | Konjunktion | Ortsangaben | Prädikat |
|---|---|---|---|---|
| **Hauptsatz** | opes, | | | effodiuntur |
| **Relativsatz** | | quas | Stygiis umbris | recondiderat admoverat |

**Aufgabe 3:**

| | Stilmittel |
|---|---|
| fugere pudor verumque fidesque | Personifikation |
| itum est in viscera terrae | Metapher |
| nocens ferrum ferroque nocentius | Chiasmus |

**Aufgabe 4:**
Sogleich brach in das Zeitalter des schlechteren Metalls jede Art von Verbrechen ein: Es flohen Scham, Ehrlichkeit und Treue; an deren Stelle traten Lug, List, Hinterhalt, Gewalt und die niederträchtige Liebe nach Besitz.
Der Seemann setzte die Segeln im Wind - noch kannte er jene nicht genau -, und die Boote, die lange auf den hohen Bergen gestanden hatten, tanzten nun in den ihnen unbekannten Fluten.
Nicht nur die Saat und die geschuldeten Lebensmittel wurden dem reichen Boden abverlangt, sondern man stieg auch in das Innere der Erde, und die Schätze, Lockmittel für die Bösen, die sie (die Erde) versteckt und in die (Nähe der) Nacht der Unterwelt gerückt hatte, wurden ausgegraben.
Schon waren das gefährliche Eisen und - noch gefährlicher als Eisen - das Gold ans Tageslicht gekommen, der Krieg kommt hervor, der mit beidem kämpft. Mit blutiger Hand schwingt er die dröhnenden Waffen.

**Check 9**
Quelle: Metamorphosen VIII 223ff.

**Aufgabe 1:**
gaudere audaci volatu - sich an dem / über den kühnen Flug freuen
cupido caeli - die Begierde nach dem Himmel
remigio carere - keine Flügel besitzen / ohne Flügel sein
Qua regione requiram? - In welcher Gegend soll ich suchen?

**Aufgabe 2:**
Tum puer **audaci** coepit gaudere **volatu**
[...] **Rapidi** vicinia **solis**
mollit **odoratas**, pennarum vincula, **ceras** [...]
**ora**que **caerulea** patrium **clamantia** nomen excipiuntur **aqua** [...]

**Aufgabe 3:**
**Tum** puer **au**da**ci** coe**pit** gau**de**re vo**la**tu
**de**seru**it**que du**cem** cae**li**que cu**pi**dine **trac**tus
**al**tius **e**git i**ter.** Rapi**di** vi**ci**nia **so**lis
**mol**lit o**do**ra**tas,** pen**na**rum **vin**cula, **ce**ras.

**Aufgabe 4:**

| | **Stilmittel** |
|---|---|
| **audaci** coepit gaudere **volatu** | **Hyperbaton** |
| **d**eseruitque **d**ucem **c**aelique **c**upidine tractus | **Alliteration** |
| „Icare," dixit,<br>„Icare," dixit | **Anapher**<br>**Geminatio** |

**Aufgabe 5:**
Dann begann der Junge sich an dem kühnen Flug zu freuen, verließ den Führer, und von der Begierde nach dem Himmel angezogen, wählte er eine höhere Bahn: Die Nähe der sengenden Sonne ließ das duftende Wachs, die Verbindung der Federn, aufweichen. Das Wachs war weich geworden, jener schlug nur noch mit den Armen, und ohne die Flügel fand er keinen Halt mehr in der Luft, und sein Mund, der nach dem Namen des Vaters rief, wurde von der bläulichen See aufgenommen, die nach jenem ihren Namen bezog.
Aber der unglückliche Vater, jetzt kein Vater mehr, rief: „Ikarus! Ikarus!", rief er, „Wo bist du? In welcher Gegend soll ich dich suchen?"
„Ikarus!", rief er (wieder), da erblickte er die Federn in den Wellen und verfluchte seine Künste und barg den Körper in einem Grab, und die Gegend wurde nach dem Namen des Bestatteten benannt.

**Check 10**
Quelle: Metamorphosen III 357ff.

**Aufgabe 1:**
**1**
*Es gab da einst eine Nymphe,*
die nicht gelernt hat(te), zu reden,
Echo.
Echo war ein körperliches Wesen;
und sie konnte ihren Mund nicht anders gebrauchen.
Juno hatte dies getan,
weil jene die Göttin mit einem Gespräch festhielt,
während die Nymphen flohen.
Nachdem Juno dies gemerkt hatte,
sagte sie: „Es wird dir eine geringe Macht über diese Zunge gegeben werden."
Und sie setzt ihre Drohung in die Tat um:
dennoch verdoppelt diese die Laute
und wiederholt gehörte Worte.

**2**
*Es gab da einst eine*
redselige Nymphe,
die weder gelernt hat(te), jemandem das letzte Wort zu lassen,
noch selbst als erste das Wort zu ergreifen,
die widerhallende Echo.
Bisher war Echo noch ein körperliches Wesen,
nicht (nur) Stimme;
und sie konnte ihren Mund dennoch nicht anders gebrauchen,
so dass sie von vielen Worten nur die letzten wiedergeben konnte.
Juno hatte dies getan,
weil,
als sie die Nymphen (einmal) ertappen konnte,
die oft unter ihrem Jupiter und auf dem Berge lagen,
jene listig die Göttin durch ein langes Gespräch festhielt,
während die Nymphen flohen.
Nachdem Juno dies gemerkt hatte,
sagte sie: „Es wird dir eine geringe Macht über diese Zunge gegeben werden,
durch die ich getäuscht wurde,
und (nur noch) eine ganz kurze Verwendung deiner Stimme."
Und sie setzt ihre Drohung in die Tat um;
dennoch verdoppelt diese am Ende einer Rede die Laute
und wiederholt gehörte Worte.

### Aufgabe 2:

*Es gab da einst eine* redselige Nymphe, die es weder gelernt hatte, jemandem beim Reden das letzte Wort zu lassen, noch selbst als erste das Wort zu ergreifen, die widerhallende Echo. Bis dahin war Echo noch ein körperliches Wesen, nicht (reine) Stimme, und dennoch konnte die Geschwätzige ihren Mund nicht anders gebrauchen als heute, dass sie nämlich von vielen Worten nur die letzten wiederzugeben vermochte.
Juno hatte dies bewirkt, weil jene, als sie (Juno) einmal die Nymphen hätte ertappen können, wie sie oft unter ihrem Jupiter und in den Bergen lagen, listig die Göttin in ein langes Gespräch verwickelte, während sich die Nymphen aus dem Staub machten.
Nachdem Juno dies bemerkt hatte, sagte sie: „Es wird dir eine geringe Macht über diese Zunge, durch die ich getäuscht wurde, und ein ganz kurzer Gebrauch deiner Stimme gegeben werden." Und sie setzte ihre Drohung in die Tat um; dennoch verdoppelt diese am Ende einer Rede die Laute und wiederholt gehörte Worte.

## Sallust

### Check 1
Quelle: Coniuratio Catilinae 53f.

**Aufgabe 1:**

| Caesar | beiden gemeinsam | Cato |
|---|---|---|
| 1. beneficiis ac munificentia magnus habebatur<br>2. mansuetudine et misericordia clarus factus<br>3. imperium, exercitum, bellum novum exoptabat | 1. ingenti virtute<br>2. genus, aetas, eloquentia prope aequalia<br>3. magnitudo animi par, item gloria | 1. integritate vitae (magnus habebatur)<br>2. severitas dignitatem addiderat<br>3. studium modestiae, decoris, sed maxume severitatis<br>4. esse quam videri bonus malebat |

**Aufgabe 2:**

| Caesar | Cato |
|---|---|
| 1. großzügig | 1. ehrlich und gradlinig |
| 2. mildtätig | 2. selbstheherrscht und streng |
| 3. aber auch machtbesessen | 3. bescheiden |

**Aufgabe 3:**
Aber zu meiner Zeit gab es zwei Männer von gewaltiger Tatkraft, aber unterschiedlichem Charakter: M. Cato und C. Caesar. Es war nicht mein Plan, diese schweigend zu übergehen, ohne dass ich die Wesenszüge und Charaktereigenschaften der beiden, soweit ich es mit meiner Begabung vermag, darstelle. Diese waren also an sozialer Herkunft, Alter und Beredsamkeit einander fast ebenbürtig, gleich an geistiger Größe und ebenso an Ruhm, doch jeder in anderer Weise. Caesar wurde aufgrund seiner Wohltaten und Freigebigkeit hoch geachtet, Cato aufgrund seines unbescholtenen Lebenswandels. Jener war durch seine Milde und Barmherzigkeit berühmt geworden, diesem hatte seine Sittenstrenge Würde eingebracht. Schließlich wünschte sich Caesar große Macht, ein Heer und einen neuen Krieg, wo seine Tapferkeit aufleuchten könnte. Aber Catos Streben galt der Bescheidenheit, dem Anstand und insbesondere der strengen Lebensführung; er kämpfte nicht mit Reichen um Reichtümer, sondern mit Tüchtigen um Tugend; er wollte lieber gut sein als gut scheinen: Je weniger er daher nach Ruhm strebte, desto mehr folgte er (der Ruhm) ihm (Cato).

## Check 2

Quelle: Bellum Iugurthinum 2

### Aufgabe 1:

<table>
<tr><td rowspan="3">uti<br>genus hominum compositum ex corpore et anima est,</td><td colspan="2">ita<br>res cunctae studiaque omnia nostra</td></tr>
<tr><td>alia<br>corporis naturam</td><td>alia<br>animi naturam</td></tr>
<tr><td colspan="2">secuntur.</td></tr>
</table>

### Aufgabe 2:

| | **ut** | **sic** |
|---|---|---|
| **Subjekt** | initium | finis |
| **Attribut 1** | bonorum | (bonorum) |
| **Attribut(e) 2** | corporis et fortunae | (corporis et fortunae) |
| | **est.** | |

### Aufgabe 3:

| **altlateinische Form** | **klassisches Latein** |
|---|---|
| quoiquam | cuiquam |
| quoius | cuius |
| adpetens | appetens |
| pessuma | pessima |
| divorsa | diversa |

### Aufgabe 4:

Wie das Geschlecht der Menschen aus Körper und Seele zusammengesetzt ist, so folgen alle Dinge und alle unsere Interessen teils der Natur unseres Körpers und teils der Natur unserer Seele. Ein schönes Aussehen also, großer Reichtum und weiterhin Körperkraft und alle anderen Dinge dieser Art vergehen nach kurzer Zeit, aber herausragende Leistungen unseres Geistes sind wie die Seele unsterblich. Wie schließlich der Anfang aller Güter unseres Körpers und Glücks ist, so ist auch ihr Ende: Alles, was einmal entstanden ist, muss (auch wieder) vergehen, und was einmal gewachsen ist, muss altern. Ein unbestechlicher und ewiger Geist handelt als Lenker des menschlichen Geschlechts und hat alles (in seiner Herrschaft), wird *aber selbst* nicht (unter einer Herrschaft) gehalten. Umso mehr muss man sich über die Verdorbenheit derer wundern, die in Luxus und Nachlässigkeit ihr Leben verbringen und es zulassen, dass ihr Geist durch Unbildung und Nachlässigkeit träge wird.

## Check 3
Quelle: Coniuratio Catilinae 53

### Aufgabe 1:
legenti (PPA, Dat. Sg. von legere) - facinora (hier: Akk. Pl. von facinus, -oris n.) - hostium (Gen. Pl. von hostis, -is m.) - contendisse (Inf. Perf. Akt. von contendere) - cognoveram (1. Sg. Ind. Plusqpf. Akt. von cognoscere, Perfekt: cognovisse - wissen) - gesta (PPP von gerere ▶ bellum gerere) - gloria (hier: Abl. Sg., Ablativus limitationis) - cuncta (Akk. Pl. n. von cunctus) - magistratuum (Gen. Pl. von magistatrus, -us m.) - Romae (hier: Lokativ)

### Aufgabe 2:
Mir aber,
als ich las,
    was das römische Volk geleistet hatte,
kam die Lust, nachzuforschen,
    welche Eigenschaft so große Leistungen ermöglicht hätte.
Ich wusste,
    *dass (das römische Volk) oft mit einer kleinen Truppe gegen große Legionen gekämpft hatte;*
ich wusste auch,
    *dass es Kriege, die gegen mächtige Könige geführt worden waren,*
    *und Schicksalsschläge ertragen hatte,*
    *dass die Griechen die Römer an Beredsamkeit,*
    *die Gallier die Römer an Ruhm übertroffen hatten.*
Und für mich stand fest,
    *dass die herausragende Tapferkeit alles erreicht hatte*
    *und es dadurch dazu kam,*
        *dass die Armut über den Reichtum siegte.*
    Aber nachdem die Bürgerschaft verdorben worden war,
konnte der Staat wieder die Fehler der Beamten ausgleichen,
und lange Zeit gab es niemanden in Rom,
    der an Tapferheit sich hervortat.

### Aufgabe 3:
Weil ich vieles las, vieles hörte, was das römische Volk in Krieg und Frieden zu Wasser und zu Lande an vortrefflichen Taten vollbracht hatte, bekam ich irgendwann Lust nachzuforschen, welche Eigenschaft in besonderem Maße so große Leistungen ermöglicht. Ich wusste, dass es (das römische Volk) oft mit einer nur kleinen Schar gegen große Legionen der Feinde gekämpft hatte, mir war auch bekannt, dass es Kriege, die mit geringen Mitteln gegen mächtige Könige geführt worden waren und darüber hinaus oft schwere Schicksalsschläge ertragen hatte, dass die Griechen durch ihre Beredsamkeit, die Gallier durch ihren Kriegsruhm den Römern voranstanden.
Und während ich viel nachdachte, stand (für mich) fest, dass die herausragende Tapferkeit einiger weniger Bürger dies alles erreicht hatte und dass es dadurch soweit gekommen ist, dass Armut den Reichtum und eine geringe Menge eine Überzahl besiegen konnte. Aber nachdem die Bürgerschaft durch Verschwendung und Trägheit verdorben worden war, konnte der Staat durch seine Macht die Fehler seiner Feldherrn und Beamten wiederum ausgleichen, und lange Zeit gab es in Rom überhaupt niemanden mehr, der sich durch besondere Tapferkeit hervortat.

**Check 4**
Quelle: Coniuratio Catilinae 52

**Aufgabe 1:**

a Ihr zögert, was ihr tun sollt.
b nachdem die Feinde innerhalb der Stadtmauern ertappt wurden
c Ich plädiere dafür, dass ihr euch erbarmt und sie bewaffnet laufen lasst.
d Hoffentlich schlägt die Milde nicht in Elend um!
e Einer wartet auf den anderen.
f Durch gute Vorsorge nimmt alles einen glücklichen Ausgang.

**Aufgabe 2:**

coniuravere - coniuraverunt: 3. Pl. Ind. Perf. Akt.
nobilissumi - nobilissimi: Superlativ, Nom. m. Pl.
deliquere - deliquerunt: 3. Pl. Ind. Perf. Akt.
convortat - convertat: 1. Sg. Konj. Präs. Akt.
maxume - maxime: Superlativ, Adverb
dis - deis: Abl. Pl.
agundo - agendo: Gerundium, Ablativ

**Aufgabe 3:**

| | |
|---|---|
| **faciatis** | indirekte Frage |
| **dimittatis** | abhängiger Begehrsatz |
| **convortat** | Wunsch/Optativ |
| **tradideris/inplores** | Potentialis |

**Aufgabe 4:**

(ne) convortat: es möge nicht umschlagen, hoffentlich schlägt es nicht um! (Wunsch)
evtl. auch bei tradideris/inplores: sollte man sich hingeben, dann dürfte man wohl ... (Potentialis)

**Aufgabe 5:**

Verschworen haben sich die Bürger aus dem Hochadel, das Vaterland in Brand zu setzen, doch ihr zögert auch jetzt noch und seid unschlüssig, was ihr tun sollt, nachdem die Feinde innerhalb der Stadtmauern ertappt wurden?
Ich plädiere dafür, dass ihr Mitleid zeigt - es haben sich (doch nur) unreife junge Leute aus reinem Ehrgeiz eine Verfehlung geleistet - und dass ihr sie sogar mit ihren Waffen laufen lasst. Hoffentlich schlägt nicht diese (eure) Milde und Barmherzigkeit für euch in Elend um, wenn jene die Waffen ergreifen (sollten)!
Klar, die Angelegenheit selbst ist schwierig. Aber ihr habt keine Angst davor. Ganz im Gegenteil, (ihr habt doch) größte (Angst davor)! Doch aus Nachlässigkeit und Unentschlossenheit in eurem Herzen zögert ihr, wobei einer auf den anderen wartet, voller Vertrauen auf die unsterblichen Götter, die diesen Staat oft in größten Gefahren gerettet haben.
Nicht durch inständiges Flehen nach Weiberart wird die Hilfe der Götter herabgerufen, sondern durch Wachsamkeit, Handeln und gute Vorsorge nimmt alles einen günstigen Ausgang. Sobald man sich der Nachlässigkeit und Untätigkeit hingibt, dürfte man die Götter wohl umsonst anflehen: Sie sind erzürnt und feindselig.

## Cicero

### Check 1
Quelle: Divinatio in Caecilium 1

**Aufgabe 1:**

| HS | GS 1 | GS 2 |
|---|---|---|
| | Cum quaestor in Sicilia fuissem, | |
| ita ex ea provincia decessi, | | |
| | ut Siculis omnibus iucundam diuturnamque memoriam quaesturae nominisque mei relinquerem. | |

**Aufgabe 2:**
praesidium constitutum esse
In mir ist der Schutz für ihr Hab und Gut garantiert.
Es geschah, dass sie glaubten, dass in mir der Schutz für ihr Hab und Gut garantiert sei.

**Aufgabe 3:**
Als ich Quästor in Sizilien gewesen war, Richter, habe ich die Provinz so verlassen, dass ich allen Siziliern eine angenehme und lange andauernde Erinnerung an meine Quästur und an meinen Namen hinterließ. Es geschah, dass sie glaubten, dass in meiner Person der Schutz für ihr Hab und Gut garantiert sei. Daher kamen sie nun alle - völlig ausgeplündert und geschunden - zu mir, damit ich den Prozess für all ihr Hab und Gut und ihre Verteidigung übernähme. Sie sagten, dass ich oft versprochen hätte, sollte einmal ein Zeitpunkt eintreten, an dem sie irgendetwas von mir benötigten, dass ich (dann) für ihre Rechte (*wörtlich:* Vorteile) eintreten würde. Der Zeitpunkt sei gekommen, sagten sie, dass ich nicht nur ihre Rechte, sondern (sogar) ihr Leben und das Überleben der gesamten Provinz verteidigen müsse; sie hätten nicht einmal mehr Götter in ihren Städten, bei denen sie Zuflucht suchen könnten, weil C. Verres ihre hoch verehrten Statuen aus den heiligsten Tempeln hätte entfernen lassen; sie bäten inständig darum, dass ich sie in ihrem Anliegen (*wörtlich:* als Schutzflehende) nicht abweisen solle.

### Check 2
Quelle: In Verrrem II 2

**Aufgabe 1:**
Ich sage wenige Worte.
Wenige Worte werden (von mir) gesprochen.
Ich muss wenige Worte sagen.
Mir scheint, dass ich wenige Worte sagen muss.
Mir scheint, dass ich wenige Worte über die Würde, das Alter und den Nutzen sagen muss.

**Aufgabe 2:**
Gründe:
a Sizilien schloss als erstes einen Freundschaftsvertrag mit Rom,
b erhielt als erstes den Rang einer römischen Provinz,
c zeigte es den Römern den Reiz auf, den die Herrschaft über andere ausüben kann,
d zeigte eine besonders anhängliche Treue, von der alle Städte Siziliens betroffen waren.

**Aufgabe 3:**
Sizilien war **von solcher Treue und Zuneigung** gegenüber dem römischen Volk, (dass ...)

**Aufgabe 4:**
Aber bevor ich über die Schäden für Sizilien rede, glaube ich, (einige) wenige Worte über das Ansehen der Provinz, ihr Alter und ihren Nutzen sagen zu müssen. Denn ihr müsst sorgfältig sowohl auf alle Bundesgenossen und Provinzen als auch in besonderem Maße auf Sizilien Rücksicht nehmen, Richter, (und das) aus sehr vielen und sehr triftigen Gründen:
erstens, weil von allen ausländischen Völkern Sizilien sich als erstes für die Freundschaft und Bündnistreue zum römischen Volk entschieden hat. Als erstes von allen wurde es nämlich zur Provinz ernannt, was eine besondere Auszeichnung unserer Macht darstellt; als erstes zeigte es unseren Vorfahren, wie vortrefflich es ist, über ausländische Völker zu herrschen; es allein war von solcher Treue und Zuneigung gegenüber dem römischen Volk, dass alle Städte dieser Insel, die in ein freundschaftliches Verhältnis mit uns eingetreten waren, uns niemals später im Stich ließen.

**Check 3**
Quelle: In Catilinam II 7

**Aufgabe 1:**
Welches/was für ein Übel oder Verbrechen (kann nämlich erfunden oder erdacht werden)?

**Aufgabe 2:**
laudari (gelobt werden) - videri (gesehen werden, scheinen) - inveniri (gefunden werden) - agi (gehandelt werden) - cogitari (gedacht werden) - fingi (gebildet/erdichtet werden) - fieri (!) (gemacht werden, geschehen, werden)

**Aufgabe 3:**
Welcher Giftmischer?
Welcher Mord?
Welches Verbrechen?

**Aufgabe 4:**
a
Welcher Giftmischer kann gefunden werden?
Welcher Giftmischer kann gefunden werden, der nicht zugäbe?
Welcher Giftmischer kann gefunden werden, der nicht zugäbe, mit Catilina gelebt zu haben?
Welcher Giftmischer kann gefunden werden, der nicht zugäbe, mit Catilina in enger Freundschaft gelebt zu haben?
b
Es gab niemanden, den er nicht als Verbündeten gewinnen konnte.
Es gab niemanden, von einer Schuldenlast erdrückt, den er nicht als Verbündeten gewinnen konnte.
Es gab niemanden, von einer Schuldenlast erdrückt, den er nicht als Verbündeten für dieses unglaubliche Verbrechen gewinnen konnte.
Es gab niemanden nicht nur in Rom, sondern auch in irgendeinem Winkel ganz Italiens, von einer Schuldenlast erdrückt, den er nicht als Verbündeten für dieses unglaubliche Verbrechen gewinnen konnte.

**Aufgabe 5:**
Oh glücklicher Staat, wenn er nur endlich diesen Abschaum unserer Stadt entfernt hat! Ist Catilina hinausgeschafft, dann, scheint mir, ist unser Staat erleichtert und hat sich erholt. Welches Übel oder Verbrechen kann nämlich erfunden oder erdacht werden, das jener nicht ausgeführt hat? Welcher Giftmischer, welcher Meuchelmörder, welcher Vatermörder, welcher Korrupte und Verdorbene lässt sich in ganz Italien finden, der nicht zugeben würde, mit Catilina in einem sehr vertrauten freundschaftlichen Verhältnis gelebt zu haben? Welcher Mord geschah in all diesen Jahren ohne jenen, welcher ruchlose Ehebruch nicht durch jenen? Nun aber hatte er nicht nur aus der ganzen Stadt, sondern auch vom Land eine gewaltige Menge verdorbener Menschen gesammelt. Es gab niemanden nicht nur in Rom, sondern auch in irgendeinem Winkel ganz Italiens, von einer Schuldenlast erdrückt, den er nicht als Verbündeten für dieses unglaubliche Verbrechen gewinnen konnte.

## Check 4

Quelle: In Catilinam IV 1

**Aufgabe 1:**

| Video | Subjekt | Prädikat |
|---|---|---|
| AcI 1 | ora atque oculos | esse conversos |
| AcI 2 | vos | esse sollicitos |

**Aufgabe 2:**
a voluntas
b vestra erga me

**Aufgabe 3:**

| | |
|---|---|
| **deponite** | eam (= voluntatem) |
| **obliti** | salutis meae |
| **cogitate** | de vobis ac de vestris liberis |

**Aufgabe 4:**

<table>
<tr><th>HS</th><th>GS 1</th><th>GS 2</th></tr>
<tr><td></td><td colspan="2">Mihi si haec condicio consulatus data est,</td></tr>
<tr><td colspan="2"></td><td>ut omnis acerbitates, omnis dolores cruciatusque perferrem,</td></tr>
<tr><td colspan="3">feram non solum fortiter,<br>verum etiam lubenter,</td></tr>
<tr><td></td><td colspan="2">dum modo meis laboribus vobis populoque Romano dignitas salusque pariatur.</td></tr>
</table>

**Aufgabe 5:**
Senatoren, ich sehe, dass euer aller Gesichter und Augen auf mich gerichtet sind, ich sehe, dass ihr nicht nur wegen der Gefahr für euch und den Staat, sondern auch, falls diese abgewendet sein sollte, wegen der Gefahr für mich besorgt seid. Angenehm im Unglück und willkommen im Schmerz ist mir euer Wohlwollen mir gegenüber, aber, bei den unsterblichen Göttern, legt dies ab, vergesst mein Wohlergehen und denkt an euch und eure Kinder! Wenn mir diese Bedingung für mein Konsulat auferlegt wurde, dass ich alle bittere Erfahrungen, alle Schmerzen und Martern ertragen muss, werde ich sie nicht nur tapfer ertragen, sondern auch gern, solange nur durch mein Leiden für euch und das römische Volk Würde und Wohl hervorgebracht werden.

## Check 5

Quelle: In Catilinam I 11

**Aufgabe 1:**
Germanien ist größer als Italien.
Markus ist schneller als Quintus. (**Quinto** ist Ablativus comparationis.)
Das Vaterland ist mir teurer als mein Leben.

**Aufgabe 2:**

Wirst du ihn laufen lassen?

Wirst du ihn, der ein Feind ist, laufen lassen?

Du hast erfahren, dass er ein Feind ist.

Wirst du ihn, von dem du erfahren hast, dass er ein Feind ist, laufen lassen?

Wirst du ihn, von dem du erfahren hast, dass er ein Feind ist, von dem du siehst, dass er der Führer in einem Krieg sein wird, von dem du ahnst, dass er als Befehlshaber im Lager der Feinde erwartet wird, laufen lassen?

**Aufgabe 3:**

| | | |
|---|---|---|
| vita mea | Abl. Sg. | Abl. comparationis |
| multo | Abl. Sg. | Abl. mensurae |
| rapi | Inf. Präs. Passiv | Prädikat im AcI |
| quis | Nom. Sg. (von aliquis) | Attribut zu metus (hier gleich aliqui) |
| invidiae | Gen. Sg. | Gen. obiectivus, Attribut zu metus |
| vehementius | Komparativ | Adverb |
| pertimescenda | Gerundivum | Teil des Prädikates (Prädikatsnomen) |

**Aufgabe 4:**

| | |
|---|---|
| **Anapher** | **quem** esse hostem comperisti, **quem** ducem belli futurum vides, **quem** exspectari ... |
| **Personifikation** | si mecum patria ... loquatur |
| **Antithese** | non emissus ex urbe, sed immissus in urbem |
| **Klimax** | in vincla duci, ... ad mortem rapi, ... summo supplicio mactari |

3

LÖSUNGEN

### Aufgabe 5:
Wenn nämlich das Vaterland, das mir noch um vieles teurer ist als mein eigenes Leben, zu mir spräche:
Marcus Tullius, was treibst du da? Wirst du es wirklich zulassen, dass derjenige, von dem du in Erfahrung gebracht hast, dass er ein (Staats-)Feind ist, von dem du siehst, dass er der Führer in einem Krieg sein wird, von dem du ahnst, dass er als Befehlshaber im Lager der Feinde erwartet wird, weggeht, so dass es aussieht, als ob er von dir nicht aus der Stadt hinausgeworfen, sondern auf die Stadt losgelassen wurde? Wirst du etwa nicht den Befehl geben, diesen zu verhaften, vor den Henker zu schleifen, unter Anwendung der Höchststrafe hinzurichten? Was hindert dich denn letztendlich daran? Fürchtest du etwa die Kritik der Nachwelt? Einen vortrefflichen Dank stattest du aber dem römischen Volk ab, welches dich so frühzeitig durch alle Staatsämter zur höchsten Macht emporgehoben hat, wenn du wegen der Kritik oder der Furcht von irgendeiner Gefahr das Wohlergehen deiner Mitbürger vernachlässigst! Doch falls es eine Furcht vor Kritik sein sollte: Man darf sich doch nicht mehr vor der Kritik an der Strenge und Zivilcourage fürchten als vor der Kritik an Untätigkeit und Unfähigkeit!

3

## Für das Abitur: Metrik

### Check
T**ú**m puer **aú**dac**í** coep**ít** gaud**é**re vol**á**tu
– ˘ ˘ – – – | – – – – ˘ ˘ – –
**dé**seru**ít**que duc**ém** cael**í**que cup**í**dine **trác**tus
– ˘ ˘ – ˘ ˘ – | – – ˘ ˘ – ˘ ˘ – ˘
**ál**tius **é**git i**tér**. Rapid**í** vic**í**nia **só**lis
– ˘ ˘ – ˘ ˘ – | ˘ ˘ – – – ˘ ˘ – ˘
**mól**lit od**ó**rat**ás**, pen**ná**rum **vín**cula, **cé**ras
– ˘ ˘ – – – | – – – – ˘ ˘ – –

LÖSUNGEN

## Für das Abitur: Übersetzung für Fortgeschrittene

## Cicero

### Check 1
Quelle: Pro Milone 10 f.

Es ist also dies, oh Richter, kein geschriebenes, sondern ein (uns) angeborenes Gesetz. Dieses haben wir nicht gelernt, empfangen oder gelesen, sondern aus der Natur selbst an uns gerissen, aufgesogen und herausgepresst; für dieses (Gesetz) wurden wir nicht unterrichtet, sondern geschaffen, nicht ausgebildet, sondern wir wurden (in dieses) hineingetaucht, dass, wenn unser Leben in irgendeinen Hinterhalt, wenn es in die Gewalt und Waffen von Räubern und Feinden geraten würde, jede Art, die Rettung zu erreichen, gerechtfertigt wäre. Es schweigen die Gesetze, wenn die Waffen toben.
Gleichwohl gibt uns das Gesetz sehr weise und in einer gewissen Weise schweigend die Möglichkeit, uns zu verteidigen, welches ja nicht verbietet, dass ein Mensch getötet wird, sondern Waffen zu tragen, um (vorsätzlich) einen Menschen zu töten, so dass, wer eine Waffe benutzt hat, um sich selbst zu verteidigen, nicht dafür verurteilt wird, eine Waffe ge-

tragen zu haben, um zu töten. Daher mag dies auch in (diesem) Fall gelten, Richter, wenn ihr euch an das erinnert, was ihr nicht vergessen dürft, dass ein Bandit zu Recht getötet werden kann.

## Check 2

Quelle: De officiis II 77 f.

Keine Charakterschwäche ist abscheulicher als die Habgier, vor allem bei Führungspersönlichkeiten und denen, die den Staat lenken. Die Staatsmacht nämlich nur zu dem eigenen Gewinn zu besitzen, ist nicht nur eine Schande, sondern auch ein besonders schweres Verbrechen. Auf keine andere Weise können aber diejenigen, die einen Staat leiten, leichter das Wohlwollen der Bevölkerung gewinnen als durch Enthaltsamkeit und Selbstbeherrschung. Diejenigen aber, die beim Volk beliebt sein wollen und deshalb entweder eine Agrarreform so in Angriff nehmen, dass sie die Besitzer von ihren Plätzen vertreiben, oder glauben, geliehene Gelder müssten den Schuldnern erlassen werden, erschüttern die Grundfesten eines Gemeinwesens, zuerst die Eintracht, die keinen Bestand haben kann, wenn den einen Gelder genommen, den anderen geschenkt werden, dann die Gerechtigkeit, die gänzlich aufgehoben wird, wenn keiner mehr sein Eigentum behalten darf. Dies ist nämlich die Besonderheit eines Staates oder einer Stadt, dass für einen jeden der Schutz seines Eigentums frei und ungefährdet ist.



## Check 3

Quelle: Brutus 26 ff.



Griechenland ist Zeuge, das, obwohl es von leidenschaftlichem Interesse nach der Redekunst entflammt ist, sich schon lange in ihr auszeichnet und auch die übrigen übertrifft, dennoch alle Künste schon viel länger (*wörtlich:* als ältere) besitzt und (diese) nicht nur viel früher erfunden, sondern auch vollendet hat, bevor diese Kraft und Fülle der Rede von den Griechen erarbeitet wurde. Wenn ich mir dieses Land betrachte, tritt mir am ehesten Athen entgegen und leuchtet gleichsam vor mir auf, in welcher Stadt erstmals ein Redner auftrat und man erstmals damit begann, eine Rede schriftlichen Dokumenten anzuvertrauen. Trotzdem gibt es aus der Zeit vor Perikles, von dem einige Schriftstücke überliefert werden, und Thukydides, die nicht in der Entstehungs-, sondern bereits in der Blütezeit Athens lebten, keine Literatur, die etwas Kunstfertiges besäße und von einem Redner zu stammen schiene. Sobald man aber erkannt hatte, welche Kraft eine sorgfältig ausgearbeitete und nach einem bestimmten Muster angelegte Rede hat, da gab es plötzlich auch viele Rhetoriklehrer.

## Check 4

Quelle: De amicitia 67 f.

An dieser Stelle aber stellt sich die ziemlich schwierige Frage, ob man zu einem bestimmten Zeitpunkt neue Freunde, die einer Freundschaft wert sind, alten vorziehen muss, wie wir junge Pferde alten vorzuziehen pflegen. Eine eines Menschen unwürdige Überlegung! Es darf nämlich bei Freundschaften nicht so wie bei anderen Dingen eine Sättigung geben; gerade die älteste (Freundschaft) muss, wie bei solchen Weinen, die ein hohes Alter haben, auch die angenehmste sein. Wenn aber neue Freundschaften die Hoffnung nähren, dass, wie bei einer Pflanze, die uns nicht um ihren Ertrag betrügen wird, eine Frucht hervorgebracht wird, darf man jene nicht zurückweisen, (gleichzeitig) muss man dennoch eine alte Freundschaft an ihrer (alten) Stelle bewahren; die Macht des Alters und der Gewohnheit ist nämlich sehr groß. Selbst bei einem Pferd, das ich gerade erwähnte, gibt es, falls dem nichts entgegensteht, niemanden, der das, woran er sich gewöhnt hat, lieber benützt als ein ungezähmtes und neues. Und die (Macht der) Gewohnheit gilt nicht nur bei dem, was ein Lebewesen ist, sondern auch bei den Dingen, die keine Seele haben, weil wir gerade an solchen Plätzen Freude haben, sogar im Gebirge oder im Wald, an denen wir uns länger aufgehalten haben.

### Check 5
Quelle: De finibus I 66f.

Sie sagen, dass die Freundschaft so wie die Tugenden nicht das Vergnügen ausschließe (*wörtlich:* vom Vergnügen abweiche). Da nämlich Einsamkeit und ein Leben ohne Freunde voll an Nachstellungen und Furcht ist, mahnt die Vernunft selbst dazu, Freundschaften zu schließen. Hat man diese geschlossen *(Abl. abs.!)*, wird der Geist gestärkt und kann nicht von der Hoffnung getrennt werden, auch einen Genuss (daraus) zu gewinnen. Wie jedoch Hass, Neid und Verachtung dem Genuss zuwider laufen, so sind Freundschaften nicht nur sehr zuverlässige Gönner(innen), sondern auch Schöpfer(innen) von Genuss, sowohl für die Freunde wie für einen selbst. Man genießt diese nicht nur in der Gegenwart, sondern wird auch von der Hoffnung auf die folgende, spätere Zeit aufgerichtet. Da wir nun auf keine Weise ohne Freundschaft eine festen und beständigen Lebensgenuss haben können, noch aber die Freundschaft selbst bewahren können, wenn wir unsere Freunde nicht so lieben wie uns selbst, wird deshalb gerade dies in der Freundschaft bewirkt, und Freundschaft verbindet sich mit Genuss. Wir freuen uns nämlich gleichermaßen über die Freude der Freunde wie über unsere und leiden ebenso bei Ängsten.



## Seneca

### Check 1
Quelle: Epistulae 119

Ich werde dich lehren, wie du auf sehr schnelle Art reich werden kannst. Wie sehr wünschst du, es zu hören! Und nicht zu Unrecht! Ich werde dich zu größten Reichtümern auf direktem Wege führen. Es macht überhaupt keinen Unterschied, mein Lucilius, ob du etwas nicht vermisst oder es nicht hast. Das Endergebnis ist in beiden Fällen dasselbe: Du wirst keine Qualen erleiden. Ich schreibe dir nicht jenes vor, der Natur etwas zu verweigern - sie ist hartnäckig, kann nicht besiegt werden, fordert, was ihr zusteht - sondern dass du weißt, dass das, was über das Natürliche hinausgeht, nur erbettelt ist, nicht unbedingt notwendig.
Ich verspüre Hunger: Es muss etwas gegessen werden. Ob dies nun ein einfach gebackenes (*wörtlich:* gewöhnliches) Brot oder ein Weizenbrot ist, ist der Natur gleichgültig. Jene möchte nicht, dass mein Bauch erfreut wird, sondern dass er gefüllt wird. Ich verspüre Durst: Ob dies nun Wasser ist, das ich dem nächsten See entnehme, oder das, welches ich mit viel Schnee umschließe, damit es durch die fremde Kälte kühl bleibt, hat mit der Natur nichts zu tun. Jene befiehlt nur dies eine, den Durst zu löschen. Ob dies nun ein Becher aus Gold oder Kristall oder nur die hohle Hand ist, ist völlig egal. Achte auf den Zweck aller Dinge, und du wirst Überflüssiges fallen lassen.

## Check 2
Quelle: De Providentia II

Warum treffen (gerade) gute Männer so viele Schicksalsschläge? Einem guten Mann kann nichts Schlimmes passieren: Gegensätze lassen sich nicht vermischen. Wie so viele Flüsse, eine solche Menge an Regen, eine solche Fülle an Quellen den Geschmack des Meeres nicht verändern, ja nicht einmal abschwächen, so verändert auch die Wucht von Unglücksfällen nicht den Sinn eines tapferen Mannes: Er bleibt im Gleichgewicht und passt seinem persönlichen Wesen an, was auch immer auf ihn zukommt. Er steht nämlich über allen äußeren Einflüssen (*wörtlich:* ist mächtiger als ...).
Ich meine nicht dies: „Er empfindet jene (Einflüsse) nicht." – Aber er bewältigt sie, und erhebt sich in aller Ruhe und Gelassenheit gegen die Dinge, die da plötzlich hereinbrechen. Er hält alle Schicksalsschläge für Übungen.
Nicht was du erträgst, sondern wie du es erträgst, ist von Bedeutung. Die Väter heißen ihre Kinder, zeitig aufzustehen, um sich dem Lernen zu widmen; selbst an Festtagen lassen sie nicht zu, dass jene untätig sind. Gegenüber guten Männern hat auch der Gott eine väterliche Einstellung und liebt jene innig und sagt: „Durch Arbeiten, Leiden und Rückschläge sollen sie dazu aufgerüttelt werden, wahre Stärke zu erlangen."



## Check 3
Quelle: Epistulae 50

Niemand nimmt wahr, dass er geizig ist, niemand, dass er begierig ist. Blinde suchen dennoch einen Führer, wir irren ohne Führer umher und sagen: „Ich bin (eigentlich) nicht ehrgeizig, aber in Rom lässt sich auf keine andere Weise leben. (Eigentlich) bin ich nicht verschwenderisch, aber gerade die Stadt fordert große Kosten. Es ist doch nicht mein Fehler, wenn ich unbeherrscht bin, nur weil ich noch keine bestimmte Art zu leben herausgebildet habe: Mein Jugendalter ist daran schuld."
Warum täuschen wir uns (selbst)? Das Böse liegt nicht außerhalb von uns, es findet sich in unserem Innern, tief im Mark sitzt es fest, und daher erreichen wir nur unter Schwierigkeiten Heilung, weil wir gar nicht merken, dass wir krank sind. Wir schämen uns, eine gute Einstellung zu erlernen. Aber – mein Gott! – wenn es als Schande gilt, einen Lehrer hierfür zu suchen, dann muss man alle Hoffnung aufgeben, dass ein so wichtiges Gut durch Zufall in uns hineinströmen kann.
Man muss daran arbeiten, und die Mühe ist nicht einmal groß, wenn wir nur einmal damit anfangen, unseren Geist zu formen und in die rechte Bahn zu lenken, bevor sich seine Verdorbenheit verhärtet.



## Check 4
Quelle: Epistulae 61

Hören wir doch auf, zu wollen, was wir gewollt haben: Ich jedenfalls bemühe mich darum, dass ich als alter Mann nicht dasselbe will, was ich als Junge gewollt habe. Ich bemühe mich darum, dass ein Tag für mich den Wert eines ganzen Lebens hat. In dieser Haltung schreibe ich dir diesen Brief, als könnte mich gerade jetzt beim Schreiben der Tod abberufen: Bereit bin ich zu gehen, und deswegen werde ich mein Leben genießen, weil ich nicht zu sehr dem Gedanken nachhänge, wie lange es wohl noch dauern wird. Bevor ich alt wurde, habe ich mich darum gekümmert, gut zu leben, im Alter, gut zu sterben: Gut zu sterben bedeutet aber gern zu sterben.

Gib dir Mühe, nichts jemals gegen deinen Willen zu tun: Nicht wer auf Befehl etwas tut, ist unglücklich, sondern wer es gegen seinen Willen tut. Daher wollen wir unsere innere Haltung so formen, dass wir das wollen, was immer die Lage fordert, und besonders, an unser Ende ohne Traurigkeit zu denken. Leb wohl!

**Check 5**
Quelle: Epistulae 67

Du fragst, ob jedes Gut wünschenswert sei. „Wenn es gut ist," sagst du, „sich tapfer foltern zu lassen und mit großem Mut verbrennen zu lassen oder geduldig eine Krankheit auszuhalten, folgt daraus, dass diese Dinge wünschenswert sind. Ich kann aber an diesen Dingen nichts erkennen, was wünschenswert wäre."
Unterscheide bei diesen Dingen, mein Lucilius, und du wirst erkennen, dass es bei ihnen etwas Wünschenswertes gibt. Ich möchte, dass mich keine Folter betrifft, aber wenn ich sie aushalten müsste, werde ich mir wünschen, sie tapfer zu ertragen. Warum sollte ich mir nicht lieber wünschen, dass kein Krieg ausbricht? Aber wenn er ausbrechen sollte, dann werde ich mir wünschen, dass ich Verwundungen, Hunger und alles, was die Kriege notwendigerweise mit sich bringen, tapfer ertrage. Ich bin nicht so verrückt, dass ich mir wünschen werde, krank zu sein; aber wenn eine Krankheit ausgehalten werden muss, werde ich wünschen, nichts unbeherrscht und verweichlicht zu machen. So sind nicht die Unglücksfälle wünschenswert, sondern die Tapferkeit, mit der wir die Unglücksfälle erdulden. Nicht Folter zu ertragen ist wünschenswert, sondern sie tapfer auszuhalten. Jenes „tapfer" wünsche ich, was (letztlich) Tapferkeit bedeutet.



## Übungsklausuren fürs Latinum

## Übungsklausur 1

a) proficiscitur: 3. Pers. Sg. Ind. Präs. Deponens, hier: historisches Präsens
b) oratum: Supinum I, alter Akk. der Richtung; davon hängt ein Finalsatz ab: ut sibi ignosceret suaeque vitae consuleret
c) Gen. partitivus
d) positum: PPP, Akk. Sg. n, attributives Partizip, Bezugswort: oppidum;
Parte ... tradita: PPP, Abl. Sg. f, Abl. abs., VZ, temporal;
centurionibus ... intromissis: PPP, Abl. Pl. m, Abl. abs., VZ, temporal;
clamore sublato: PPP, Abl. Sg. m, Abl. abs., VZ, temporal;
gladiis destrictis: PPP, Abl. Pl. m, Abl. abs., VZ, temporal;
multis amissis: PPP, Abl. Pl. m, Abl. abs., VZ, temporal;
Quibus profligatis: PPP, Abl. Pl. m, Abl. abs., VZ, temporal;
comprehensos: PPP, Akk. Pl. m, PC, VZ, temporal, Bezugswort: eos
e) Sobald Vercingetorix von der Ankunft Caesars erfahren hatte, ließ er von der Belagerung ab und marschierte Caesar entgegen. Jener (= Caesar) hatte begonnen, Noviodunum, eine Stadt der Bituriger, die auf dem Weg lag, zu belagern. Als aus dieser Stadt Gesandte zu ihm kamen, um zu bitten, dass er nachsichtig mit ihnen sei und ihr Leben schone, befahl er (ihnen), die Waffen zusammenzutragen, die Pferde zusammenzuführen und Geiseln herauszugeben, um die übrigen Dinge mit der Schnelligkeit zu erledigen, mit der er das meiste erreicht hatte. Als schon ein Teil der Geiseln übergeben worden war, das

übrige (gerade) erledigt wurde und Centurionen und wenige Soldaten (in die Stadt) hineingeschickt worden waren, die Waffen und Zugvieh zusammensuchen sollten, wurde in der Ferne die Reiterei der Feinde gesichtet, die dem Heereszug des Vercingetorix vorausgeritten war. Sobald die Stadtbewohner sie erblickt und Hoffnung auf Hilfe geschöpft hatten, erhoben sie Geschrei und begannen (dann) die Waffen zu ergreifen, die Tore zu schließen und die Mauer zu besetzen. Nachdem die Centurionen aufgrund des Verhaltens der Gallier begriffen hatten, dass diese einen neuen Plan fassten (*wörtl. Passiv*), zogen sie die Schwerter, besetzten dann die Tore und zogen alle ihre Leute unversehrt zurück.
Caesar befahl, die Reiterei aus dem Lager zu führen, er begann ein Reitergefecht. Als/Da die Seinen schon in Bedrängnis gerieten, schickte er ungefähr 400 germanische Reiter zu Hilfe, die er seit Beginn (dieses Feldzugs) bei sich zu haben beschlossen hatte. Ihrem Angriff konnten die Gallier nicht standhalten und zogen sich, nachdem sie in die Flucht geschlagen worden waren und viele (Soldaten) verloren hatten, zum Heereszug zurück. Nachdem diese verjagt worden waren, nahmen die Stadtbewohner, da sie erneut von Angst erfüllt waren, diejenigen fest, von denen sie glaubten, dass auf ihr Betreiben das Volk aufgewiegelt worden war, führten sie zu Caesar und ergaben sich ihm.

*(Caesar, De Bello Gallico 7, 12 f.)*



## Übungsklausur 2

a) Cicero; Reden gegen Verres/Orationes in Verrem (Thema Sizilien, Kunstraub!)

b) Gaius Verres (115–43 v. Chr.) steht für einen der größten politischen Skandale der römischen Republik – kein geringerer als Cicero sorgte für die Aufdeckung von Verres' Verbrechen und seine Verurteilung. Von 73–71 v. Chr. war Verres Statthalter (**propraetor**) in Sizilien: In dieser Zeit plünderte er die Insel, misshandelte oder tötete willkürlich viele ihrer Bewohner. Erst nach Ablauf der Amtszeit konnten die Sizilier Anklage erheben: Sie beauftragten Cicero, ihre Sache zu vertreten. Das Belastungsmaterial, das Cicero schon in der ersten Rede gegen Verres anführte, war erdrückend. Verres wartete den Prozessausgang erst gar nicht ab, sondern begab sich mit dem Großteil des Beuteguts nach Marseille ins freiwillige Exil.

c) relative Verschränkung von AcI mit dem Relativsatz

d) fugiente/veniente: PPA, Abl. Sg. m, PC, GZ, temporal, Bezugswort: Aenea

e) possent: 3. Pers. Pl. Konj. Imperf., im Relativsatz: konsekutiver Nebensinn

f) sibi: Dat. commodi, magnae curae: Dat. fi nalis

g)

| | | | |
|---|---|---|---|
| Alliteration: | suo nomine ac sua sponte | | |
| Chiasmus: | Ab Aenea | fugiente | a Troia |
| | atque | in haec loca | veniente |
| Hyperbaton: | sunt ... deportata; vexatam ... esse | | |
| Parallelismus: | locum ... hominesque | mutarat | |
| | religionem ... | conservabat | |

h) Segesta ist eine sehr alte Stadt auf Sizilien, ihr Richter, die – so sagt man – von Aeneas, als er von Troja floh und in diese Gegend kam, gegründet worden ist. Deshalb meinen die Einwohner von Segesta, dass sie nicht nur durch ein beständiges Bündnis und ewig währende Freundschaft, sondern auch durch Verwandtschaft mit dem römischen Volk verbunden sind. Diese Stadt wurde einst, als jene Bürgerschaft in eigenem Namen und aus eigenem Antrieb mit den Karthagern Krieg führte, von diesen mit Gewalt eingenommen

und zerstört, und alles, was der Stadt als Schmuck dienen konnte, wurde von jenem Ort nach Karthago gebracht.
Es gab bei den Einwohnern von Segesta ein Diana-Standbild aus Erz, das sowohl von altersher sehr verehrt worden (war) (*wörtl.* mit höchster und sehr alter Verehrung ausgestattet) als auch mit einzigartiger Kunstfertigkeit gearbeitet war. Nach Karthago verbracht, hatte es nur den Ort und die Menschen gewechselt, bewahrte jedoch die alte Verehrung; denn wegen seiner außerordentlichen Schönheit schien sie (= Diana) auch den Feinden würdig, überaus feierlich verehrt zu werden. Einige Jahrhunderte später nahm P. Scipio Karthago im 3. punischen Krieg ein; nach seinem Sieg - seht die Tugend und Gewissenhaftigkeit dieses Mannes, damit ihr euch an den heimischen (= römischen) Beispielen vortrefflichster Tugend freut und die unglaublich Frechheit von diesem Verbrecher hier (= Verres) für umso hassenswerter haltet, - versammelte er alle Sizilier, weil er wusste, dass Sizilien sehr lange und sehr oft von den Karthagern heimgesucht worden war, und befahl allem Verlorenen nachzuspüren; er versprach, dass es ihm sehr am Herzen liegen werde, dass den Gemeinden ihr Eigentum zurückgegeben werde.

*(Cicero, In Verrem 2, 4, 72 f.)*



## Übungsklausur 3

a) Cicero, Reden gegen Verres/Orationes in Verrem
b) quo nomine appellem: indirekter Fragesatz
c) penditote/scitote: Imperative II
d) quin conquisierit, inspexerit, ... abstulerit: Konj. Perf. im Relativsatz → konsekutiver Nebensinn, VZ
e) appellandum: Gerundiv, Akk. Sg. n (im AcI, erg. esse); augendi: Gerundium, Gen. Sg.
f) Parallelismus:
ut amici eius, morbum et insaniam, ut Siculi latrocinium

Anapher:
tam locupleti, tam vetere provincia, tot oppidis, tot familiis tam copiosis, ullum argenteum vas, ullam gemmam aut margaritam
Nihil in aedibus cuiusquam, ne in hospitis quidem, nihil in locis communibus, ne in fanis quidem, nihil apud Siculum, nihil apud civem Romanum (+ Parallelismus)

Ellipse:
appellandum (esse)

Asyndeton:
conquisierit, inspexerit, ... abstulerit

Polysyndeton:
neque privati neque publici neque profani neque sacri

g) privati/publici/profani/sacri: Gen. partitivi
h) Ich komme nun zur Lieblingsbeschäftigung dieses Mannes hier, wie er es selbst nennt, seiner Krankheit und seiner Tollheit, wie es seine Freunde, zu seiner Räuberei, wie es die Sizilier (nennen); ich weiß nicht, mit welchem Begriff ich es benennen soll; ich werde euch die Sache vortragen, ihr sollt sie nach ihrer Gewichtigkeit einschätzen, nicht nach der Gewichtigkeit ihres Namens. Lernt lieber die Art selbst kennen, ihr Richter; dann werdet ihr vielleicht mit nicht (allzu) großer Mühe herausfinden, mit welchem Namen ihr es eurer Meinung nach bezeichnen müsst (*wörtl.* bezeichnen zu müssen glaubt).

Ich behaupte, dass es in ganz Sizilien, einer so reichen, einer so alten Provinz, mit so vielen Städten und so vielen so reichen Familien, kein Silbergefäß, keinen Edelstein oder Perle, nichts Goldenes oder Elfenbeinernes, kein Bildnis aus Bronze, Marmor oder Elfenbein, ich behaupte, dass es kein Gemälde weder auf einer Tafel oder auf Stoff (gibt), das er nicht gesucht, betrachtet und, weil es ihm gefallen hat, weggebracht hat.
Ich scheine Ungeheuerliches zu sagen: Achtet aber auch darauf, wie ich es sage. Denn ich fasse alles zusammen, nicht um zu übertreiben (*wörtl.* das Wort größer zu machen) oder das Verbrechen größer zu machen. Wenn ich sage, dass dieser nichts dieser Art in der ganzen Provinz (zurück)gelassen hat, sollt ihr wissen, dass ich Latein, und nicht in anklägerischer Weise spreche. Und noch deutlicher: Dass er nichts in irgendjemandes Haus, nicht einmal bei Gastfreunden (*wörtl.* eines Gastfreundes), nichts an öffentlichen Plätzen, nicht einmal in den Tempeln, nichts bei einem Sizilier, nichts bei einem römischen Bürger, schließlich, dass dieser in ganz Sizilien nichts, was ihm unter die Augen und in den Sinn kam, weder an Privatem noch an Öffentlichem noch an Weltlichem noch an Heiligem zurückgelassen hat.

*(Cicero, In Verrem 2, 4, 1 f.)*

## Übungsklausur 4



a) Lucius Sergius Catilina (108–62 v. Chr.) stammte aus einer verarmten patrizischen Familie, er schlug die Ämterlaufbahn ein, um das Konsulat jedoch bewarb er sich mehrfach vergeblich: Er war des Amtsmissbrauchs angeklagt, da er sich als Statthalter in der Provinz Africa skrupellos bereichert hatte. Die zweite Kandidatur um das Konsulat verlor Catilina gegen Cicero im Jahr 64 v. Chr. Als er auch die Wahlen im Jahr darauf verlor, plante er einen politischen Umsturz. Der Plan: Truppenerhebung durch Verbündete, Ermordung unliebsamer Senatoren und Brandlegung in Rom. Die „catilinarische Verschwörung" wurde jedoch von Cicero aufgedeckt und vereitelt.

b) nullo impediente: GZ, temporal, vivis nobis: nominaler Abl. abs., GZ

c) Konjunktiv im Kausalsatz → Coniunctivus obliquus

d) Polysyndeton:
vel eiecimus vel emisimus vel ipsum ...

Asyndeton + Klimax + Alliteration:
Abiit, excessit, evasit, erupit

Hyperbaton:
unum ... ducem

Metapher:
inter latera nostra sica illa versabitur
e suis faucibus ereptam esse

Anapher:
quod ei ferrum e manibus extorsimus, quod incolumes cives, quod stantem urbem reliquit

e) Endlich einmal haben wir, Mitbürger, den vor Tollkühnheit rasenden Lucius Catilina, der nach Verbrechen lechzt, der dem Vaterland auf verbrecherische Weise Untergang bringen wollte, der euch und diese Stadt mit Waffen und Feuer bedrohte, entweder aus der Stadt geworfen oder geschickt oder haben ihn mit guten Wünschen begleitet, als er von selbst wegging. Er ist weggegangen, hat sich aus dem Staub gemacht, hat sich entfernt und ist davongestürzt.
Kein Unheil wird mehr von jenem Monster und Ungeheuer der Stadt selbst innerhalb der Stadtmauern bereitet werden. Und diesen einen Anführer dieses Bürgerkriegs haben wir freilich ohne Zweifel besiegt. Jener Dolch wird sich nicht mehr zwischen unseren Rippen bewegen, wir werden ihn nicht auf dem Marsfeld, nicht auf dem Forum, nicht in der Kurie,

und schließlich nicht innerhalb der eigenen vier Wände fürchten (müssen). Jener wurde, indem er aus der Stadt gejagt wurde, aus seiner Stellung vertrieben. Wir werden offen einen gerechten Krieg mit dem Feind führen, ohne dass uns jemand (daran) hindert. Ohne Zweifel haben wir den Mann zugrunde gerichtet und auf großartige Weise besiegt, indem wir jenen aus einem Hinterhalt im Verborgenen in die offene Räuberei getrieben haben. Von welch großer Trauer, glaubt ihr, ist jener erfasst und überwältigt, dass/weil er kein bluttriefendes Schwert davongetragen hat, wie er wollte, dass/weil er davongegangen ist und wir noch am Leben sind, dass/weil wir ihm die Waffe aus den Händen gewunden haben, dass er die Bürger unversehrt, dass er die Stadt unzerstört zurückgelassen hat? Jener liegt nun daniedergestreckt, Mitbürger, und fühlt, dass er niedergeschmettert und -gestreckt worden ist, und wendet in der Tat seinen Blick (*wörtl.* seine Augen) oft zu dieser Stadt zurück, die - was er betrauert - seinem Schlund entrissen ist; diese scheint mir allerdings sich zu freuen, weil sie ein so großes Unheil ausgespieen und hinausgeworfen hat.

*(Cicero, In Catilinam 2, 1 f.)*

## Übungsklausur 5



a) Marcus Antonius (82-30 v. Chr.), Feldherr und Caesaranhänger, verfolgte nach Caesars Ermordung dessen Mörder; gleichzeitig versuchte er, seine Machtposition auszubauen und die Nachfolge Caesars - gegen Caesars Adoptivsohn Octavianus - anzutreten. Cicero griff Marcus Antonius in den sogenannten philippischen Reden an.
43 v. Chr. schloss Antonius mit Octavianus (dem späteren Kaiser Augustus) und Marcus Aemilius Lepidus das 2. Triumvirat, das die Macht in Rom übernahm. Die Triumvirn errangen 42 v. Chr. bei Philippi den Sieg über Marcus Iunius Brutus und Gaius Cassius Longinus, die Attentäter Caesars. Auf Betreiben des Antonius gelangte daraufhin Cicero auf die Proskriptionslisten und wurde ermordet. Später verschärften sich die Spannungen zwischen den Triumvirn, denn Antonius, der die östlichen Provinzen erhalten hatte, vermählte sich (obwohl mit der Schwester Oktavians verheiratet) mit Kleopatra und versuchte seinen Herrschaftsbereich weiter auszudehnen. Es kam zum Krieg - in der Schlacht bei Actium wurde Antonius 31 v. Chr. vernichtend geschlagen. Er zog sich nach Ägypten zurück und beging Selbstmord.

b) qui dies nudius tertius decimus fuerit, quantus consensus vestrum, quanta virtus, quanta constantia: indirekte Fragen

c) deponat, roget, deprecetur: Konj. Präsens als Iussiv

d) non levitatis est, sed dementiae: Gen. possessivus

e) vituperandae: Gerundiv, Nom. Pl. f, zu ergänzendes Bezugswort: legiones

f) Anapher:
quantum virtutis, quantum constantiae, quantum gravitatis
quantus consensus vestrum, quanta virtus, quanta constantia; quantam sitis a populo Romano
laudem, quantam gloriam, quantam gratiam consecuti

Interrogatio:
Pacem vult M. Antonius?
Quid?
Quarta, cur laudantur?

Klimax:
non iam levitatis est, sed ... dementiae

Asyndeton:
Arma deponat, roget, deprecetur
Chiasmus (in Haupt- und Gliedsätzen)

| | | | | |
|---|---|---|---|---|
| Nihil | est profecto, | quod | possit | dari bellum gerenti; |
| erit | fortasse aliquid, | quod | concedi | possit roganti |

g) Dieser Tag nämlich, Senatoren, bricht für euch an, diese Möglichkeit wurde euch gegeben, dem römischen Volk zeigen zu können, wie viel Tugend, wie viel Standhaftigkeit, wie viel Würde in der Versammlung dieses Standes liegt. Erinnert euch, welcher Tag vor zwölf Tagen war, wie viel Eintracht, wie viel Tugend, wie viel Standhaftigkeit bei euch herrschte; wie viel Lob, wie viel Ruhm, wie viel Dank ihr vom römischen Volk erlangt habt. Und an jenem Tag, Senatoren, habt ihr Folgendes beschlossen, (nämlich) dass von nun an für euch nichts außer einem ehrenhaften Frieden oder einem notwendigen Krieg unantastbar sei. Frieden will Marcus Antonius? (Dann) soll er die Waffen niederlegen und (um Frieden) bitten und flehen. Er wird keinen Geneigteren als mich finden, obwohl er mir, während er sich bei den gottlosen Bürgern beliebt machte, lieber Feind als Freund sein wollte. Es gibt in der Tat nichts, was ihm, da er Krieg führt, gegeben werden könnte; vielleicht wird es etwas geben, das ihm zugestanden werden kann, wenn er (darum) bittet; Gesandte jedoch zu demjenigen zu schicken, über den ihr vor zwölf Tagen ein überaus schwerwiegendes und ernstes Urteil gefällt habt, ist kein Zeichen mehr von Leichtsinn, sondern, um zu sagen, was ich denke, von Wahnsinn. Zuerst habt ihr diejenigen Führer gelobt, die ja aus eigenem Entschluss gegen jenen einen Krieg begonnen hatten, dann die altgedienten Soldaten, die, obwohl sie von Antonius in Kolonien angesiedelt worden waren, die Freiheit des römischen Volkes seiner Gunst vorgezogen haben. Wie bitte? Die Legio Martia: Was? Die vierte (Legion), warum werden sie gelobt? Wenn sie nämlich ihren Konsul verlassen haben, sind sie zu tadeln, wenn sie einen Staatsfeind (verlassen haben), werden sie zu Recht gelobt.

*(Cicero, Orationes philippicae 5, 2–4)*

# GRAMMATIK IM ÜBERBLICK:

| Aktiv – Perfektstamm | | | | | | |
|---|---|---|---|---|---|---|
| Tempus/ Modus | Pers. | a-Konjugation | e-Konjugation | i-Konjugation | konsonantische Konjugation (Konsonanten-stämme) | konsonantische Konjugation (i-Stämme) |
| Perfekt Indikativ | 1.<br>2.<br>3.<br>1.<br>2.<br>3. | laudāv**ī**<br>laudāv**istī**<br>laudāv**it**<br>laudāv**imus**<br>laudāv**istis**<br>laudāv**ērunt** | monu**ī**<br>monu**istī**<br>monu**it**<br>monu**imus**<br>monu**istis**<br>monu**ērunt** | audīv**ī**<br>audīv**istī**<br>audīv**it**<br>audīv**imus**<br>audīv**istis**<br>audīv**ērunt** | ēg**ī**<br>ēg**istī**<br>ēg**it**<br>ēg**imus**<br>ēg**istis**<br>ēg**ērunt** | cēp**ī**<br>cēp**istī**<br>cēp**it**<br>cēp**imus**<br>cēp**istis**<br>cēp**ērunt** |
| Plusquam-perfekt Indikativ | 1.<br>2.<br>3.<br>1.<br>2.<br>3. | laudā**veram**<br>laudā**verās**<br>laudā**verat**<br>laudā**verāmus**<br>laudā**verātis**<br>laudā**verant** | monu**eram**<br>monu**erās**<br>monu**erat**<br>monu**erāmus**<br>monu**erātis**<br>monu**erant** | audī**veram**<br>audī**verās**<br>audī**verat**<br>audī**verāmus**<br>audī**verātis**<br>audī**verant** | ēg**eram**<br>ēg**erās**<br>ēg**erat**<br>ēg**erāmus**<br>ēg**erātis**<br>ēg**erant** | cēp**eram**<br>cēp**erās**<br>cēp**erat**<br>cēp**erāmus**<br>cēp**erātis**<br>cēp**erant** |
| Futur II Indikativ | 1.<br>2.<br>3.<br>1.<br>2.<br>3. | laudā**verō**<br>laudā**veris**<br>laudā**verit**<br>laudā**verimus**<br>laudā**veritis**<br>laudā**verint** | monu**erō**<br>monu**eris**<br>monu**erit**<br>monu**erimus**<br>monu**eritis**<br>monu**erint** | audī**verō**<br>audī**veris**<br>audī**verit**<br>audī**verimus**<br>audī**veritis**<br>audī**verint** | ēg**erō**<br>ēg**eris**<br>ēg**erit**<br>ēg**erimus**<br>ēg**eritis**<br>ēg**erint** | cēp**erō**<br>cēp**eris**<br>cēp**erit**<br>cēp**erimus**<br>cēp**eritis**<br>cēp**erint** |
| Perfekt Konjunktiv | 1.<br>2.<br>3.<br>1.<br>2.<br>3. | laudā**verim**<br>laudā**veris**<br>laudā**verit**<br>laudā**verimus**<br>laudā**veritis**<br>laudā**verint** | monu**erim**<br>monu**eris**<br>monu**erit**<br>monu**erimus**<br>monu**eritis**<br>monu**erint** | audī**verim**<br>audī**veris**<br>audī**verit**<br>audī**verimus**<br>audī**veritis**<br>audī**verint** | ēg**erim**<br>ēg**eris**<br>ēg**erit**<br>ēg**erimus**<br>ēg**eritis**<br>ēg**erint** | cēp**erim**<br>cēp**eris**<br>cēp**erit**<br>cēp**erimus**<br>cēp**eritis**<br>cēp**erint** |
| Plusquam-perfekt Konjunktiv | 1.<br>2.<br>3.<br>1.<br>2.<br>3. | laudāv**issem**<br>laudāv**issēs**<br>laudāv**isset**<br>laudāv**issēmus**<br>laudāv**issētis**<br>laudāv**issent** | monu**issem**<br>monu**issēs**<br>monu**isset**<br>monu**issēmus**<br>monu**issētis**<br>monu**issent** | audīv**issem**<br>audīv**issēs**<br>audīv**isset**<br>audīv**issēmus**<br>audīv**issētis**<br>audīv**issent** | ēg**issem**<br>ēg**issēs**<br>ēg**isset**<br>ēg**issēmus**<br>ēg**issētis**<br>ēg**issent** | cēp**issem**<br>cēp**issēs**<br>cēp**isset**<br>cēp**issēmus**<br>cēp**issētis**<br>cēp**issent** |
| Infinitiv Perfekt Aktiv | | laudāv**isse** | monu**isse** | audīv**isse** | ēg**isse** | cēp**isse** |